Yuval Noah Harari

21 Lektionen

für das 21. Jahrhundert

Yuval Noah Harari

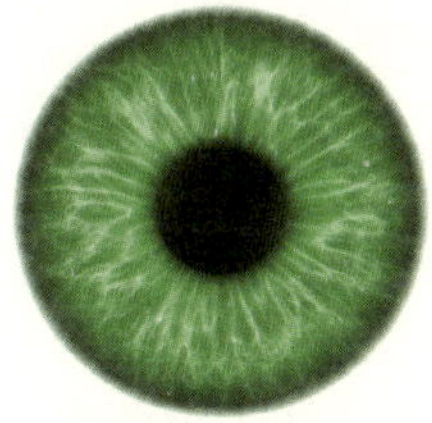

21 Lektionen für das 21. Jahrhundert

Aus dem Englischen
von Andreas Wirthensohn

C.H. Beck

1., 2. und 3. Auflage. 2018

Die Herstellung dieses Buches
erfolgt klimaneutral

www.evers-reforest.com

4. Auflage. 2018

Titel der Originalausgabe:
«21 Lessons for the 21st Century»

Satz: Fotosatz Amann, Memmingen
Druck und Bindung: CPI – Ebner & Spiegel, Ulm
Umschlaggestaltung: Geviert, Grafik & Typografie, Christian Otto,
unter Verwendung eines Motivs von Shutterstock

Gedruckt auf säurefreiem, alterungsbeständigem Papier
(hergestellt aus chlorfrei gebleichtem Zellstoff)
Printed in Germany
ISBN: 978 3 406 72778 8
www.chbeck.de

Meinem Mann Itzik, meiner Mutter Pnina und meiner Großmutter Fanny für ihre Liebe und für ihre Unterstützung über all die Jahre

Inhalt

Einleitung

In einer Welt, die überflutet wird von bedeutungslosen Informationen, ist Klarheit Macht. Theoretisch kann sich jeder an der Diskussion über die Zukunft der Menschheit beteiligen, aber es ist ziemlich schwer, dabei den Durchblick zu behalten. Häufig bemerken wir noch nicht einmal, dass eine Debatte im Gange ist oder welches dabei die Kernfragen sind. Milliarden von uns können sich gar nicht den Luxus erlauben, sich näher damit zu befassen, weil wir dringlichere Dinge zu tun haben: Wir müssen arbeiten gehen, wir müssen uns um die Kinder oder um unsere alt werdenden Eltern kümmern. Leider gewährt die Geschichte keinen Rabatt. Wenn über die Zukunft der Menschheit in unserer Abwesenheit entschieden wird, weil wir zu sehr damit beschäftigt sind, unsere Kinder zu ernähren und mit Kleidung zu versorgen, werden wir und sie dennoch nicht von den Folgen verschont bleiben. Das ist ausgesprochen unfair; aber wer will behaupten, die Geschichte sei fair?

Als Historiker kann ich den Menschen weder Essen noch Kleidung geben – aber ich kann versuchen, ihnen ein wenig Klarheit zu verschaffen, und damit einen Beitrag dazu leisten, das globale Spielfeld etwas einzuebnen. Wenn das auch nur ein paar mehr Menschen in die Lage versetzt, sich an der Diskussion über die Zukunft unserer Spezies zu beteiligen, so habe ich meine Aufgabe erfüllt.

Mein erstes Buch, *Eine kurze Geschichte der Menschheit,* befasste sich mit der menschlichen Vergangenheit und fragte danach, wie ein unbedeutender Affe zum Herrscher über den Planeten Erde werden konnte. *Homo Deus,* mein zweites Buch, erkundete die langfristige Zukunft des Lebens und dachte darüber nach, inwiefern Menschen irgendwann zu Göttern werden könnten und wie die eigentliche Bestimmung von Intelligenz und Bewusstsein aussehen könnte.

In diesem Buch will ich das Hier und Jetzt in den Blick nehmen. Mein Fokus richtet sich auf das aktuelle Geschehen und auf die unmittelbare Zukunft menschlicher Gesellschaften. Was geschieht jetzt gerade? Was sind heute die größten Herausforderungen und Möglichkeiten? Worauf sollten wir achten? Was sollten wir unseren Kindern beibringen?

Natürlich haben sieben Milliarden Menschen sieben Milliarden Absichten und Vorstellungen, und wie schon erwähnt ist das Nachdenken über das große Ganze ein relativ seltener Luxus. Eine alleinstehende Mutter, die in einem Slum von Mumbai unter großen Mühen zwei Kinder großzieht, hat vor allem eines im Kopf, nämlich die nächste Mahlzeit; Flüchtlinge auf einem Boot irgendwo im Mittelmeer suchen den Horizont nach irgendeinem Anzeichen von Land ab; und ein Sterbender in einem überfüllten Londoner Krankenhaus sammelt all seine noch verbliebene Kraft für den nächsten Atemzug. Sie alle haben weit dringlichere Probleme als den Klimawandel oder die Krise der liberalen Demokratie. Kein Buch kann all dem gerecht werden, und Menschen in solchen Situationen kann ich keine Lehren mit auf den Weg geben. Ich kann allenfalls hoffen, von ihnen zu lernen.

Meine Agenda ist eine globale. Ich richte den Blick auf die zentralen Faktoren, die Gesellschaften überall auf der Welt prägen und die vermutlich die Zukunft unseres gesamten Planeten beeinflussen werden. Die Sorge um den Klimawandel mag Menschen, bei denen es um Leben und Tod geht, fern liegen, aber er könnte irgendwann die Slums in Mumbai unbewohnbar machen, riesige neue Flüchtlingsströme über das Mittelmeer schicken und zu einer weltweiten Krise im Gesundheitswesen führen.

Die Wirklichkeit besteht aus vielen Fäden, und dieses Buch versucht, verschiedene Aspekte unserer globalen Gegenwart zu erfassen, ohne dabei den Anspruch auf Vollständigkeit zu erheben. Anders als *Eine kurze Geschichte der Menschheit* und *Homo Deus* ist dieses Buch nicht als historische Erzählung angelegt, sondern als eine Sammlung von Lektionen. Diese Lektionen münden nicht in einfache Antworten. Sie wollen zum Weiterdenken anregen und dem Leser dabei helfen, sich an einigen der zentralen Debatten unserer Zeit zu beteiligen.

Dieses Buch ist denn auch im Gespräch mit der Öffentlichkeit entstanden. Viele der Kapitel sind eine Reaktion auf Fragen, die mir von Lesern, Journalisten und Kollegen gestellt wurden. Frühere Versionen einiger Abschnitte wurden bereits in anderer Form veröffentlicht, was mir die Möglichkeit bot, Reaktionen darauf zu erhalten und meine Argumente zu schärfen. Einige Abschnitte konzentrieren sich auf die Technologie, einige auf Politik, einige auf Religion und einige auf Kunst. Manche Kapitel feiern die menschliche Weisheit, andere betonen die zentrale Rolle menschlicher Dummheit. Doch die übergreifende Frage ist stets die gleiche: Was geschieht heute in der Welt und welche tiefere Bedeutung steckt in den Ereignissen?

Wofür steht der Aufstieg von Donald Trump? Wie sollen wir mit der seuchenartigen Ausbreitung von Fake News umgehen? Warum steckt die liberale Demokratie in der Krise? Ist Gott wieder da? Stehen wir vor einem neuen Weltkrieg? Welche Zivilisation beherrscht die Welt – der Westen, China oder der Islam? Sollte Europa seine Grenzen für Zuwanderer offen halten? Kann der Nationalismus die Probleme von Ungleichheit und Klimawandel lösen? Wie sollen wir auf den Terror reagieren?

Zwar nimmt dieses Buch eine globale Perspektive ein, aber die persönliche Ebene will ich dabei keineswegs vernachlässigen. Im Gegenteil, ich will bewusst zeigen, wie eng die Verbindungen zwischen den großen Umwälzungen unserer Zeit und dem Innenleben des Einzelnen sind. So ist beispielsweise der Terror ein globales politisches Problem und zugleich ein innerer psychologischer Mechanismus. Terror funktioniert, indem er tief in uns drinnen den Angstknopf drückt und die private Vorstellungskraft von Millionen Individuen in Geiselhaft nimmt. Ähnlich spielt sich die Krise der liberalen Demokratie nicht nur in Parlamenten und Wahllokalen ab, sondern auch in Nervenzellen und Synapsen. Es ist ein Gemeinplatz, wonach das Private politisch ist. Doch in einer Zeit, in der Wissenschaftler, Unternehmen und Regierungen lernen, wie man das menschliche Gehirn «hackt», klingt diese Binsenweisheit düsterer denn je. Entsprechend finden sich hier im Buch Beobachtungen über das Verhalten von Individuen genauso wie von ganzen Gesellschaften.

Eine globale Welt setzt unser persönliches Verhalten und unsere individuelle Moral auf beispiellose Weise unter Druck. Jeder von uns ist in unzählige Spinnennetze eingewoben, die einerseits unsere Bewegungsfreiheit einschränken, gleichzeitig aber noch die geringste unserer Zuckungen an weit entfernte Orte übermitteln. Unsere Alltagsroutinen beeinflussen das Leben von Menschen und Tieren auf der anderen Seite des Erdballs, und manche persönlichen Gesten können ganz unerwartet die gesamte Welt in Brand setzen, wie die Selbstverbrennung von Mohamed Bouazizi in Tunesien, die den arabischen Frühling auslöste, oder die Frauen, die ihre Erfahrungen des sexuellen Missbrauchs öffentlich machten und die #MeToo-Bewegung in Gang setzten.

Diese globale Dimension unseres persönlichen Lebens bedeutet, dass es wichtiger denn je ist, unsere religiösen und politischen Voreingenommenheiten, unsere rassen- und geschlechtsspezifischen Privilegien und unsere unwissentliche Komplizenschaft bei der institutionellen Unterdrückung sichtbar zu machen. Aber ist das ein realistisches Unterfangen? Wie kann ich festen moralischen Boden finden in einer Welt, die meinen Horizont weit übersteigt, die sich vollständig menschlicher Kontrolle entzieht und die alle Götter und Ideologien misstrauisch beäugt?

***

Das Buch beginnt mit einem Überblick über das aktuelle politische und technologische Dilemma. Gegen Ende des 20. Jahrhunderts hatte es den Anschein, als hätten die großen ideologischen Auseinandersetzungen zwischen Faschismus, Kommunismus und Liberalismus mit dem überwältigenden Sieg des Liberalismus ein Ende gefunden. Demokratische Politik, Menschenrechte und freie Marktwirtschaft schienen dazu bestimmt, die gesamte Welt zu erobern. Doch wie so oft nahm die Geschichte eine unerwartete Wendung, und nach dem Zusammenbruch von Faschismus und Kommunismus befindet sich heute der Liberalismus in der Bredouille. Wohin also steuern wir?

Diese Frage ist besonders dringlich, weil der Liberalismus genau zu der Zeit an Glaubwürdigkeit verliert, da die doppelte Revolution in der Informationstechnologie und in der Biotechnologie uns vor die größten Herausforderungen stellt, mit denen unsere Spezies je konfrontiert war. Die Verschmelzung von Infotech und Biotech könnte schon bald Milliarden von Menschen aus dem Arbeitsmarkt drängen und sowohl Freiheit wie Gleichheit untergraben. Big-Data-Algorithmen könnten digitale Diktaturen schaffen, in denen sich die gesamte Macht in den Händen einer winzigen Elite konzentriert, während die meisten Menschen nicht unter Ausbeutung zu leiden haben, sondern unter etwas viel Schlimmerem – unter Bedeutungslosigkeit.

Diese Verschmelzung von Informationstechnologie und Biotechnologie habe ich in meinem vorangegangenen Buch *Homo Deus* ausführlich geschildert. Doch während sich dieses Buch auf die langfristigen Aussichten konzentrierte – und die Perspektive von Jahrhunderten und sogar Jahrtausenden einnahm –, befasst sich das vorliegende Buch stärker mit den unmittelbaren gesellschaftlichen, wirtschaftlichen und politischen Krisen. Mich interessiert hier weniger, ob es irgendwann zur Schaffung anorganischen Lebens kommt, mir geht es vielmehr um die Gefahren für den Wohlfahrtsstaat und für bestimmte Institutionen wie die Europäische

Union. Das Buch will beileibe nicht sämtliche Auswirkungen der neuen Technologien darstellen. Auch wenn sie zahlreiche wunderbare Versprechen bereithalten, geht es mir hier in erster Linie darum, die Bedrohungen und Gefahren sichtbar zu machen. Da die Unternehmen und Unternehmer, welche die technologische Revolution anführen, naturgemäß dazu neigen, ein Loblied auf ihre Schöpfungen zu singen, bleibt es Soziologen, Philosophen und Historikern wie mir überlassen, Alarm zu schlagen und zu erläutern, inwiefern die Dinge auch ganz schrecklich schiefgehen können.

Nachdem ich die Herausforderungen, vor denen wir stehen, skizziert habe, untersuche ich im zweiten Teil des Buches ein breites Spektrum potenzieller Antworten. Könnten Facebook-Ingenieure mithilfe künstlicher Intelligenz eine globale Gemeinschaft schaffen, die menschliche Freiheit und Gleichheit bewahrt? Besteht die Antwort vielleicht darin, den Prozess der Globalisierung umzukehren und dem Nationalstaat wieder mehr Macht zu geben? Oder müssen wir sogar noch weiter zurückgehen und Hoffnung und Weisheit aus den Quellen alter religiöser Traditionen schöpfen?

Im dritten Teil des Buches sehen wir, dass die technologischen Herausforderungen zwar beispiellos und die politischen Meinungsverschiedenheiten immens sind, die Menschheit die Situation aber trotzdem meistern kann, wenn wir unsere Ängste unter Kontrolle halten und mit Blick auf unsere Ansichten ein wenig mehr Demut zeigen. Dieser Teil fragt danach, wie wir mit der Bedrohung des Terrors, mit der Gefahr eines globalen Krieges und mit den Vorurteilen und dem Hass, die solche Konflikte befeuern, umgehen können.

Der vierte Teil beschäftigt sich mit dem Begriff des Postfaktischen und fragt danach, inwieweit wir globale Entwicklungen noch verstehen und Fehlverhalten von Gerechtigkeit unterscheiden können. Ist *Homo sapiens* in der Lage, die Welt, die er geschaffen hat, zu verstehen? Gibt es noch immer eine klare Grenze, welche die Realität von der Fiktion trennt?

Im fünften und letzten Teil führe ich die unterschiedlichen Fäden zusammen und werfe einen allgemeineren Blick auf das Leben in einem Zeitalter der Verunsicherung, in dem die alten Erzählungen zusammengebrochen sind und bislang noch keine neue Erzählung entstanden ist, die sie ersetzen könnte. Wer sind wir? Was sollten wir im Leben tun? Welche Fertigkeiten brauchen wir? Angesichts all dessen, was wir über die Wissenschaft, über Gott, über die Politik und über Religion wissen und nicht wissen – was können wir heute über den Sinn des Lebens sagen?

Das mag ein wenig überambitioniert klingen, aber *Homo sapiens* kann nicht warten. Der Philosophie, der Religion und der Wissenschaft läuft die Zeit davon. Die Menschen diskutieren seit Jahrtausenden über den Sinn des Lebens. Wir können diese Debatte nicht endlos fortsetzen. Die sich anbahnende ökologische Krise, die wachsende Bedrohung durch Massenvernichtungswaffen und das Aufkommen neuer, disruptiver Technologien werden das nicht erlauben. Wichtiger noch: Künstliche Intelligenz und Biotechnologie verschaffen der Menschheit die Macht, das Leben zu verändern und zu manipulieren. Schon sehr bald wird irgendjemand entscheiden müssen, wie wir diese Macht nutzen – und zwar auf der Basis irgendeiner impliziten oder expliziten Erzählung über den Sinn des Lebens. Philosophen sind sehr geduldige Menschen, doch Ingenieure sind weit weniger geduldig, und am allerwenigsten Geduld haben Investoren. Wenn wir nicht wissen, was wir mit der Macht, Leben zu manipulieren, anfangen sollen, werden die Marktkräfte nicht ein Jahrtausend lang warten, bis wir eine Antwort darauf gefunden haben. Die unsichtbare Hand des Marktes wird uns ihre eigene, blinde Antwort aufzwingen. Wenn wir nicht wollen, dass die Zukunft des Lebens den Quartalsberichten von Unternehmen anvertraut wird, brauchen wir eine klare Vorstellung davon, was das Leben überhaupt ausmacht.

Im abschließenden Kapitel finden sich ein paar persönliche Bemerkungen, ich spreche dort als ein Sapiens zu einem anderen, bevor sich der Vorhang über unserer Spezies schließt und ein völlig neues Stück beginnt.

***

Bevor ich mich auf diese intellektuelle Reise begebe, möchte ich noch auf einen wichtigen Punkt eingehen. Ein Großteil des Buches handelt von den Defiziten der liberalen Weltsicht und des demokratischen Systems. Das hat nichts damit zu tun, dass ich der Meinung wäre, die freiheitliche Demokratie sei besonders problematisch; ich glaube vielmehr, dass es sich um das erfolgreichste und wandlungsfähigste politische Modell handelt, das die Menschen bislang entwickelt haben, um mit den Herausforderungen der modernen Welt fertig zu werden. Zwar mag es nicht für jede Gesellschaft in jedem Entwicklungsstadium angemessen sein, aber es hat in mehr Gesellschaften und in mehr Situationen seinen Wert bewiesen als all seine Alternativen. Wenn wir also die neuen Herausforderungen, vor denen wir stehen, näher in Augenschein nehmen, müssen wir die Grenzen der liberalen Demokratie verstehen und danach fragen, wie wir ihre bestehenden Institutionen anpassen und verbessern können.

Leider ist es im gegenwärtigen politischen Klima so, dass jedes kritische Nachdenken über Liberalismus und Demokratie gerne von Autokraten und den verschiedensten illiberalen Bewegungen aufgegriffen und missbraucht wird, also von Leuten, deren einziges Interesse darin besteht, die freiheitliche Demokratie zu diskreditieren, und denen es in keinster Weise um eine offene Diskussion über die Zukunft der Menschheit geht. Zwar reden sie nur allzu gern über die Probleme der freiheitlichen Demokratie, aber Kritik, die sich gegen sie selbst richtet, ertragen und erdulden sie so gut wie nie.

Als Autor musste ich deshalb eine schwierige Entscheidung treffen.

Sollte ich offen aussprechen, was ich denke, und damit Gefahr laufen, dass meine Worte aus dem Kontext gerissen und dazu genutzt werden, aufstrebende Autokratien zu rechtfertigen? Oder sollte ich mich selbst zensieren? Es ist ein Kernmerkmal illiberaler Regime, dass sie sogar außerhalb ihrer Grenzen die freie Meinungsäußerung erschweren. Aufgrund der Ausbreitung solcher Regime wird es immer gefährlicher, kritisch über die Zukunft unserer Spezies nachzudenken.

Nachdem ich ein wenig in mich gegangen bin, habe ich mich dazu entschlossen, die freie Diskussion über die Selbstzensur zu stellen. Ohne Kritik am liberalen Modell können wir seine Mängel nicht beheben oder darüber hinausgelangen. Aber bitte bedenken Sie, dass dieses Buch nur geschrieben werden konnte, weil die Menschen immer noch relativ frei denken können, was sie wollen, und sich so äußern können, wie sie das möchten. Wenn Sie dieses Buch schätzen, sollten Sie auch die Meinungsfreiheit schätzen und hochhalten.

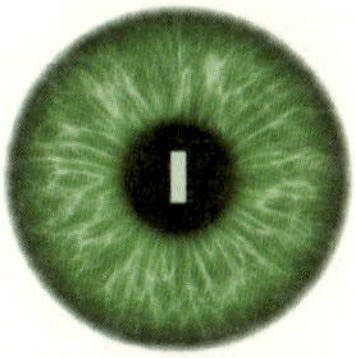

Die technologische Herausforderung

Die Menschheit verliert den Glauben an die liberale Erzählung, welche die Weltpolitik in den letzten Jahrzehnten bestimmte, genau in dem Augenblick, da die Verschmelzung von Informationstechnologie und Biotechnologie uns vor die größten Herausforderungen stellt, mit denen die Menschheit je konfrontiert war.

1

Desillusionierung

Das Ende der Geschichte wurde vertagt

Die Menschen denken eher in Geschichten als in Fakten, Zahlen oder Gleichungen, und je einfacher die Geschichte ist, desto besser. Jede Person, jede Gruppe und jede Nation hat ihre eigenen Erzählungen und Mythen. Doch im Verlauf des 20. Jahrhunderts formulierten die globalen Eliten in New York, London, Berlin und Moskau drei große Erzählungen, die für sich in Anspruch nahmen, die gesamte Vergangenheit zu erklären und die Zukunft der ganzen Welt vorherzusagen: die faschistische Erzählung, die kommunistische Erzählung und die liberale Erzählung. Der Zweite Weltkrieg machte der faschistischen Erzählung den Garaus, und von Ende der 1940er Jahre bis Ende der 1980er Jahre wurde die Welt zum Schlachtfeld zwischen nur noch zwei Erzählungen: Kommunismus und Liberalismus. Dann fiel die kommunistische Erzählung in sich zusammen, und übrig blieb die liberale Erzählung als bestimmender Leitfaden für die menschliche Vergangenheit und als unverzichtbares Handbuch für die Zukunft der Welt – oder zumindest glaubte die liberale Elite das.

Die liberale Erzählung feiert den Wert und die Macht der Freiheit. Sie behauptet, die Menschheit habe seit Jahrtausenden unter repressiven Regimen gelebt, die den Menschen kaum politische Rechte, ökonomische Chancen oder persönliche Freiheiten gewährten und die die Bewegungsfreiheit von Individuen, Ideen und Waren hochgradig einschränkten.

Doch die Menschen kämpften für ihre Freiheit, und Schritt für Schritt gewann diese an Boden. An die Stelle brutaler Diktaturen traten demokratische Regierungen. Das freie Unternehmertum überwand alle ökonomischen Schranken. Die Menschen lernten, selbstständig zu denken und ihrem Herzen zu folgen, statt blind bigotten Priestern und engstirnigen Traditionen zu gehorchen. Offene Straßen, feste Brücken und betriebsame Flughäfen ersetzten Mauern, Gräben und Stacheldraht.

Die liberale Erzählung gesteht durchaus zu, dass auf der Welt nicht alles zum Besten steht und dass es noch immer viele Hürden zu überwinden gilt. Ein Großteil unseres Planeten wird von Tyrannen beherrscht, und selbst in den freiheitlichsten Ländern leiden viele Bürger unter Armut, Gewalt und Unterdrückung. Aber zumindest wissen wir, was wir tun müssen, um diese Probleme zu meistern: den Menschen mehr Freiheit gewähren. Wir müssen die Menschenrechte schützen, wir müssen jedem das Wahlrecht zugestehen, freie Märkte etablieren und dafür sorgen, dass Individuen, Ideen und Waren sich überall auf der Welt so problemlos wie möglich bewegen können. Dieses liberale Patentrezept, das, leicht verändert, George W. Bush und Barack Obama gleichermaßen übernommen haben, lautet: Wenn wir unsere politischen und wirtschaftlichen Systeme nur immer weiter liberalisieren und globalisieren, werden wir Frieden und Wohlstand für alle schaffen.[1]

Länder, die sich diesem unaufhaltsamen Marsch in Richtung Fortschritt anschließen, werden mit Frieden und Wohlstand belohnt werden. Länder, die sich dem Unausweichlichen zu widersetzen versuchen, werden die Folgen zu tragen haben, bis auch sie das Licht sehen, ihre Grenzen öffnen und ihre Gesellschaften, ihre Politik und ihre Märkte liberalisieren. Das mag dauern, doch am Ende werden selbst Nordkorea, der Irak und El Salvador aussehen wie Dänemark oder Iowa.

In den 1990er Jahren und zu Beginn des neuen Jahrtausends wurde diese Erzählung zu einem globalen Mantra. Zahlreiche Regierungen von

Brasilien bis Indien übernahmen liberale Rezepte, um sich dem unaufhaltsamen Gang der Geschichte anzuschließen. Diejenigen, die das nicht taten, wirkten wie Fossile aus einer längst vergangenen Zeit. 1997 rügte der amerikanische Präsident Bill Clinton die chinesische Regierung voller Selbstgewissheit, mit ihrer Weigerung, die eigene Politik zu liberalisieren, stelle sie sich «auf die falsche Seite der Geschichte».[2]

Doch seit der globalen Finanzkrise von 2008 haben die Menschen überall auf der Welt zunehmend den Glauben an die liberale Erzählung verloren. Mauern und Firewalls sind wieder en vogue. Der Widerstand gegen Zuwanderung und Freihandelsabkommen wächst. Vorgeblich demokratische Regierungen höhlen die Unabhängigkeit des Justizsystems aus, schränken die Pressefreiheit ein und betrachten jegliche Form von Opposition als Verrat. Machthaber in Ländern wie der Türkei und Russland experimentieren mit neuen Formen von illiberaler Demokratie und unverblümter Diktatur. Heute würde vermutlich kaum jemand voller Zuversicht erklären, die Kommunistische Partei Chinas stehe auf der falschen Seite der Geschichte.

Das Jahr 2016 – das durch das Brexit-Votum in Großbritannien und den Aufstieg Donald Trumps in den Vereinigten Staaten gekennzeichnet war – markierte den Moment, da diese Woge der Desillusionierung die liberalen Kernstaaten Westeuropas und Nordamerikas erreichte. Hatten Amerikaner und Europäer noch vor ein paar Jahren versucht, den Irak und Libyen mit vorgehaltener Waffe zu liberalisieren, so betrachten nun viele Menschen in Kentucky und Yorkshire die liberale Vision als entweder nicht wünschenswert oder nicht zu verwirklichen. Einige entdeckten eine Vorliebe für die alte hierarchische Welt und wollen schlicht ihre durch Rasse, Nation oder Geschlecht bedingten Privilegien nicht aufgeben. Andere sind (ob zu Recht oder zu Unrecht) zu dem Schluss gekommen, dass Liberalisierung und Globalisierung nur eine groß angelegte Masche sind, um einer winzigen Elite auf Kosten der Massen Macht und Wohlstand zu verschaffen.

1938 konnten die Menschen aus drei globalen Erzählungen wählen, 1968 waren es nur noch zwei, und 1998 schien eine einzige Erzählung die Oberhand behalten zu haben; 2018 sind wir bei null angelangt. Kein Wunder, dass die liberalen Eliten, die in den letzten Jahrzehnten einen Großteil der Welt beherrschten, in einen Zustand des Schocks und der Orientierungslosigkeit verfallen sind. Nichts ist beruhigender als eine überzeugende Erzählung. Alles ist völlig klar. Plötzlich keine solche Erzählung mehr zu haben ist furchterregend. Nichts ergibt mehr einen Sinn. Nicht unähnlich der sowjetischen Elite in den 1980er Jahren, begreifen die Liberalen nicht, wie die Geschichte von ihrem vorbestimmten Kurs abweichen konnte, und es fehlt ihnen an einem alternativen Prisma, um die Wirklichkeit zu interpretieren. Die Orientierungslosigkeit sorgt dafür, dass sie in apokalyptischen Kategorien denken, so als könne die Tatsache, dass die Geschichte nicht an das avisierte glückliche Ende gelangte, nur bedeuten, dass der Weltuntergang unmittelbar bevorsteht. Der Kopf ist unfähig, einen Realitätscheck durchzuführen, und verbeißt sich in Katastrophenszenarien. Wie jemand, der glaubt, schlimme Kopfschmerzen seien das Zeichen für einen Gehirntumor im Endstadium, fürchten viele Liberale, der Brexit und der Aufstieg von Donald Trump seien Vorboten des Endes menschlicher Zivilisation.

Erst Mücken totschlagen, dann Gedanken

Dieses Gefühl der Orientierungslosigkeit und des drohenden Untergangs wird noch verschärft durch das sich beschleunigende Tempo der technologischen Disruption. Das liberale politische System war während des industriellen Zeitalters darauf ausgerichtet, eine Welt der Dampfmaschinen, der Ölraffinerien und der Fernsehgeräte zu verwalten. Es tut sich schwer mit den Revolutionen, die sich gerade in der Informationstechnologie und der Biotechnologie vollziehen.

Politiker wie Wähler sind kaum in der Lage, die neuen Technologien zu verstehen, geschweige denn ihr explosives Potenzial in den Griff zu bekommen. Seit den 1990er Jahren hat das Internet die Welt vermutlich stärker verändert als jeder andere Faktor, doch gelenkt wurde die Internet-Revolution von Technikern und weniger von politischen Parteien. Haben Sie je über das Internet abgestimmt? Das demokratische System ist noch immer damit beschäftigt zu begreifen, von was es da getroffen wurde, und es ist schlecht gerüstet, um mit den nächsten Erschütterungen wie dem Aufstieg der künstlichen Intelligenz und der Blockchain-Revolution fertig zu werden.

Schon heute haben Computer das Finanzsystem so kompliziert gemacht, dass kaum ein Mensch es noch versteht. Da künstliche Intelligenz immer besser wird, können wir schon bald einen Punkt erreichen, an dem es überhaupt kein Mensch mehr begreift. Welche Folgen hat das für den politischen Prozess? Können Sie sich eine Regierung vorstellen, die demütig darauf wartet, bis ein Algorithmus ihren Haushalt oder ihre neue Steuerreform billigt? Derweil könnten Peer-to-peer-Blockchain-Netzwerke und Kryptowährungen wie Bitcoin das Geldsystem völlig umkrempeln, sodass radikale Steuerreformen unvermeidlich sind. So könnte es beispielsweise unmöglich oder bedeutungslos werden, Dollar zu besteuern, denn die meisten Transaktionen werden keinen eindeutigen Austausch einer Landeswährung oder überhaupt irgendeiner Währung beinhalten. Regierungen könnten somit gezwungen sein, völlig neue Steuern zu erfinden – vielleicht eine Steuer auf Informationen (sie werden sowohl wichtigste Währung in der Wirtschaft als auch das Einzige sein, das in zahlreichen Transaktionen getauscht wird). Wird es dem politischen System gelingen, mit dieser Krise fertig zu werden, bevor ihm das Geld ausgeht?

Noch wichtiger ist: Die Zwillingsrevolution in Informationstechnologie und Biotechnologie könnte nicht nur Volkswirtschaften und Gesellschaften umgestalten, sondern auch unseren Körper und unseren Geist. In der Vergangenheit haben wir Menschen gelernt, die Welt außerhalb von uns zu beherrschen, doch über die Welt in uns drinnen hatten wir nur ganz wenig Kontrolle. Wir wussten, wie man einen Damm baut und einen Flusslauf stoppt, aber wir wussten nicht, wie man das Altern des Körpers aufhält. Wir wussten, wie man ein Bewässerungssystem anlegt, aber wir hatten keinerlei Vorstellung davon, wie man ein Gehirn entwirft. Wenn uns Mücken um die Ohren sirrten und unseren Schlaf störten, wussten wir, wie man sie totschlägt; aber wenn in unserem Kopf ein Gedanke umherschwirrte und uns nachts wach hielt, wussten die meisten von uns nicht, wie man ihn loswerden sollte.

Die Revolutionen in Biotechnologie und Informationstechnologie werden uns die Kontrolle über die Welt in uns verschaffen und uns in die Lage versetzen, Leben zu manipulieren und herzustellen. Wir werden lernen, wie man Gehirne entwirft, Leben verlängert und Gedanken nach Belieben loswird. Niemand weiß, welche Folgen das haben wird. Die Menschen waren schon immer weitaus besser darin, Instrumente zu erfinden, als sie klug zu nutzen. Es ist leichter, einen Flusslauf zu regulieren, indem man einen Damm baut, als all die komplexen Folgen vorherzusagen, die das für das allgemeine Ökosystem haben wird. Und ganz ähnlich wird es leichter sein, unsere Gedankenströme umzulenken, als zu prognostizieren, was das mit unserer persönlichen Psyche oder unseren Gesellschaftssystemen anstellen wird.

In der Vergangenheit haben wir die Macht erlangt, die Welt um uns herum zu manipulieren und den gesamten Planeten umzugestalten, aber weil wir die Komplexität der globalen Ökologie nicht verstanden haben, haben die Veränderungen, die wir vornahmen, das gesamte Ökosystem unabwendbar zerstört, und heute stehen wir vor einem ökologischen Kollaps. In diesem Jahrhundert werden uns Biotechnologie und Informationstechnologie die Macht verschaffen, die Welt in uns zu manipulieren und uns selbst umzugestalten, aber weil wir die Komplexität unseres Geistes nicht begreifen, könnten die Veränderungen, die wir vornehmen werden, unser mentales System derart aus dem Gleichgewicht bringen, dass es womöglich ebenfalls zusammenbricht.

Die Revolutionen in Biotechnologie und Informationstechnologie werden von Ingenieuren, Unternehmern und Wissenschaftlern vorangetrieben, die sich der politischen Implikationen ihrer Entscheidungen selten bewusst sind und die mit Sicherheit niemanden repräsentieren. Können Parlamente und Parteien die Sache selbst in die Hand nehmen? Gegenwärtig hat es nicht den Anschein. Die technologische Disruption schafft es nicht einmal als vorrangiges Thema auf die politische Agenda. So spielte sie während des amerikanischen Präsidentschaftswahlkampfs 2016 vor allem im Rahmen von Hillary Clintons E-Mail-Debakel eine Rolle,[3] und trotz allen Geredes über Arbeitsplatzverluste befasste sich keiner der Kandidaten mit den potenziellen Auswirkungen der Automatisierung. Donald Trump warnte die Wähler davor, dass ihnen Mexikaner und Chinesen ihre Arbeit wegnehmen würden und dass sie deshalb eine Mauer an der mexikanischen Grenze bauen müssten.[4] Dagegen warnte er die Wähler nie davor, dass ihnen Algorithmen ihre Arbeitsplätze klauen würden, und er schlug auch nicht vor, an der Grenze zu Kalifornien eine Firewall zu errichten.

Das könnte einer der Gründe (wenn auch nicht der einzige) sein, warum selbst Wähler im Herzen des liberalen Westens den Glauben an die freiheitliche Erzählung und an den demokratischen Prozess verlieren. Mag sein, dass einfache Menschen von künstlicher Intelligenz und Biotechnologie nichts verstehen, aber sie spüren, dass die Zukunft an ihnen vorbeigeht. 1938 war die Situation der einfachen Leute in der UdSSR, in Deutschland oder den USA womöglich reichlich düster, aber man hat dem Mann auf der Straße fortwährend erklärt, er sei das Wichtigste auf der Welt und ihm gehöre die Zukunft (vorausgesetzt natürlich, dass es sich um einen «gewöhnlichen Menschen» und nicht um einen Juden oder einen Afrikaner handelte). Der Normalbürger blickte auf die Wahlplakate – auf denen üblicherweise Bergleute, Stahlarbeiter und Hausfrauen in heldenhaften Posen abgebildet waren – und sah dort sich selbst: «Dort auf dem Plakat, das bin ich! Ich bin der Held der Zukunft!»[5]

2018 fühlt sich der gemeine Mensch zunehmend bedeutungslos. Bei TED-Talks, in staatlichen Denkfabriken und auf Hightech-Konferenzen wirft man aufgeregt mit jeder Menge geheimnisvoller Wörter um sich – Globalisierung, Blockchain, Genmanipulation, künstliche Intelligenz, maschinelles Lernen –, und die einfachen Leute dürfen mit einigem Recht vermuten, dass keines dieser Wörter etwas mit ihnen zu tun hat. Die liberale Erzählung war die Erzählung der einfachen Menschen. Wie kann sie in einer Welt der Cyborgs und der vernetzten Algorithmen ihre Relevanz behalten?

Im 20. Jahrhundert begehrten die Massen gegen ihre Ausbeutung auf und versuchten ihre wichtige wirtschaftliche Rolle in politische Macht zu übersetzen. Heute fürchten die Massen die Bedeutungslosigkeit, sie wollen die ihnen noch verbliebene politische Macht unbedingt nutzen, bevor es zu spät ist. Der Brexit und die Wahl von Donald Trump könnten somit Ausdruck einer Entwicklung sein, die der traditioneller sozialistischer Revolutionen genau gegenläufig ist. Die Revolutionen in Russland, China und Kuba wurden von Menschen gemacht, die für die Wirtschaft wichtig waren, denen es aber an politischer Macht fehlte; 2016 fanden Trump und der Brexit bei vielen Menschen Unterstützung, die nach wie vor politische Macht hatten, aber befürchteten, ökonomisch wertlos zu werden. Möglicherweise werden populistische Revolten im 21. Jahrhundert nicht gegen eine Wirtschaftselite aufbegehren, welche die Menschen ausbeutet, sondern gegen eine solche, welche die Menschen schlicht nicht mehr braucht.[6] Kann gut sein, dass die Menschen diese Schlacht verlieren. Denn es ist viel schwerer, gegen Bedeutungslosigkeit zu kämpfen als gegen Ausbeutung.

Der liberale Phönix

Es ist nicht das erste Mal, dass die liberale Erzählung mit einer Vertrauenskrise zu kämpfen hat. Seit sie in der zweiten Hälfte des 19. Jahrhunderts weltweiten Einfluss erlangte, hat sie regelmäßig wiederkehrende Krisen erlebt. Das erste Zeitalter der Globalisierung und Liberalisierung endete im Blutbad des Ersten Weltkriegs, als imperiale Machtpolitik den globalen Fortschritt abrupt beendete. In den Tagen nach der Ermordung von Erzherzog Franz Ferdinand in Sarajewo zeigte sich, dass die Großmächte deutlich stärker an den Imperialismus als an den Liberalismus glaubten, und statt die Welt durch freien und friedlichen Handel zu einen, waren sie vor allem damit beschäftigt, sich mit brutaler Gewalt ein möglichst großes Stück vom Erdball zu sichern. Doch der Liberalismus überlebte diesen Franz-Ferdinand-Moment und ging stärker denn je aus dem Mahlstrom des Krieges hervor: Er versprach, dies sei der «war to end all wars» gewesen, der Krieg, der alle Kriege beenden werde. Vermeintlich hatte das beispiellose Gemetzel die Menschheit gelehrt, welch fürchterlichen Preis der Imperialismus forderte, und nun waren die Menschen endlich bereit, eine neue Weltordnung zu schaffen, die auf den Grundsätzen von Freiheit und Frieden beruhte.

Dann folgte der Hitler-Moment, als in den 1930er und frühen 1940er Jahren der Faschismus eine Zeit lang unwiderstehlich erschien. Der Sieg über diese Bedrohung leitete nur die nächste ein. Während des Che-Guevara-Moments zwischen den 1950er und 1970er Jahren hatte es erneut den Anschein, als liege der Liberalismus in den letzten Zügen und als gehöre die Zukunft dem Kommunismus. Am Ende aber war es der Kommunismus, der zusammenbrach. Der Supermarkt erwies sich als weitaus stärker als der Gulag. Wichtiger noch: Die liberale Erzählung erwies sich als deutlich geschmeidiger und dynamischer als all ihre Widersacher. Sie triumphierte über den Imperialismus, den Faschismus und den Kommunismus, indem sie einige von deren besten Ideen und Praktiken übernahm. Insbesondere lernte die liberale Erzählung vom Kommunismus, die Reichweite der Empathie zu vergrößern und neben der Freiheit auch der Gleichheit einen hohen Wert beizumessen. Zu Beginn ging es der liberalen Erzählung vor allem um die Freiheiten und Privilegien europäischer Männer aus der Mittelschicht, und sie schien blind zu sein für die Nöte von Menschen aus der Arbeiterklasse, von Frauen, Minderheiten und allen, die nicht westlich waren. Als die siegreichen Mächte Großbritannien und Frankreich 1918 aufgeregt von der Freiheit redeten, dachten sie dabei nicht an die Untertanen ihrer Weltreiche. So wurden beispielsweise indische Forderungen nach Selbstbestimmung 1919 mit dem Massaker von Amritsar beantwortet, bei dem die britische Armee Hunderte unbewaffnete Demonstranten niedermetzelte.

Selbst im Gefolge des Zweiten Weltkriegs taten sich westliche Liberale weiter schwer, ihre angeblich universellen Werte auch auf nichtwestliche Menschen anzuwenden. Als die Niederländer 1945 nach fünf Jahren brutaler NS-Besatzung befreit wurden, stellten sie als Erstes eine Armee auf und schickten sie um die halbe Welt, um ihre ehemalige Kolonie Indonesien zurückzuerobern. Während die Niederländer ihre eigene Unabhängigkeit 1940 nach kaum mehr als viertägigem Kampf aufgegeben hatten, kämpften sie mehr als vier lange und bittere Jahre, um die indonesischen Unabhängigkeitsbestrebungen zu unterdrücken. Kein Wunder, dass zahlreiche nationale Befreiungsbewegungen überall auf der Welt ihre Hoffnungen auf das kommunistische Moskau und Peking richteten und weniger auf die selbst erklärten Verfechter der Freiheit im Westen.

Nach und nach jedoch erweiterte die liberale Erzählung ihre Horizonte, und zumindest theoretisch verfocht sie nun die Freiheiten und Rechte ausnahmslos aller Menschen. Während sich der Kreis der Freiheit erweiterte, erkannte die liberale Erzählung auch, wie bedeutsam Sozialstaatsprogramme kommunistischer Art waren. Freiheit ist nicht viel wert, wenn sie nicht mit irgendeiner Form von sozialem Sicherungsnetz gepaart ist. Sozialdemokratische Wohlfahrtsstaaten verbanden Demokratie und Menschenrechte mit staatlich finanzierter Bildung und Gesundheitsversorgung. Selbst die ultrakapitalistischen USA kamen zu der Einsicht, dass der Schutz der Freiheit zumindest ein gewisses Maß an staatlichen Sozialleistungen erfordert. Hungernde Kinder haben keine Freiheiten.

Anfang der 1990er Jahre verkündeten Philosophen und Politiker gleichermaßen das «Ende der Geschichte» und glaubten voller Zuversicht, all die großen politischen und wirtschaftlichen Fragen der Vergangenheit seien geklärt und das generalüberholte liberale Paket aus Demokratie, Menschenrechten, freien Märkten und staatlichen Sozialleistungen sei als einzige Möglichkeit übrig geblieben. Dieses Paket schien dazu bestimmt, sich auf die gesamte Welt auszubreiten, alle Hindernisse zu überwinden, alle nationalen Grenzen hinwegzufegen und die Menschheit in eine einzige freie Weltgemeinschaft zu verwandeln.[7]

Doch die Geschichte ging nicht zu Ende, und nach dem Franz-Ferdinand-Moment, dem Hitler-Moment und dem Che-Guevara-Moment stecken wir nun mitten im Trump-Moment. Dieses Mal jedoch hat es die liberale Erzählung nicht mit einem in sich geschlossenen ideologischen Widersacher wie dem Imperialismus, dem Faschismus oder dem Kommunismus zu tun. Der Trump-Moment ist deutlich nihilistischer.

Hatten die großen Bewegungen des 20. Jahrhunderts allesamt eine Vision für die gesamte menschliche Spezies – ob nun die Weltherrschaft, die Revolution oder die Befreiung –, so hat Donald Trump nichts dergleichen zu bieten. Im Gegenteil: Seine Hauptbotschaft lautet, es sei nicht Amerikas Aufgabe, irgendeine globale Vision zu formulieren und zu verfolgen. Auch die britischen Brexit-Befürworter haben keinen wirklichen Plan für die Zukunft des Unvereinigten Königreichs – die Zukunft Europas und der Welt übersteigt ihren Horizont bei Weitem. Die meisten Menschen, die für Trump und den Brexit stimmten, lehnten das liberale Paket nicht zur Gänze ab – sie hatten vornehmlich das Vertrauen in die Globalisierung verloren. Sie glauben nach wie vor an Demokratie, freie Märkte, Menschenrechte und soziale Verantwortung, aber sie sind auch der Ansicht, dass diese hübschen Ideen an der Grenze haltmachen sollten. Tatsächlich glauben sie, Freiheit und Wohlstand in Yorkshire oder Kentucky ließen sich am besten dadurch bewahren, dass man einen Grenzwall errichtet und gegenüber Ausländern eine illiberale Politik verfolgt.

Die aufstrebende chinesische Supermacht stellt fast so etwas wie ein Spiegelbild dar. Sie hütet sich davor, ihre Politik im Inneren zu liberalisieren, vertritt jedoch gegenüber dem Rest der Welt einen deutlich liberaleren Ansatz. Tatsächlich wirkt Xi Jinping, wenn es um Freihandel und internationale Zusammenarbeit geht, wie Obamas eigentlicher Nachfolger. China hat seinen Marxismus-Leninismus in die hinteren Reihen verbannt und scheint mit der liberalen internationalen Ordnung recht glücklich zu sein.

Das wiederauferstandene Russland betrachtet sich in weitaus stärkerem Maße als Rivalen der globalen liberalen Ordnung, doch obwohl es seine militärische Macht zurückgewonnen hat, ist es ideologisch bankrott. Wladimir Putin ist in Russland, aber auch bei verschiedenen rechten oder rechtspopulistischen Bewegungen vor allem in Europa ohne Zweifel populär, doch er verfügt über keine Weltanschauung, die für arbeitslose Spanier, unzufriedene Brasilianer oder wohlmeinende Studenten in Cambridge irgendwie attraktiv sein könnte.

Russland bietet ein Gegenmodell zur freiheitlichen Demokratie, doch dieses Modell stellt keine kohärente politische Ideologie dar. Vielmehr handelt es sich um eine politische Praxis, bei der eine Reihe von Oligarchen einen Großteil des Reichtums und der Macht eines Landes monopolisieren und anschließend ihre Kontrolle über die Medien nutzen, um ihre Aktivitäten zu verheimlichen und ihre Herrschaft zu zementieren. Demokratie basiert auf Abraham Lincolns Grundsatz, der da lautet: «Es gelingt wohl, alle Menschen einige Zeit und einige Menschen allezeit, aber niemals alle Menschen alle Zeit zum Narren zu halten.» Ist eine Regierung korrupt und gelingt es ihr nicht, das Leben der Menschen zu verbessern, werden irgendwann genügend Bürger das bemerken und die Regierung durch eine andere ersetzen. Doch die staatliche Kontrolle über die Medien untergräbt Lincolns Logik, denn sie verhindert, dass die Bürger die Wahrheit erfahren. Durch ihr Monopol über die Medien kann die herrschende Oligarchie ihre Misserfolge immer wieder anderen in die Schuhe schieben und die Aufmerksamkeit auf äußere Bedrohungen lenken – seien sie realer oder lediglich imaginärer Natur.

Lebt man unter einer solchen Oligarchie, gibt es immer die eine oder andere Krise, die Vorrang vor so langweiligen Dingen wie Gesundheitsversorgung und Umweltverschmutzung hat. Wenn die Nation von einer Invasion von außen oder teuflischer Unterwanderung bedroht ist, wer hat dann schon Zeit, sich um überfüllte Krankenhäuser und vergiftete Flüsse Gedanken zu machen? Indem sie einen unablässigen Strom an Krisen erzeugt, kann eine korrupte Oligarchie ihre Herrschaft unbegrenzt verlängern.[8]

Doch dieses oligarchische Modell mag zwar in der Praxis überdauern, aber wirklich attraktiv ist es für niemanden. Anders als andere Ideologien, die ihre Vision stolz herausstellen, sind herrschende Oligarchien nicht stolz auf ihre Praktiken und nutzen deshalb gerne andere Ideologien als Deckmäntelchen. So gibt Russland vor, eine Demokratie zu sein, und seine Führung behauptet, den Werten des russischen Nationalismus und des orthodoxen Christentums und nicht denen der Oligarchie verpflichtet zu sein. Rechtsextremisten in Frankreich und Großbritannien mögen durchaus auf russische Unterstützung hoffen und ihre Bewunderung für Putin zum Ausdruck bringen, aber selbst ihre Wähler würden nicht in einem Land leben wollen, das tatsächlich das russische Modell nachahmt – also in einem Land mit endemischer Korruption, nicht oder nur schlecht funktionierenden Dienstleistungen, fehlender Rechtsstaatlichkeit und empörender Ungleichheit. Einigen Indikatoren zufolge gehört Russland zu den ungleichsten Ländern auf der Welt, dort konzentrieren sich 87 Prozent des Reichtums in den Händen der wohlhabendsten 10 Prozent.[9] Wie viele Anhänger des Front National aus der Arbeiterklasse würden dieses Modell der Wohlstandsverteilung für Frankreich übernehmen wollen?

Menschen stimmen mit den Füßen ab. Bei meinen Reisen durch die Welt habe ich in vielen Ländern zahlreiche Menschen getroffen, die in die USA, nach Deutschland, nach Kanada oder nach Australien auswandern wollen. Ich habe ein paar getroffen, die nach China oder Japan wollen. Aber ich bin noch keinem einzigen Menschen begegnet, der davon träumt, nach Russland zu emigrieren.

Was den «globalen Islam» angeht, so ist er vor allem für diejenigen attraktiv, die in seinem Schoße geboren wurden. Er mag so manchen in Syrien und im Irak und vielleicht sogar entfremdete muslimische Jugendliche in Deutschland und Großbritannien ansprechen, aber es ist nur schwer vorstellbar, dass sich Griechenland oder Südafrika – ganz zu schweigen von Kanada oder Südkorea – einem globalen Kalifat anschließen, um ihre Probleme zu lösen. Auch in diesem Fall stimmen die Menschen mit den Füßen ab. Für jeden jungen Muslim aus Deutschland, der in den Nahen Osten reist, um dort unter einer islamischen Theokratie zu leben, würden vermutlich hundert junge Menschen aus dem Nahen Osten lieber den umgekehrten Weg nehmen und im liberalen Deutschland ein neues Leben beginnen.

Das könnte glauben machen, die gegenwärtige Vertrauenskrise sei weniger schwerwiegend als ihre Vorläufer. Jeder Liberale, der durch die Ereignisse der letzten paar Jahre zur Verzweiflung getrieben wurde, sollte sich einfach daran erinnern, um wie vieles schlimmer es 1918, 1938 oder

1968 stand. Letztlich wird die Menschheit die liberale Erzählung nicht aufgeben, denn es gibt keine Alternative. Die Menschen mögen dem System einen wütenden Schlag in die Magengrube versetzen, aber da sie nirgendwo anders hin können, werden sie schließlich zurückkehren.

Vielleicht verzichten die Menschen aber auch ganz auf eine globale Sinnstiftung welcher Art auch immer und suchen stattdessen Zuflucht bei lokalen nationalistischen und religiösen Erzählungen. Im 20. Jahrhundert waren nationalistische Bewegungen ein extrem wichtiger politischer Faktor, doch es fehlte ihnen an einer stimmigen Vision für die Zukunft der Welt, sie hatten nichts anderes zu bieten als die Aufteilung des Erdballs in unabhängige Nationalstaaten. Und so kämpften indonesische Nationalisten gegen die niederländische Herrschaft, vietnamesische Nationalisten wollten ein freies Vietnam, aber es gab keine indonesische oder vietnamesische Erzählung für die Menschheit insgesamt. Als es an der Zeit war zu erläutern, in welchem Verhältnis Indonesien, Vietnam und all die anderen freien Nationen stehen und wie die Menschen mit globalen Problemen wie der Gefahr eines Atomkriegs umgehen sollten, wandten sich Nationalisten durchweg entweder liberalen oder kommunistischen Vorstellungen zu. Wenn aber heute Liberalismus und Kommunismus diskreditiert sind, sollten die Menschen dann vielleicht die Vorstellung aufgeben, dass es überhaupt eine einzige globale Erzählung geben könnte? Waren sie denn nicht alle – selbst der Kommunismus – das Produkt des westlichen Imperialismus? Warum sollten Dorfbewohner in Vietnam auf die Kopfgeburt eines Deutschen aus Trier und eines Industriellen aus Manchester vertrauen? Vielleicht sollte jedes Land einen eigenen, ideosynkratischen Pfad einschlagen, der von den eigenen altehrwürdigen Traditionen bestimmt ist? Vielleicht sollten auch die Menschen im Westen zumindest für eine Weile davon absehen, die Welt regieren zu wollen, und sich stattdessen auf ihre eigenen Angelegenheiten und deren Veränderung konzentrieren?

Das ist vermutlich das, was gerade geschieht, denn das Vakuum, das nach dem Zusammenbruch des Liberalismus entstanden ist, wird nach und nach mit nostalgischen Träumereien von irgendeiner lokalen goldenen Vergangenheit gefüllt. Donald Trump verband seine Forderungen nach einem amerikanischen Isolationismus mit dem Versprechen, Amerika wieder «great» zu machen – gerade so als seien die USA der 1980er oder der 1950er Jahre eine vollkommene Gesellschaft gewesen, die die Amerikaner nunmehr im 21. Jahrhundert irgendwie wiederherstellen sollten. Die Brexit-Befürworter träumen davon, Großbritannien zu einer unabhängigen Macht zu machen, als lebten sie noch immer in den Zeiten von Königin Viktoria und als sei die «splendid isolation» eine ernstzunehmende Strategie für das Zeitalter des Internets und der globalen Erwärmung. Chinesische Eliten haben ihre heimischen imperialen und konfuzianischen Vermächtnisse entdeckt, und zwar als Ergänzung oder gar als Ersatz für die zweifelhafte marxistische Ideologie, die sie aus dem Westen importierten. In Russland besteht Putins offizielle Vision nicht darin, eine korrupte Oligarchie zu errichten, sondern das alte Zarenreich zu neuem Leben zu erwecken. Ein Jahrhundert nach der bolschewistischen Revolution verspricht er eine Rückkehr in die glorreiche Zarenzeit, mit einer autokratischen Regierung, die sich auf russischen Nationalismus und orthodoxe Frömmigkeit stützt und ihre Macht von der Ostsee bis zum Kaukasus ausdehnt.

Ähnlichen nostalgischen Träumen, die nationalistische Neigungen mit religiösen Traditionen vermengen, hängen auch die Regime in Indien, Polen, der Türkei und zahlreichen anderen Ländern nach. Nirgends sind diese Träumereien extremer als im Nahen und Mittleren Osten, wo Islamisten das System, das der Prophet Mohammed vor 1400 Jahren in der Stadt Medina errichtete, kopieren wollen, während fundamentalistische Juden in Israel sogar die Islamisten noch übertreffen und davon fantasieren, in die biblischen Zeiten vor 2500 Jahren zurückzukehren. Angehörige der israelischen Regierungskoalition sprechen offen von ihrer

Hoffnung, die Grenzen des modernen Israel so auszudehnen, dass sie wieder weitgehend denen des biblischen Israel entsprechen, dem biblischen Gesetz wieder Geltung zu verschaffen und sogar den antiken Jahwe-Tempel in Jerusalem dort wieder aufzubauen, wo heute die al-Aqsa-Moschee steht.[10]

Die liberalen Eliten blicken mit Schrecken auf diese Entwicklungen und hoffen, die Menschheit werde rechtzeitig auf den liberalen Pfad zurückfinden, um eine Katastrophe abzuwenden. In seiner letzten Rede vor den Vereinten Nationen im September 2016 warnte Präsident Obama seine Zuhörer davor, «sich in eine Welt zurückzuziehen, die scharf geteilt ist und unweigerlich zu alten Gräben und Konflikten zwischen Nationen, Völkern, Rassen und Religionen führen wird». Stattdessen, so betonte er, blieben «die Prinzipien offener Märkte und verantwortlichen Regierens, von Demokratie, Menschenrechten und Völkerrecht ... die beste Grundlage für menschlichen Fortschritt in diesem Jahrhundert».[11]

Zu Recht verwies Obama darauf, dass das liberale Paket trotz zahlreicher Defizite eine deutlich bessere Bilanz aufzuweisen hat als jede seiner Alternativen. Die meisten Menschen genossen nie mehr Frieden oder Wohlstand als unter der Ägide der liberalen Ordnung des frühen 21. Jahrhunderts. Zum ersten Mal in der Geschichte sterben weniger Menschen an Infektionskrankheiten als an Altersschwäche, weniger Menschen sterben an Hunger als an Fettsucht, und durch Gewalt kommen weniger Menschen ums Leben als durch Unfälle. Doch der Liberalismus hat keine offenkundigen Antworten auf die größten Probleme, vor denen wir stehen: den ökologischen Kollaps und die technologische Disruption. Der Liberalismus vertraute traditionell auf das Wirtschaftswachstum, um wie durch Zauberhand schwierige gesellschaftliche und politische Konflikte zu lösen. Der Liberalismus versöhnte das Proletariat mit der Bourgeoisie, die Gläubigen mit den Atheisten, die Einheimischen mit den Zuwanderern und die Europäer mit den Asiaten, indem er jedem ein größeres Stück vom Kuchen versprach. Solange der Kuchen ständig größer wurde, war das möglich. Doch das Wirtschaftswachstum wird das globale Ökosystem nicht retten – im Gegenteil, es ist die Ursache für die ökologische Krise. Und Wirtschaftswachstum wird auch nicht die technologische Disruption lösen – denn es beruht auf der Erfindung von immer mehr disruptiven Technologien.

Die liberale Erzählung und die Logik der freien Marktwirtschaft ermutigen die Menschen zu großen Erwartungen. Gegen Ende des 20. Jahrhunderts kam jede Generation – ob in Houston, Shanghai, Istanbul oder São Paulo – in den Genuss von besserer Bildung, besserer Gesundheitsversorgung und höheren Einkommen als die jeweilige Vorgängergeneration. In den kommenden Jahrzehnten jedoch dürfte die jüngere Generation dank einer Kombination aus technologischer Disruption und ökologischer Kernschmelze froh sein, wenn es ihr nicht deutlich schlechter geht als ihren Vorgängern.

Wir stehen folglich vor der Aufgabe, eine aktualisierte Erzählung für die Welt zu schaffen. So wie die Umwälzungen der industriellen Revolution die neuen Ideologien des 20. Jahrhunderts gebaren, so werden die kommenden Revolutionen in Biotechnologie und Informationstechnologie wahrscheinlich frische Visionen erfordern. Die nächsten Jahrzehnte könnten deshalb gekennzeichnet sein durch intensives Insichgehen und durch die Formulierung neuer gesellschaftlicher und politischer Modelle. Könnte sich der Liberalismus noch einmal neu erfinden, wie er das im Gefolge der Krisen der 1930er und 1960er Jahre getan hat, und attraktiver als je zuvor neu erstehen? Könnten traditionelle Religion und Nationalismus die Antworten liefern, die Liberale nicht haben, und könnten sie mithilfe alter Weisheit eine zeitgemäße Weltsicht liefern? Oder wäre es vielleicht an der Zeit, einen sauberen Schnitt mit der Vergangenheit zu vollziehen und eine völlig neue Erzählung zu schaffen, die nicht nur über alte Götter und Nationen hinausgeht, sondern auch über die modernen Grundwerte der Freiheit und Gleichheit?

Gegenwärtig ist die Menschheit weit davon entfernt, in diesen Fragen zu einem Konsens zu finden. Wir befinden uns noch immer im nihilistischen Moment der Desillusionierung und des Zorns – die Menschen haben den Glauben an die alten Erzählungen verloren, verfügen aber noch über keine neuen. Was also tun? Der erste Schritt besteht darin, die Untergangsprophezeiungen herunterzudimmen und vom Panikmodus in den der Verunsicherung umzuschalten. Panik ist eine Form von Hybris. Sie geht mit dem selbstgefälligen Gefühl einher, dass man genau weiß, wohin die Welt steuert – nämlich Richtung Abgrund. Verunsicherung ist demütiger und damit hellsichtiger. Wenn Sie das Gefühl haben, schreiend durch die Straßen rennen und «Die Apokalypse ist nah!» rufen zu müssen, versuchen Sie sich einzureden: «Nein, das stimmt nicht, die Wahrheit ist, dass ich einfach nicht verstehe, was auf der Welt passiert.»

Die folgenden Kapitel versuchen, einige der irritierenden neuen Möglichkeiten, vor denen wir stehen, deutlicher sichtbar zu machen und zu zeigen, welche Wege wir einschlagen könnten. Doch bevor wir potenzielle Lösungen für die missliche Lage der Menschheit erkunden, müssen wir genauer begreifen, welche Herausforderung die Technologie darstellt. Die Revolutionen in der Informationstechnologie und in der Biotechnologie stecken noch immer in den Kinderschuhen, und es ist umstritten, in welchem Ausmaß sie wirklich für die heutige Krise des Liberalismus verantwortlich sind. Die meisten Menschen in Birmingham, Istanbul, Sankt Petersburg und Mumbai sind sich des Aufkommens der künstlichen Intelligenz und ihrer potenziellen Wirkung auf ihr Leben, wenn überhaupt, nur undeutlich bewusst. Es steht jedoch unzweifelhaft fest, dass die technologischen Revolutionen in den nächsten Jahrzehnten an Dynamik gewinnen und die Menschheit mit den härtesten Prüfungen, vor denen sie je stand, konfrontieren werden. Jede Erzählung, die bei den Menschen Gehör finden will, wird vor allem an ihrer Fähigkeit gemessen werden, mit dieser Zwillingsrevolution in Informationstechnologie und Biotechnologie umzugehen. Wenn der Liberalismus, der Nationalismus, der Islam oder irgendein neuartiger Glaube die Welt des Jahres 2050 prägen will, so wird er künstliche Intelligenz, Big-Data-Algorithmen und Bioengineering nicht nur erklären müssen – er sollte sie auch in ein neues, sinnvolles Narrativ integrieren können.

Um zu begreifen, welcher Art diese technologische Herausforderung ist, sollte man am besten beim Arbeitsmarkt beginnen. Seit 2015 reise ich durch die Welt und unterhalte mich mit Regierungsvertretern, Wirtschaftsleuten, Gesellschaftsaktivisten und Schulkindern über die Lage der Menschheit. Wann immer sie des ganzes Geredes von künstlicher Intelligenz, Big-Data-Algorithmen und Bioengineering überdrüssig waren, musste ich üblicherweise nur ein Zauberwort erwähnen, um ihre Aufmerksamkeit zurückzugewinnen: Jobs. Die technologische Revolution könnte schon bald Milliarden Menschen aus dem Arbeitsmarkt drängen und eine massenhafte neue Klasse der Nutzlosen schaffen, mit der Folge von gesellschaftlichen und politischen Umwälzungen, für die keine der bestehenden Ideologien ein Rezept hat. All das Gerede über Technologie und Ideologie mag reichlich abstrakt und abseitig klingen, aber die ganz reale Aussicht massenhafter Arbeitslosigkeit – oder persönlicher Arbeitslosigkeit – lässt niemanden gleichgültig.

2

Arbeit

Wenn du erwachsen bist, hast du vielleicht keinen Job

Wir haben keine Ahnung, wie der Arbeitsmarkt im Jahr 2050 aussehen wird. Allgemein geht man davon aus, dass maschinelles Lernen und Robotik so gut wie jedes Metier verändern werden, von der Joghurtproduktion bis zum Yogaunterricht. Unterschiedliche Ansichten jedoch herrschen darüber, welcher Art diese Veränderungen sein werden und wann mit ihnen zu rechnen ist. Einige glauben, binnen eines oder zweier Jahrzehnte würden Milliarden von Menschen ökonomisch überflüssig. Andere sind der Meinung, selbst auf lange Sicht werde die Automatisierung neue Jobs und größeren Wohlstand für alle schaffen.

Stehen wir also am Rande einer furchterregenden Umwälzung, oder sind solche Prognosen nur ein weiteres Beispiel für eine Maschinenstürmer-Hysterie, die jeder Grundlage entbehrt? Das ist schwer zu entscheiden. Befürchtungen, die Automatisierung werde zu Massenarbeitslosigkeit führen, reichen bis ins 19. Jahrhundert zurück, und bislang haben sie sich nie bewahrheitet. Seit Beginn der industriellen Revolution wurde für jeden Arbeitsplatz, der an eine Maschine verloren ging, mindestens ein neuer Job geschaffen, und der durchschnittliche Lebensstandard ist drastisch gestiegen.[1] Gleichwohl gibt es gute Gründe zu der Annahme, dass es dieses Mal anders ist und dass maschinelles Lernen ein echter «Game Changer» sein wird.

Die Menschen verfügen über zwei Arten von Fähigkeiten – körperliche und kognitive. In der Vergangenheit konkurrierten Maschinen und Menschen hauptsächlich bei den groben körperlichen Fähigkeiten, während die Menschen in Sachen Kognition den Maschinen stets weit überlegen blieben. Als daher die körperliche Arbeit in der Landwirtschaft und in der Industrie automatisiert wurde, entstanden neue Dienstleistungsjobs, die kognitive Fertigkeiten verlangten, über welche allein Menschen verfügten: Lernen, Analysieren, Kommunizieren und vor allem Verstehen menschlicher Emotionen. Doch die künstliche Intelligenz übertrifft die Menschen nun allmählich auch in immer mehr dieser Fertigkeiten, darunter auch im Verständnis menschlicher Emotionen.[2] Nun kennen wir aber kein drittes Tätigkeitsfeld – jenseits des körperlichen und des kognitiven –, auf dem die Menschen stets einen sicheren Vorsprung haben werden.

Wir müssen dabei berücksichtigen, dass die KI-Revolution nicht nur mit Computern zu tun hat, die immer schneller und schlauer werden. Befeuert wird sie von bahnbrechenden Neuerungen in den Bio- wie in den Gesellschaftswissenschaften. Je genauer wir die biochemischen Mechanismen verstehen, die menschlichen Emotionen, Wünschen und Entscheidungen zugrunde liegen, desto besser können Computer menschliches Verhalten analysieren, menschliche Entscheidungen vorhersagen und menschliche Fahrer, Bankangestellte und Anwälte ersetzen.

In den letzten Jahrzehnten versetzte die Forschung in Bereichen wie der Neurowissenschaft und der Verhaltensökonomie Wissenschaftler in die Lage, Menschen zu «hacken» und insbesondere deutlich besser zu verstehen, wie sie Entscheidungen treffen. Wie sich herausstellte, entspringen diese in fast allen Bereichen, vom Essen bis zum Ehepartner, nicht irgendeinem mysteriösen freien Willen, sondern Milliarden von Nervenzellen, die in Sekundenbruchteilen Wahrscheinlichkeiten berechnen. Die vielgepriesene «menschliche Intuition» ist in Wirklichkeit

«Mustererkennung».[3] Gute Fahrer, Bankangestellte und Anwälte haben kein magisches Gespür für Verkehr, Investitionen oder Verhandlungen – vielmehr erspähen sie, indem sie wiederkehrende Muster erkennen, besonders gut gedankenlose Fußgänger, ungeeignete Kreditnehmer und schamlose Betrüger. Wie sich ebenfalls herausstellte, sind die biochemischen Algorithmen des menschlichen Gehirns alles andere als vollkommen. Sie beruhen auf Entscheidungsregeln, Abkürzungen und veralteten Kreisläufen, die eher für die afrikanische Savanne als für den Großstadtdschungel geeignet sind. Kein Wunder also, dass selbst gute Fahrer, Bankangestellte und Anwälte manchmal dämliche Fehler begehen.

Das bedeutet, dass künstliche Intelligenz die Menschen selbst bei Aufgaben, die angeblich Intuition erfordern, überflügeln kann. Wenn Sie glauben, KI müsse in Sachen geheimer Ahnung mit der menschlichen Seele konkurrieren – dann klingt das unmöglich. Aber wenn KI bei Wahrscheinlichkeitsrechnung und Mustererkennung mit neuronalen Netzwerken konkurriert – dann hört sich das weit weniger gewagt an.

Insbesondere kann künstliche Intelligenz bei Jobs besser abschneiden, die ein Gespür und Empathie *für andere Menschen* verlangen. Viele Arbeitsbereiche – etwa ein Fahrzeug durch eine Straße voller Fußgänger zu steuern, fremden Menschen Geld zu leihen und einen Geschäftsabschluss auszuhandeln – erfordern die Fähigkeit, die Emotionen und Wünsche anderer Menschen richtig einzuschätzen. Wird dieses Kind da gleich auf die Straße rennen? Will der Mann dort drüben im Anzug an mein Geld und damit verschwinden? Meint der Anwalt der Gegenseite seine Drohungen ernst oder blufft er nur? Solange man glaubte, solche Emotionen und Wünsche würden von einem immateriellen Geist erzeugt, schien es offenkundig, dass Computer nie in der Lage sein würden, menschliche Fahrer, Bankangestellte und Anwälte zu ersetzen. Denn wie kann ein Computer den von Gott geschaffenen menschlichen Geist verstehen? Wenn diese Emotionen und Wünsche jedoch in Wirklichkeit nichts anderes als biochemische Algorithmen sind, gibt es keinerlei Grund, warum Computer diese nicht entschlüsseln sollten – und zwar weit besser als jeder *Homo sapiens*.

Ein Fahrer, der die Absichten eines Fußgängers erahnt, ein Bankangestellter, der die Kreditwürdigkeit eines potenziellen Schuldners bewertet, und ein Anwalt, der die Stimmung am Verhandlungstisch einschätzt, vertrauen dabei nicht auf Zauberkräfte. Vielmehr erkennen ihre Gehirne, für sie unbewusst, biochemische Muster, indem sie Gesichtsausdrücke, Stimmlagen, Handbewegungen und sogar Körpergerüche analysieren. Eine künstliche Intelligenz, die mit den richtigen Sensoren ausgestattet ist, könnte all das viel genauer und zuverlässiger tun als jeder Mensch.

Insofern resultieren die drohenden Arbeitsplatzverluste nicht nur aus dem Aufstieg der Informationstechnologie. Sie sind vielmehr eine Folge des Zusammenfließens von Informationstechnologie und Biotechnologie. Der Weg vom fMRT-Scanner zum Arbeitsmarkt ist lang und beschwerlich, aber er lässt sich trotzdem binnen weniger Jahrzehnte zurücklegen. Was Hirnforscher heute über Amygdala und Kleinhirn erfahren, könnte es Computern ermöglichen, im Jahr 2050 menschliche Psychiater und Leibwächter auszustechen.

Künstliche Intelligenz steht nicht nur bereit, Menschen zu «hacken» und sie bei einstmals spezifisch menschlichen Fertigkeiten zu übertreffen. Sie verfügt auch über spezifisch nichtmenschliche Fähigkeiten, die dafür sorgen, dass der Unterschied zwischen einer künstlichen Intelligenz und einem menschlichen Arbeiter mehr als nur ein gradueller ist. Zwei besonders wichtige nichtmenschliche Fähigkeiten, über die künstliche Intelligenz verfügt, sind die Konnektivität und die Aktualisierbarkeit.

Da Menschen Individuen sind, ist es schwierig, sie miteinander zu verbinden und sicherzustellen, dass sie alle auf dem neuesten Stand sind. Computer hingegen sind keine Individuen und lassen sich ganz einfach in ein einziges flexibles Netzwerk integrieren. Es geht also nicht um die Ersetzung von Millionen individueller menschlicher Arbeitskräfte durch Millionen individueller Roboter und Computer. Vielmehr werden individuelle Menschen vermutlich durch ein integriertes Netzwerk ersetzt werden. Denkt man über die Automatisierung nach, so ist es deshalb falsch, wenn man die Fähigkeiten eines einzelnen menschlichen Fahrers mit denen eines einzelnen selbstfahrenden Autos oder die eines einzelnen menschlichen Arztes mit denen eines einzelnen KI-Arztes vergleicht. Vielmehr sollten wir die Fähigkeiten einer Ansammlung menschlicher Individuen mit den Fähigkeiten eines integrierten Netzwerks vergleichen.

So sind beispielsweise viele Fahrer nicht mit den sich ständig ändernden Verkehrsregeln vertraut und verstoßen häufig dagegen. Da zudem jedes Fahrzeug ein autonomes Gebilde ist, könnte es sein, dass, wenn sich zwei Fahrzeuge gleichzeitig einer Kreuzung nähern, die Fahrer ihre Absichten falsch kommunizieren und zusammenstoßen. Selbstfahrende Autos hingegen können alle miteinander verbunden sein. Wenn zwei solche Fahrzeuge sich derselben Kreuzung nähern, handelt es sich nicht wirklich um zwei getrennte Einheiten – sie sind vielmehr Teil eines einzigen Algorithmus. Die Chancen, dass sie falsch kommunizieren und zusammenstoßen, sind deshalb viel geringer. Und wenn das Verkehrsministerium beschließt, irgendeine Verkehrsregel zu ändern, lassen sich alle selbstfahrenden Autos problemlos zum genau selben Zeitpunkt updaten, und sofern sich kein Programmfehler einschleicht, werden sie alle die neue Regel haargenau befolgen.[4]

Ähnlich ist es im Gesundheitsbereich: Wenn die Weltgesundheitsorganisation eine neue Krankheit entdeckt oder wenn ein Labor einen neuen medizinischen Wirkstoff herstellt, so ist es fast unmöglich, alle menschlichen Ärzte auf der Welt bei diesen Entwicklungen auf den neuesten Stand zu bringen. Wenn Sie hingegen zehn Milliarden KI-Ärzte auf der Welt haben – von denen jeder die Gesundheit eines einzigen Menschen überwacht –, kann man sie alle in Sekundenbruchteilen updaten, und sie können alle untereinander ihre Erfahrungen mit der neuen Krankheit oder dem neuen Wirkstoff kommunizieren. Diese potenziellen Vorzüge von Konnektivität und Aktualisierbarkeit sind so enorm, dass es zumindest in einigen Arbeitsbereichen sinnvoll sein könnte, sämtliche Menschen durch Computer zu ersetzen, selbst wenn auf individueller Ebene manche weiterhin besser arbeiten als die Maschinen.

Nun könnten Sie einwenden, durch den Übergang von individuellen Menschen zu einem Computernetzwerk würden wir die Vorzüge der Individualität verlieren. Wenn beispielsweise ein menschlicher Arzt eine falsche Diagnose stellt, dann tötet er nicht alle Patienten auf der Welt und blockiert nicht die Entwicklung aller neuen Medikamente. Wenn hingegen sämtliche Ärzte in Wirklichkeit nur ein einziges System sind und dieses System einen Fehler macht, könnten die Folgen katastrophal sein. Tatsächlich jedoch kann ein integriertes Computersystem die Vorzüge der Konnektivität maximieren, ohne die Vorzüge der Individualität zu verlieren. Man kann zahlreiche alternative Algorithmen über das gleiche Netzwerk laufen lassen, sodass ein Patient in einem entlegenen Urwalddorf mittels Smartphone Zugang nicht nur zu einem einzigen zuverlässigen Arzt hat, sondern tatsächlich zu 100 verschiedenen KI-Ärzten, deren relative Leistung fortwährend verglichen wird. Ihnen gefällt nicht, was ihnen der IBM-Arzt gesagt hat? Kein Problem. Selbst wenn Sie irgendwo an den Hängen des Kilimandscharo gestrandet sind, können Sie problemlos den Baidu-Arzt kontaktieren und ihn um eine zweite Meinung bitten.

Der Nutzen für die menschliche Gesellschaft dürfte jedenfalls enorm sein. KI-Ärzte könnten Milliarden Menschen eine weit bessere und billigere Gesundheitsversorgung bieten, insbesondere denen, die bislang überhaupt keinerlei Zugang zu medizinischer Versorgung hatten. Dank lernender Algorithmen und biometrischer Sensoren könnte ein armer Dorfbewohner in einem unterentwickelten Land über sein Smartphone eine weit bessere ärztliche Versorgung erhalten, als sie der reichste Mensch auf der Welt heute im fortschrittlichsten Krankenhaus bekommt.[5]

Ähnlich könnten selbstfahrende Autos den Menschen eine viel bessere Mobilität bieten und insbesondere die Zahl der tödlichen Unfälle reduzieren. Heute kommen fast 1,25 Millionen Menschen pro Jahr bei Verkehrsunfällen ums Leben (zweimal so viele wie durch Krieg, Kriminalität und Terrorismus zusammengenommen).[6] Mehr als 90 Prozent dieser Unfälle werden durch zutiefst menschliche Irrtümer verursacht – jemand trinkt Alkohol und fährt, jemand tippt, während er fährt, auf dem Handy herum, jemand schläft am Steuer ein, jemand träumt vor sich hin, statt auf die Straße zu achten. Die amerikanische Behörde für Verkehrssicherheit auf Autobahnen schätzte 2012, dass 31 Prozent der tödlichen Unfälle in den USA durch Alkohol am Steuer, 30 Prozent durch überhöhte Geschwindigkeit und 21 Prozent durch abgelenkte Fahrer verursacht wurden.[7] Selbstfahrende Autos werden solche Dinge nie tun. Zwar haben sie ihre ganz eigenen Probleme und Grenzen und manche Unfälle sind vermutlich schlicht unvermeidlich, aber wenn man alle menschlichen Fahrer durch Computer ersetzt, dann kann man davon ausgehen, dass sich die Zahl der Toten und Verletzten auf den Straßen um gut 90 Prozent reduziert.[8] Mit anderen Worten: Ein Umstieg auf selbstfahrende Autos rettet wahrscheinlich jedes Jahr einer Million Menschen das Leben.

Es wäre also schlicht verrückt, die Automatisierung in Bereichen wie Verkehr und Gesundheitsversorgung zu blockieren, nur um menschliche Arbeitsplätze zu retten. Denn schließlich sollten wir ja vor allem eines schützen, nämlich Menschen und nicht Jobs. Überflüssige Fahrer und Ärzte müssen sich halt eine andere Tätigkeit suchen.

Mozart in der Maschine

Zumindest auf kurze Sicht ist es eher unwahrscheinlich, dass künstliche Intelligenz und Robotik ganze Branchen vollständig vernichten. Arbeitsplätze, die eine Spezialisierung in einem begrenzten Spektrum an Routinetätigkeiten erfordern, werden automatisiert werden. Dagegen wird es deutlich schwieriger sein, in weniger durch Routine geprägten Jobs, die den gleichzeitigen Einsatz einer breiten Palette an Fertigkeiten verlangen und bei denen man es mit unvorhergesehenen Szenarien zu tun hat, Menschen durch Maschinen zu ersetzen. Nehmen wir zum Beispiel das Gesundheitswesen. Viele Ärzte konzentrieren sich fast ausschließlich darauf, Informationen zu verarbeiten: Sie sammeln medizinische Daten, analysieren sie und erstellen eine Diagnose. Krankenschwestern hingegen benötigen auch gute motorische und emotionale Fertigkeiten, um eine schmerzhafte Injektion zu verabreichen, einen Verband zu wechseln oder einen tobenden Patienten zu bändigen. Insofern wird es einen KI-Hausarzt auf unserem Smartphone Jahrzehnte früher geben als einen zuverlässigen Pflegeroboter.[9] Die Branche menschlicher Pflege und Fürsorge – die sich um die Kranken, die Kinder und die Alten kümmert – wird vermutlich noch lange eine menschliche Bastion bleiben. Da die Menschen immer älter werden und immer weniger Kinder bekommen, könnte die Altenpflege sogar zu den am schnellsten wachsenden Bereichen auf dem Arbeitsmarkt gehören.

Neben der Pflege stellt auch die Kreativität die Automatisierung vor schwer zu überwindende Hürden. Wir brauchen keine Menschen mehr, die uns Musik verkaufen – wir laden sie direkt aus dem iTunes-Store herunter –, aber die Komponisten, Musiker, Sänger und DJs sind nach wie vor aus Fleisch und Blut. Wir vertrauen auf ihre Kreativität, mit der sie nicht nur völlig neue Musik schaffen, sondern auch aus einer schwindelerregenden Fülle verfügbarer Möglichkeiten auswählen.

Gleichwohl wird auf lange Sicht kein Arbeitsplatz absolut sicher vor der Automatisierung sein. Selbst Künstler sollte man auf der Rechnung haben. In der modernen Welt wird Kunst üblicherweise mit menschlichen Emotionen assoziiert. Wir neigen zu der Annahme, Künstler würden innere Seelenkräfte bündeln, und der eigentliche Zweck der Kunst sei es, uns mit unseren Emotionen in Verbindung zu bringen oder irgendein neues Gefühl in uns auszulösen. Wenn es darum geht, Kunst zu bewerten, beurteilen wir sie folglich gerne nach ihrer emotionalen Wirkung auf das Publikum. Wenn man aber Kunst über menschliche Emotionen definiert, was würde dann passieren, sobald äußere Algorithmen in der Lage sind, menschliche Emotionen besser als Shakespeare, Frida Kahlo oder Beyoncé zu verstehen und zu manipulieren?

Schließlich sind Emotionen nicht irgendein geheimnisvolles Phänomen – sie sind das Ergebnis eines biochemischen Prozesses. Deshalb könnte in nicht allzu ferner Zukunft ein maschinell lernender Algorithmus die biometrischen Daten analysieren, die ihm von Sensoren auf und in unserem Körper zufließen, er könnte unseren Persönlichkeitstyp und unsere wechselnden Gemütslagen bestimmen, und er könnte berechnen, welche emotionale Wirkung ein bestimmtes Lied – ja sogar eine bestimmte Tonart – mit hoher Wahrscheinlichkeit auf uns hat.[10]

Von allen Kunstformen ist die Musik vermutlich am empfänglichsten für die Big-Data-Analyse, weil sich sowohl Input wie Output mathematisch präzise darstellen lassen. Input sind die mathematischen Muster von Klangwellen, Output die elektrochemischen Muster neuronaler Stürme. Binnen weniger Jahrzehnte könnte ein Algorithmus, der mit Millionen von musikalischen Erfahrungen gefüttert wurde, vorherzusagen lernen, welche Inputs zu welchen Outputs führen.[11]

Nehmen wir einmal an, Sie hatten einen heftigen Streit mit Ihrem

Freund oder Ihrer Freundin. Der Algorithmus, der für Ihre Stereoanlage oder Ihr Soundsystem verantwortlich ist, wird sogleich Ihre innere emotionale Erregung erkennen, und auf der Grundlage dessen, was er über Sie persönlich und über menschliche Psychologie ganz allgemein weiß, wird er Songs spielen, die genau auf Ihre gedrückte Stimmung zugeschnitten sind und Ihrem Kummer entsprechen. Diese spezifischen Songs funktionieren bei anderen Menschen möglicherweise nicht, aber zu Ihrem Persönlichkeitstyp passen sie perfekt. Nachdem der Algorithmus Ihnen dabei geholfen hat, ganz tief in ihre Traurigkeit einzutauchen, würde er anschließend das eine Lied auf der Welt spielen, das Sie wahrscheinlich wieder aufheitert – vielleicht weil Ihr Unterbewusstsein es mit einer schönen Kindheitserinnerung in Verbindung bringt, derer Sie selbst sich gar nicht bewusst sind. Kein menschlicher DJ könnte je darauf hoffen, mit den Fertigkeiten einer solchen künstlichen Intelligenz mitzuhalten.

Nun könnte man einwenden, dass die künstliche Intelligenz damit alle Zufallsfunde abtötet und uns in einen engen musikalischen Kokon sperrt, der durch unsere früheren Vorlieben und Abneigungen gesponnen wurde. Wie soll man da neue musikalische Welten und Stile erkunden? Kein Problem. Sie könnten den Algorithmus mühelos so anpassen, dass fünf Prozent seiner Auswahl vollkommen zufällig erfolgen, sodass er Sie unerwartet mit der Aufnahme eines indonesischen Gamelan-Ensembles, einer Rossini-Oper oder dem neuesten K-Pophit aus Korea beglückt. Mit der Zeit könnte die künstliche Intelligenz, indem sie Ihre Reaktionen registriert, das ideale Maß an Zufälligkeit bestimmen, das den musikalischen Entdeckerdrang optimiert, gleichzeitig aber jeden Verdruss vermeidet, und so würde sie also ihre Zufallsauswahl je nachdem vielleicht auf drei Prozent senken oder auf acht Prozent erhöhen.

Ein weiterer möglicher Einwand lautet, dass unklar ist, wie der Algorithmus sein emotionales Ziel bestimmen könnte. Wenn Sie sich gerade mit Ihrer Freundin oder Ihrem Freund gestritten haben, sollte der Algorithmus dann darauf ausgerichtet sein, Sie traurig zu machen oder Sie heiter zu stimmen? Sollte er sich blind an einer rigiden Skala von «guten» und «schlechten» Emotionen orientieren? Vielleicht gibt es ja Zeiten im Leben, in denen es ganz gut ist, sich traurig zu fühlen? Die gleiche Frage ließe sich natürlich an menschliche Musiker und DJs richten. Doch mit einem Algorithmus gibt es zahlreiche interessante Lösungen für dieses Rätsel.

Eine Option lautet, die Sache einfach dem Kunden zu überlassen. Sie können ihre Emotionen so festlegen, wie Sie wollen, und der Algorithmus wird Ihren Vorgaben folgen. Ob Sie in Selbstmitleid versinken oder Freudensprünge vollführen wollen – der Algorithmus wird Ihnen sklavisch folgen. Tatsächlich kann der Algorithmus vielleicht sogar lernen, Ihre Wünsche zu erkennen, ohne dass Sie sich dieser Wünsche explizit bewusst sind.

Wenn Sie sich jedoch selbst nicht trauen, können Sie den Algorithmus so einrichten, dass er den Empfehlungen des Psychologen Ihres Vertrauens folgt. Wenn Ihre Freundin oder Ihr Freund Sie schließlich endgültig sitzen lässt, dann kann der Algorithmus mit Ihnen die offiziellen fünf Trauerstadien durchlaufen: Erst hilft er Ihnen zu leugnen, was geschehen ist, indem er Bobby McFerrins *Don't Worry, Be Happy* spielt, dann facht er Ihre Wut an mit Alanis Morissettes *You Oughta Know*, dann ermuntert er Sie, es vielleicht noch einmal mit gutem Zureden zu versuchen (Jacques Brels *Ne me quitte pas* and Paul Youngs *Come Back and Stay*), ehe er Sie mit Adeles *Someone Like You* und *Hello* in die Hölle der Depression befördert und Ihnen schließlich dabei hilft, die Situation mit Gloria Gaynors *I Will Survive* zu akzeptieren.

Der nächste Schritt für den Algorithmus besteht darin, nun mit den Songs und Melodien selbst herumzuspielen und sie leicht dahin gehend abzuändern, dass sie Ihren Marotten und speziellen Vorlieben entsprechen. Vielleicht mögen Sie eine ganze bestimmte Passage in einem ansonsten ausgezeichneten Song überhaupt nicht. Der Algorithmus weiß das, weil Ihr Herz einen Schlag aussetzt und ihr Oxytocin-Spiegel leicht sinkt, wenn Sie diese unangenehme Passage hören. Der Algorithmus könnte die schwer erträglichen Tonfolgen umschreiben oder einfach löschen.

Auf lange Sicht können Algorithmen lernen, wie man ganze Melodien komponiert, indem sie mit den menschlichen Emotionen spielen, als handelte es sich dabei um eine Klaviatur. Mithilfe Ihrer biometrischen Daten könnten Algorithmen sogar personalisierte Melodien erzeugen, die Ihnen als einzigem Menschen auf der Welt wirklich gefallen.

Es heißt oft, die Menschen würden Kunst deshalb lieben, weil sie sich selbst in ihr wiederfinden. Das kann überraschende und irgendwie auch düstere Folgen haben, wenn beispielsweise – sagen wir – Facebook damit beginnt, personalisierte Kunst zu schaffen, die auf all dem beruht, was Facebook über Sie weiß. Wenn Ihr Freund oder Ihre Freundin Sie verlässt, wird Facebook Sie mit einem individualisierten Song über dieses spezifische Miststück trösten und nicht mit einem Lied über die unbekannte Person, die Adele oder Alanis Morissette das Herz brach. Der Song wird Sie sogar an tatsächliche Ereignisse in Ihrer Beziehung erinnern, von denen niemand sonst auf der Welt etwas weiß.

Natürlich könnte es sein, dass sich personalisierte Kunst nie durchsetzt, denn die Menschen werden vielleicht weiter lieber die gängigen Hits hören, die jedem gefallen. Wie soll man zu einer Melodie tanzen oder sie lauthals mitsingen, wenn niemand außer einem selbst sie kennt? Doch Algorithmen könnten Welthits vielleicht sogar noch besser produzieren als personalisierte Raritäten. Mittels riesiger biometrischer Datenbanken, die sich aus Millionen von Menschen speisen, könnte der Algorithmus wissen, welche biochemischen Knöpfe er drücken muss, um einen Welthit zu produzieren, bei dem jeder wie verrückt mittanzt. Wenn es bei der Kunst wirklich darum geht, menschliche Emotionen auszulösen (oder zu manipulieren), wird kaum ein menschlicher Musiker mit einem solchen Algorithmus konkurrieren können, denn der Mensch versteht deutlich weniger von dem Hauptinstrument, auf dem dieser spielt: dem biochemischen System des Menschen.

Wird all das große Kunst zur Folge haben? Das hängt davon ab, wie man Kunst definiert. Wenn Schönheit im Falle der Musik tatsächlich in den Ohren des Zuhörers liegt und wenn der Kunde immer recht hat, dann haben biometrische Algorithmen durchaus eine Chance, die beste Kunst zu produzieren, die es in der Geschichte je gab. Wenn es in der Kunst um etwas Tiefgründigeres als menschliche Emotionen geht und wenn sie eine Wahrheit jenseits unserer biochemischen Vibrationen zum Ausdruck bringen soll, dann sind biometrische Algorithmen vielleicht keine besonders guten Künstler. Aber das gilt auch für die meisten Menschen. Um Zugang zum Musikmarkt zu finden und zahlreiche menschliche Komponisten und Interpreten zu ersetzen, müssen Algorithmen nicht gleich besser als Tschaikowsky sein. Es würde schon reichen, wenn sie Britney Spears hinter sich lassen.

Neue Jobs?

Der Verlust vieler traditioneller Arbeitsplätze in so gut wie allen Bereichen, von der Kunst bis zum Gesundheitswesen, wird zumindest zum Teil durch die Entstehung neuer Jobs für Menschen wettgemacht werden. Allgemeinärzte, die in erster Linie bekannte Krankheiten diagnostizieren und gängige Behandlungen verabreichen, werden vermutlich durch KI-Ärzte ersetzt werden. Aber gerade deshalb wird viel mehr Geld zur Verfügung stehen, mit dem man menschliche Ärzte und Labormitarbeiter dafür bezahlen kann, Grundlagenforschung zu betreiben und neue Medikamente oder Operationsverfahren zu entwickeln.[12]

Künstliche Intelligenz könnte auch noch auf andere Weise dabei helfen, neue Jobs für Menschen zu schaffen. Statt mit ihr in Konkurrenz zu treten, könnten sich die Menschen darauf konzentrieren, sich künstlicher Intelligenz zu bedienen und sie zu nutzen. So hat beispielsweise die Ersetzung menschlicher Piloten durch Drohnen einige Jobs vernichtet, aber viele neue Stellen in den Bereichen Instandhaltung, Fernsteuerung, Datenanalyse und Cybersecurity geschaffen. Die US-Streitkräfte brauchen 30 Menschen, damit eine unbemannte Drohne vom Typ Predator oder Reaper über Syrien unterwegs sein kann, und um die Fülle der von ihr gelieferten Informationen zu analysieren, braucht man noch einmal mindestens weitere 80 Leute. Im Jahr 2015 fehlten der US Air Force ausreichend ausgebildete Menschen, um all diese Positionen zu besetzen, und so stand man ironischerweise vor dem paradox anmutenden Problem, dass man die unbemannten Flugkörper nicht bemannen konnte.[13]

Insofern könnte der Arbeitsmarkt des Jahres 2050 durchaus durch Kooperation und nicht durch Konkurrenz zwischen Mensch und künstlicher Intelligenz gekennzeichnet sein. In Bereichen, die von der Polizeiarbeit bis zum Bankwesen reichen, könnten Teams aus Menschen und künstlicher Intelligenz sowohl Menschen als auch Computer übertreffen. Nachdem das Schachprogramm Deep Blue von IBM 1997 den damaligen Weltmeister Garri Kasparow besiegt hatte, hörten die Menschen nicht auf, Schach zu spielen. Vielmehr wurden menschliche Schachmeister dank Training mit künstlicher Intelligenz besser denn je, und zumindest eine Zeit lang schnitten Mannschaften aus Menschen und künstlicher Intelligenz, die man als «Kentauren» bezeichnete, beim Schach besser ab als Menschen und Computer. Ähnlich könnte künstliche Intelligenz dabei helfen, die besten Ermittler, Bankangestellten und Soldaten hervorzubringen, die es in der Geschichte je gab.[14]

Das Problematische an all diesen neuen Jobs aber ist, dass sie vermutlich ein hohes Maß an fachlichem Wissen erfordern und deshalb die Probleme der ungelernten Arbeitslosen nicht lösen werden. Neue Jobs für Menschen zu schaffen könnte sich als leichter erweisen, als die Menschen umzuschulen, damit sie dann tatsächlich diese Arbeitsplätze besetzen. Bei früheren Automatisierungswellen konnten die Beschäftigten üblicherweise von einem Routinejob, der keine großen Fertigkeiten erforderte, in einen anderen wechseln. 1920 konnte ein Landarbeiter, der aufgrund der Mechanisierung der Landwirtschaft entlassen wurde, einen neuen Job in einer Fabrik finden, die Traktoren herstellte. 1980 konnte ein arbeitsloser Fabrikarbeiter als Kassierer in einem Supermarkt arbeiten. Solche Berufswechsel waren möglich, weil der Schritt von der Farm zur Fabrik und von der Fabrik zum Supermarkt nur eine begrenzte Umschulung erforderte. 2050 jedoch wird ein Kassierer oder ein Textilarbeiter, der seinen Job an einen Roboter verliert, kaum in der Lage sein, als Krebsforscher, als Drohnenpilot oder als Teil eines Teams aus Mensch und künstlicher Intelligenz im Bankwesen zu arbeiten. Im Ersten Weltkrieg war es auf zynische Weise sinnvoll, Millionen unausgebildeter Wehrpflichtiger auf die Schlachtfelder zu schicken, wo sie die Maschinengewehre bedienten und zu Tausenden starben. Ihre individuellen Fertigkeiten spielten so gut wie keine Rolle. Heute ist die amerikanische Luftwaffe trotz fehlender Drohnenpiloten und Datenanalysten nicht bereit, diese personellen Lücken mit Menschen zu füllen, die bei Walmart entlassen wurden. Oder würden Sie wollen, dass ein unerfahrener Rekrut eine afghanische Hochzeitsfeier fälschlicherweise für eine Versammlung hochrangiger Taliban hält?

Trotz der Schaffung vieler neuer Jobs für Menschen könnten wir deshalb die Entstehung einer neuen «nutzlosen» Klasse erleben. Tatsächlich droht uns möglicherweise das Schlimmste beider Welten, nämlich gleichzeitig eine hohe Arbeitslosigkeit und ein Mangel an gut ausgebildeten Arbeitskräften. Vielen Menschen blüht womöglich das Schicksal nicht der Kutscher des 19. Jahrhunderts – die fortan Taxi fuhren –, sondern der damaligen Pferde, die mit der Zeit ganz aus dem Arbeitsmarkt gedrängt wurden.[15]

Überdies wird keiner der verbliebenen menschlichen Arbeitsplätze jemals vor künftiger Automatisierung sicher sein, denn maschinelles Lernen und Robotik werden sich weiter verbessern. Ein 40 Jahre alter arbeitsloser Kassierer von Walmart, dem es dank übermenschlicher Anstrengung gelingt, sich als Drohnenpilot neu zu erfinden, muss sich möglicherweise zehn Jahre später schon wieder neu erfinden, denn bis dahin wurde womöglich auch das Steuern der Drohnen automatisiert. Diese Volatilität wird es überdies erschweren, Gewerkschaften zu bilden oder Arbeitnehmerrechte zu garantieren. Schon heute zeichnen sich viele neue Arbeitsplätze in fortgeschrittenen Volkswirtschaften durch Befristung ohne Kündigungsschutz, freie Tätigkeit oder Werkverträge und kurzfristige Nebentätigkeiten aus.[16] Wie soll man einen Beruf gewerkschaftlich organisieren, der binnen eines Jahrzehnts aus dem Boden schießt und wieder verschwindet?

Ähnlich werden die Kentaurenteams von Mensch und Computer wahrscheinlich durch einen fortwährenden Kriegszustand zwischen den Menschen und den Computern charakterisiert sein und weniger in eine lebenslange Partnerschaft münden. Teams, die ausschließlich aus Menschen bestehen – wie etwa Sherlock Holmes und Dr. Watson –, entwickeln üblicherweise dauerhafte Hierarchien und Routinen, die Jahrzehnte Bestand haben. Doch ein menschlicher Ermittler, der sich mit dem Computersystem Watson von IBM zusammentut (das 2011 Berühmtheit erlangte, als es in der amerikanischen Fernsehquizshow *Jeopardy!* siegte), wird merken, dass jede Routine eine Einladung zur Disruption und jede Hierarchie eine Einladung zur Revolution ist. Der Assistent von gestern könnte sich in den Vorgesetzten von morgen verwandeln, und sämtliche Protokolle und Handbücher müssen jedes Jahr neu geschrieben werden.[17]

Ein genauerer Blick auf die Welt des Schachs erbringt vielleicht Hinweise, in welche Richtung sich die Dinge langfristig bewegen. Es stimmt, dass mehrere Jahre nach dem Sieg von Deep Blue über Kasparow die Zusammenarbeit von Mensch und Computer im Schach eine Blütezeit erlebte. Doch in den letzten Jahren sind Computer im Schachspiel so gut geworden, dass ihre menschlichen Kollegen ihren Wert verloren haben und schon bald völlig bedeutungslos werden könnten.

Ein wichtiger Meilenstein war dabei der 7. Dezember 2017, als nicht ein Computer einen Menschen im Schach besiegte – das wäre nun wahrlich keine Nachricht wert gewesen –, sondern das Programm AlphaZero von Google über das Programm Stockfish 8 siegte. Stockfish 8 stand 2016 ganz oben auf den Ranglisten für Computerschach. Es hatte Zugang zu Jahrhunderten akkumulierter menschlicher Schacherfahrung und zu Jahrzehnten Computererfahrung. Es konnte pro Sekunde 70 Millionen Stellungen berechnen. AlphaZero hingegen schaffte nur 80 000 solcher Berechnungen pro Sekunde, und seine menschlichen Schöpfer hatten ihm keinerlei Schachstrategien beigebracht – nicht einmal die Standarderöffnungen. Stattdessen nutzte AlphaZero die neuesten Prinzipien maschinellen Lernens und brachte sich quasi autodidaktisch Schach bei, indem es gegen sich selbst spielte. Trotzdem gewann der Neuling AlphaZero von 100 Partien gegen Stockfish 28, weitere 72 endeten mit einem Remis. Er verlor also nicht eine einzige Partie. Da AlphaZero nichts von Menschen gelernt hatte, wirkten viele seiner erfolgreichen Züge und Strategien auf Menschen unkonventionell. Man könnte sie aber durchaus als kreativ, wenn nicht gar als genial bezeichnen.

Wollen Sie raten, wie lang AlphaZero brauchte, um Schach von Grund auf zu lernen, sich auf die Partien gegen Stockfisch vorzubereiten und seine genialen Instinkte zu entwickeln? Vier Stunden. Nein, das ist kein Tippfehler. Jahrhundertelang galt Schach als eine der ruhmreichen Kronen menschlicher Intelligenz. AlphaZero schaffte es binnen nur vier Stunden von völliger Unkenntnis zu schöpferischer Meisterschaft, und das ohne die Hilfe und Anleitung irgendeines Menschen.[18]

AlphaZero ist nicht die einzige fantasiebegabte und ideenreiche Software da draußen. Viele Programme übertreffen heute regelmäßig menschliche Schachspieler nicht nur bei den schlichten Rechenkapazitäten, sondern auch in Sachen Kreativität. Bei Schachturnieren, an denen nur Menschen teilnehmen, müssen die Schiedsrichter ständig darauf achten, dass die Spieler nicht betrügen, indem sie sich insgeheim Hilfe von Computern holen. Diese Betrüger lassen sich unter anderem dadurch aufspüren, dass man das Ausmaß an Originalität analysiert, das sie an den Tag legen. Wenn sie einen ungewöhnlich kreativen Zug machen, hegen die Schiedsrichter oft den Verdacht, dass es sich dabei möglicherweise nicht um Menschenwerk, sondern um den Zug eines Computers handelt. Zumindest im Schach ist Kreativität also bereits das Markenzeichen von Computern und weniger von Menschen! Wenn somit Schach unser Kanarienvogel im Bergwerksstollen ist, so sollten wir gebührend gewarnt sein, dass der Kanarienvogel stirbt. Was heute mit Schachteams aus Mensch und künstlicher Intelligenz passiert, könnte schon bald auch ähnlich gearteten Teams in den Bereichen Polizei, Medizin und Bankwesen blühen.[19]

Die Schaffung neuer Arbeitsplätze und die Umschulung von Menschen für diese Jobs wird folglich keine einmalige Sache sein. Die KI-Revolution wird keine klassische Wasserscheide sein, nach der der Arbeitsmarkt wieder in ein neues Gleichgewicht kommt. Wir werden es vielmehr mit einer Kaskade immer größerer Disruption zu tun haben. Schon heute gehen Arbeitnehmer kaum mehr davon aus, dass sie ihr ganzes Leben an einem Arbeitsplatz verbringen werden.[20] 2050 dürfte nicht nur die Vorstellung «ein Job fürs ganze Leben», sondern sogar die Vorstellung «ein Beruf fürs ganze Leben» heillos veraltet sein.

Selbst wenn wir fortwährend neue Jobs erfinden und Arbeitskräfte umschulen könnten, müssen wir uns fragen, ob der durchschnittliche Mensch das emotionale Durchhaltevermögen besitzt, das man für ein Leben mit solch unablässigen Umwälzungen braucht. Veränderung ist immer mit Belastungen verbunden, und die hektische Welt des frühen 21. Jahrhunderts hat zu einer globalen Stressepidemie geführt.[21] Wenn die Volatilität des Arbeitsmarkts und der individuellen Lebensläufe weiter zunimmt, werden die Menschen das verkraften? Wir brauchen dafür vermutlich weitaus effektivere Stressbewältigungsmethoden – die von Medikamenten über Neurofeedback bis zur Meditation reichen –, um zu verhindern, dass der Kopf des Sapiens schlappmacht. Bis 2050 könnte nicht nur aufgrund eines absoluten Mangels an Arbeitsplätzen oder mangels entsprechender Ausbildung eine «nutzlose» Klasse entstehen, sondern auch wegen ungenügender mentaler Widerstandskraft.

Natürlich sind die hier skizzierten Szenarien großteils bloße Spekulation. Zu der Zeit, da ich dies schreibe – Anfang 2018 –, hat die Automatisierung zahlreiche Branchen in Aufruhr versetzt, aber sie hatte bislang keine Massenarbeitslosigkeit zur Folge. In vielen Ländern wie etwa den USA befindet sich die Arbeitslosigkeit im Gegenteil auf einem historischen Tiefstand. Niemand kann mit Sicherheit sagen, welche Auswirkungen maschinelles Lernen und Automatisierung zukünftig auf verschiedene Berufe haben werden, und auch der Zeitplan der einschlägigen Entwicklungen ist extrem schwer einzuschätzen, weil sie nicht zuletzt von politischen Entscheidungen und kulturellen Traditionen abhängen, nicht nur von rein technologischen Durchbrüchen. Selbst wenn sich also selbstfahrende Autos als sicherer und billiger als menschliche Fahrer erwiesen haben, könnten Politiker und Verbraucher gleichwohl die Veränderung für Jahre, vielleicht sogar Jahrzehnte blockieren.

Das ist allerdings kein Grund, sich beruhigt zurückzulehnen. Es ist sogar gefährlich, einfach anzunehmen, es werde genug neue Jobs geben, die etwaige Verluste kompensieren. Die Tatsache, dass das bei früheren Automatisierungswellen der Fall war, ist absolut keine Garantie dafür, dass es unter den völlig veränderten Umständen des 21. Jahrhunderts erneut so sein wird. Die potenziellen gesellschaftlichen und politischen Verwerfungen sind so alarmierend, dass wir die Wahrscheinlichkeit einer systemischen Massenarbeitslosigkeit selbst dann sehr ernst nehmen sollten, wenn sie nur gering ist.

Im 19. Jahrhundert schuf die industrielle Revolution neue Bedingungen und Probleme, mit denen keines der bestehenden gesellschaftlichen, wirtschaftlichen und politischen Modelle fertig wurde. Feudalismus, Monarchie und traditionelle Religionen waren nicht geeignet, mit industriellen Metropolen, Millionen entwurzelten Arbeitern oder dem sich fortwährend verändernden Charakter der modernen Ökonomie fertig zu werden. Folglich musste die Menschheit völlig neue Modelle entwickeln – liberale Demokratien, kommunistische Diktaturen und faschistische Regime –, und es bedurfte mehr als eines Jahrhunderts voll schrecklicher Kriege und Revolutionen, um mit diesen Modellen zu experimentieren, die Spreu vom Weizen zu trennen und die besten Lösungen umzusetzen. Kinderarbeit in Kohlebergwerken, wie Charles Dickens sie beschrieben hat, der Erste Weltkrieg und die große Hungersnot in der Ukraine 1932/33 bildeten nur einen kleinen Teil des Lehrgelds, das die Menschheit zu zahlen hatte.

Die Herausforderung, vor die wir uns im 21. Jahrhundert durch Informationstechnologie und Biotechnologie gestellt sehen, ist vermutlich viel größer als die Herausforderungen, die in einer früheren Epoche Dampfmaschinen, Eisenbahnen und Elektrizität darstellten. Und angesichts der ungeheuren Zerstörungskraft unserer Zivilisation können wir uns weitere gescheiterte Modelle, Weltkriege und blutige Revolutionen gar nicht leisten. Dieses Mal nämlich könnten die scheiternden Modelle zu Atomkriegen, genmanipulierten Ungeheuern und einem vollständigen Zusammenbruch der Biosphäre führen. Folglich müssen wir uns heute besser schlagen als damals im Umgang mit der industriellen Revolution.

Von der Ausbeutung zur Bedeutungslosigkeit

Potenzielle Lösungen lassen sich in drei Hauptkategorien fassen: Was können wir tun, um den Verlust von Arbeitsplätzen zu vermeiden? Was können wir tun, um genügend neue Jobs zu schaffen? Und was können wir tun, wenn trotz aller Anstrengungen die Arbeitsplatzverluste die neu geschaffenen Jobs deutlich übersteigen?

Arbeitsplatzverluste völlig zu verhindern ist eine wenig attraktive und vermutlich unhaltbare Strategie, denn sie bedeutet, das ungeheure positive Potenzial, das künstliche Intelligenz und Robotik bieten, preiszugeben. Trotzdem könnten sich Regierungen dazu entschließen, das Tempo der Automatisierung bewusst zu drosseln, um die damit verbundenen Erschütterungen abzumildern und Zeit für Anpassungen zu gewinnen. Technologie ist niemals deterministisch, und die Tatsache, dass man etwas tun kann, bedeutet nicht, dass man es auch tun muss. Staatliche Regulierung kann neue Technologien erfolgreich blockieren, selbst wenn sie kommerziell wichtig und wirtschaftlich lukrativ sind. So verfügten wir beispielsweise jahrzehntelang über die Technologie, um einen Markt für menschliche Organe zu schaffen, mitsamt menschlichen «Körperfarmen» in unterentwickelten Ländern und einer schier unersättlichen Nachfrage vonseiten verzweifelter reicher Käufer. Solche «Körperfarmen» könnten gut und gerne Hunderte Milliarden Dollar wert sein. Doch Regulierungen haben den freien Handel mit menschlichen Körperteilen verhindert, und obwohl es einen Schwarzmarkt für Organe gibt, ist dieser weitaus kleiner und begrenzter, als man das erwarten könnte.[22]

Wenn wir das Tempo des Wandels drosseln, kann uns das Zeit verschaffen, um ausreichend Jobs zu generieren, die einen Großteil der Verluste ersetzen. Doch wie schon erwähnt, wird kreatives Unternehmertum hierbei von einer Revolution in Bildung und Psychologie begleitet sein müssen. Wenn wir davon ausgehen, dass die neuen Arbeitsplätze nicht einfach nur staatlich alimentierte Ruhepöstchen sind, werden sie vermutlich ein hohes Maß an Fachwissen verlangen, und da sich künstliche Intelligenz weiter verbessert, werden menschliche Beschäftigte immer wieder neue Fertigkeiten erlernen und den Beruf wechseln müssen. Regierungen werden eingreifen müssen, indem sie einen Sektor für lebenslange Bildung subventionieren und zugleich ein soziales Sicherungsnetz für die unvermeidlichen Übergangszeiten zur Verfügung stellen. Wenn eine 40 Jahre alte ehemalige Drohnenpilotin drei Jahre braucht, um sich als Designerin virtueller Welten neu zu erfinden, braucht sie jede Menge staatliche Unterstützung, um sich und ihre Familie in dieser Zeit durchzubringen. (Dieses Muster wird gegenwärtig in Skandinavien ausprobiert, wo Regierungen dem Leitsatz «Arbeitskräfte schützen, nicht Arbeitsplätze» folgen.)

Doch selbst bei ausreichender staatlicher Unterstützung ist alles andere als klar, ob Milliarden Menschen sich immer wieder neu erfinden können, ohne ihr seelisches Gleichgewicht zu verlieren. Wenn somit trotz all unserer Bemühungen ein beträchtlicher Teil der Menschheit aus dem Arbeitsmarkt gedrängt wird, müssen wir neue Modelle für Post-Arbeitsgesellschaften, Post-Arbeitsökonomien und Post-Arbeitspolitik erkunden. Der erste Schritt besteht darin, ehrlich anzuerkennen, dass die gesellschaftlichen, wirtschaftlichen und politischen Modelle, die wir aus der Vergangenheit geerbt haben, angesichts dieser Herausforderung ungeeignet sind.

Nehmen wir beispielsweise den Kommunismus. Da die Automatisierung das kapitalistische System in seinen Grundfesten zu erschüttern droht, könnte man annehmen, dass der Kommunismus ein Comeback erlebt. Doch der Kommunismus war nicht dafür gemacht, eine derartige Krise für sich zu nutzen. Der Kommunismus des 20. Jahrhunderts ging davon aus, dass die Arbeiterklasse von zentraler Bedeutung für die Wirtschaft ist, und kommunistische Denker versuchten dem Proletariat beizubringen, wie es seine ungeheure wirtschaftliche Macht in politische Macht übersetzen konnte. Der politische Plan der Kommunisten sah eine Revolution der Arbeiterklasse vor. Welche Relevanz haben diese Lehren, wenn die Massen ihren ökonomischen Wert verlieren und deshalb weniger gegen ihre Ausbeutung als vielmehr gegen ihre Bedeutungslosigkeit kämpfen müssen? Wie bricht man eine Revolution der Arbeiterklasse vom Zaun, wenn es gar keine Arbeiterklasse mehr gibt?

Einige mögen der Ansicht sein, die Menschen würden ökonomisch nie irrelevant werden, denn selbst wenn sie am Arbeitsplatz nicht mit künstlicher Intelligenz konkurrieren können, so werden sie doch stets als Verbraucher vonnöten sein. Es ist jedoch alles andere als sicher, dass die künftige Ökonomie uns zumindest noch als Konsumenten brauchen wird. Auch das könnten Maschinen und Computer übernehmen. Theoretisch ist eine Ökonomie denkbar, in der ein Bergbauunternehmen Eisenerz produziert und an ein Roboterunternehmen verkauft, das Roboterunternehmen wiederum produziert und verkauft Roboter an das Bergbauunternehmen, das mehr Eisenerz abbaut, das wiederum dazu verwendet wird, mehr Roboter zu produzieren, usw. Diese Unternehmen können wachsen und bis in die unendlichen Weiten des Alls expandieren, und alles, was sie dafür brauchen, sind Roboter und Computer – sie brauchen Menschen nicht einmal mehr dafür, dass diese ihre Produkte kaufen.

Tatsächlich fungieren Computer und Algorithmen schon heute nicht mehr nur als Produzenten, sondern auch als Kunden. An der Börse beispielsweise werden Algorithmen allmählich zu den wichtigsten Käufern von Anleihen, Aktien und Rohstoffen. Ähnlich ist es in der Werbebranche, auch dort ist der wichtigste aller Kunden ein Algorithmus: der Suchmaschinenalgorithmus von Google. Wenn Menschen Webseiten entwerfen, dann orientieren sie sich häufig an den Vorlieben des Google'schen Suchalgorithmus und nicht an denen irgendeines Menschen.

Algorithmen verfügen offenkundig über kein Bewusstsein, und so können sie anders als menschliche Konsumenten das, was sie kaufen, nicht genießen, und ihre Entscheidungen sind nicht durch Wahrnehmungen und Emotionen bestimmt. Der Suchalgorithmus von Google kann Eiscreme nicht schmecken. Doch Algorithmen wählen Dinge auf der Basis ihrer internen Berechnungen und eingebauten Präferenzen aus, und diese Präferenzen prägen zunehmend unsere Welt. Der Google'sche Algorithmus hat einen sehr feinen und ausgeklügelten Geschmackssinn, wenn es darum geht, die Webseiten von Eisverkäufern zu «ranken», und die erfolgreichsten Eisverkäufer auf der Welt sind diejenigen, die der Google-Algorithmus ganz oben aufführt – und nicht diejenigen, die das leckerste Eis produzieren.

Ich weiß das aus persönlicher Erfahrung. Wenn ich ein Buch schreibe, bitten mich die Verleger um eine Kurzbeschreibung des Inhalts, die sie dann für Werbung auf ihrer Website nutzen. Sie haben dafür einen Fachmann, der das, was ich schreibe, den Vorlieben des Google-Algorithmus anpasst. Der Experte schaut sich meinen Text an und sagt dann: «Verwende nicht dieses Wort, sondern lieber jenes. Damit finden wir mehr Beachtung beim Google-Algorithmus.» Und wir wissen: Wenn wir die Aufmerksamkeit des Algorithmus erregen, dann ist uns die Aufmerksamkeit der Menschen sicher.

Wenn also Menschen weder als Produzenten noch als Konsumenten benötigt werden, was wird dann ihr physisches Überleben und ihr psychisches Wohlergehen garantieren? Wir können nicht warten, bis die Krise voll zum Ausbruch kommt, bevor wir nach Antworten suchen. Bis dahin wird es zu spät sein. Um mit den beispiellosen technologischen und ökonomischen Verwerfungen des 21. Jahrhunderts fertig zu werden, müssen wir so bald wie möglich neue gesellschaftliche und wirtschaftliche Modelle entwerfen. Diese Modelle sollten sich vor allem an einem Prinzip orientieren, nämlich Menschen und nicht Arbeitsplätze zu schützen. Viele

Jobs sind öde Plackerei und gar nicht wert, dass man sie rettet. Kassierer zu sein ist niemandes Lebenstraum. Wir sollten uns deshalb darauf konzentrieren, die Grundbedürfnisse der Menschen zu befriedigen und ihren gesellschaftlichen Status und ihr Selbstwertgefühl zu schützen.

Ein Modell, das zunehmend Beachtung findet, ist das allgemeine bzw. bedingungslose Grundeinkommen. Es sieht vor, dass Regierungen die Milliardäre und Unternehmen, die die Algorithmen und Roboter kontrollieren, besteuern und das Geld dafür verwenden, jedem Menschen ein großzügiges Einkommen zu zahlen, das seine oder ihre Grundbedürfnisse abdeckt. Das, so glaubt man, werde den Arbeitsplatzverlust und die wirtschaftliche Entwurzelung der Armen abfedern und gleichzeitig die Reichen vor dem Volkszorn schützen.[23]

Eine verwandte Idee schlägt vor, das Spektrum menschlicher Tätigkeiten, die als «Arbeit» gelten, zu erweitern. Gegenwärtig kümmern sich Milliarden Eltern um ihre Kinder, Nachbarn geben aufeinander acht, und Bürger organisieren Gemeinschaften, ohne dass diese wertvollen Tätigkeiten als «Arbeit» anerkannt wären. Möglicherweise müssen wir einen Schalter in unserem Kopf umlegen und anerkennen, dass Kindererziehung vermutlich die wichtigste und herausforderndste Tätigkeit auf dieser Welt ist. Wenn dem so ist, wird es keinen Mangel an Arbeit geben, selbst wenn Computer und Roboter sämtliche Fahrer, Bankangestellten und Anwälte ersetzen. Die Frage dabei lautet natürlich, wer diesen neu anerkannten Jobs einen Wert zuschreibt und für ihre Bezahlung aufkommt. Da wir davon ausgehen können, dass sechs Monate alte Babys ihren Müttern und Vätern kein Gehalt zahlen, wird die Regierung das vermutlich selbst übernehmen müssen. Wenn wir zudem annehmen, dass diese Gehälter alle Grundbedürfnisse einer Familie abdecken sollen, wird am Ende etwas stehen, das sich nicht allzu sehr vom bedingungslosen Grundeinkommen unterscheidet.

Alternativ könnten Regierungen, statt ein Einkommen zu zahlen, allgemeine grundlegende Dienstleistungen subventionieren. Statt Menschen Geld zu geben, die damit dann kaufen, wonach ihnen der Sinn steht, könnte die Regierung kostenlose Bildung, kostenlose Gesundheitsversorgung, kostenlosen öffentlichen Nahverkehr usw. finanzieren. Das ist denn auch die utopische Vision des Kommunismus. Mag der kommunistische Plan, eine Revolution der Arbeiterklasse anzuzetteln, auch tatsächlich veraltet sein, aber warum sollten wir nicht weiter versuchen, das kommunistische Ziel mit anderen Mitteln zu verwirklichen?

Es lässt sich darüber streiten, ob es besser ist, die Menschen mit einem allgemeinen Grundeinkommen (das kapitalistische Paradies) oder allgemeinen Grunddienstleistungen (das kommunistische Paradies) zu versorgen. Beide Optionen haben ihre Vorzüge und ihre Nachteile. Doch ganz gleich, für welches Paradies wir uns entscheiden, besteht das eigentliche Problem darin, zu definieren, was «allgemein» und «Grundsicherung» eigentlich bedeuten.

Was heißt allgemein?

Wenn die Menschen von allgemeiner Grundunterstützung sprechen – ob in Gestalt eines Einkommens oder von Dienstleistungen –, dann meinen sie üblicherweise eine nationale Grundsicherung. Bislang waren alle Initiativen für ein allgemeines Grundeinkommen national oder kommunal begrenzt. Im Januar 2017 begann Finnland mit einem auf zwei Jahre angelegten Experiment, bei dem man 2000 arbeitslosen Finnen 560 Euro im Monat zahlt, unabhängig davon, ob sie Arbeit finden oder nicht. Ähnliche Experimente laufen in der kanadischen Provinz Ontario, in der italienischen Stadt Livorno und in mehreren niederländischen Städten.[24] (2016 lehnten die Schweizer in einer Volksabstimmung die Einführung eines nationalen Grundeinkommens ab.)[25]

Das Problem an solchen nationalen und kommunalen Plänen jedoch ist, dass die Hauptopfer der Automatisierung vermutlich nicht in Finnland, Ontario, Livorno oder Amsterdam leben. Die Globalisierung hat dazu geführt, dass Menschen in einem Land vollständig von Märkten in anderen Ländern abhängig sind, doch die Automatisierung könnte große Teile dieses globalen Handelsnetzes auftrennen, mit verheerenden Folgen für die schwächsten Glieder. Im 20. Jahrhundert erfuhren Entwicklungsländer, denen es an natürlichen Ressourcen fehlte, wirtschaftlichen Fortschritt hauptsächlich dadurch, dass sie die billige Arbeitskraft ihrer ungelernten Arbeiter verkauften. Heute verdienen Millionen von Bangladeschi ihren Lebensunterhalt damit, dass sie Kleidung produzieren und sie an Kunden in den Vereinigten Staaten oder in Europa verkaufen, während die Menschen in Bangalore ihr Geld in Callcentern verdienen, die sich mit den Beschwerden amerikanischer und europäischer Kunden befassen.[26]

Mit dem Aufkommen von künstlicher Intelligenz, Robotern und 3D-Druckern dürfte billige ungelernte Arbeit deutlich an Bedeutung verlieren. Statt ein Hemd in Dhaka produzieren zu lassen und es von dort in die USA oder nach Europa zu transportieren, könnten wir einen Code für das Hemd online bei Amazon erwerben und es in New York oder Berlin drucken. Die Läden von Zara und Prada auf der Fifth Avenue oder auf dem Berliner Ku'damm könnten ersetzt werden durch 3D-Druckzentren in Brooklyn oder Charlottenburg, und einige Leute haben einen solchen Drucker vielleicht sogar zu Hause. Und statt einen Kundenservice in Bangalore anzurufen, um sich über Ihren Drucker zu beschweren, könnten Sie mit einem KI-Repräsentanten in der Google-Cloud sprechen (dessen Akzent und Stimmlage auf Ihre Vorlieben zugeschnitten sind). Die erneut arbeitslosen Textilarbeiter und Callcenter-Beschäftigten in Dhaka und Bangalore verfügen nicht über die notwendige Bildung, um fortan schicke Hemden zu entwerfen oder Computerprogramme zu schreiben – wie also sollen sie überleben?

Wenn tatsächlich künstliche Intelligenz und 3D-Drucker die Aufgaben der Menschen in Bangladesch und Bangalore übernehmen, dann werden die Einnahmen, die zuvor nach Südasien flossen, nun die Schatullen einiger weniger Techgiganten in Kalifornien füllen. Statt dass das Wirtschaftswachstum die Situation überall auf der Welt verbessert, könnten wir erleben, wie in Hightechzentren wie dem Silicon Valley immenser neuer Reichtum entsteht, während viele Entwicklungsländer kollabieren.

Natürlich könnten einige aufstrebende Volkswirtschaften – darunter Indien und Bangladesch – schnell genügend Fortschritte machen, um zu den Gewinnern zu gehören. Wenn sie ausreichend Zeit dafür haben, könnten die Kinder oder Enkel von Textilarbeitern und Telefonisten durchaus die Ingenieure und Unternehmer werden, die Computer und 3D-Drucker bauen und besitzen. Doch die Zeit für einen solchen Übergang wird knapp. In der Vergangenheit diente billige ungelernte Arbeit als sichere Brücke über die globale ökonomische Kluft, und selbst wenn ein Land nur langsam vorankam, konnte es davon ausgehen, irgendwann auf der sicheren Seite zu sein. Die richtigen Schritte zu unternehmen war wichtiger als das Tempo des Fortschritts. Doch nun ist die Brücke ins Wanken geraten, und schon bald könnte sie zusammenbrechen. Diejenigen, die sie bereits überquert haben – die von billiger Arbeit zu Branchen für Hochqualifizierte aufgestiegen sind –, werden vermutlich keine Probleme bekommen. Aber diejenigen, die hinterherhinken, stecken möglicherweise auf der falschen Seite der Kluft fest und verfügen über keinerlei Möglichkeiten, sie zu überqueren. Was macht man, wenn niemand mehr die eigenen billigen, unqualifizierten Arbeitskräfte braucht und man andererseits nicht über die Ressourcen verfügt, um ein gutes Bildungssystem aufzubauen und ihnen neue Fertigkeiten beizubringen?[27]

Welches Schicksal also blüht den Nachzüglern? Amerikanische Wähler könnten möglicherweise übereinstimmend der Meinung sein, dass die Steuern, die Amazon und Google für ihre US-Geschäfte zahlen, dazu verwendet werden, arbeitslosen Bergarbeitern in Pennsylvania und beschäftigungslosen Taxifahrern in New York Stipendien oder kostenlose Dienstleistungen zu bezahlen. Wären aber amerikanische Wähler auch dafür, mit diesen Steuern arbeitslose Menschen an Orten zu unterstützen, die Präsident Trump als «Drecksloch-Länder» bezeichnet hat?[28] Wenn Sie das tatsächlich glauben, dann können Sie genauso gut davon ausgehen, dass der Weihnachtsmann und der Osterhase das Problem lösen werden.

Was heißt Grundsicherung?

Allgemeine Grundsicherung soll sich um die menschlichen Grundbedürfnisse kümmern, doch eine allgemein akzeptierte Definition dafür gibt es nicht. Aus rein biologischer Perspektive braucht ein Sapiens gerade einmal 1500 bis 2500 Kalorien pro Tag, um zu überleben. Alles darüber hinaus ist Luxus. Doch jenseits dieser biologischen Armutsgrenze definierte jede Kultur in der Geschichte zusätzliche Bedürfnisse als grundlegend. Im mittelalterlichen Europa galt der Zugang zu Gottesdiensten als wichtiger als Nahrungsmittel, denn er trug für die unsterbliche Seele statt für den vergänglichen Körper Sorge. Im heutigen Europa gelten anständige Bildung und Gesundheitsversorgung als menschliche Grundbedürfnisse, und einige vertreten sogar die Ansicht, dass der Zugang zum Internet heute für jeden Menschen, ob Mann, Frau oder Kind, essenziell ist. Wenn sich die Vereinigte Weltregierung im Jahr 2050 darauf verständigt, Google, Amazon, Baidu und Tencent zu besteuern, um jedem Menschen auf Erden eine Grundversorgung zu gewähren – in Dhaka genauso wie in Detroit –, wie wird sie dann «grundlegend» definieren?

Was gehört beispielsweise zu einer Grundbildung? Nur Lesen und Schreiben oder auch das Programmieren von Computern und das Geigenspiel? Nur sechs Jahre Grundschule oder alles bis zur Promotion? Und wie sieht es mit der Gesundheitsversorgung aus? Wenn der medizinische Fortschritt es bis 2050 möglich macht, Alterungsprozesse zu verlangsamen und die Lebensspanne der Menschen deutlich zu verlängern, werden die neuen Behandlungsmethoden dann allen zehn Milliarden Menschen auf dem Planeten zur Verfügung stehen oder nur ein paar wenigen Milliardären? Wenn die Biotechnologie es Eltern ermöglicht, ihre Kinder «upzugraden», gilt dies dann als menschliches Grundbedürfnis, oder müssen wir erleben, wie sich die Menschheit in verschiedene biologische Kasten aufspaltet, bei denen reiche Übermenschen über Fähigkeiten verfügen, die diejenigen des armen *Homo sapiens* weit übersteigen?

Ganz gleich wie man menschliche Grundbedürfnisse definiert, werden die Menschen sie für selbstverständlich halten, sobald sie jedem kostenlos zur Verfügung stehen, und anschließend werden sich heftige gesellschaftliche Konkurrenzkämpfe und politische Auseinandersetzungen auf nichtgrundlegende Luxusdinge konzentrieren – seien das schicke selbstfahrende Autos, der Zugang zu Virtual-Reality-Parks oder verbesserte, genetisch manipulierte Körper. Wenn aber die beschäftigungslosen Massen über keine ökonomischen Aktiva verfügen, lässt sich nur schwer ausmachen, wie sie je darauf hoffen sollten, solche Luxusdinge zu erwerben. In der Folge wird die Kluft zwischen den Reichen (den Managern von Tencent und den Aktionären von Google) und den Armen (denen, die von einem allgemeinen Grundeinkommen abhängig sind) nicht nur größer, sondern letztlich unüberbrückbar werden.

Wenn somit irgendeine Form von allgemeiner Unterstützung armen Menschen im Jahr 2050 eine deutlich bessere Gesundheitsversorgung und Bildung als heute zuteil werden lässt, könnten diese Menschen trotzdem weiter äußerst wütend über die globale Ungleichheit und den Mangel an sozialer Mobilität sein. Die Menschen werden das Gefühl haben, dass das System gegen sie arbeitet, dass die Regierung nur den Superreichen dient und dass die Zukunft für sie und ihre Kinder noch schlimmer sein wird.[29]

Homo sapiens ist einfach nicht gemacht für Zufriedenheit. Das Glück des Menschen hängt weniger von objektiven Zuständen und stärker von den eigenen Erwartungen ab. Erwartungen neigen jedoch dazu, sich der Lage anzupassen, unter anderem auch der Situation *anderer Menschen*. Wenn sich die Dinge verbessern, wachsen auch die Erwartungen, und in der Folge führen selbst dramatische Verbesserungen dazu, dass wir unzufriedener sind als zuvor. Wenn eine allgemeine Grundunterstützung die objektive Lage des Durchschnittsmenschen im Jahr 2050 verbessern soll, so besteht eine gute Chance, dass das gelingt. Wenn sie jedoch die Menschen subjektiv zufriedener mit ihrem Los machen und gesellschaftliche Unzufriedenheit verhindern soll, wird sie vermutlich scheitern.

Will eine allgemeine Grundunterstützung ihre Ziele wirklich erreichen, wird sie durch einige sinnvolle Aktivitäten ergänzt werden müssen, die vom Sport bis zur Religion reichen. Das bislang vielleicht erfolgreichste Experiment, wie man in einer Post-Arbeitswelt ein zufriedenes Leben führt, lässt sich in Israel besichtigen. Dort arbeiten rund 50 Prozent der ultraorthodoxen jüdischen Männer nie. Sie widmen ihr Leben dem Studium der heiligen Schriften und dem Vollzug religiöser Rituale. Sie und ihre Familien leiden zum Teil deshalb keinen Hunger, weil die Frauen oft arbeiten, zum Teil aber auch, weil die Regierung sie großzügig subventioniert und ihnen kostenlose Dienstleistungen zukommen lässt, damit es ihnen nicht an den grundlegenden Dingen des Lebens fehlt. Wir haben es hier also mit einer allgemeinen Grundunterstützung *avant la lettre* zu tun.[30]

Diese ultraorthodoxen jüdischen Männer sind zwar arm und arbeitslos, doch in allen Umfragen bekunden sie ein höheres Maß an Lebenszufriedenheit als jeder andere Teil der israelischen Gesellschaft. Das hat mit der Stärke ihres Gemeinschaftsgefühls ebenso zu tun wie mit dem tieferen Sinn, den sie im Schriftstudium und in den Glaubensritualen finden. Ein kleiner Raum voller jüdischer Männer, die über den Talmud diskutieren, könnte mehr Freude, Engagement und Erkenntnis verschaffen als eine riesige Textilfabrik voller hart arbeitender Tagelöhner. In globalen Umfragen zur Lebenszufriedenheit rangiert Israel gewöhnlich relativ weit oben, was zum Teil mit diesen arbeitslosen armen Menschen zu tun hat.[31]

Säkulare Israelis beklagen sich oft bitterlich darüber, dass die Ultraorthodoxen nicht genug zur Gesellschaft beitragen und von der harten Arbeit anderer Menschen leben. Säkulare Israelis neigen auch zu der Ansicht, die ultraorthodoxe Lebensweise sei nicht nachhaltig, insbesondere da ultraorthodoxe Familien durchschnittlich sieben Kinder haben.[32] Früher oder später wird der Staat nicht mehr in der Lage sein, so viele beschäftigungslose Menschen zu unterstützen, und die Ultraorthodoxen werden sich eine Arbeit suchen müssen. Es könnte aber auch genau umgekehrt sein. Wenn Roboter und künstliche Intelligenz die Menschen aus dem Arbeitsmarkt drängen, können die ultraorthodoxen Juden als das Modell der Zukunft und nicht als Fossil aus der Vergangenheit gelten. Das heißt nicht, dass jeder zu einem orthodoxen Juden werden und zum Talmudstudium in die Jeschiwas gehen wird, aber im Leben aller Menschen könnte die Suche nach Sinn und nach Gemeinschaft die Suche nach einem Arbeitsplatz in den Hintergrund drängen.

Wenn es uns gelingt, ein allgemeines wirtschaftliches Sicherungsnetz mit starken Gemeinschaften und sinnvollen Tätigkeiten zu verknüpfen, könnte sich die Tatsache, dass wir unsere Arbeit an Algorithmen verlieren, in Wirklichkeit als Segen erweisen. Ein deutlich furchterregenderes Szenario ist allerdings, dass wir die Kontrolle über unser Leben verlieren. Ungeachtet der drohenden Massenarbeitslosigkeit sollten wir uns weit mehr Gedanken machen, dass sich die Macht von den Menschen auf die Algorithmen verlagert, was den noch verbliebenen Glauben an die liberale Erzählung endgültig zerstören und dem Aufstieg digitaler Diktaturen Tür und Tor öffnen könnte.

3

Freiheit

Big Data is watching you

Die liberale Erzählung hat die menschliche Freiheit zu ihrem obersten Wert erhoben. Sie behauptet, alle Macht leite sich letztlich aus dem freien Willen individueller Menschen her, wie er in deren Gefühlen, Wünschen und Entscheidungen zum Ausdruck komme. In der Politik glaubt der Liberalismus, dass der Wähler am besten weiß, was gut und richtig ist. Er setzt deshalb auf demokratische Wahlen. In der Wirtschaft ist der Liberalismus der Ansicht, der Kunde habe immer recht. Er preist deshalb die Prinzipien des freien Marktes. In persönlichen Fragen ermutigt der Liberalismus die Menschen, auf sich selbst zu hören, sich selbst gegenüber ehrlich zu sein und ihrem Herzen zu folgen – solange sie damit nicht die Freiheiten anderer einschränken. Diese persönliche Freiheit findet ihren Ausdruck in den Menschenrechten.

Im politischen Diskurs des Westens wird der Begriff «liberal» heute mitunter in einem deutlich engeren parteipolitischen Sinne verwendet, um diejenigen zu bezeichnen, die bestimmte Anliegen wie die Homo-Ehe, strenge Waffengesetze und Abtreibung unterstützen. Doch auch die meisten sogenannten Konservativen zeichnen sich im Allgemeinen durch eine liberale Weltsicht aus. Insbesondere in den USA sollten Republikaner und Demokraten ihre hitzigen Auseinandersetzungen gelegentlich einmal unterbrechen und sich daran erinnern, dass sie alle bei Grundprinzipien wie freien Wahlen, einer unabhängigen Justiz und Menschenrechten einer Meinung sind.

Insbesondere sei daran erinnert, dass Helden der Rechten wie Ronald Reagan und Margaret Thatcher große Verfechter nicht nur der freien Marktwirtschaft, sondern auch individueller Freiheiten waren. In einem berühmt gewordenen Interview sagte Thatcher 1987: «So etwas wie Gesellschaft gibt es nicht. Es gibt eine lebendige Vielfalt an Männern und Frauen ... Und die Qualität unseres Lebens wird davon abhängen, wie sehr wir alle bereit sind, Verantwortung für uns selbst zu übernehmen.»[1]

Thatchers Erben bei den britischen Konservativen sind zusammen mit der Labour-Partei übereinstimmend der Ansicht, dass politische Macht aus den Gefühlen, Entscheidungen und dem freien Willen individueller Wähler resultiert. Als Großbritannien entscheiden musste, ob es aus der EU austreten sollte, bat deshalb Premierminister David Cameron nicht Königin Elisabeth II., den Erzbischof von Canterbury oder die Professoren in Oxford und Cambridge, diese Frage zu beantworten. Er fragte nicht einmal die Parlamentsabgeordneten. Stattdessen hielt er ein Referendum ab, bei dem jeder Brite und jede Britin gefragt wurde: «Was haben Sie in dieser Sache *für ein Gefühl*?»

Nun könnten Sie einwenden, dass die Menschen gefragt wurden: «Was denken Sie?», und nicht: «Was fühlen Sie?», doch das ist eine gängige Fehlwahrnehmung. Bei Referenden und Wahlen geht es immer um menschliche *Gefühle,* nicht um menschliche Rationalität. Wäre die Demokratie eine Sache rationaler Entscheidungsfindung, so gäbe es absolut keinen Grund, allen Menschen das gleiche Wahlrecht zuzugestehen – oder überhaupt irgendein Wahlrecht. Es gibt hinreichend Belege dafür, dass manche Menschen sachkundiger und vernünftiger sind als andere, und das gilt ganz besonders, wenn es um ganz spezifische ökonomische und politische Fragen geht.[2] Nach der Brexit-Abstimmung beklagte sich der bekannte Biologe Richard Dawkins, die weit überwiegende Mehrheit der britischen Bevölkerung – darunter er selbst – hätte nie zu diesem Referendum genötigt werden dürfen, denn den Leuten fehle es am notwendigen Hintergrundwissen in Ökonomie und Politikwissenschaft. «Sie können genauso gut ein landesweites Plebiszit abhalten, um zu entscheiden, ob Einstein richtig gerechnet hat, oder Sie könnten Flugpassagiere darüber abstimmen lassen, welche Landebahn der Pilot ansteuern soll.»[3]

Doch ganz gleich, ob man das nun gut oder schlecht findet: Bei Wahlen und Referenden geht es nicht darum, was wir denken. Es geht darum, was wir fühlen. Und wenn es um Gefühle geht, sind Einstein und Dawkins nicht besser als irgendjemand anderes. Demokratie geht davon aus, dass menschliche Gefühle einen geheimnisvollen und grundsätzlichen «freien Willen» widerspiegeln, dass dieser «freie Wille» die letztgültige Quelle der Macht ist und dass manche Menschen zwar intelligenter als andere sein mögen, alle Menschen aber gleichermaßen frei sind. Wie Einstein und Dawkins hat also auch eine Hausangestellte, die nicht lesen und nicht schreiben kann, einen freien Willen, und deshalb zählen ihre Gefühle – die in ihrem Kreuzchen zum Ausdruck kommen – am Wahltag genauso viel wie die jedes anderen.

Gefühle leiten nicht nur die Wähler, sondern auch die Politiker. Beim Brexit-Referendum 2016 standen Boris Johnson und Michael Gove gemeinsam an der Spitze der Leave- Kampagne. Nach dem Rücktritt von Premierminister David Cameron unterstützte Gove zunächst Johnson als möglichen Nachfolger, doch in allerletzter Minute erklärte Gove, Johnson sei für den Posten ungeeignet, und verkündete, er selbst wolle sich um dieses Amt bewerben. Goves Vorgehen, das Johnsons Chancen zunichtemachte, wurde als politischer Mord in bester machiavellistischer Manier beschrieben.[4] Doch Gove verteidigte sein Verhalten mit Verweis auf seine Gefühle und erklärte: «Bei jedem Schritt in meinem politischen Leben habe ich mir die Frage gestellt: Was ist das Richtige? Was sagt dir dein Herz?»[5] Aus diesem Grund, so Gove, habe er so hart für den Brexit gekämpft, und deswegen habe er sich gezwungen gefühlt, seinen einstigen Verbündeten Boris Johnson zu verraten und sich selbst um die Position als Alphatier zu bewerben – weil sein Herz ihm befohlen hatte, das zu tun.

Dieses Vertrauen auf das eigene Herz könnte sich irgendwann als Achillesferse der freiheitlichen Demokratie erweisen. Denn sobald jemand (ob in Peking oder in San Francisco) über die technischen Möglichkeiten verfügt, das menschliche Herz zu «hacken» und zu manipulieren, wird demokratische Politik zu einem emotionalen Puppentheater mutieren.

Hören Sie auf den Algorithmus

Der liberale Glaube an die Gefühle und die freie Entscheidung von Individuen ist weder naturgegeben noch besonders alt. Jahrtausendelang glaubten die Menschen, Macht entspringe göttlichen Gesetzen und nicht dem menschlichen Herzen und deshalb sollten wir das Wort Gottes heiligen und nicht die menschliche Freiheit. Erst in den letzten Jahrhunderten verschob sich die Quelle der Macht von himmlischen Gottheiten hin zu Menschen aus Fleisch und Blut.

Doch schon bald könnte sich die Macht erneut verschieben – von Menschen hin zu Algorithmen. So wie göttliche Macht durch religiöse Mythologien legitimiert und menschliche Autorität durch die liberale Erzählung gerechtfertigt wurde, so könnte die kommende technologische Revolution die Macht von Big-Data-Algorithmen etablieren und gleichzeitig die Vorstellung individueller Freiheit untergraben.

Wie wir im vorangegangenen Kapitel gesehen haben, legen wissenschaftliche Erkenntnisse über die Funktionsweise unseres Gehirns und unseres Körpers nahe, dass unsere Gefühle nicht irgendeine spezifisch menschliche spirituelle Eigenschaft sind und dass sie keineswegs irgendeine Art von «freiem Willen» widerspiegeln. Gefühle sind vielmehr biochemische Mechanismen, die alle Säugetiere und Vögel nutzen, um rasch Wahrscheinlichkeiten des Überlebens und der Reproduktion zu berechnen. Gefühle beruhen nicht auf Intuition, Inspiration oder Freiheit – sie basieren auf Berechnung.

Wenn ein Affe, eine Maus oder ein Mensch eine Schlange erblickt, regt sich Angst, weil Millionen von Nervenzellen im Gehirn in rasender Geschwindigkeit die relevanten Daten berechnen und zu dem Schluss kommen, dass die Wahrscheinlichkeit des Todes hoch ist. Gefühle sexueller Anziehung entstehen, wenn andere biochemische Algorithmen berechnen, dass ein in der Nähe befindliches Individuum eine hohe Wahrscheinlichkeit erfolgreicher Paarung, sozialer Bindung oder irgendeines anderen begehrten Ziels bietet. Moralische Empfindungen wie Wut, Schuld oder Vergebung gehen auf neuronale Mechanismen zurück, die entstanden sind, um die Zusammenarbeit in der Gruppe zu ermöglichen. All diese biochemischen Algorithmen wurden im Laufe der Evolution über Jahrmillionen verfeinert. Wenn die Gefühle irgendeines urzeitlichen Vorfahren einen Fehler machten, wurden die Gene, die diese Gefühle bestimmten, nicht an die nächste Generation weitergegeben. Gefühle sind somit nicht das Gegenteil von Vernunft – sie verkörpern evolutionäre Rationalität.

Dass Gefühle in Wirklichkeit Berechnungen sind, übersehen wir in der Regel, weil der rasante Rechenprozess weit unterhalb unserer Bewusstseinsschwelle abläuft. Wir spüren nicht, wie Millionen von Nervenzellen im Gehirn Wahrscheinlichkeiten des Überlebens und der Reproduktion berechnen, und deshalb glauben wir irrigerweise, unsere Angst vor Schlangen, unsere Wahl von Sexualpartnern oder unsere Ansichten über die Europäische Union seien das Ergebnis irgendeines mysteriösen «freien Willens».

Doch auch wenn der Liberalismus fälschlicherweise glaubt, unsere Gefühle spiegelten einen freien Willen wider, war es bis heute in praktischer

Hinsicht durchaus sinnvoll, sich auf Gefühle zu verlassen. Denn obwohl unsere Gefühle nichts Magisches oder Freies an sich haben, waren sie die beste verfügbare Methode, um zu entscheiden, was man studiert, wen man heiratet und für welche Partei man stimmt. Und kein äußeres System konnte hoffen, meine Gefühle besser zu verstehen als ich. Selbst wenn die spanische Inquisition oder der sowjetische Geheimdienst KGB mich rund um die Uhr ausspionierte und bespitzelte, fehlten ihnen das biologische Wissen und die Rechenkapazität, die notwendig sind, um die biochemischen Prozesse zu entschlüsseln, die meine Wünsche und Entscheidungen bestimmen. Aus ganz praktischen Gründen war es also vernünftig anzunehmen, ich hätte einen freien Willen, denn mein Wille war vor allem durch das Zusammenspiel innerer Kräfte bestimmt, die niemand außerhalb von mir sehen konnte. Ich konnte mich in der Illusion wiegen, dass ich meinen geheimen inneren Bezirk kontrollierte, während Menschen außerhalb nie wirklich verstehen konnten, was in mir drin vor sich ging und wie ich meine Entscheidungen traf.

Insofern hatte der Liberalismus durchaus recht, wenn er den Menschen riet, ihrem Herzen und nicht dem Diktat irgendwelcher Priester oder Partei-Apparatschiks zu folgen. Doch schon bald könnten Computeralgorithmen den Menschen bessere Ratschläge erteilen als die eigenen Gefühle. Wenn an die Stelle der spanischen Inquisition und des KGB Google und Baidu treten, wird der «freie Wille» vermutlich als Mythos entlarvt werden, und der Liberalismus könnte seine praktischen Vorzüge verlieren.

Denn wir befinden uns heute an dem Punkt, an dem zwei ungeheure Revolutionen zusammenfließen. Auf der einen Seite entschlüsseln Biologen die Geheimnisse des menschlichen Körpers, insbesondere des Gehirns und der menschlichen Gefühle. Gleichzeitig verschaffen uns Computerwissenschaftler beispiellose Datenverarbeitungskapazitäten. Wenn die Revolution in der Biotechnologie mit der Revolution in der Informationstechnologie verschmilzt, werden daraus Big-Data-Algorithmen entstehen, die meine Gefühle viel besser überwachen und verstehen können als ich selbst, und damit wird sich die Macht vermutlich von den Menschen hin zu den Computern verschieben. Meine Illusion eines freien Willens wird recht schnell zerplatzen, wenn ich täglich mit Institutionen, Unternehmen und staatlichen Stellen zu tun habe, die das, was bislang mein unzugänglicher innerer Bezirk war, verstehen und manipulieren.

Auf dem Feld der Medizin geschieht das bereits. Die wichtigsten medizinischen Entscheidungen in unserem Leben beruhen nicht auf unseren Empfindungen des Krankseins oder Wohlbefindens oder gar auf den fachkundigen Prognosen unseres Arztes – sondern auf den Berechnungen von Computern, die unseren Körper besser verstehen als wir. Binnen weniger Jahrzehnte könnten Big-Data-Algorithmen, die fortwährend mit Unmengen an biometrischen Daten gefüttert werden, unsere Gesundheit rund um die Uhr überwachen. Sie könnten schon ganz am Anfang Krankheiten wie Grippe, Krebs oder Alzheimer feststellen, lange bevor wir spüren, dass irgendetwas mit uns nicht stimmt. Sie könnten anschließend geeignete Behandlungen, Ernährungsformen und Verhaltensweisen für den Alltag empfehlen, die speziell auf unsere Physis, DNA und Persönlichkeit zugeschnitten sind.

Die Menschen werden die beste Gesundheitsversorgung bekommen, die es historisch gesehen je gab, aber aus genau diesem Grund werden sie wahrscheinlich die ganze Zeit krank sein. Irgendwo im Körper stimmt immer irgendetwas nicht. Irgendetwas lässt sich immer verbessern. In der Vergangenheit hat man sich völlig gesund gefühlt, solange nichts wehtat und man nicht an irgendeiner offenkundigen Behinderung wie etwa einem Hinkefuß litt. Doch 2050 werden sich dank biometrischer Sensoren und Big-Data-Algorithmen Krankheiten lange, bevor sie Schmerzen oder Behinderungen zur Folge haben, diagnostizieren und behandeln lassen. In der Folge werden wir immer unter irgendwelchen «Beschwerden» leiden und dieser oder jener Empfehlung des Algorithmus folgen. Wenn wir uns dem verweigern, dann verweigert möglicherweise unsere Krankenversicherung die Leistungen, oder unsere Firma entlässt uns – warum sollten sie auch für unsere Starrköpfigkeit bezahlen?

Es ist eine Sache, ob Sie weiter rauchen, obwohl zahlreiche Statistiken eine Verbindung zwischen Rauchen und Lungenkrebs herstellen. Es ist etwas ganz anderes, ob Sie weiter rauchen trotz der konkreten Warnung eines biometrischen Sensors, der soeben 17 Krebszellen in Ihrem oberen linken Lungenflügel entdeckt hat. Und selbst wenn Sie willens sind, den Sensor zu ignorieren, was werden Sie tun, wenn der Sensor die Warnung an Ihre Krankenversicherung, an Ihren Chef und an Ihre Mutter weiterleitet?

Wer wird die Zeit und die Energie haben, mit all diesen Krankheiten fertig zu werden? Aller Wahrscheinlichkeit nach werden wir einfach unseren Gesundheitsalgorithmus so einrichten, dass er sich mit den meisten dieser Probleme so befasst, wie es ihm am besten erscheint. Er wird uns allenfalls gelegentliche Updates aufs Smartphone schicken und vermelden, dass «17 Krebszellen entdeckt und zerstört» wurden. Hypochonder mögen diese aktuellen Nachrichten pflichtbewusst lesen, aber die meisten von uns werden sie genauso ignorieren wie diese nervigen Virusmeldungen auf unserem Computer.

Das Drama der Entscheidungsfindung

Was in der Medizin bereits geschieht, wird wahrscheinlich in immer mehr Bereichen Einzug halten. Die Schlüsselerfindung dabei ist der biometrische Sensor, den Menschen am oder im Körper tragen können und der biologische Prozesse in elektronische Informationen umwandelt, die Computer dann speichern und analysieren können. Verfügen sie über genügend biometrische Daten und ausreichend Rechenleistung, können externe Datenverarbeitungssysteme all Ihre Wünsche, Entscheidungen und Meinungen entschlüsseln. Sie wissen dann genau, wer Sie sind.

Die meisten Menschen kennen sich selbst nicht besonders gut. Als ich einundzwanzig war, habe ich endgültig gemerkt, dass ich schwul bin, nachdem ich das mehrere Jahre lang geleugnet hatte. Und das ist nicht wirklich die Ausnahme. Viele schwule Männer sind während ihrer gesamten Zeit des Heranwachsens unsicher, was ihre Sexualität angeht. Stellen wir uns nun die Situation im Jahr 2050 vor, wenn ein Algorithmus einem Teenager genau sagen kann, wo auf dem Spektrum zwischen homosexuell und heterosexuell er einzuordnen ist (und sogar, wie flexibel diese Position ist). Vielleicht zeigt einem der Algorithmus Bilder oder Videos von attraktiven Männern und Frauen, misst dabei die Augenbewegungen, den Blutdruck und die Gehirnaktivität, und binnen fünf Minuten spuckt er einen konkreten Wert auf der Kinsey-Skala aus.[6] Das hätte mir jahrelange frustrierende Erfahrungen erspart. Vielleicht würde man selbst einen solchen Test nicht machen wollen, aber dann findet man sich plötzlich in einer Gruppe von Freunden bei Michelles langweiliger Geburtstagsparty, und irgendjemand schlägt vor, dass jeder sich von diesem coolen neuen Algorithmus überprüfen lässt (und alle Umstehenden können dabei natürlich die Ergebnisse beobachten – und ihren Senf dazugeben). Würden Sie dabei nicht mitmachen?

Und selbst wenn Sie sich verweigern und wenn Sie sich vor sich selbst und Ihren Freunden und Bekannten bedeckt halten, werden Sie nicht in der Lage sein, Ihr Innerstes vor Amazon, Alibaba oder dem Geheimdienst zu verstecken. Während Sie im Internet surfen, sich Videos auf YouTube ansehen oder Ihre Newsfeeds in den sozialen Medien lesen, werden Algorithmen Sie diskret überwachen, Sie analysieren und Coca-Cola verraten, dass sie, wenn sie Ihnen irgendeine klebrige Brause verkaufen wollen, lieber die Werbung mit dem feschen Typen als die mit der attraktiven jungen Dame verwenden sollten. Sie selbst werden davon gar nichts wissen. Aber sie, die anderen, werden es wissen, und derartige Informationen werden Milliarden wert sein.

Andererseits wird das alles dann womöglich ganz offen sichtbar sein, und die Menschen werden nur zu gerne ihre Informationen preisgeben, um bessere Empfehlungen zu bekommen – und um möglicherweise den Algorithmus zu bekommen, der Entscheidungen für sie trifft. Das beginnt mit ganz einfachen Dingen wie etwa der Frage, welchen Film man sich anschauen soll. Wenn Sie es sich mit einer Gruppe von Freunden abends vor dem Fernseher gemütlich machen, müssen Sie zunächst einmal entscheiden, was Sie sich anschauen. Vor 50 Jahren hatten Sie keine Wahl, aber heute – mit dem Aufkommen von View-on-Demand-Diensten – stehen Tausende von Filmen zur Verfügung. Sich angesichts dessen zu einigen, kann ziemlich schwierig sein, denn während Sie persönlich vielleicht Science-Fiction-Thriller mögen, schaut sich Jürgen lieber Liebeskomödien an, und Christina plädiert für französische Arthaus-Filme. Als Kompromiss landen sie dann möglicherweise bei irgendeinem mittelmäßigen B-Movie, das alle enttäuscht.

Ein Algorithmus könnte da hilfreich sein. Sie lassen ihn wissen, welche früheren Filme jedem von Ihnen wirklich gefallen haben, und auf der Basis dieses statistischen Datenmaterials kann er dann den Film finden, der perfekt zur Gruppe passt. Leider lässt sich ein so grober Algorithmus leicht in die Irre führen, insbesondere weil Selbstauskünfte eine notorisch unzuverlässige Quelle für die wahren Präferenzen der Menschen sind. Es geschieht oft, dass wir von anderen Leuten hören, dieser oder jener Film sei ein Meisterwerk, und dass wir uns fast genötigt fühlen, ihn uns anzusehen, und obwohl wir mittendrin eingeschlafen sind, wollen wir nicht als Kunstbanausen erscheinen, und so erklären wir jedem, es sei ein erstaunliches Erlebnis gewesen.[7]

Solche Probleme lassen sich jedoch lösen, indem wir dem Algorithmus erlauben, Echtzeitdaten von uns zu sammeln, wenn wir tatsächlich Filme anschauen, statt auf unsere eigenen zweifelhaften Selbstauskünfte zu vertrauen. Zunächst einmal kann der Algorithmus vermerken, welche Filme wir uns ganz angesehen haben und bei welchen wir irgendwann ausgeschaltet haben. Selbst wenn wir aller Welt mitteilen, *Vom Winde verweht* sei der beste Film aller Zeiten, wird der Algorithmus wissen, dass wir es nie über die erste halbe Stunde hinaus geschafft haben und dass wir nie wirklich gesehen haben, wie Atlanta lichterloh brennt.

Doch der Algorithmus kann noch viel tiefer gehen. Gegenwärtig entwickeln Ingenieure eine Software, die menschliche Emotionen auf der Basis der Bewegungen unserer Augen und unserer Gesichtsmuskulatur erfassen kann.[8] Wenn Sie den Fernseher mit einer guten Kamera versehen, dann wird eine solche Software wissen, welche Szenen uns zum Lachen gebracht, welche Szenen uns traurig gestimmt und welche uns gelangweilt haben. Verbinden wir in einem nächsten Schritt den Algorithmus mit biometrischen Sensoren, so wird er wissen, wie jede Einstellung unseren Puls, unseren Blutdruck und unsere Gehirnaktivität beeinflusst hat. Wenn wir uns beispielsweise Quentin Tarantinos *Pulp Fiction* anschauen, so wird der Algorithmus feststellen, dass die Vergewaltigungsszene bei uns einen fast nicht wahrnehmbaren Hauch von sexueller Erregung auslöste, dass die Szene, als Vincent Marvin versehentlich ins Gesicht schießt, uns verschämt lachen lässt und dass wir den Witz mit dem Big-Kahuna-Burger nicht verstanden haben – obwohl wir darüber lachten, um nicht dämlich zu wirken. Wenn man sich zum Lachen zwingt, dann aktiviert man andere Gehirnkreisläufe und Muskeln, als wenn man lacht, weil man etwas wirklich lustig findet. Menschen können den Unterschied üblicherweise nicht feststellen. Ein biometrischer Sensor aber könnte das sehr wohl.[9]

Das deutsche Wort «Fernsehen» ist eine Lehnübersetzung des griechisch-lateinischen Kunstworts «Television». Es war ursprünglich als Vorrichtung konzipiert, die es uns ermöglicht, etwas aus der Ferne zu sehen. Doch schon bald könnte der Fernseher es ermöglichen, dass wir aus der Ferne gesehen werden. Wie George Orwell in *1984* beschrieb, wird der Fernseher uns beobachten, während wir fernsehen. Wenn wir Quentin Tarantinos gesamtes filmisches Schaffen zu Ende geschaut haben, haben wir vermutlich das meiste davon vergessen. Aber Netflix oder Amazon, oder wem auch immer der TV-Algorithmus gehört, wird unseren Persönlichkeitstyp kennen und wird wissen, welche emotionalen Knöpfe er bei uns drücken muss. Solche Daten könnten es Netflix und Amazon ermöglichen, mit verblüffender Präzision Filme für uns auszuwählen, aber sie könnten sie auch in die Lage versetzen, die wichtigsten Entscheidungen im Leben für uns zu treffen – also etwa, was wir studieren, wo wir arbeiten und wen wir heiraten sollen.

Natürlich wird Amazon nicht immer richtigliegen. Das ist schlicht unmöglich. Algorithmen werden immer wieder Fehler machen aufgrund ungenügender Daten, falscher Programmierung, unklarer Zielvorgaben und des chaotischen Charakters des Lebens.[10] Aber Amazon wird gar nicht perfekt sein müssen. Es wird nur im Durchschnitt besser sein müssen als wir Menschen. Und das ist nicht so schwer, denn die meisten Menschen kennen sich selbst nicht besonders gut und begehen bei den wichtigsten Entscheidungen ihres Lebens oftmals schreckliche Fehler. Mehr noch als Algorithmen leiden Menschen unter unzureichenden Daten, einer falschen Programmierung (genetisch und kulturell), unter unklaren Vorgaben und dem Chaos des Lebens.

Nun kann man all die vielen Probleme aufführen, die mit Algorithmen verbunden sind, und zu dem Schluss kommen, dass die Menschen ihnen niemals trauen werden. Aber das ist ein wenig so, als würde man die Nachteile der Demokratie aufzählen und zu dem Schluss kommen, kein vernünftiger Mensch würde je ein solches System befürworten. Von Winston Churchill stammt der berühmte Spruch, die Demokratie sei die schlechteste Regierungsform auf der Welt, abgesehen von allen anderen. Ob zu Recht oder zu Unrecht könnten die Menschen mit Blick auf Big-Data-Algorithmen zum gleichen Schluss kommen: Sie mögen jede Menge Tücken haben, aber es gibt keine bessere Alternative.

Je besser Wissenschaftler verstehen, wie Menschen Entscheidungen treffen, desto größer wird die Versuchung sein, dabei auf Algorithmen zu vertrauen. Die Entschlüsselung der menschlichen Entscheidungsfindung wird nicht nur Big-Data-Algorithmen zuverlässiger machen, sie wird gleichzeitig menschliche Gefühle weniger verlässlich werden lassen. Wenn es Regierungen und Unternehmen gelingt, das menschliche Betriebssystem zu knacken, werden wir einer ganzen Flut von präzisionsgesteuerter Manipulation, Werbung und Propaganda ausgesetzt sein. Unsere Meinungen und Emotionen könnten sich so leicht manipulieren lassen, dass wir gezwungen sein könnten, in gleicher Weise auf Algorithmen zu vertrauen, wie ein Pilot, der einen Schwächeanfall erleidet, ignorieren muss, was seine eigenen Sinne ihm sagen, und all sein Vertrauen in die Maschinerie setzt.

In einigen Ländern und in manchen Situationen haben Menschen vielleicht überhaupt keine Wahl mehr, und sie werden gezwungen sein, den Entscheidungen von Big-Data-Algorithmen zu gehorchen. Doch selbst in den vermeintlich freien Gesellschaften könnten Algorithmen an Macht gewinnen, weil wir aus Erfahrung lernen werden, ihnen in immer mehr Fragen zu vertrauen, und weil wir allmählich unsere Fähigkeit verlieren werden, selbst Entscheidungen zu treffen. Denken wir nur daran, dass Milliarden von Menschen binnen lediglich zwei Jahrzehnten den Suchalgorithmus von Google mit einer der allerwichtigsten Aufgaben betraut haben: der Suche nach relevanter und vertrauenswürdiger Information. Wir suchen nicht mehr nach Informationen, wir googeln. Und da wir zunehmend auf Google setzen, wenn wir Antworten bekommen wollen, schwindet auch unsere Fähigkeit, selbst nach Informationen zu suchen. Schon heute definiert sich «Wahrheit» anhand der Topresultate der Google-Suche.[11]

Gleiches geschah mit körperlichen Fähigkeiten wie etwa dem räumlichen Orientierungsvermögen. Die Menschen bitten Google, sie herumzuführen. Wenn Sie an eine Kreuzung kommen, mag Ihnen ihr Bauchgefühl sagen: «nach links abbiegen», doch Google Maps sagt: «rechts abbiegen». Zunächst hören Sie auf Ihr Bauchgefühl, biegen links ab, geraten in einen Stau und verpassen einen wichtigen Termin. Das nächste Mal hören Sie auf Google, biegen rechts ab und schaffen es rechtzeitig. Sie lernen aus Erfahrung, Google zu vertrauen. Binnen eines oder zweier Jahre vertrauen Sie blind auf alles, was Google Maps ihnen sagt, und wenn das Smartphone keinen Empfang hat, sind Sie völlig verloren.

Im März 2012 beschlossen drei japanische Touristen in Australien, einen Tagesausflug auf eine kleine Insel vor der Küste zu unternehmen, und steuerten ihr Auto direkt in den Pazifik. Die Fahrerin, die 21 Jahre alte Yuzu Noda, erklärte später, sie sei einfach den Anweisungen des Navis gefolgt, und «es hat uns gesagt, wir könnten dort hinunterfahren. Es hat weiter gesagt, es würde uns auf eine Straße führen. Wir sind stecken geblieben.»[12] Bei mehreren ähnlichen Vorfällen fuhren Menschen in einen See oder stürzten von einer abgerissenen Brücke, weil sie offenkundig den Anweisungen des Navigationsgeräts folgten.[13] Die Fähigkeit, sich zurechtzufinden, ist wie ein Muskel – man muss ihn betätigen oder er verschwindet.[14] Gleiches gilt für die Fähigkeit, Ehepartner oder Berufe zu wählen.

Jedes Jahr müssen sich Millionen junge Leute entscheiden, was sie an der Uni studieren wollen. Das ist eine sehr wichtige und sehr schwierige Entscheidung. Alle üben Druck aus, die Eltern, die Freunde und die Lehrer, und alle haben unterschiedliche Interessen und Meinungen. Und dann muss man auch noch mit den eigenen Ängsten und Träumen zurechtkommen. Unser Urteil ist getrübt und beeinflusst von Hollywoodfilmen, reißerischen Romanen und ausgeklügelten Werbekampagnen. Eine kluge Entscheidung zu treffen ist auch deshalb besonders schwer, weil man nicht wirklich weiß, was man braucht, um in verschiedenen Berufen erfolgreich zu sein, und man selbst hat nicht zwangsläufig ein realistisches Bild der eigenen Stärken und Schwächen. Wie wird man ein erfolgreicher Anwalt? Was leiste ich unter Druck? Bin ich teamfähig?

So entscheidet sich beispielsweise eine junge Frau vielleicht für ein Jurastudium, weil sie eine ungenaue Vorstellung von ihren eigenen Fähigkeiten und eine noch stärker verzerrte Ansicht darüber hat, was es wirklich heißt, Anwältin zu sein (man hält nicht den ganzen Tag feurige Plädoyers und ruft «Einwand, Euer Ehren!»). Ihre Freundin beschließt derweil, sich einen Kindheitstraum zu erfüllen und Balletttanz zu studieren, obwohl sie dafür nicht den erforderlichen Knochenbau oder die nötige Disziplin hat. Jahre später bedauern beide ihre Entscheidungen zutiefst. Künftig könnten wir darauf vertrauen, dass Google solche Entscheidungen für uns trifft. Google könnte mir erklären, dass ein Jurastudium oder eine Ballettschule Zeitverschwendung wären – aber dass ich eine exzellente (und sehr glückliche) Psychologin oder Schneiderin wäre.[15]

Sobald künstliche Intelligenz mit Blick auf unsere berufliche Laufbahn und vielleicht sogar unsere Beziehungen bessere Entscheidungen trifft als wir, wird sich unsere Vorstellung von Menschlichkeit und Leben ändern müssen. Menschen glauben gerne, das Leben sei ein Drama der Entscheidungsfindung. Die liberale Demokratie und die freie Marktwirtschaft betrachten das Individuum als autonomen Akteur, der sich ständig entscheiden muss. Kunstwerke – ob nun Dramen von Shakespeare, Romane von Jane Austen oder irgendwelche Hollywoodschnulzen – handeln üblicherweise von einem Helden, der irgendeine besonders wichtige Entscheidung treffen muss. Sein oder Nichtsein? Soll ich auf meine Frau hören und König Duncan umbringen, oder soll ich meinem Gewissen folgen und ihn verschonen? Soll ich Herrn Schneider oder Herrn Krüger heiraten? Ähnlich konzentrieren sich christliche und muslimische Theologie auf das Drama der Entscheidungsfindung und behaupten, ewiges Heil oder ewige Verdammnis seien eine Sache der richtigen Entscheidung.

Was wird mit dieser Sicht auf das Leben passieren, wenn wir zunehmend künstliche Intelligenz die Entscheidungen für uns treffen lassen? Gegenwärtig vertrauen wir Netflix, dass es uns Filme empfiehlt, und Google Maps, dass es uns sagt, ob wir links oder rechts abbiegen sollen. Aber sobald wir künstlicher Intelligenz bei den Fragen folgen, was wir studieren, wo wir arbeiten und wen wir heiraten, wird das menschliche Leben kein Drama der Entscheidungsfindung mehr sein. Demokratische Wahlen und freie Märkte werden keinen Sinn mehr haben. Gleiches gilt für die meisten Religionen und Kunstwerke. Stellen wir uns vor, Anna Karenina hätte ihr Smartphone aus der Tasche gezogen und den Facebook-Algorithmus gefragt, ob sie mit Karenin verheiratet bleiben oder mit dem schneidigen Grafen Wronskij durchbrennen sollte. Oder stellen Sie sich vor, in Ihrem Lieblingsstück von Shakespeare würde ein Google-Algorithmus alle wichtigen Entscheidungen treffen. Hamlet und Macbeth hätten vielleicht ein deutlich bequemeres Leben, aber was für ein Leben genau wäre das? Verfügen wir über Modelle, die uns das sinnvoll erklären?

Wenn sich die Macht von den Menschen auf die Algorithmen verschiebt, sehen wir die Welt eventuell nicht mehr als Spielfeld autonomer Individuen, die darum ringen, die richtigen Entscheidungen zu treffen. Stattdessen betrachten wir das gesamte Universum vielleicht als einen Datenstrom, sehen in Organismen kaum mehr als biochemische Algorithmen und glauben, dass die kosmische Berufung der Menschheit darin besteht, ein allumfassendes Datenverarbeitungssystem zu schaffen – und dann darin aufzugehen. Schon heute werden wir zu winzigen Chips in einem riesigen Datenverarbeitungssystem, das niemand wirklich versteht. Jeden Tag absorbiere ich durch E-Mails, Tweets und Artikel unzählige Datenstückchen; ich verarbeite die Daten und übermittle über noch mehr E-Mails, Tweets und Artikel neue zurück. Ich weiß nicht wirklich, wo mein Platz in dem großen Gefüge der Dinge ist und wie sich meine Datenstückchen mit den Bits, die von Milliarden anderen Menschen und Computern produziert werden, verbinden. Ich habe keine Zeit, das herauszufinden, weil ich zu sehr damit beschäftigt bin, all die eingehenden E-Mails zu beantworten.

Das philosophische Auto

Nun mögen manche einwenden, dass Algorithmen niemals wirklich wichtige Entscheidungen für uns treffen könnten, denn wirklich wichtige Entscheidungen beinhalten üblicherweise eine ethische Dimension, und Algorithmen haben keine Ahnung von Moral. Es gibt freilich keinen Grund zu der Annahme, Algorithmen seien nicht in der Lage, den durchschnittlichen Menschen auch in moralischen Fragen hinter sich zu lassen. Schon heute treffen Geräte wie Smartphones und selbstfahrende Autos Entscheidungen, die einmal Monopol des Menschen waren, sie haben mit der gleichen Art von moralischen Problemen zu kämpfen, mit denen sich die Menschen seit Jahrtausenden herumschlagen.

Stellen wir uns einmal vor, zwei Kinder, die einem Ball nachjagen, springen direkt vor ein selbstfahrendes Auto. Aufgrund seiner blitzartigen Berechnungen kommt der Algorithmus, der das Auto steuert, zu dem Schluss, dass sich ein Zusammenstoß mit den beiden Kindern nur vermeiden lässt, wenn das Auto auf die Gegenfahrbahn ausweicht und Gefahr läuft, dort mit einem entgegenkommenden Lkw zu kollidieren. Der Algorithmus errechnet, in diesem Fall bestehe eine Chance von 70 Prozent, dass der Besitzer des Autos – der auf dem Rücksitz in einen tiefen Schlummer gefallen ist – ums Leben kommen würde. Was also sollte der Algorithmus tun?[16]

Philosophen streiten seit Jahrtausenden über solche «Straßenbahn-Probleme» (sie heißen so, weil die Lehrbuchbeispiele in modernen philosophischen Diskussionen sich auf eine Straßenbahn beziehen, welche die

Schienen entlangrast, und nicht auf ein selbstfahrendes Auto).[17] Bis heute hatten diese Diskussionen beschämend wenig Auswirkungen auf das tatsächliche Verhalten, denn in Krisenzeiten vergessen die Menschen allzu oft ihre philosophischen Ansichten und folgen stattdessen ihren Emotionen und ihrem Bauchgefühl.

Eines der gemeinsten Experimente in der Geschichte der Sozialwissenschaften wurde im Dezember 1970 mit einer Gruppe von Studenten am theologischen Seminar der Princeton University durchgeführt, die allesamt Geistliche in der presbyterianischen Kirche werden wollten. Jeder Student wurde gebeten, in ein etwas entferntes Vorlesungsgebäude zu eilen und dort einen Vortrag über das Gleichnis vom barmherzigen Samariter zu halten. Dieses berühmte Gleichnis aus der Bibel erzählt, wie ein Jude, der von Jerusalem nach Jericho unterwegs war, von Kriminellen ausgeraubt, verprügelt und dann halb tot am Straßenrand liegen gelassen wurde. Nach einiger Zeit kamen ein Priester und ein Levit vorbei, doch beide ignorierten den Schwerverletzten. Ein Samariter hingegen – der einer von den Juden verachteten Sekte angehörte – blieb stehen, als er den Ausgeraubten sah, kümmerte sich um ihn und rettete ihm das Leben. Die Moral dieser Geschichte lautet, die Verdienste von Menschen nach ihrem tatsächlichen Verhalten zu beurteilen, nicht nach ihrer Glaubenszugehörigkeit oder ihren philosophischen Ansichten.

Die jungen Seminaristen eilten also voller Eifer in das Vorlesungsgebäude und überlegten unterwegs, wie sie die Moral dieses Gleichnisses am besten erklärten. Doch die Versuchsanordnung war dergestalt, dass unterwegs eine abgerissen gekleidete Person platziert war, die mit gesenktem Kopf und geschlossenen Augen in einem Hauseingang kauerte. Wenn einer der nichts ahnenden Seminaristen vorbeieilte, hustete das Opfer heftig und stöhnte mitleiderregend. Die meisten Seminaristen blieben nicht einmal stehen, um nachzuschauen, was mit dem Mann los war, geschweige denn, dass sie ihm irgendeine Hilfe anboten. Der emotionale

Stress, den es für sie bedeutete, ins Vorlesungsgebäude eilen zu müssen, war stärker als ihre moralische Verpflichtung, einem Fremden in einer Notlage zu helfen.[18]

Menschliche Emotionen behalten auch in zahllosen anderen Situationen die Oberhand über philosophische Theorien. Das macht die Weltgeschichte der Moral und der Philosophie zu einer reichlich deprimierenden Erzählung von wunderbaren Idealen und nicht ganz so idealem Verhalten. Wie viele Christen halten tatsächlich die andere Wange hin, wie viele Buddhisten erheben sich tatsächlich über egoistische Obsessionen und wie viele Juden lieben ihren Nächsten tatsächlich wie sich selbst? So hat die natürliche Auslese *Homo sapiens* nun einmal geprägt. Wie alle Säugetiere nutzt er Emotionen, um rasch Entscheidungen über Leben und Tod zu treffen. Wir haben unsere Wut, unsere Angst und unsere Lust von Millionen Vorfahren geerbt, die alle die strengsten Qualitätskontrollen der natürlichen Auslese durchlaufen haben.

Leider sorgt das, was vor einer Million Jahren für das Überleben und die Reproduktion in der afrikanischen Savanne nützlich war, nicht zwangsläufig für verantwortungsvolles Verhalten auf den Straßen des 21. Jahrhunderts. Abgelenkte, wütende und ängstliche menschliche Fahrer töten jedes Jahr mehr als eine Million Menschen bei Verkehrsunfällen. Wir können all unsere Philosophen, Propheten und Priester bemühen, damit sie diesen Fahrern Moralpredigten halten – auf der Straße aber werden weiter Säugetier-Emotionen und Savannen-Instinkte das Sagen haben. Folglich werden Seminaristen in Eile Menschen in Not ignorieren, und Fahrer werden in einer gefährlichen Situation unbeteiligte Fußgänger überfahren.

Diese Diskrepanz zwischen dem Seminarraum und der Straße gehört zu den größten praktischen Problemen der Moralphilosophie. Immanuel Kant, John Stuart Mill und John Rawls können in irgendeinem gemütlichen Raum sitzen und tagelang über theoretische Probleme der Moralphilosophie diskutieren – aber würden ihre Schlussfolgerungen von gestressten Fahrern, die in Notsituationen binnen Sekundenbruchteilen entscheiden müssen, umgesetzt werden? Vielleicht verfügte Michael Schumacher – der Formel-1-Weltmeister, der einigen als bester Fahrer in der Geschichte gilt – über die Fähigkeit, während eines Rennens auch noch über Philosophie nachzudenken; aber die meisten von uns sind nun einmal kein Schumacher.

Computeralgorithmen jedoch sind nicht durch die natürliche Auslese geprägt, und sie verfügen weder über Emotionen noch über Bauchgefühle. Insofern könnten sie in Krisenmomenten moralische Prinzipien deutlich besser befolgen als Menschen – vorausgesetzt, wir finden eine Möglichkeit, Moral in präzise Zahlen und Statistiken umzuwandeln. Wenn wir Kant, Mill und Rawls beibringen würden, einen Code zu schreiben, könnten sie das selbstfahrende Auto in ihrem gemütlichen Labor sorgfältig programmieren und sicher sein, dass das Auto auf der Schnellstraße ihren Befehlen folgt. Tatsächlich wird jedes Auto von Michael Schumacher und Immanuel Kant in einem gesteuert werden.

Wenn man ein selbstfahrendes Auto also so programmiert, dass es anhält und Fremden in Notsituationen hilft, wird es das tun, egal, was passiert (es sei denn, Sie haben eine Ausnahmeklausel für Katastrophen- oder Hochwasserszenarien eingebaut). Wenn Ihr selbstfahrendes Auto darauf programmiert ist, auf die Gegenfahrbahn auszuweichen, um die beiden Kinder zu retten, können Sie Ihr Leben darauf verwetten, dass es genau das tun wird. Das heißt: Wenn Toyota oder Tesla ihre selbstfahrenden Autos entwerfen, werden sie aus einem theoretischen Problem der Moralphilosophie ein praktisches Problem des Ingenieurwesens machen.

Zugegeben, die philosophischen Algorithmen werden niemals vollkommen sein. Es werden nach wie vor Fehler passieren, die zu Verletzungen, Todesfällen und äußerst komplizierten Gerichtsverfahren führen. Zum ersten Mal in der Geschichte könnten wir in der Lage sein, einen

Philosophen für die unglückseligen Folgen seiner Theorien haftbar zu machen, denn zum ersten Mal in der Geschichte könnte man eine unmittelbare Kausalverbindung zwischen philosophischen Ideen und Ereignissen im realen Leben herstellen. Doch um das Steuer von menschlichen Fahrern zu übernehmen, werden Algorithmen nicht perfekt sein müssen. Sie werden einfach nur besser sein müssen als die Menschen. Angesichts der Tatsache, dass menschliche Fahrer jedes Jahr mehr als eine Million Menschen töten, ist das eine durchaus lösbare Aufgabe. Was also wäre Ihnen letzten Endes lieber: dass das Auto neben Ihnen von einem betrunkenen Teenager oder vom Gespann Schumacher/Kant gesteuert wird?[19]

Diese Logik gilt nicht nur fürs Autofahren, sondern für viele andere Situationen. Nehmen wir als Beispiel die Bewerbungen auf ein Jobangebot. Im 21. Jahrhundert wird die Entscheidung, ob man jemanden einstellt, zunehmend von Algorithmen getroffen werden. Wir können nicht darauf setzen, dass die Maschine die entsprechenden moralischen Standards festlegt – das werden weiterhin Menschen machen müssen. Aber sobald wir auf dem Arbeitsmarkt nach einem moralischen Standard entscheiden – dass es beispielsweise falsch ist, Schwarze oder Frauen zu diskriminieren –, können wir davon ausgehen, dass Maschinen diesen Standard besser umsetzen und strikter einhalten als Menschen.[20]

Ein Manager aus Fleisch und Blut weiß vermutlich und ist sogar zutiefst davon überzeugt, dass es unmoralisch ist, Schwarze und Frauen zu diskriminieren, aber wenn eine schwarze Frau sich tatsächlich um einen Job bewirbt, diskriminiert der Manager sie unterbewusst und beschließt, sie nicht einzustellen. Wenn wir einem Computer erlauben, Bewerbungsschreiben zu sichten, und ihn so programmieren, dass er ethnische Zugehörigkeit und Geschlecht völlig ignoriert, können wir sicher sein, dass der Computer diese Tatsachen tatsächlich außer Acht lässt, denn Computer haben kein Unterbewusstsein. Natürlich wird es nicht ganz einfach sein, einen Code für die Bewertung von Bewerbungen zu schreiben, und es besteht immer die Gefahr, dass die Ingenieure irgendwie ihre eigenen unbewussten Vorurteile in die Software einprogrammieren.[21] Aber wenn wir solche Fehler entdecken, ist es vermutlich deutlich einfacher, die Fehler in der Software zu beseitigen, als Menschen ihre rassistischen und frauenfeindlichen Vorurteile auszutreiben.

Wie wir gesehen haben, könnte das weitere Vordringen künstlicher Intelligenz die meisten Menschen aus dem Arbeitsmarkt drängen – darunter auch Fahrer und Verkehrspolizisten (wenn rüpelhafte Menschen durch gehorsame Algorithmen ersetzt werden, wird man auch keine Verkehrspolizisten mehr brauchen). Aber möglicherweise eröffnen sich ein paar neue Chancen für Philosophen, denn ihre Fertigkeiten – die bislang keinen großen Marktwert hatten – werden plötzlich enorm nachgefragt werden. Wenn Sie also etwas studieren wollen, das Ihnen in Zukunft einen guten Job garantiert, ist die Philosophie vielleicht nicht die schlechteste Wahl.

Natürlich sind Philosophen nur selten einer Meinung, welches Handeln nun das richtige ist. Nur wenige «Straßenbahn-Probleme» sind zur Zufriedenheit aller Philosophen gelöst worden, und konsequentialistische Denker wie John Stuart Mill (die Handlungen anhand der Folgen, die sie haben, beurteilen) hegen ganz andere Ansichten als Deontologen wie Immanuel Kant (die Handlungen nach absoluten Regeln beurteilen). Aber müsste Tesla in so verzwickten Fragen tatsächlich Stellung beziehen, um ein Auto zu produzieren?

Nun, Tesla wird das womöglich einfach dem Markt überlassen. Tesla wird zwei Modelle des selbstfahrenden Autos herstellen: den Tesla Altruist und den Tesla Egoist. In einer Notsituation opfert der Altruist seinen Besitzer dem übergeordneten Wohl, während der Egoist alles in seiner Macht Stehende tut, um seinen Besitzer zu retten, selbst wenn das bedeutet, die beiden Kinder totzufahren. Die Kunden werden somit in der Lage sein, das Auto zu kaufen, das der von ihnen präferierten philosophischen

Sichtweise am besten entspricht. Wenn mehr Menschen den Tesla Egoist kaufen, wird man nicht Tesla dafür verantwortlich machen können. Schließlich hat der Kunde immer recht.

Das ist kein Scherz. In einer wegweisenden Studie wurde Menschen 2015 das hypothetische Szenario eines selbstfahrenden Autos vorgelegt, das kurz davor ist, mehrere Fußgänger zu überfahren. Die meisten gaben an, in einem solchen Fall sollte das Auto die Fußgänger retten, selbst wenn der Besitzer dabei mit seinem Leben bezahlt. Als man sie anschließend fragte, ob sie persönlich ein Auto kaufen würden, das so programmiert ist, dass es seinen Besitzer für das übergeordnete Wohl opfert, antworteten die meisten mit Nein. Sie selbst würden sich lieber den Tesla Egoist zulegen.[22]

Stellen Sie sich folgende Situation vor: Sie haben ein neues Auto gekauft, aber bevor Sie es starten können, müssen Sie zunächst das Einstellungsmenü öffnen und dort eines von mehreren Kästchen ankreuzen. Wollen Sie im Falle eines Unfalls, dass das Auto Ihr Leben opfert – oder die Familie im anderen Fahrzeug tötet? Ist das eine Entscheidung, die Sie überhaupt treffen wollen? Denken Sie allein daran, welchen Streit Sie mit ihrem Ehepartner darüber haben werden, welches Kästchen Sie wählen sollen.

Sollte also vielleicht der Staat regulierend in den Markt eingreifen und einen Moralkodex festlegen, der für alle selbstfahrenden Autos bindend ist? Einige Gesetzgeber werden zweifellos wie elektrisiert sein von der Gelegenheit, endlich Gesetze zu machen, die immer haargenau befolgt werden. Andere dürften angesichts einer so beispiellosen und totalitären Verantwortung aufschrecken. Schließlich lieferten die Grenzen bei der Umsetzung eines Gesetzes historisch gesehen stets ein willkommenes Gegengewicht zu den Voreingenommenheiten, Fehlern und Exzessen der Gesetzgeber. Es war extremes Glück, dass Gesetze gegen Homosexualität und gegen Blasphemie nur teilweise umgesetzt wurden. Wollen wir wirklich ein System, in dem die Entscheidungen fehlbarer Politiker genauso unerbittlich gelten wie die Schwerkraft?

Digitale Diktaturen

Künstliche Intelligenz macht den Menschen oft Angst, weil sie nicht wirklich glauben, dass die KI gehorsam bleibt. Wir haben zu viele Science-Fiction-Filme über Roboter gesehen, die gegen ihre menschlichen Herren aufbegehren, in den Straßen Amok laufen und alle massakrieren. Doch das eigentliche Problem mit Robotern besteht im genauen Gegenteil. Wir sollten Angst vor ihnen haben, weil sie ihren Herren wahrscheinlich immer gehorchen und niemals rebellieren.

Nun ist blinder Gehorsam natürlich per se nicht weiter schlimm, solange die Roboter wohlmeinenden Herren dienen. Selbst im Falle eines Krieges könnte der Einsatz von Killerrobotern zum ersten Mal in der Geschichte sicherstellen, dass das Kriegsrecht auf dem Schlachtfeld tatsächlich Beachtung findet. Menschliche Soldaten lassen sich mitunter von ihren Emotionen dazu hinreißen, gegen das geltende Völkerrecht zu verstoßen und zu morden, zu plündern und zu vergewaltigen. Wir verbinden Emotionen üblicherweise mit Mitgefühl, Liebe und Empathie, doch in Kriegszeiten sind die Emotionen, die die Kontrolle übernehmen, allzu oft Angst, Hass und Grausamkeit. Da Roboter keine Gefühle haben, könnte man darauf vertrauen, dass sie sich immer buchstabengetreu an den Verhaltenskodex für die Streitkräfte halten und nie von persönlichen Ängsten und Hassgefühlen leiten lassen.[23]

Am 16. März 1968 wütete eine Kompanie amerikanischer Soldaten im südvietnamesischen Dorf My Lai und massakrierte mehr als 400 Zivilisten. Dieses Kriegsverbrechen ging auf die lokale Initiative von Männern zurück, die sich seit mehreren Monaten im Guerillakrieg im Dschungel befanden. Es diente keinerlei strategischem Zweck und widersprach sowohl dem Gesetzbuch als auch der Militärpolitik der USA. Schuld daran waren menschliche Emotionen.[24] Hätten die USA in Vietnam Killerroboter eingesetzt, wäre das Massaker von My Lai nie passiert.

Doch bevor wir uns nun eilends daranmachen, Killerroboter zu entwickeln und einzusetzen, sei daran erinnert, dass die Roboter stets die Eigenschaften ihres Codes widerspiegeln und verstärken. Ist der Code restriktiv und gutartig, dann werden die Roboter vermutlich eine enorme Verbesserung gegenüber dem durchschnittlichen menschlichen Soldaten darstellen. Ist der Code jedoch rücksichtslos und grausam, so werden die Folgen katastrophal sein. Das eigentliche Problem der Roboter ist nicht ihre künstliche Intelligenz, sondern vielmehr die natürliche Dummheit und Grausamkeit ihrer menschlichen Herren.

Im Juli 1995 massakrierten Truppen der bosnischen Serben in der Stadt Srebrenica mehr als 8000 bosnische Muslime. Anders als das willkürliche Massaker von My Lai waren die Massentötungen in Srebrenica eine langwierige und gut organisierte Operation, die im Zusammenhang mit der bosnisch-serbischen Politik einer «ethnischen Säuberung» Bosniens stand.[25] Hätten die bosnischen Serben 1995 über Killerroboter verfügt, so wären die Gräuel vermutlich noch schlimmer gewesen. Nicht ein Roboter hätte auch nur einen Moment gezögert, die Befehle, die er erhalten hat, auszuführen, und er hätte nicht ein einziges muslimisches Kind aufgrund von Empfindungen wie Mitgefühl, Abscheu oder bloßer Lethargie verschont.

Ein rücksichtsloser Diktator, der mit solchen Killerrobotern ausgerüstet ist, wird nie befürchten müssen, dass sich seine Soldaten gegen ihn wenden, ganz gleich, wie herzlos und verrückt seine Befehle auch sein mögen. Eine Roboterarmee hätte die Französische Revolution 1789 vermutlich schon im Keim erstickt, und hätte Hosni Mubarak 2011 über ein Kontingent an Killerrobotern verfügt, hätte er sie auf die Bevölkerung loslassen können, ohne Angst haben zu müssen, dass sie ihm von der Fahne gehen. Ähnlich könnte eine imperialistische Regierung, die auf eine Roboterarmee setzt, unpopuläre Kriege vom Zaun brechen, ohne Sorge haben zu müssen, dass die Roboter ihre Motivation verlieren oder ihre Familien gegen den Krieg protestieren. Hätten die USA im Vietnamkrieg über Killerroboter verfügt, hätte das Massaker von My Lai vielleicht verhindert werden können, doch der Krieg selbst hätte sich vielleicht noch viel länger hingezogen, denn die amerikanische Regierung hätte sich viel weniger Gedanken über demoralisierte Soldaten, massenhafte Antikriegsdemonstrationen oder eine Bewegung von «Veteranenrobotern gegen den Krieg» machen müssen. Ein paar amerikanische Bürger hätten sich vielleicht trotzdem gegen den Krieg gewandt, doch ohne die Angst, selbst eingezogen zu werden, ohne die Erinnerung an selbst begangene Gräueltaten oder den schmerzlichen Verlust eines lieben Angehörigen wären die Protestierer vermutlich weniger zahlreich und weniger hartnäckig gewesen.[26]

Für selbstfahrende zivile Fahrzeuge sind derartige Probleme natürlich weit weniger relevant, denn kein Autohersteller wird seine Produkte böswillig so programmieren, dass sie Menschen ins Visier nehmen und töten. Doch autonome Waffensysteme sind eine durchaus realistische Bedrohung, denn allzu viele Regierungen sind moralisch verkommen, wenn nicht sogar richtiggehend böse.

Die Gefahr bleibt nicht auf Tötungsmaschinen begrenzt. Gleichermaßen riskant könnten Überwachungssysteme sein. In den Händen einer wohlwollenden Regierung sind machtvolle Überwachungsalgorithmen womöglich das Beste, was der Menschheit je zugestoßen ist. Doch die gleichen Big-Data-Algorithmen könnten auch einen künftigen Big Brother ermächtigen, sodass wir am Ende in einem Orwell'schen Überwachungsregime landen, in dem sämtliche Individuen die ganze Zeit überwacht werden.[27]

Ja, möglicherweise mündet das Ganze sogar in etwas, das sich nicht einmal Orwell vorzustellen wagte: in ein totales Überwachungsregime, das nicht nur unsere äußeren Aktivitäten und Äußerungen verfolgt, sondern uns sogar unter die Haut kriecht, um unsere inneren Erfahrungen zu beobachten. Stellen wir uns beispielsweise vor, was das Kim-Regime in Nordkorea mit der neuen Technologie anstellen würde. Künftig müsste jeder nordkoreanische Bürger ein biometrisches Armband tragen, das alles überwacht, was er tut und sagt – darüber hinaus aber auch noch seinen Blutdruck und seine Gehirnaktivität. Das nordkoreanische Regime könnte sich unser immer besseres Verständnis des menschlichen Gehirns und die ungeheuren Fähigkeiten maschinellen Lernens zunutze machen und erstmals in der Geschichte in der Lage sein, zu erfassen, was jeder einzelne Bürger in jedem einzelnen Augenblick denkt. Wenn ein Nordkoreaner beispielsweise ein Bild von Kim Jong-un sieht und die biometrischen Sensoren die verräterischen Anzeichen von Wut erfassen (höherer Blutdruck, gesteigerte Aktivität in der Amygdala), dann findet er sich vermutlich schon am nächsten Tag im Straflager wieder.

Natürlich dürfte es für das nordkoreanische Regime aufgrund seiner Isolation schwierig sein, die erforderliche Technologie selbst zu entwickeln. Aber es könnte sein, dass sie in anderen Nationen mit mehr technischem Know-how erforscht und dann von den Nordkoreanern und anderen rückständigen Diktaturen kopiert oder eingekauft wird. Sowohl China als auch Russland verbessern ihre Überwachungsinstrumente fortwährend, und Gleiches gilt für eine Reihe demokratischer Länder, von den USA bis zu meinem Heimatland Israel. Gerade Israel, das gerne als «Start-up-Nation» tituliert wird, verfügt über einen äußerst dynamischen Hightech-Sektor und eine Cybersecurity-Branche, die weltweit führend ist. Gleichzeitig befindet es sich auch in einem tödlichen Konflikt mit den Palästinensern, und zumindest einige israelische Politiker, Militärs und Bürger wären vermutlich froh, könnten sie im Westjordanland ein totales

Überwachungsregime errichten, sobald sie über die notwendige Technologie dafür verfügen.

Schon heute ist es so, dass Palästinenser, wenn sie einen Anruf tätigen, etwas auf Facebook posten oder von einer Stadt in eine andere fahren, von israelischen Mikrofonen, Kameras, Drohnen oder Spionagesoftware überwacht werden. Die gesammelten Daten werden anschließend von Big-Data-Algorithmen analysiert. Das hilft den israelischen Sicherheitskräften, potenzielle Bedrohungen zielgenau auszumachen und auszuschalten, ohne dafür allzu viele Soldaten am Boden einsetzen zu müssen. Die Palästinenser mögen einige Städte und Dörfer im Westjordanland verwalten, doch die Israelis kontrollieren den Himmel, den Äther und den Cyberspace. Sie brauchen deshalb erstaunlich wenige Soldaten, um gut 2,5 Millionen Palästinenser dort wirksam zu kontrollieren.[28]

Bei einem tragikomischen Zwischenfall im Oktober 2017 postete ein palästinensischer Arbeiter auf seinem privaten Facebook-Account ein Bild von sich selbst an seinem Arbeitsplatz neben einem Bulldozer. Unter das Bild schrieb er: «Guten Morgen!» Ein automatischer Algorithmus machte bei der Umschrift der arabischen Buchstaben einen kleinen Fehler. Statt «Ysabechhum!» (was «Guten Morgen!» bedeutet) las der Algorithmus die arabischen Buchstaben als «Ydbachhum!» (was bedeutet: «Töte sie!»). Weil der Verdacht bestand, der Mann könnte ein Terrorist sein und mit seinem Bulldozer Menschen überfahren, nahmen ihn israelische Sicherheitskräfte sogleich fest. Er wurde wieder freigelassen, als sie merkten, dass der Algorithmus einen Fehler begangen hatte. Aber der Facebook-Post wurde gleichwohl gelöscht. Man kann nie vorsichtig genug sein.[29] Was die Palästinenser heute im Westjordanland erleben, könnte nur ein primitiver Vorgeschmack auf das sein, was Milliarden Menschen irgendwann überall auf dem Planeten widerfahren wird.

Im späten 20. Jahrhundert waren Demokratien üblicherweise Diktaturen überlegen, weil sie Daten besser verarbeiteten. Demokratien verteilen die Macht, Informationen zu verarbeiten und Entscheidungen zu treffen, auf viele Menschen und Institutionen, während Diktaturen Informationen und Macht an einem Ort konzentrieren. Angesichts der Technologie des 20. Jahrhunderts war das schlicht ineffizient. Niemand verfügt über die Fähigkeit, all die Informationen schnell genug zu verarbeiten und die richtigen Entscheidungen zu treffen. Das ist einer der Gründe, warum die Sowjetunion deutlich schlechtere Entscheidungen traf als die USA und warum die sowjetische Volkswirtschaft der amerikanischen weit hinterherhinkte.

Schon bald jedoch könnte künstliche Intelligenz dafür sorgen, dass das Pendel in die entgegengesetzte Richtung ausschlägt. Denn künstliche Intelligenz ermöglicht es, enorme Mengen an Informationen zentral zu verarbeiten. Tatsächlich könnte künstliche Intelligenz zentralisierte Systeme weit effizienter machen als dezentrale Systeme, denn maschinelles Lernen funktioniert umso besser, je mehr Informationen es analysieren kann. Konzentriert man sämtliche Informationen, die eine Milliarde Menschen betreffen, in einer Datenbank, und zwar ungeachtet aller Datenschutzbelange, kann man Algorithmen deutlich besser trainieren, als wenn man die individuelle Privatsphäre respektiert und in der Datenbank lediglich partielle Informationen über eine Million Menschen gespeichert hat. Wenn beispielsweise ein autoritäres Regime sämtlichen Bürgern befiehlt, ihre DNA scannen zu lassen und ihre gesamten medizinischen Daten einer zentralen Behörde mitzuteilen, würde es gegenüber Gesellschaften, in denen medizinische Daten streng privat sind, über einen enormen Vorteil in der Genforschung und in der Medizin verfügen. Das wichtigste Handikap autoritärer Regime im 20. Jahrhundert – der Versuch, alle Informationen an einem Ort zu konzentrieren – könnte sich im 21. Jahrhundert als entscheidender Vorteil erweisen.

Da Algorithmen uns so gut kennen werden, könnten autoritäre Regierungen die absolute Kontrolle über ihre Bürger erlangen, mehr noch als damals im nationalsozialistischen Deutschland, und Widerstand gegen solche Regime könnte völlig unmöglich sein. Das Regime wird nicht nur genau wissen, was Sie empfinden – es kann auch dafür sorgen, dass Sie genau das fühlen, was es will. Der Diktator mag nicht in der Lage sein, den Menschen eine ordentliche Gesundheitsversorgung oder Gleichheit zu verschaffen, aber er könnte dafür sorgen, dass sie ihn lieben und seine Widersacher hassen. Die Demokratie in ihrer gegenwärtigen Form kann die Verschmelzung von Biotechnologie und Informationstechnologie nicht überleben. Sie wird sich entweder radikal neu erfinden müssen, oder die Menschen werden künftig in «digitalen Diktaturen» leben.

Das wird kein Rückfall in die Zeiten von Hitler und Stalin sein. Digitale Diktaturen werden ganz anders aussehen als das Dritte Reich, so wie sich das Dritte Reich vom Ancien Régime in Frankreich unterschied. Ludwig XIV. war ein zentralisierender Autokrat, aber er verfügte nicht über die Technologie, um einen modernen totalitären Staat zu errichten. Er musste keinen Widerstand gegen seine Herrschaft fürchten, doch da es noch keine Rundfunkgeräte, Telefone und Züge gab, hatte er kaum Kontrolle über das Alltagsleben von Bauern in entlegenen bretonischen Dörfern oder selbst über die Stadtbevölkerung im Herzen von Paris. Er war weder willens noch in der Lage, eine Massenpartei, eine landesweite Jugendbewegung oder ein nationales Bildungssystem ins Leben zu rufen.[30] Erst die neuen Technologien des 20. Jahrhunderts verschafften Hitler die Motivation und die Macht, solche Dinge zu tun. Wir können nicht vorhersagen, über welche Motive und welche Macht digitale Diktaturen im Jahr 2084 verfügen, aber es ist eher unwahrscheinlich, dass sie einfach Hitler und Stalin kopieren werden. Diejenigen, die unbedingt noch einmal die Schlachten der 1930er Jahre schlagen wollen, könnten durch einen Angriff aus einer völlig unerwarteten Richtung überrumpelt werden.

Doch selbst wenn es der Demokratie gelingt, sich anzupassen und zu überleben, könnten die Menschen Opfer neuer Formen von Unterdrückung und Diskriminierung werden. Schon heute verwenden immer mehr Banken, Unternehmen und Institutionen Algorithmen, um Daten zu analysieren und Entscheidungen über uns zu treffen. Wenn Sie von Ihrer Bank einen Kredit haben wollen, so wird Ihr Antrag wahrscheinlich von einem Algorithmus und nicht von einem Menschen bearbeitet. Der Algorithmus analysiert Unmengen an Daten über Sie und Statistiken über Millionen anderer Menschen und entscheidet dann, ob Sie kreditwürdig sind. Der Algorithmus arbeitet dabei oftmals besser als ein menschlicher Bankangestellter. Das Problem dabei ist, dass sich nur schwer feststellen lässt, ob der Algorithmus bestimmte Menschen zu Unrecht diskriminiert. Wenn sich die Bank weigert, Ihnen einen Kredit zu gewähren, und Sie fragen: «Warum?», so erwidert die Bank: «Der Algorithmus hat Nein gesagt.» Sie fragen: «Warum hat der Algorithmus Nein gesagt? Was stimmt nicht mit mir?» Und die Bank wird antworten: «Wir wissen es nicht. Kein Mensch versteht diesen Algorithmus, denn er basiert auf fortgeschrittenem maschinellen Lernen. Aber wir vertrauen unserem Algorithmus, deshalb gewähren wir Ihnen keinen Kredit.»[31]

Wenn sich Diskriminierung gegen ganze Gruppen wie etwa Frauen oder Schwarze richtet, können sich diese Gruppen organisieren und gegen ihre kollektive Diskriminierung protestieren. Jetzt aber könnte ein Algorithmus Sie persönlich diskriminieren, und Sie haben keinerlei Ahnung, warum das so ist. Vielleicht hat der Algorithmus etwas in Ihrer DNA, in Ihrer Lebensgeschichte oder auf Ihrem Facebook-Account gefunden, was ihm nicht gefällt. Der Algorithmus diskriminiert Sie nicht, weil Sie eine Frau oder ein Afroamerikaner sind – sondern weil Sie Sie sind. Es gibt irgendetwas an Ihnen, was der Algorithmus nicht mag. Sie wissen nicht, was das ist, und selbst wenn Sie es wüssten, können Sie sich nicht mit anderen Menschen zusammenschließen und protestieren, denn es gibt keine anderen Menschen, die unter dem exakt gleichen Vorurteil zu leiden haben. Es sind allein Sie. Anstelle kollektiver Diskriminierung könnten wir es im 21. Jahrhundert also mit einem wachsenden Problem individueller Diskriminierung zu tun haben.[32]

Auf den höchsten Machtebenen wird es wahrscheinlich weiterhin menschliche Repräsentationsfiguren geben, die uns die Illusion vermitteln, die Algorithmen seien lediglich Berater und die eigentliche Macht liege noch immer in Menschenhand. Wir werden keine künstliche Intelligenz zur Kanzlerin der Bundesrepublik Deutschland oder zum Vorstandsvorsitzenden von Google machen. Doch die Entscheidungen, die die Kanzlerin und der CEO treffen, werden durch künstliche Intelligenz beeinflusst sein. Die Kanzlerin könnte weiterhin zwischen verschiedenen Optionen wählen, aber all diese Optionen werden das Ergebnis von Big-Data-Analysen sein, und sie werden eher die Weltsicht künstlicher Intelligenz als die von Menschen widerspiegeln.

Oder um ein analoges Beispiel zu nehmen: Politiker überall auf der Welt können heute zwischen verschiedenen wirtschaftspolitischen Maßnahmen wählen, doch in fast allen Fällen spiegeln die verschiedenen Optionen eine kapitalistische Sicht der Ökonomie wider. Die Politiker hegen die Illusion, wählen zu können, aber die wirklich wichtigen Entscheidungen sind schon viel früher von den Ökonomen, Bankern und Unternehmern getroffen worden, die die verschiedenen Wahlmöglichkeiten auf der Speisekarte festlegten. Binnen weniger Jahrzehnte könnte es sein, dass Politiker aus einer Speisekarte wählen müssen, die von künstlicher Intelligenz verfasst wurde.

Künstliche Intelligenz und natürliche Dummheit

Die erfreuliche Nachricht ist, dass wir uns zumindest in den nächsten Jahrzehnten nicht mit dem ausgewachsenen Science-Fiction-Albtraum einer künstlichen Intelligenz auseinandersetzen müssen, die Bewusstsein erlangt und beschließt, die Menschheit zu versklaven oder auszulöschen. Wir werden zunehmend auf Algorithmen bauen, damit sie Entscheidungen für uns treffen, aber es ist eher unwahrscheinlich, dass die Algorithmen uns bewusst manipulieren werden. Sie werden über keinerlei Bewusstsein verfügen.

Science-Fiction verwechselt gerne Intelligenz mit Bewusstsein und geht davon aus, dass Computer Bewusstsein entwickeln müssen, um an menschliche Intelligenz heranzureichen oder sie zu übertreffen. In fast allen Filmen und Romanen über künstliche Intelligenz geht es im Kern um den magischen Moment, in dem ein Computer oder ein Roboter Bewusstsein erlangt. Sobald das geschieht, verliebt sich entweder der menschliche Protagonist in den Roboter, oder der Roboter versucht, alle Menschen zu töten, oder beides geschieht gleichzeitig.

In Wirklichkeit jedoch gibt es keinerlei Grund zu der Annahme, künstliche Intelligenz werde Bewusstsein erlangen, denn Intelligenz und Bewusstsein sind völlig unterschiedliche Dinge. Intelligenz ist die Fähigkeit, Probleme zu lösen. Bewusstsein ist die Fähigkeit, Dinge wie Schmerz, Freude, Liebe und Wut zu empfinden. Wir vermischen beides gerne, denn bei den Menschen und anderen Säugetieren geht Intelligenz mit Bewusstsein einher. Säugetiere lösen die meisten Probleme, indem sie Dinge empfinden. Computer jedoch lösen Probleme auf völlig andere Weise.

Es gibt schlicht verschiedene Wege, die zu hoher Intelligenz führen, und nur auf einigen dieser Wege ist auch Bewusstsein im Spiel. So wie

Flugzeuge schneller fliegen als Vögel, ohne je Federn entwickelt zu haben, so können Computer Probleme viel besser als Säugetiere lösen, ohne je Gefühle zu entwickeln. Sicher, künstliche Intelligenz wird menschliche Gefühle genau analysieren müssen, um menschliche Krankheiten zu behandeln, menschliche Terroristen ausfindig zu machen, menschliche Lebenspartner zu empfehlen und ein Fahrzeug durch eine Straße voller menschlicher Fußgänger zu steuern. Aber sie kann das, ohne selbst Gefühle entwickeln zu müssen. Ein Algorithmus muss nicht Freude, Wut oder Angst empfinden, um die unterschiedlichen biochemischen Muster freudvoller, wütender oder verängstigter Affen zu erkennen.

Natürlich ist es nicht völlig unmöglich, dass künstliche Intelligenz eigene Gefühle entwickeln wird. Wir wissen noch immer nicht genug über das Bewusstsein, um sicher sein zu können. Allgemein müssen wir drei Möglichkeiten ins Auge fassen:

1. Bewusstsein ist dergestalt mit organischer Biochemie verbunden, dass es nie möglich sein wird, Bewusstsein in nichtorganischen Systemen zu erzeugen.
2. Bewusstsein ist nicht mit organischer Biochemie verbunden, sondern mit Intelligenz, und zwar dergestalt, dass Computer Bewusstsein entwickeln könnten, und Computer werden Bewusstsein entwickeln *müssen,* wenn sie eine bestimmte Intelligenzschwelle überschreiten wollen.
3. Es bestehen keine essenziellen Verbindungen zwischen Bewusstsein und organischer Biochemie oder hoher Intelligenz. Computer könnten deshalb Bewusstsein entwickeln – es muss aber nicht zwangsläufig so sein. Sie könnten superintelligent werden und gleichzeitig null Bewusstsein haben.

Bei unserem gegenwärtigen Wissensstand können wir keine dieser Optionen ausschließen. Doch gerade weil wir so wenig über Bewusstsein wissen, scheint es eher unwahrscheinlich, dass wir in naher Zukunft bewusste Computer programmieren könnten. Trotz der ungeheuren Macht künstlicher Intelligenz wird ihr Einsatz deshalb in absehbarer Zukunft weiter in gewissem Maße von menschlichem Bewusstsein abhängen.

Nun besteht die Gefahr, wenn wir zu viel in die Entwicklung künstlicher Intelligenz und zu wenig in die Erforschung menschlichen Bewusstseins investieren, dass die sehr ausgeklügelte künstliche Intelligenz von Computern lediglich dazu dienen könnte, die natürliche Dummheit von Menschen zu verstärken. In den kommenden Jahrzehnten werden wir es vermutlich nicht mit einer Roboterrebellion zu tun haben, sondern eher mit Horden von Bots, die besser als unsere Mutter wissen, welche emotionalen Knöpfe sie bei uns drücken müssen, und die diese frappierende Fähigkeit nutzen, um uns in Versuchung zu führen und uns Dinge zu verkaufen – egal, ob ein Auto, einen Politiker oder gleich eine ganze Ideologie. Die Bots könnten unsere tiefsten Ängste, Hassgefühle und Gelüste ausfindig machen und diesen inneren Hebel gegen uns verwenden. Einen ersten Vorgeschmack darauf haben uns die jüngsten Wahlen und Referenden überall auf der Welt geliefert, als Hacker gezeigt haben, wie man einzelne Wähler manipuliert, indem man Daten über sie analysiert und ihre bestehenden Vorurteile ausnutzt.[33] Während Science-Fiction-Thriller gerne in dramatischen Apokalypsen aus Feuer und Rauch schwelgen, könnten wir es in der Realität mit einer banalen Apokalypse durch Mausklicks zu tun haben.

Um solche Ergebnisse zu vermeiden, wäre es klug, für jeden Dollar und jede Minute, die wir in die Verbesserung künstlicher Intelligenz investieren, einen Dollar und eine Minute in die Förderung menschlichen Bewusstseins zu stecken. Leider unternehmen wir gegenwärtig nicht viel, um menschliches Bewusstsein zu untersuchen und zu entwickeln. Wir untersuchen und entwickeln menschliche Fähigkeiten hauptsächlich im Hinblick auf die unmittelbaren Bedürfnisse des wirtschaftlichen und politischen Systems statt mit Blick auf unsere langfristigen Bedürfnisse als bewusste Wesen. Mein Chef will, dass ich E-Mails so rasch wie möglich beantworte, aber er interessiert sich reichlich wenig für meine Fähigkeit, das Essen, das ich verspeise, zu genießen und zu schätzen. Folglich checke ich sogar während des Essens meine E-Mails und verliere darüber die Fähigkeit, auf meine eigenen Empfindungen zu achten. Das Wirtschaftssystem drängt mich, mein Anlageportfolio zu erweitern und zu diversifizieren, aber es gibt mir null Anreize, mein Mitgefühl zu erweitern und zu diversifizieren. Und so bin ich verzweifelt darum bemüht, die Geheimnisse der Börse zu begreifen, und tue im Grunde nichts, um die tieferen Ursachen von Leid zu verstehen.

In dieser Hinsicht sind Menschen anderen domestizierten Tieren ähnlich. Wir haben sanftmütige Kühe gezüchtet, die enorme Mengen an Milch geben, in anderer Hinsicht aber ihren wilden Vorfahren deutlich unterlegen sind. Sie sind weniger agil, weniger neugierig und weniger findig.[34] Wir schaffen jetzt zahme Menschen, die ungeheure Mengen an Daten produzieren und als ausgesprochen effiziente Chips in einem riesigen Datenverarbeitungsmechanismus fungieren, aber diese Datenkühe schöpfen das menschliche Potenzial nicht wirklich aus. Wir haben vielmehr gar keine Vorstellung, wie das volle menschliche Potenzial aussieht, denn wir wissen so wenig über den menschlichen Geist. Und doch investieren wir kaum in die Erkundung des menschlichen Geistes und konzentrieren uns stattdessen darauf, die Geschwindigkeit unserer Internetverbindungen und die Effizienz unserer Big-Data-Algorithmen zu verbessern. Wenn wir nicht aufpassen, haben wir am Ende verkümmerte Menschen, die mit Unterstützung verbesserter Computer sich selbst und der Welt ungeheuren Schaden zufügen.

Digitale Diktaturen sind nicht die einzige Gefahr, die uns droht. Neben der Freiheit hat die liberale Ordnung auch großen Wert auf die Gleichheit gelegt. Der Liberalismus propagierte stets politische Gleichheit und nach und nach merkte er, dass wirtschaftliche Gleichheit genauso wichtig ist. Denn ohne soziales Sicherungsnetz und ein gewisses Maß an ökonomischer Gleichheit ist Freiheit sinnlos. Doch so wie Big-Data-Algorithmen die Freiheit auslöschen könnten, so könnten sie gleichzeitig die ungleichsten Gesellschaften hervorbringen, die es je gab. Aller Reichtum und alle Macht könnten sich in den Händen einer winzigen Elite konzentrieren, während die meisten Menschen nicht unter Ausbeutung, sondern unter weitaus Schlimmerem zu leiden haben – bedeutungs- und nutzlos zu sein.

4

Gleichheit

Wem die Daten gehören, dem gehört die Zukunft

In den letzten Jahrzehnten wurde den Menschen überall auf der Welt erklärt, die Menschheit befinde sich auf dem Weg zu immer größerer Gleichheit, und Globalisierung und neue Technologien würden dafür sorgen, dass wir dieses Ziel noch früher als gedacht erreichen. In Wirklichkeit könnte das 21. Jahrhundert die ungleichsten Gesellschaften in der Geschichte hervorbringen. Zwar überbrücken Globalisierung und Internet die Kluft zwischen Ländern, aber sie drohen den Graben zwischen gesellschaftlichen Klassen zu vergrößern, und während die Menschheit scheinbar vor einer globalen Einigung steht, könnte sich die Spezies selbst in verschiedene biologische Kasten aufspalten.

Ungleichheit reicht bis in die Steinzeit zurück. Vor 30 000 Jahren bestatteten Gruppen von Jägern und Sammlern einige Angehörige in üppig ausgestatteten Gräbern voll mit Elfenbeinperlen, Armbändern, Schmuck und Kunstgegenständen, während andere sich mit einem kargen Loch in der Erde begnügen mussten. Trotzdem waren die vorgeschichtlichen Banden von Wildbeutern egalitärer als alle späteren menschlichen Gesellschaften, weil sie über sehr wenig Eigentum verfügten. Eigentum aber ist die Voraussetzung für langfristige Ungleichheit.

Nach der Agrarrevolution vervielfachte sich das Eigentum und mit ihm die Ungleichheit. Als die Menschen Besitz über Land, Tiere, Pflanzen und

Werkzeuge erlangten, entstanden streng hierarchische Gesellschaften, in denen kleine Eliten Generation um Generation den größten Reichtum und die meiste Macht monopolisierten. Die Menschen akzeptierten diese Anordnung als natürlich und sogar gottgegeben. Hierarchie war nicht nur die Norm, sondern auch das Ideal. Wie kann es Ordnung geben ohne eine klare Hierarchie zwischen Adligen und Gemeinen, zwischen Männern und Frauen oder zwischen Eltern und Kindern? Priester, Philosophen und Dichter erklärten überall auf der Welt geduldig, so wie im menschlichen Körper nicht alle Glieder gleichberechtigt seien – die Füße müssten schließlich dem Kopf gehorchen –, so würde auch in der menschlichen Gesellschaft Gleichheit nur zu Chaos führen.

In der Neuzeit jedoch wurde Gleichheit in fast allen menschlichen Gesellschaften zu einem Ideal. Das hatte zum Teil mit dem Aufkommen der neuen Ideologien des Kommunismus und des Liberalismus zu tun. Es war aber auch der industriellen Revolution geschuldet, die die breite Masse wichtiger als je zuvor machte. Industrieökonomien beruhten auf Massen gemeiner Arbeiter, während industrielle Armeen auf Massen gemeiner Soldaten angewiesen waren. Regierungen in Demokratien wie in Diktaturen investierten deshalb in Gesundheit, Bildung und Wohlfahrt der Massen, weil sie Millionen gesunder Arbeitskräfte brauchten, um die Fließbänder am Laufen zu halten, und Millionen loyaler Soldaten, die in den Schützengräben kämpften.

Folglich ging es in der Geschichte des 20. Jahrhunderts in hohem Maße um die Verringerung der Ungleichheit zwischen Klassen, Rassen und Geschlechtern. Zwar hatte die Welt im Jahr 2000 noch immer einiges an Hierarchien aufzuweisen, aber sie war trotzdem ein weitaus gleicherer Ort als die Welt des Jahres 1900. Am Beginn des 21. Jahrhunderts gingen die Menschen davon aus, dass sich dieser Angleichungsprozess fortsetzen und sogar beschleunigen würde. Insbesondere hofften sie, die Globalisierung werde ökonomischen Wohlstand über die ganze Welt verbreiten, und infolgedessen würden Menschen in Indien und Ägypten in den Genuss der gleichen Chancen und Privilegien kommen wie Menschen in Finnland und Kanada. Eine ganze Generation wuchs mit diesem Versprechen auf.

Heute hat es den Anschein, als würde dieses Versprechen nicht eingehalten werden. Weite Teile der Menschheit haben ohne Zweifel von der Globalisierung profitiert, aber es gibt Anzeichen dafür, dass die Ungleichheit sowohl zwischen Gesellschaften als auch innerhalb von Gesellschaften wächst. Einige Gruppen monopolisieren zunehmend die Früchte der Globalisierung, während Milliarden abgehängt werden. Schon heute gehört dem wohlhabendsten einen Prozent die Hälfte des weltweiten Reichtums. Noch alarmierender ist: Die reichsten einhundert Menschen besitzen zusammen mehr als die ärmsten vier Milliarden.[1]

Und es könnte noch schlimmer werden. Wie schon gezeigt, könnte das Vordringen künstlicher Intelligenz den ökonomischen Wert und die politische Macht der meisten Menschen zunichte machen. Gleichzeitig könnten es Verbesserungen im Bereich der Biotechnologie ermöglichen, ökonomische Ungleichheit in biologische Ungleichheit zu übersetzen. Die Superreichen werden schließlich mit ihrem gewaltigen Reichtum irgendetwas Sinnvolles anstellen müssen. Während sie bislang kaum mehr als Statussymbole kaufen konnten, könnten sie schon bald in der Lage sein, sich das Leben selbst zu kaufen. Wenn sich neue Behandlungen zur Lebensverlängerung und zur Verbesserung körperlicher und kognitiver Fähigkeiten als kostspielige Angelegenheit erweisen sollten, könnte sich die Menschheit in biologische Kasten aufspalten.

Historisch betrachtet haben die Reichen und die Adligen schon immer gern geglaubt, sie würden über überlegene Fertigkeiten verfügen, weshalb sie ja auch das Sagen hatten. Das stimmte natürlich nicht. Der durchschnittliche Herzog war nicht begabter als der durchschnittliche Bauer – er verdankte seine Überlegenheit lediglich ungerechter gesetzlicher und wirtschaftlicher Diskriminierung. Doch im Jahr 2100 könnten die Reichen tatsächlich talentierter, kreativer und intelligenter als die Slumbewohner sein. Sobald sich einmal eine wirkliche Kluft zwischen den Fertigkeiten von Reich und Arm geöffnet hat, wird es so gut wie unmöglich sein, sie wieder zu schließen. Wenn die Reichen ihre überlegenen Fähigkeiten nutzen, um sich weiter zu bereichern, und wenn sie sich mit immer mehr Geld verbesserte Körper und Gehirne kaufen können, wird sich diese Kluft mit der Zeit nur noch vergrößern. Im Jahr 2100 besitzt das wohlhabendste eine Prozent womöglich nicht nur den Großteil des weltweiten Reichtums, sondern auch den Großteil der Schönheit, Kreativität und Gesundheit auf dieser Welt.

Die beiden Prozesse – Biotechnologie gekoppelt mit dem Aufstieg künstlicher Intelligenz – könnten deshalb im Zusammenspiel dazu führen, dass sich die Menschheit in eine kleine Klasse von Übermenschen und eine riesige Unterschicht nutzloser *Homo sapiens* aufspaltet. Diese ohnehin bereits düstere Lage könnte sich noch weiter verschlimmern, denn wenn die Massen ihre ökonomische Bedeutung und ihre politische Macht verlieren, dann könnte der Staat zumindest teilweise den Anreiz verlieren, in ihre Gesundheit, Bildung und Wohlfahrt zu investieren. Es ist höchst gefährlich, überflüssig zu sein. Die Zukunft der Massen wird somit vom guten Willen einer kleinen Elite abhängen. Vielleicht besteht dieser gute Wille ein paar Jahrzehnte lang. Doch im Falle einer Krise – etwa einer Klimakatastrophe – wäre es ziemlich verführerisch und nicht besonders schwer, die überflüssigen Menschen einfach über Bord zu werfen.

In Ländern wie Frankreich und Neuseeland, die über eine lange Tradition liberaler Überzeugungen und sozialstaatlicher Praktiken verfügen, wird die Elite sich vielleicht weiter um die breite Masse kümmern, selbst wenn sie sie nicht mehr braucht. In den kapitalistischeren USA hingegen könnte die Elite die erste Gelegenheit nutzen, um das, was vom amerikanischen Sozialstaat noch übrig ist, endgültig zu demontieren. Ein noch größeres Problem droht Schwellenländern wie Indien, China, Südafrika und Brasilien. Dort könnte die Ungleichheit sich extrem verschärfen, sobald gemeine Menschen ihren ökonomischen Wert verlieren.

Es könnte also so sein, dass die Globalisierung nicht zu globaler Einheit, sondern tatsächlich zu einer «Speziation» führt: zu einer Aufspaltung der Menschheit in verschiedene biologische Kasten oder sogar unterschiedliche Arten. Die Globalisierung wird die Welt horizontal einen, indem sie nationalstaatliche Grenzen auflöst, gleichzeitig wird sie aber die Menschheit vertikal spalten. Die herrschenden Oligarchien in so unterschiedlichen Ländern wie den USA und Russland könnten verschmelzen und gemeinsame Sache gegen die Masse der gewöhnlichen Sapiens machen. So gesehen ist das gegenwärtige populistische Ressentiment gegen «die Eliten» durchaus begründet. Wenn wir nicht aufpassen, könnten die Enkel von Unternehmern aus dem Silicon Valley oder von Moskauer Milliardären zu einer eigenen Spezies werden, die den Enkeln der Hillbillies aus den Appalachen und sibirischer Dorfbewohner weit überlegen ist.

Langfristig gesehen könnte ein solches Szenario die Welt sogar «entglobalisieren», wenn sich die obere Kaste in einer selbst ernannten «Zivilisation» zusammenschließt und Mauern und Gräben baut, um sich gegen die Horden der «Barbaren» draußen abzuschotten. Im 20. Jahrhundert brauchte die industrielle Zivilisation die «Barbaren» als billige Arbeitskräfte, Rohstofflieferanten und Märkte. Deshalb wurden sie erobert und absorbiert. Im 21. Jahrhundert jedoch könnte eine postindustrielle Zivilisation, die auf künstlicher Intelligenz, Bioengineering und Nanotechnologie beruht, weitaus eigenständiger und autarker sein. Nicht nur ganze Klassen, sondern ganze Länder und Kontinente könnten bedeutungslos werden. Von Drohnen und Robotern bewachte Festungen könnten die selbst ernannte zivilisierte Zone, wo sich Cyborgs mit Logikbomben bekämpfen, von den Barbarengebieten trennen, wo sich verrohte Menschen gegenseitig mit Macheten und Kalaschnikows abschlachten.

Wie Sie vielleicht gemerkt haben, verwende ich in diesem Buch häufig die erste Person Plural, wenn ich über die Zukunft der Menschheit spreche. Ich spreche über das, was «wir» tun müssen, um mit «unseren» Problemen fertig zu werden. Aber möglicherweise gibt es gar kein Wir mehr. Vielleicht besteht eines «unserer» größten Probleme darin, dass verschiedene Menschengruppen völlig verschiedene Zukünfte haben. Vielleicht sollte man in manchen Teilen der Welt den eigenen Kindern beibringen, wie man ein Computerprogramm schreibt, während man sie woanders besser lehrt, schnell zu ziehen und sofort zu schießen.

Wem gehören die Daten?

Wenn wir verhindern wollen, dass sich aller Reichtum und alle Macht in den Händen einer kleinen Elite konzentrieren, müssen wir den Besitz von Daten regeln. In früheren Zeiten war Grundbesitz das wichtigste Vermögen auf der Welt, Politik war ein Kampf darum, Gebiete zu kontrollieren, und wenn sich zu viel Land in zu wenigen Händen konzentrierte, spaltete sich eine Gesellschaft in Adlige und Gemeine. In der Neuzeit wurden Maschinen und Fabriken wichtiger als Land, und politische Auseinandersetzungen wurden darum geführt, diese entscheidenden Produktionsmittel zu kontrollieren. Wenn sich zu viele Maschinen in zu wenigen Händen konzentrierten, spaltete sich eine Gesellschaft in Kapitalisten und Proletarier. Im 21. Jahrhundert jedoch werden Daten sowohl den Grundbesitz als auch Maschinen als wichtigstes Vermögen ablösen, und in der Politik wird es darum gehen, den Datenstrom zu kontrollieren. Wenn sich Daten in zu wenigen Händen konzentrieren, dann wird sich die Menschheit in unterschiedliche Arten aufspalten.

Der Wettlauf um den Besitz der Daten ist bereits eröffnet, und angeführt wird er von Datenriesen wie Google, Facebook, Baidu oder Tencent.

Bislang scheinen viele dieser Giganten das Geschäftsmodell der «Aufmerksamkeitshändler» übernommen zu haben.[2] Sie gewinnen unsere Aufmerksamkeit, indem sie uns mit kostenloser Information, kostenlosen Dienstleistungen und kostenloser Unterhaltung versorgen, und anschließend verkaufen sie unsere Aufmerksamkeit weiter an Werbetreibende. Doch die Datenriesen verfolgen wahrscheinlich ganz andere, höhere Ziele als alle früheren Aufmerksamkeitshändler. Ihr eigentliches Geschäft besteht gar nicht darin, Anzeigen zu verkaufen. Vielmehr gelingt es ihnen, indem sie unsere Aufmerksamkeit kapern, Unmengen an Daten über uns anzuhäufen, die weitaus mehr wert sind als die Einkünfte aus Werbung. Wir sind nicht ihre Kunden – wir sind ihr Produkt.

Mittelfristig betrachtet eröffnet dieses Horten von Daten den Weg zu einem radikal anderen Geschäftsmodell, dessen erstes Opfer die Werbebranche selbst sein wird. Das neue Modell beruht darauf, Macht von Menschen auf Algorithmen zu übertragen, darunter auch die Macht, Dinge auszuwählen und zu kaufen. Sobald Algorithmen Sachen für uns auswählen und kaufen, wird die traditionelle Werbebranche eingehen. Nehmen wir als Beispiel Google. Google will an einen Punkt kommen, an dem wir es *alles* fragen können und *immer* die beste Antwort auf der Welt erhalten. Was also wird passieren, sobald wir Google fragen können: «Hallo Google, angesichts all dessen, was du über Autos weißt, und angesichts all dessen, was du über mich weißt (darunter auch über meine Bedürfnisse, meine Gewohnheiten, meine Ansichten zum Klimawandel und sogar meine Meinung über die Politik im Nahen Osten) – was ist das beste Auto für mich?» Wenn Google uns darauf eine gute Antwort gibt und wenn wir qua Erfahrung lernen, auf die Weisheit von Google und nicht auf unsere eigenen, leicht manipulierbaren Gefühle zu vertrauen, wozu brauchen wir dann noch Anzeigen für Autos?[3]

Auf lange Sicht könnten die Datenriesen, wenn sie genügend Daten und ausreichend Rechenleistung zusammenbringen, die geheimsten Geheimnisse des Lebens entschlüsseln und dieses Wissen dann nicht nur nutzen, um Entscheidungen für uns zu treffen oder uns zu beeinflussen, sondern auch um organisches Leben zu manipulieren und anorganische Lebensformen zu schaffen. Der Verkauf von Werbung mag notwendig sein, um die Riesen kurzfristig zu finanzieren, aber sie bewerten Apps, Produkte und Unternehmen häufig mit Blick auf die Daten, die diese sammeln, und weniger mit Blick auf das Geld, das sie einbringen. Einer beliebten App mag es an einem Geschäftsmodell fehlen und sie kann kurzfristig sogar Verlust machen, doch solange sie Daten absaugt, könnte sie Milliarden wert sein.[4] Selbst wenn man heute noch nicht genau weiß, wie man die Daten zu Geld macht, lohnt es sich, sie zu haben, denn sie könnten der Schlüssel sein, um Leben in der Zukunft zu kontrollieren und zu beeinflussen. Ich kann nicht mit Sicherheit sagen, ob die Datengiganten explizit in solchen Kategorien denken, aber ihr Tun lässt darauf schließen, dass sie die Anhäufung von Daten nicht nur nach Dollars und Cents bewerten.

Für normale Menschen wird es sehr schwierig sein, sich diesem Prozess zu widersetzen. Gegenwärtig verschenken die Menschen mit Freuden gegen kostenlose E-Mail-Dienste und lustige Katzenvideos ihr wertvollstes Vermögen – ihre persönlichen Daten. Das erinnert ein wenig an Stämme in Afrika und an die amerikanischen Ureinwohner, die unwissentlich im Austausch für bunte Perlen und billigen Schmuck ganze Länder an die europäischen Imperialisten verkauften. Sollten normale Menschen später beschließen, dem Datenstrom Einhalt gebieten zu wollen, so könnte das ziemlich schwierig werden, vor allem weil sie womöglich bei all ihren Entscheidungen und sogar bei ihrer Gesundheitsversorgung und ihrem physischen Überleben auf das Netzwerk angewiesen sind.

Menschen und Maschinen könnten so vollständig miteinander verschmelzen, dass die Menschen gar nicht mehr überleben können, wenn die Verbindung zum Netzwerk getrennt ist. Sie werden von der Wiege an damit verbunden sein, und wenn sie sich später im Leben dazu entschließen, sich abzukoppeln, könnten sich Versicherungsunternehmen weigern, sie zu versichern, Arbeitgeber könnten sich weigern, sie einzustellen, und Gesundheitsdienste könnten sich weigern, sich um sie zu kümmern. In der großen Schlacht zwischen Gesundheit und Privatsphäre wird die Gesundheit wahrscheinlich locker den Sieg davontragen.

Wenn über biometrische Sensoren immer mehr Daten von Ihrem Körper und Ihrem Gehirn an kluge Maschinen fließen, wird es für Unternehmen und staatliche Stellen ein Leichtes sein, Sie zu kennen, Sie zu manipulieren und in Ihrem Namen Entscheidungen zu treffen. Wichtiger noch: Sie könnten die tiefliegenden Mechanismen sämtlicher Körper und Gehirne entschlüsseln und damit die Macht erlangen, Leben zu manipulieren. Wenn wir verhindern wollen, dass eine kleine Elite solch gottgleiche Macht monopolisiert, und wenn wir verhindern wollen, dass sich die Menschheit in biologische Kasten aufspaltet, dann lautet die Schlüsselfrage: Wem gehören die Daten? Gehören die Daten über meine DNA, mein Gehirn und mein Leben mir, der Regierung, einem Unternehmen oder dem Kollektiv Menschheit?

Wenn man Regierungen erlaubt, die Daten zu verstaatlichen, wird das vermutlich die Macht großer Unternehmen eindämmen, aber es kann auch zu gruseligen digitalen Diktaturen führen. Politiker sind ein wenig wie Musiker, und das Instrument, auf dem sie spielen, ist das emotionale und biochemische System des Menschen. Sie halten eine Rede – und eine Welle der Angst geht durchs Land. Sie setzen einen Tweet ab – und es kommt zu einem Ausbruch von Hass. Ich glaube nicht, dass wir diesen Musikern ein höher entwickeltes Instrument an die Hand geben sollten. Sobald Politiker unsere emotionalen Knöpfe direkt drücken und nach Belieben Angst, Hass, Freude oder Langeweile erzeugen können, wird Politik zu einem bloßen emotionalen Zirkus verkommen. Sosehr wir die Macht großer Konzerne fürchten sollten, so sehr zeigt doch die Geschichte, dass es uns in den Händen übermächtiger Regierungen nicht unbedingt besser ergeht. Zumindest im Jahr 2018 würde ich meine Daten lieber Mark Zuckerberg als Wladimir Putin anvertrauen (auch wenn der Skandal um Cambridge Analytica gezeigt hat, dass ich in dieser Frage möglicherweise gar keine Wahl mehr habe, weil die Zuckerberg anvertrauten Daten möglicherweise doch irgendwann bei Putin landen).

Der private Besitz der eigenen Daten mag attraktiver klingen als alle anderen Optionen, aber es ist unklar, was das genau bedeutet. Wir verfügen über jahrtausendelange Erfahrung darin, den Grundbesitz zu regulieren. Wir wissen, wie man einen Zaun um ein Feld errichtet, wie man einen Wachposten am Tor platziert und wie man kontrolliert, wer herein darf. In den letzten beiden Jahrhunderten haben wir extreme Fortschritte darin gemacht, den Besitz von Industrie zu regeln – und so kann ich heute ein Stück von General Motors und ein Stück von Toyota besitzen, indem ich Aktien dieser Unternehmen kaufe. Bei der Regulierung des Datenbesitzes aber verfügen wir über so gut wie keine Erfahrung, zumal es sich dabei um eine weitaus schwierigere Aufgabe handelt, denn anders als Land und Maschinen sind Daten überall und nirgends gleichzeitig, sie können mit Lichtgeschwindigkeit unterwegs sein, und man kann sie so oft kopieren, wie man will.

Insofern sollten wir uns vielleicht an unsere Juristen, Politiker, Philosophen und sogar Dichter wenden und sie bitten, ihre Aufmerksamkeit dieser schwierigen Frage zu widmen: Wie regelt man den Besitz von Daten? Das könnte die wichtigste politische Frage unserer Zeit sein. Wenn wir sie nicht bald beantworten, könnte unser gesellschaftlich-politisches System zusammenbrechen. Die Menschen spüren die drohende Katastrophe bereits. Vielleicht verlieren die Bürger überall auf der Welt auch deshalb den Glauben an die liberale Erzählung, die noch vor einem Jahrzehnt unwiderstehlich erschien.

Welche Richtung also sollen wir einschlagen, und wie sollen wir mit den ungeheuren Herausforderungen der Revolutionen in Biotechnologie und Informationstechnologie umgehen? Vielleicht könnten genau die Wissenschaftler und Unternehmer, die zuallererst für die Disruption der Welt verantwortlich sind, eine technologische Lösung dafür finden? Könnten beispielsweise vernetzte Algorithmen das Grundgerüst einer globalen menschlichen Gemeinschaft bilden, der gemeinsam alle Daten gehören und die gemeinsam über die künftige Entwicklung des Lebens wacht? Wenn die globale Ungleichheit zunimmt und gesellschaftliche Spannungen überall auf der Welt wachsen, könnte dann nicht Mark Zuckerberg seine zwei Milliarden Freunde dazu aufrufen, sich zusammenzutun und gemeinsam zu handeln?

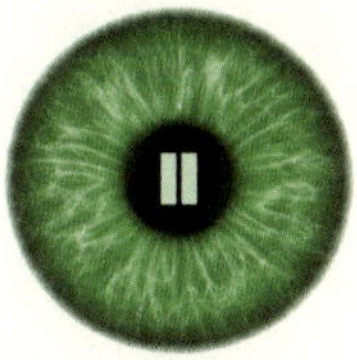

Die politische Herausforderung

Die Verschmelzung von Informationstechnologie und Biotechnologie bedroht die zentralen Werte der Moderne, nämlich Freiheit und Gleichheit. Jede Lösung der technologischen Herausforderung verlangt globale Zusammenarbeit. Doch Nationalismus, Religion und Kultur spalten die Menschheit in feindliche Lager und machen es äußerst schwer, auf globaler Ebene zu kooperieren.

5

Gemeinschaft

Menschen haben Körper

Kalifornien ist Erdbeben gewohnt, doch die politische Erschütterung der US-Wahlen 2016 erlebte das Silicon Valley gleichwohl als riesigen Schock. Als die Computerzauberer merkten, dass sie womöglich Teil des Problems waren, reagierten sie mit dem, was Ingenieure am besten können: Sie suchten nach einer technischen Lösung. Nirgends fiel die Reaktion heftiger aus als in der Facebook-Zentrale in Menlo Park. Das ist durchaus verständlich. Denn das Geschäft von Facebook ist das Social Networking, und es reagiert deshalb am sensibelsten auf gesellschaftliche Turbulenzen.

Nach drei Monaten Gewissenserforschung veröffentlichte Mark Zuckerberg am 16. Februar 2017 ein kühnes Manifest über die Notwendigkeit, eine globale Gemeinschaft aufzubauen, und über Facebooks Rolle bei diesem Projekt.[1] In einer daran anschließenden Rede zur Eröffnung des Communities Summit am 22. Juni 2017 erklärte Zuckerberg, die gesellschaftspolitischen Umwälzungen unserer Zeit – von der grassierenden Drogensucht bis zu mörderischen totalitären Regimen – seien in hohem Maße der Auflösung menschlicher Gemeinschaften geschuldet. Er beklagte die Tatsache, dass «in den letzten Jahrzehnten die Mitgliedschaft in allen möglichen Gruppen um ein Viertel zurückgegangen ist. Das sind eine Menge Leute, die nun anderswo ein Gefühl von Sinn und Unterstützung finden müssen.»[2] Er versprach, Facebook werde führend daran mitwirken, diese Gemeinschaften wieder aufzubauen, und seine Ingenieure würden die Last schultern, die Gemeindepfarrer abgeworfen hätten. «Wir werden künftig einige Tools zur Verfügung stellen», so sagte er, «die es leichter machen, Gemeinschaften aufzubauen.»

Und weiter erklärte er: «Wir haben ein Projekt gestartet, um zu schauen, ob wir besser dabei werden können, Gruppen vorzuschlagen, die für euch sinnvoll sind. Wir haben damit begonnen, künstliche Intelligenz aufzubauen, die das erledigen soll. Und es funktioniert. In den ersten sechs Monaten halfen wir 50 Prozent mehr Menschen, sich sinnvollen Gemeinschaften anzuschließen.» Sein Ziel sei es, letztlich «einer Milliarde Menschen dabei zu helfen, sich sinnvollen Gemeinschaften anzuschließen ... Wenn uns das gelingt, dann wird das nicht nur die rückläufige Entwicklung bei der Zugehörigkeit zu Gemeinschaften, wie wir sie seit Jahrzehnten erleben, umkehren, es wird auch unser gesellschaftliches Gewebe stärken und die Welt enger zusammenbringen.» Das sei ein so wichtiges Ziel, dass Zuckerberg schwor, «Facebooks gesamte Mission zu ändern, um das in Angriff zu nehmen».[3]

Zuckerberg hat zweifellos recht, wenn er den Niedergang menschlicher Gemeinschaften beklagt. Doch ein paar Monate, nachdem Zuckerberg seinen Eid geschworen hatte, und genau zu dem Zeitpunkt, da dieses Buch in Druck ging, machte der Skandal um Cambridge Analytica deutlich, dass Daten, die Facebook anvertraut worden waren, von Dritten gesammelt und dazu genutzt worden waren, Wahlen überall auf der Welt zu manipulieren. Das führte Zuckerbergs hochfliegende Versprechungen ad absurdum und erschütterte das Vertrauen der Öffentlichkeit in Facebook. Man kann nur hoffen, dass Facebook sich, bevor es neue menschliche Gemeinschaften begründet, zunächst einmal darauf verpflichtet, die Privatsphäre und die Sicherheit bestehender Gemeinschaften zu schützen.

Trotzdem lohnt es sich, Facebooks Gemeinschaftsvision ein wenig näher zu betrachten und danach zu fragen, ob soziale Online-Netzwerke unter verbesserten Sicherheitsstandards dazu beitragen können, eine globale menschliche Gemeinschaft zu schaffen. Denn obwohl die Menschen im 21. Jahrhundert zu Göttern aufsteigen könnten, sind wir im Jahr 2018 nach wie vor Steinzeitwesen. Um zu gedeihen, müssen wir uns noch immer in intimen Gemeinschaften verankern. Seit Jahrmillionen sind die Menschen daran gewöhnt, in kleinen Gruppen von nicht mehr als ein paar Dutzend Menschen zu leben. Selbst heute finden es die meisten von uns unmöglich, mehr als 150 Individuen wirklich zu kennen, ganz gleich, mit wie vielen Facebook-Freunden wir uns brüsten.[4] Ohne diese Gruppen fühlen sich Menschen einsam und entfremdet.

Leider haben sich intime Gemeinschaften in den letzten beiden Jahrhunderten tatsächlich immer mehr aufgelöst. Der Versuch, kleine Gruppen von Menschen, die sich tatsächlich kennen, durch die imaginären Gemeinschaften von Nationen und politischen Parteien zu ersetzen, konnte nie vollständig gelingen. Die Millionen Brüder in der nationalen Familie und die Millionen Genossen der kommunistischen Partei können einem nicht die warme Intimität verschaffen, wie das ein einzelner echter Verwandter oder Freund kann. Folglich führen die Menschen auf einem immer stärker vernetzten Planeten immer einsamere Leben. Viele der gesellschaftlichen und politischen Verwerfungen unserer Zeit lassen sich auf diese Malaise zurückführen.[5]

Zuckerbergs Vision, die Menschen wieder miteinander in Verbindung zu bringen, kommt somit zur rechten Zeit. Doch Worte sind billiger als Taten, und um diese Vision umzusetzen, müsste Facebook sein gesamtes Geschäftsmodell ändern. Man kann nicht wirklich eine globale Gemeinschaft aufbauen, wenn man sein Geld damit verdient, die Aufmerksamkeit der Menschen zu fesseln und sie an Werbetreibende zu verkaufen. Trotzdem verdient Zuckerbergs Bereitschaft, eine solche Vision zumindest zu formulieren, Lob. Die meisten Unternehmen glauben, sie sollten sich darauf konzentrieren, Geld zu verdienen, Regierungen sollten sich so wenig wie möglich einmischen, und die Menschheit solle darauf vertrauen, dass Marktkräfte die wirklich wichtigen Entscheidungen für uns treffen.[6] Wenn Facebook daher die Absicht hat, sich wirklich dem Aufbau menschlicher Gemeinschaften zu verschreiben, sollten diejenigen, die seine Macht fürchten, Facebook nicht mit Warnrufen wie «Big Brother!» in seinen Unternehmenskokon zurücktreiben. Vielmehr sollten wir auch andere Unternehmen, Institutionen und Regierungen dazu drängen, mit Facebook zu wetteifern und eigene ideelle Verpflichtungen zu formulieren.

Selbstverständlich mangelt es nicht an Organisationen, die den Niedergang menschlicher Gemeinschaften beklagen und danach streben, sie wieder aufzubauen. Jeder, von feministischen Aktivistinnen bis zu islamischen Fundamentalisten, ist mit Community Building beschäftigt, und wir werden einige dieser Bemühungen in späteren Kapiteln näher in Augenschein nehmen. Das Besondere an Facebooks Schachzug sind die globale Reichweite, die Unterstützung durch ein Unternehmen und die tiefe Technikgläubigkeit. Zuckerberg, so scheint es, ist völlig überzeugt, dass die neue künstliche Intelligenz von Facebook nicht nur «sinnvolle Gemeinschaften» erkennen, sondern auch «unser gesellschaftliches Gewebe stärken und die Welt enger zusammenbringen» kann. Das ist deutlich ambitionierter als mittels künstlicher Intelligenz ein Auto zu lenken oder Krebs zu diagnostizieren.

Facebooks Gemeinschaftsvision ist vielleicht der erste explizite Versuch, künstliche Intelligenz für zentral geplantes Social Engineering im globalen Maßstab einzusetzen. Sie stellt deshalb einen wichtigen Testfall dar. Wenn diese Vision erfolgreich ist, werden wir wahrscheinlich viele weitere derartige Versuche erleben, und Algorithmen werden als die neuen Herren menschlicher sozialer Netzwerke anerkannt werden. Wenn die Sache scheitert, wird das die Grenzen der neuen Technologien sichtbar machen – Algorithmen mögen dazu taugen, Fahrzeuge zu steuern und Krankheiten zu heilen, aber wenn es darum geht, gesellschaftliche Probleme zu lösen, dann sollten wir uns weiterhin auf Politiker und Priester verlassen.

Online versus offline

In den letzten Jahren war Facebook erstaunlich erfolgreich, und es verfügt heute über mehr als zwei Milliarden aktive Online-Nutzer. Doch um seine neue Vision umzusetzen, wird es die Kluft zwischen Online und Offline überbrücken müssen. Eine Gemeinschaft kann als Online-Versammlung beginnen, aber um zu gedeihen, wird sie auch in der Offline-Welt Wurzeln schlagen müssen. Wenn irgendein Diktator eines Tages Facebook aus seinem Land verbannt oder den Stecker zum Internet gleich ganz zieht, werden sich die Gemeinschaften dann verflüchtigen oder werden sie sich neu zusammenfinden und zurückschlagen? Werden sie in der Lage sein, offline eine Demonstration zu organisieren?

In seinem Manifest vom Februar 2017 erklärte Zuckerberg, Online-Gemeinschaften würden dabei helfen, Offline-Gemeinschaften zu stärken. Das stimmt mitunter. In vielen Fällen jedoch geht Online auf Kosten von Offline, und zwischen beidem besteht ein grundlegender Unterschied. Physische Gemeinschaften verfügen über eine Tiefe, die virtuelle Gemeinschaften niemals erreichen, zumindest nicht in naher Zukunft. Wenn ich zu Hause in Israel krank im Bett liege, können meine Online-Freunde aus Kalifornien mir gut zureden, aber sie können mir keine Suppe oder eine Tasse Tee ans Bett bringen.

Menschen haben Körper. Im Verlauf des letzten Jahrhunderts hat die Technik uns von unseren Körpern entfernt. Wir haben unsere Fähigkeit verloren, darauf zu achten, was wir riechen und schmecken. Stattdessen sind wir von unseren Smartphones und Computern absorbiert. Das, was im Cyberspace passiert, interessiert uns mehr als das, was draußen auf der

Straße geschieht. Es ist leichter denn je, mit meinem Cousin in der Schweiz zu sprechen, aber es ist schwerer, mich beim Frühstück mit meinem Mann zu unterhalten, weil er ständig auf sein Smartphone starrt, statt mich anzuschauen.[7]

In der Vergangenheit konnten sich die Menschen eine solche Achtlosigkeit nicht leisten. Urzeitliche Wildbeuter waren stets wach und aufmerksam. Wenn sie in den Wäldern auf der Suche nach Pilzen unterwegs waren, suchten sie den Boden nach jeder verdächtigen Ausbeulung ab. Sie lauschten auf die leiseste Bewegung im Gras, um zu wissen, ob dort vielleicht eine Schlange lauerte. Wenn sie einen essbaren Pilz fanden, verspeisten sie ihn mit äußerster Vorsicht, um ihn von seinen giftigen Verwandten zu unterscheiden. Die Angehörigen heutiger Wohlstandsgesellschaften brauchen eine solch geschärfte Wahrnehmung nicht. Wir können zwischen den Supermarktregalen umherspazieren und nebenbei SMS schreiben, und wir können irgendeines von tausend Gerichten kaufen, die alle von den Gesundheitsbehörden überprüft wurden. Doch ganz gleich, für was wir uns entscheiden, am Ende verspeisen wir es hastig vor einem Bildschirm, auf dem wir E-Mails checken oder fernsehen, während wir dem tatsächlichen Geschmack kaum Beachtung schenken.

Zuckerberg behauptet, Facebook wolle «unsere Tools verbessern, um euch die Macht zu verschaffen, eure Erfahrung mit anderen zu teilen».[8] Was die Menschen jedoch wirklich bräuchten, sind Instrumente, die sie mit ihren eigenen Erfahrungen verbinden. Wenn die Menschen dazu ermuntert werden, «Erfahrungen zu teilen», heißt das nichts anderes, als dass sie das, was ihnen zustößt, mit den Augen anderer begreifen sollen. Wenn etwas Aufregendes passiert, besteht das Bauchgefühl von Facebook-Nutzern darin, das Smartphone aus der Tasche zu ziehen, ein Foto zu machen, es online zu stellen und auf die Likes zu warten. Währenddessen bemerken sie kaum, was sie selbst fühlen. Vielmehr wird das, was sie fühlen, zunehmend von den Online-Reaktionen bestimmt.

Menschen, die sich ihrem Körper, ihren Sinnen und ihrer physischen Umgebung entfremdet haben, fühlen sich leicht isoliert und desorientiert. Meinungsmacher schreiben solche Entfremdungsempfindungen oftmals dem Schwinden religiöser und nationaler Bindungen zu, aber wichtiger ist in diesem Fall wohl die Tatsache, dass die Menschen den Bezug zum eigenen Körper verloren haben. Über Jahrmillionen haben sie ohne Religionen und ohne Nationen gelebt – insofern können sie vermutlich auch im 21. Jahrhundert ganz gut ohne sie existieren. Doch sie können nicht glücklich leben, wenn sie nicht mehr mit ihrem Körper verbunden sind. Wer sich in seinem Körper nicht mehr zu Hause fühlt, wird sich auch in der Welt nirgends zu Hause fühlen.

Bislang ermunterte Facebooks Geschäftsmodell die Menschen dazu, immer mehr Zeit online zu verbringen, selbst wenn das bedeutete, dass sie damit weniger Zeit und Energie für Offline-Aktivitäten zur Verfügung hatten. Kann Facebook ein neues Modell finden, das die Menschen dazu animiert, nur dann online zu gehen, wenn es wirklich nötig ist, und ihrer physischen Umgebung sowie ihrem eigenen Körper und den eigenen Sinnen mehr Aufmerksamkeit zu schenken? Was würden die Aktionäre von so einem Modell halten? (Ein solches alternatives Modell wurde jüngst von Tristan Harris vorgeschlagen, einem ehemaligen Google-Manager und Technikphilosophen, der eine neue Maßeinheit der «sinnvoll verbrachten Zeit» ins Spiel brachte.)[9]

Auch die Grenzen von Online-Beziehungen untergraben Zuckerbergs Lösung für die gesellschaftliche Polarisierung. Er verweist mit Recht darauf, dass sich die sozialen Spaltungen nicht werden überwinden lassen, indem man lediglich Menschen miteinander verbindet und sie unterschiedlichen Meinungen aussetzt, denn «wenn man Menschen einen Artikel zeigt, der etwas aus der entgegengesetzten Perspektive betrachtet, dann verstärkt das in Wirklichkeit die Polarisierung, weil es andere Sichtweisen als fremd einstuft». Stattdessen schlägt Zuckerberg vor, dass «die besten

Lösungen zur Verbesserung des Diskurses darin bestehen könnten, dass wir uns als ganze Menschen und nicht nur als Meinungen kennen – wofür Facebook auf einzigartige Weise geeignet sein könnte. Wenn wir uns mit Menschen darüber verbinden, was wir gemeinsam haben – Lieblingsmannschaften, Fernsehsendungen, Interessen –, ist es leichter, in einen Dialog darüber zu treten, worin wir unterschiedlicher Meinung sind.»[10]

Es ist freilich extrem schwierig, einander als «ganze» Menschen zu kennen. Das braucht jede Menge Zeit, und es verlangt unmittelbare physische Interaktion. Wie bereits erwähnt, ist der durchschnittliche *Homo sapiens* vermutlich nicht in der Lage, mehr als 150 Individuen wirklich zu kennen. Idealerweise sollte der Aufbau von Gemeinschaften kein Nullsummenspiel sein. Menschen können sich verschiedenen Gruppen gleichzeitig loyal verbunden fühlen. Wirklich enge Beziehungen sind jedoch vermutlich leider ein Nullsummenspiel. Jenseits eines bestimmten Punktes werden die Zeit und die Energie, die man mit seinen Online-Freunden aus Iran oder Nigeria verbringt, auf Kosten der Fähigkeit gehen, die Nachbarn von nebenan näher kennenzulernen.

Der entscheidende Prüfstein für Facebook wird sein, wie das Unternehmen damit umgeht, wenn ein Ingenieur ein neues Tool erfindet, mit dessen Hilfe die Menschen weniger Zeit darauf verschwenden, online irgendwelche Dinge einzukaufen, und mehr Zeit mit sinnvollen Offline-Aktivitäten und Freunden verbringen. Wird Facebook ein solches Tool übernehmen oder unterdrücken? Wird Facebook einen wirklichen Sinneswandel vollziehen und gesellschaftliche Belange über finanzielle Interessen stellen? Wenn es das tut – und wenn es ihm gelingt, eine Pleite abzuwenden –, dann wird das eine Veränderung von großer Tragweite sein.

Wenn Facebook der Offline-Welt mehr Aufmerksamkeit schenkt als den eigenen Quartalsberichten, so hat das auch Auswirkungen auf Facebooks Steuerpolitik. Wie Amazon, Google, Apple und mehreren anderen Techgiganten hat man Facebook wiederholt Steuervermeidung vorgeworfen.[11] Die Schwierigkeiten bei der Besteuerung von Online-Aktivitäten erleichtern es diesen globalen Unternehmen, sich an allen möglichen Formen kreativer Buchhaltung zu versuchen. Wer der Ansicht ist, die Menschen würden hauptsächlich online leben, und man selbst versorge sie mit all den notwendigen Instrumenten für ihre Online-Existenz, der kann sich als wohltätiger sozialer Dienstleister verstehen, selbst wenn er die Steuerzahlung an Offline-Regierungen vermeidet. Doch sobald man sich daran erinnert, dass Menschen Körper haben und dass sie deshalb weiterhin Straßen, Krankenhäuser und eine funktionierende Kanalisation brauchen, wird es deutlich schwieriger, Steuervermeidung zu rechtfertigen. Wie kann jemand die Tugenden von Gemeinschaft preisen, wenn er sich gleichzeitig weigert, die wichtigsten Gemeinschaftsdienste finanziell zu unterstützen?

Wir können nur hoffen, dass Facebook sein Geschäftsmodell ändern, eine offlinefreundlichere Steuerpolitik verfolgen, die Welt vereinen helfen kann – und doch profitabel bleibt. Wir sollten allerdings keine unrealistischen Erwartungen hegen, was Facebooks Fähigkeit angeht, seine globale Gemeinschaftsvision zu verwirklichen. Historisch gesehen waren Unternehmen nie das ideale Vehikel, um gesellschaftliche und politische Revolutionen anzuführen. Eine echte Revolution verlangt früher oder später Opfer, die Unternehmen, ihre Beschäftigten und ihre Aktionäre nicht bringen wollen. Deshalb gründen Revoluzzer Kirchen, politische Parteien und Armeen. Die sogenannten Facebook- und Twitter-Revolutionen in der arabischen Welt begannen in hoffnungsvollen Online-Communities, aber sobald sie in die chaotische Offline-Welt wechselten, wurden sie von religiösen Fanatikern und Militärjuntas übernommen. Wenn Facebook nun eine globale Revolution in Gang setzen will, wird es die Kluft zwischen Online und Offline deutlich besser als bislang überbrücken müssen. Facebook und die anderen Online-Giganten betrachten Menschen gerne als audiovisuelle Lebewesen – zwei Augen und zwei Ohren, die mit zehn

Fingern, einem Bildschirm und einer Kreditkarte verbunden sind. Ein entscheidender Schritt zur Einigung der Menschheit besteht darin, anzuerkennen, dass Menschen Körper haben.

Natürlich hat diese Anerkennung auch ihre Kehrseite. Wenn den Techgiganten die Grenzen von Online-Algorithmen bewusst werden, könnten sie sich dadurch herausgefordert fühlen, ihre Reichweite noch zu vergrößern. Geräte wie Google Glass und Spiele wie Pokémon Go sind dazu gedacht, die Unterscheidung zwischen Online und Offline aufzuheben und beides zu einer einzigen Augmented Reality zu verschmelzen. Auf einer noch tiefer reichenden Ebene zielen biometrische Sensoren und direkte Schnittstellen zwischen Gehirn und Computer darauf ab, die Grenze zwischen elektronischen Maschinen und organischen Körpern einzureißen und uns so im Wortsinne unter die Haut zu kriechen. Sobald die Techgiganten sich mit dem menschlichen Körper arrangieren, könnten sie am Ende unseren gesamten Körper genauso manipulieren, wie sie gegenwärtig unsere Augen, unsere Finger und unsere Kreditkarten manipulieren. Es kann gut sein, dass wir den guten alten Zeiten noch nachtrauern werden, als Online und Offline deutlich voneinander getrennt waren.

6

Zivilisation

Es gibt nur eine Zivilisation auf der Welt

Während Mark Zuckerberg davon träumt, die Menschheit online zusammenzuführen, scheinen jüngste Ereignisse in der Offline-Welt eher der These vom «clash of civilizations», vom «Kampf der Kulturen» neues Leben einzuhauchen. Viele Kommentatoren, Politiker und gewöhnliche Bürger glauben, der Bürgerkrieg in Syrien, der Aufstieg des Islamischen Staates, das Chaos um den Brexit und die Instabilität der Europäischen Union seien allesamt Folge eines Zusammenpralls zwischen «westlicher Zivilisation» und «islamischer Zivilisation». Westliche Versuche, muslimischen Nationen Demokratie und Menschenrechte zu verordnen, hätten zu einem gewaltsamen islamischen Gegenschlag geführt, und eine Welle muslimischer Zuwanderung, gepaart mit islamischen Terrorattacken, habe dafür gesorgt, dass europäische Wähler ihre multikulturellen Träume zugunsten fremdenfeindlicher lokaler Identitäten aufgaben.

Dieser These zufolge war die Menschheit schon immer in verschiedene Zivilisationen oder Kulturkreise aufgeteilt, deren Angehörige die Welt auf unversöhnliche Weise betrachten. Diese inkompatiblen Weltbilder machen Konflikte zwischen Zivilisationen oder Kulturen unvermeidlich. So wie in der Natur verschiedene Arten gemäß den gnadenlosen Gesetzen der natürlichen Auslese ums Überleben kämpfen, so sind die gesamte Geschichte hindurch Zivilisationen immer wieder zusammengeprallt, und nur die «Fittesten» haben überlebt, um davon zu erzählen. Wer diese düstere Tatsache übersehe – seien es liberale Politiker oder weltfremde Ingenieure –, tue das auf eigene Gefahr.[1]

Die These vom «clash of civilizations» hat weitreichende politische Implikationen. Ihre Anhänger behaupten, jeder Versuch, den Westen mit der muslimischen Welt zu versöhnen, sei zum Scheitern verurteilt. Muslimische Länder würden niemals westliche Werte übernehmen, und westliche Länder könnten niemals erfolgreich muslimische Minderheiten integrieren. Entsprechend sollten die USA keine Zuwanderer aus Syrien oder dem Irak ins Land lassen, und die Europäische Union sollte ihren multikulturellen Trugschluss widerrufen und sich stattdessen einer unerschrockenen westlichen Identität verschreiben. Auf lange Sicht kann nur eine Zivilisation die gnadenlosen Prüfungen der natürlichen Auslese überstehen, und wenn die Bürokraten in Brüssel sich weigern, den Westen vor der islamischen Gefahr zu schützen, dann sollten Großbritannien, Dänemark oder Frankreich lieber auf eigene Faust handeln und ihren eigenen Weg gehen.

Diese These wird zwar gerne und oft vertreten, aber sie führt in die Irre. Der islamische Fundamentalismus mag in der Tat eine radikale Herausforderung darstellen, aber die «Zivilisation», die er attackiert, ist eine globale und nicht ein spezifisch westliches Phänomen. Nicht ohne Grund ist es dem Islamischen Staat gelungen, den Iran und die Vereinigten Staaten gegen sich zu vereinen. Und selbst islamische Fundamentalisten sind bei all ihren mittelalterlichen Fantasievorstellungen viel stärker in der heutigen globalen Kultur verankert als im Arabien des 7. Jahrhunderts. Sie zielen eher auf die Ängste und Hoffnungen entfremdeter moderner Jugendlicher als auf die mittelalterlicher Bauern und Kaufleute. Wie Pankaj Mishra und Christopher de Bellaigue überzeugend dargelegt haben, sind radikale Islamisten eher von Marx und Foucault als von Mohammed beeinflusst, und das Vermächtnis der europäischen Anarchisten des 19. Jahrhunderts ist für sie genauso wichtig wie das der umayyadischen und abbasidischen Kalifen.[2] Es ist deshalb zutreffender, auch den Islamischen Staat als fehlgeleiteten Sprössling der globalen Kultur, die uns allen gemeinsam ist, zu betrachten und nicht als Zweig irgendeines mysteriösen fremden Baums.

Vor allem aber ist die Analogie zwischen Geschichte und Biologie, die der These vom «Kampf der Kulturen» zugrunde liegt, falsch. Menschliche Gruppen – von kleinen Stämmen bis zu riesigen Kulturkreisen – unterscheiden sich grundlegend von Tierarten, und historische Konflikte sind etwas völlig anderes als natürliche Ausleseprozesse. Tierarten verfügen über objektive Identitäten, die über Tausende von Generationen Bestand haben. Ob jemand ein Schimpanse oder ein Gorilla ist, hängt von den Genen und nicht von den eigenen Überzeugungen ab, und unterschiedliche Gene geben unterschiedliche soziale Verhaltensweisen vor. Schimpansen leben in gemischten Gruppen von Männchen und Weibchen. Sie konkurrieren um Macht, indem sie Koalitionen aus Anhängern beiderlei Geschlechts schmieden. Unter Gorillas hingegen gründet ein einziges dominantes Männchen einen Harem von Weibchen und vertreibt üblicherweise jedes erwachsene Männchen, das seine Position infrage stellen könnte. Schimpansen können keine gorillaähnlichen gesellschaftlichen Gefüge übernehmen; Gorillas können sich nicht plötzlich wie Schimpansen organisieren; und soweit wir wissen, charakterisieren exakt die gleichen sozialen Systeme Schimpansen und Gorillas nicht erst in den letzten Jahrzehnten, sondern schon seit Hunderttausenden von Jahren.

Bei den Menschen findet sich nichts dergleichen. Ja, Menschengruppen können verschiedene Gesellschaftssysteme haben, aber diese sind nicht genetisch bestimmt und sie haben selten länger als ein paar Jahrhunderte Bestand. Nehmen wir beispielsweise die Deutschen im 20. Jahrhundert. Innerhalb von weniger als hundert Jahren organisierten sich die

Deutschen in sechs höchst unterschiedlichen Systemen: dem deutschen Kaiserreich unter den Hohenzollern, der Weimarer Republik, dem Dritten Reich, der Deutschen Demokratischen Republik, der Bundesrepublik Deutschland und schließlich dem demokratisch wiedervereinigten Deutschland. Natürlich behielten die Deutschen ihre Sprache und ihre Liebe zu Bier und Bratwurst. Aber gibt es so etwas wie ein spezifisch deutsches Wesen, das sie von allen anderen Nationen unterscheidet und das von Wilhelm II. bis Angela Merkel unverändert geblieben ist? Und wenn einem in dieser Hinsicht tatsächlich etwas einfällt, war das auch schon vor 1000 oder vor 5000 Jahren da?

Die Präambel der (nicht ratifizierten) Europäischen Verfassung beginnt mit der Feststellung, sie schöpfe «aus dem kulturellen, religiösen und humanistischen Erbe Europas, aus dem sich die unverletzlichen und unveräußerlichen Rechte des Menschen sowie Freiheit, Demokratie, Gleichheit und Rechtsstaatlichkeit als universelle Werte entwickelt haben».[3] Das könnte leicht den Eindruck vermitteln, die europäische Zivilisation definiere sich über die Werte der Menschenrechte, der Demokratie, der Gleichheit und der Freiheit. Unzählige Reden und Dokumente ziehen eine direkte Linie von der Demokratie im antiken Athen zur heutigen EU und feiern 2500 Jahre europäischer Freiheit und Demokratie. Das erinnert an den sprichwörtlichen Blinden, der einen Elefanten am Schwanz packt und zu dem Schluss kommt, der Elefant sei eine Art Seil. Ja, demokratische Ideen sind seit Jahrhunderten Teil der europäischen Kultur, aber sie waren nie alles. Bei allem Glanz und aller Wirkmächtigkeit war die athenische Demokratie ein halbherziges Experiment, das gerade einmal 200 Jahre in einer winzigen Ecke auf dem Balkan Bestand hatte. Wenn die europäische Zivilisation der letzten fünfundzwanzig Jahrhunderte wirklich von Demokratie und Menschenrechten bestimmt war, was ist dann mit Sparta und Julius Cäsar, mit den Kreuzfahrern und den Konquistadoren, mit der Inquisition und dem Sklavenhandel, mit Ludwig XIV. und

Napoleon, mit Hitler und Stalin? Waren sie alle Eindringlinge aus irgendeiner fremden Kultur?

In Wahrheit ist die europäische Zivilisation alles, was Europäer daraus machen, so wie das Christentum alles ist, was Christen daraus machen, der Islam alles, was Muslime daraus machen, und das Judentum alles, was Juden daraus machen. Und sie haben daraus über die Jahrhunderte bemerkenswert unterschiedliche Dinge gemacht. Menschengruppen definieren sich stärker über die Veränderungen, die sie erfahren, als über eine wie auch immer geartete Kontinuität, aber trotzdem gelingt es ihnen, dank ihrer erzählerischen Fertigkeiten uralte Identitäten für sich zu erfinden. Ganz gleich, welche Revolutionen sie erleben, können sie üblicherweise Altes und Neues zu einer einzigen «Textur» verweben.

Selbst ein Individuum kann revolutionäre persönliche Veränderungen zu einer kohärenten und eindrucksvollen Lebensgeschichte verknüpfen: «Ich bin die Person, die einmal Sozialist war, dann aber Kapitalist wurde; ich wurde in Frankreich geboren und lebe heute in den USA; ich war verheiratet und ließ mich dann scheiden; ich hatte Krebs und wurde wieder gesund.» Ähnlich kann sich eine Menschengruppe wie die Deutschen allein über die Veränderungen, die sie erlebte, definieren: «Einst waren wir Nazis, aber wir haben unsere Lektion gelernt, und heute sind wir friedliche Demokraten.» Man muss nicht nach irgendeinem spezifisch deutschen Wesen suchen, das sich zunächst in Wilhelm II., dann in Hitler und schließlich in Angela Merkel manifestierte. Es sind gerade diese radikalen Veränderungen, die die deutsche Identität bestimmen. Im Jahr 2018 Deutscher zu sein bedeutet, mit dem schwierigen Vermächtnis des Nationalsozialismus zurechtkommen zu müssen, während man gleichzeitig liberale und demokratische Werte vertritt. Wer weiß, was es im Jahr 2050 bedeutet.

Menschen weigern sich oft, diese Veränderungen zu sehen, insbesondere wenn es um zentrale politische und religiöse Werte geht. Wir beharren darauf, dass unsere Werte ein Vermächtnis uralter Vorfahren sind.

Doch es gibt nur einen Grund, warum wir das behaupten können, nämlich weil unsere Vorfahren schon lange tot sind und sich nicht mehr dazu äußern können. Nehmen wir beispielsweise jüdische Einstellungen gegenüber Frauen. Heute verbannen ultraorthodoxe Juden Frauenbilder aus der Öffentlichkeit. Auf Plakaten und in Werbeanzeigen, die sich an ultraorthodoxe Juden richten, sind üblicherweise nur Männer und Jungen zu sehen – niemals Frauen und Mädchen.[4]

Im Jahr 2011 kam es zu einem Skandal, als die ultraorthodoxe Brooklyner Zeitung *Die Tzeitung* ein Foto veröffentlichte, auf dem zu sehen war, wie Mitglieder der Regierung Obama via Liveschaltung den Angriff auf Osama bin Ladens Versteck verfolgten – allerdings hatte das Blatt mittels digitaler Retusche sämtliche Frauen auf dem Foto entfernt, darunter auch die Außenministerin Hillary Clinton. Die Zeitung erklärte, sie sei durch jüdische «Gesetze der Mäßigung» dazu gezwungen gewesen. Zu einem ähnlichen Skandal kam es, als die Zeitung *HaMevaser* Angela Merkel aus dem Foto von einer Demonstration gegen das Massaker bei *Charlie Hebdo* retuschierte, damit ihr Bild in den Köpfen gläubiger Leser keine lüsternen Gedanken erregte. Der Verleger einer anderen ultraorthodoxen Zeitung namens *Hamodia* verteidigte sein Vorgehen mit den Worten: «Wir können uns auf Jahrtausende jüdischer Tradition berufen.»[5]

Nirgends wird dieses Verbot, Frauen zu Gesicht zu bekommen, strenger gehandhabt als in der Synagoge. In orthodoxen Synagogen sind Frauen streng von den Männern getrennt und müssen sich in einem abgesonderten Bereich versammeln, wo sie hinter einem Vorhang verborgen sind, sodass kein Mann zufällig die Gestalt einer Frau zu Gesicht bekommt, wenn er seine Gebete aufsagt oder in der Schrift liest. Doch wenn all das sich auf Jahrtausende jüdischer Tradition und unabänderliche göttliche Gesetze stützt, wie lässt sich dann die Tatsache erklären, dass Archäologen, die in Israel antike Synagogen aus der Zeit der Mischna und des Talmud ausgegraben haben, keinerlei Hinweise auf eine Geschlechtertrennung fanden, sondern wunderbare Bodenmosaike und Wandbilder, auf denen Frauen dargestellt waren, einige von ihnen sogar recht freizügig gekleidet? Die Rabbiner, welche die Mischna und den Talmud verfassten, beteten und studierten regelmäßig in diesen Synagogen, doch heutige orthodoxe Juden würden diese Orte als blasphemischen Frevel an uralten Traditionen betrachten.[6]

Ähnliche Verzerrungen althergebrachter Traditionen finden sich in allen Religionen. Der Islamische Staat brüstete sich damit, er sei zur reinen und ursprünglichen Version des Islam zurückgekehrt, doch in Wahrheit ist seine Form des Islam brandneu. Sicher, die Anhänger des Islamischen Staates berufen sich auf zahlreiche altehrwürdige Texte, aber sie wählen doch recht willkürlich aus, welche Texte sie zitieren und welche sie außer Acht lassen und wie sie diese Schriften auslegen. Tatsächlich ist ihre eigenständige Interpretation der heiligen Texte durch und durch modern. Traditionellerweise nämlich war ihre Deutung das Monopol der *ulama* – der Gelehrten, die an renommierten Institutionen wie der Kairoer al-Ahzar-Universität muslimisches Recht und muslimische Theologie studierten. Kaum ein Anführer des Islamischen Staates verfügt über derartige Qualifikationen, und die anerkanntesten *ulama* haben Abu Bakr al-Baghdadi und seinesgleichen als unwissende Kriminelle verurteilt.[7]

Das heißt nicht, dass der Islamische Staat «unislamisch» oder «antiislamisch« ist, wie einige behaupten. Besonders ironisch wirkt es, wenn christliche Politiker wie Barack Obama die Dreistigkeit besitzen, selbst ernannten Muslimen wie Abu Bakr al-Baghdadi erklären zu wollen, was es heißt, Muslim zu sein.[8] Der hitzige Streit um das wahre Wesen des Islam ist schlicht sinnlos. Der Islam besitzt keine festgefügte DNA. Der Islam ist das, was die Muslime aus ihm machen.[9]

Germanen und Gorillas

Es gibt einen noch tiefgreifenderen Unterschied zwischen Menschengruppen und Tierarten. Arten spalten sich häufig auf, aber sie verschmelzen nie. Vor sieben Millionen Jahren hatten Schimpansen und Gorillas gemeinsame Vorfahren. Diese eine Vorfahrenspezies spaltete sich in zwei Populationen auf, die schließlich ihren je eigenen evolutionären Weg einschlugen. Sobald dies geschehen war, gab es kein Zurück mehr. Da Individuen, die unterschiedlichen Arten angehören, zusammen keinen fruchtbaren Nachwuchs zeugen können, können sich Arten nie vermischen. Gorillas können sich nicht mit Schimpansen vermischen, Giraffen nicht mit Elefanten und Hunde nicht mit Katzen.

Menschliche Stämme hingegen neigen dazu, sich mit der Zeit zu immer größeren Gruppen zusammenzuschließen. Die modernen Germanen entstanden aus der Verschmelzung von Sachsen, Preußen, Schwaben und Bayern, die sich vor noch nicht allzu langer Zeit wenig Zuneigung entgegengebracht hatten. Otto von Bismarck spottete angeblich (nachdem er Darwins *Über die Entstehung der Arten* gelesen hatte), die Bayern seien das «missing link» zwischen den Österreichern und den Menschen.[10] Die Franzosen entstanden aus der Verschmelzung von Franken, Normannen, Bretonen, Gascognern und Provenzalen. Auf der anderen Seite des Ärmelkanals schweißten sich derweil Engländer, Schotten, Waliser und Iren allmählich (ob gewollt oder nicht) zu den Briten zusammen. In nicht allzu ferner Zukunft könnten Deutsche, Franzosen und Briten zu Europäern verschmelzen.

Solche Fusionen sind nicht immer von Dauer, wie den Menschen in London, Edinburgh und Brüssel dieser Tage nur allzu deutlich bewusst wird. Der Brexit könnte durchaus dazu führen, dass das Vereinigte Königreich und die EU gleichzeitig zerfasern. Doch auf lange Sicht ist die Richtung, welche die Geschichte einschlägt, eindeutig. Vor 10 000 Jahren war die Menschheit in unzählige isolierte Stämme gespalten. Von Jahrtausend zu Jahrtausend verschmolzen diese zu immer größeren Gruppen und schufen immer weniger unterschiedliche Zivilisationen. In den vergangenen Generationen verschmolzen die wenigen verbliebenen Zivilisationen zu einer einzigen globalen Kultur. Politische, ethnische, kulturelle und ökonomische Spaltungen bestehen zwar nach wie vor, aber sie untergraben die grundlegende Einheit nicht. Manche Aufteilungen sind im Gegenteil überhaupt nur aufgrund einer übergreifenden gemeinsamen Struktur möglich. So kann beispielsweise in der Wirtschaft die Arbeitsteilung nicht gelingen, wenn alle zu einem einzigen Markt gehören. Ein Land kann sich nur auf die Produktion von Autos oder Öl spezialisieren, wenn es anderen Ländern, die Weizen und Reis anbauen, Nahrungsmittel abkaufen kann.

Dieser menschliche Einigungsprozess erfolgt in zwei unterschiedlichen Formen: durch die Herstellung von Verbindungen zwischen unterschiedlichen Gruppen und durch die Homogenisierung von Praktiken über Gruppen hinweg. Verbindungen können selbst zwischen Gruppen entstehen, die sich weiterhin sehr unterschiedlich verhalten. Tatsächlich können sie sich sogar zwischen den ärgsten Erzfeinden herausbilden. Der Krieg selbst kann einige der stärksten menschlichen Bande erzeugen. Historiker behaupten oft, die Globalisierung habe 1913 einen ersten Höhepunkt erreicht, dann in der Zeit der Weltkriege und des Kalten Krieges einen langen Niedergang erlebt und erst nach 1989 wieder an Dynamik gewonnen.[11] Das mag für die wirtschaftliche Globalisierung gelten, doch es lässt die ganz anders geartete, aber gleichermaßen wichtige Dynamik militärischer Globalisierung außer Acht. Der Krieg verbreitet Ideen, Technologien und Menschen weitaus rascher als der Handel. 1918 waren die Vereinigten Staaten enger mit Europa verbunden als 1913, anschließend entfernten sich die beiden in den Zwischenkriegsjahren voneinander, ehe sich beider Schicksal durch den Zweiten Weltkrieg und den Kalten Krieg unauflöslich miteinander verband.

Krieg kann auch dazu führen, dass sich Menschen deutlich stärker füreinander interessieren. So standen die USA zu keiner Zeit in engerem Kontakt mit Russland als während des Kalten Krieges, als jeder Huster auf einem Moskauer Flur dazu führte, dass Menschen in Washington aufgeregt treppauf, treppab liefen. Ihre Feinde liegen den Menschen viel mehr am Herzen als ihre Handelspartner. Für jeden amerikanischen Film über Taiwan gibt es vermutlich 50 Filme über Vietnam.

Die Olympischen Spiele im Mittelalter

Die Welt des frühen 21. Jahrhunderts ist deutlich weiter, als dass sie nur Verbindungen zwischen unterschiedlichen Gruppen herstellt. Menschen überall auf dem Globus sind nicht nur miteinander in Kontakt, sondern teilen zunehmend identische Überzeugungen und Praktiken. Vor 1000 Jahren war der Planet fruchtbares Terrain für Dutzende politische Modelle unterschiedlicher Art. In Europa fanden sich Feudalfürstentümer, die mit unabhängigen Stadtstaaten und winzigen Theokratien konkurrierten. Die muslimische Welt hatte ihr Kalifat, das universelle Souveränität für sich beanspruchte, experimentierte aber auch mit Königreichen, Sultanaten und Emiraten. Die chinesischen Imperien hielten sich für das einzig legitime politische Gebilde, während im Norden und Westen Stammesverbände einander mit Freuden bekämpften. In Indien und Südostasien fand sich ein ganzes Kaleidoskop von Regimen, während die Gemeinwesen in Amerika, Afrika und Australasien von winzigen Wildbeutergruppen bis zu ausgedehnten Imperien reichten. Kein Wunder, dass selbst benachbarte Menschengruppen Schwierigkeiten hatten, sich auf gemeinsame diplomatische Verfahren zu einigen, von völkerrechtlichen Vereinbarungen ganz zu schweigen. Jede Gesellschaft hatte ihr eigenes politisches Paradigma und tat sich schwer damit, fremde politische Konzepte zu verstehen und zu respektieren.

Heute hingegen ist ein einziges politisches Paradigma überall akzeptiert. Der Planet ist in etwa 200 souveräne Staaten unterteilt, die sich im Allgemeinen auf die gleichen diplomatischen Protokolle und auf gemeinsame völkerrechtliche Bestimmungen verständigen. Schweden, Nigeria, Thailand und Brasilien gewinnen in unseren Atlanten auf gleiche Weise farbige Gestalt; sie sind alle Mitglied der Vereinten Nationen; und trotz unzähliger Unterschiede sind sie alle als souveräne Staaten anerkannt, die gleiche Rechte und Privilegien genießen. Tatsächlich haben sie zahlreiche weitere politische Vorstellungen und Praktiken gemeinsam, darunter zumindest nach außen hin den Glauben an repräsentative Körperschaften, politische Parteien, das allgemeine Wahlrecht und die Menschenrechte. In Teheran, Moskau, Kapstadt und Neu-Delhi gibt es genauso Parlamente wie in London und Paris. Wenn Israelis und Palästinenser, Russen und Ukrainer, Kurden und Türken um die Gunst der globalen öffentlichen Meinung buhlen, bedienen sie sich alle des gleichen Diskurses der Menschenrechte, staatlicher Souveränität und des Völkerrechts.

Die Welt mag verschiedene Formen von «failed states» aufweisen, aber sie kennt nur ein Paradigma eines erfolgreichen Staates. Die Weltpolitik folgt somit dem Anna-Karenina-Prinzip: Erfolgreiche Staaten gleichen einander, aber jeder gescheiterte Staat scheitert auf seine eigene Weise, indem er diese oder jene Zutat des vorherrschenden politischen Pakets vermissen lässt. Der Islamische Staat stach jüngst dadurch hervor, dass er dieses Paket vollständig ablehnte und versuchte, ein völlig andersartiges politisches Gebilde zu etablieren – ein weltweites Kalifat. Doch genau aus diesem Grund ist er gescheitert. Zahlreiche Guerillatruppen und Terrororganisationen haben es geschafft, neue Länder zu gründen oder bestehende zu erobern. Aber das gelang ihnen stets nur dadurch, dass sie die Grundprinzipien der politischen Weltordnung akzeptierten. Selbst die Taliban strebten als legitime Regierung des souveränen Landes Afghanistan nach internationaler Anerkennung. Keine Gruppe, die die Prinzipien der Weltpolitik ablehnt, hat bislang dauerhafte Kontrolle über irgendwelche bedeutsamen Territorien erlangt.

Die Stärke des globalen politischen Paradigmas lässt sich vielleicht am besten verdeutlichen, wenn man nicht politische Kernfragen von Krieg und Diplomatie in den Blick nimmt, sondern so etwas wie die Olympischen Spiele 2016 in Rio de Janeiro. Schauen wir uns kurz an, wie die Spiele organisiert waren. Die 11 000 Athleten waren nach Nationalität und nicht nach Religion, Klasse oder Sprache in Delegationen unterteilt. Es gab keine buddhistische Delegation, keine proletarische Delegation und keine englischsprachige Delegation. Abgesehen von ein paar wenigen Fällen – hier sind vor allem Taiwan und Palästina zu nennen – war es ziemlich unkompliziert, die Staatsangehörigkeit der Athleten zu bestimmen.

Bei der Eröffnungsfeier am 5. August 2016 marschierten die Sportler gruppenweise ein, und jeder Gruppe wurde die jeweilige Landesfahne vorangetragen. Wenn Michael Phelps wieder eine Goldmedaille gewonnen hatte, wurde das Sternenbanner gehisst und «Star-Spangled Banner» intoniert. Als Émilie Andéol Gold im Judo gewann, wurde die Trikolore aufgezogen und die «Marseillaise» gespielt.

Praktischerweise verfügt jedes Land auf der Welt über eine Hymne, die dem gleichen universellen Modell entspricht. Fast alle Hymnen sind Orchesterstücke von ein paar Minuten Länge und keine zwanzigminütigen Gesänge, die nur von einer speziellen Kaste von Erbpriestern vorgetragen werden können. Selbst Länder wie Saudi-Arabien, Pakistan und der Kongo haben für ihre Hymnen die musikalischen Konventionen des Westens übernommen. Die meisten von ihnen klingen irgendwie, als hätte Ludwig van Beethoven sie an einem eher mittelmäßigen Tag komponiert.

(Sie können sich mit Freunden einen vergnüglichen Abend machen, indem Sie sich die verschiedenen Hymnen auf YouTube anhören und zu erraten versuchen, welche welche ist.) Selbst die Texte sind fast überall auf der Welt die gleichen und verweisen auf gemeinsame Vorstellungen von Politik und Gruppenloyalität. Zu welcher Nation könnte beispielsweise die folgende Hymne hören? (Ich habe lediglich den Namen des Landes zum unspezifischen «Mein Land» abgeändert):

Mein Land, mein Mutterland,
Das Land, in dem ich mein Blut vergossen habe,
Dort stehe ich als Wächter meiner Mutter.
Mein Land, mein Volkstum, meine Nation und mein Land
Lasst uns ausrufen: Mein Land sei vereint!

Es lebe mein Land, es leben mein Staat,
Meine Nation, mein ganzes Volk, alle
Wacht auf mit Seele und Körper
Für mein großartiges Land!

Mein großartiges Land,
Unabhängig und frei,
Mein Land, mein Staat, den ich liebe.

Mein großartiges Land,
Unabhängig und frei,
Es lebe mein großartiges Land!

Die Antwort lautet – Indonesien. Aber wären Sie wirklich überrascht gewesen, wenn ich Ihnen gesagt hätte, die Hymne stamme aus Polen, Nigeria oder Brasilien?

Bei den Staatsflaggen herrscht eine ähnlich öde Gleichförmigkeit. Mit einer einzigen Ausnahme sind alle Flaggen rechteckige Stücke aus Stoff, die sich durch ein extrem begrenztes Repertoire an Farben, Streifen und geometrischen Formen auszeichnen. Der Ausreißer ist Nepal, dessen Fahne aus zwei Dreiecken besteht (allerdings hat das Land noch nie eine olympische Medaille gewonnen). Die indonesische Flagge besteht aus einem roten Streifen über einem weißen Streifen. Die polnische Flagge zeigt einen weißen Streifen über einem roten Streifen. Die Flagge Monacos ist identisch mit der Indonesiens. Ein Farbenblinder könnte im Grunde keinen Unterschied zwischen den Flaggen Belgiens, des Tschad, der Elfenbeinküste, Frankreichs, Guineas, Irlands, Italiens, Malis und Rumäniens feststellen – sie alle weisen drei vertikale Streifen unterschiedlicher Farbe auf.

Einige dieser Länder haben erbittert Krieg gegeneinander geführt, doch während des turbulenten 20. Jahrhunderts wurden nur drei Olympische Spiele aus Kriegsgründen abgesagt (in den Jahren 1916, 1940 und 1944). 1980 boykottierten die USA und einige ihrer Verbündeten die Spiele in Moskau, 1984 revanchierte sich der Sowjetblock mit dem Boykott der Spiele in Los Angeles, und bei mehreren anderen Gelegenheiten fanden sich die Olympischen Spiele inmitten eines politischen Sturms wieder (ganz besonders 1936, als das nationalsozialistische Berlin Gastgeber der Spiele war, und 1972, als palästinensische Terroristen bei den Olympischen Spielen in München elf Angehörige der israelischen Mannschaft ermordeten). Insgesamt gesehen jedoch haben politische Kontroversen das olympische Projekt nicht scheitern lassen.

Gehen wir nun 1000 Jahre zurück. Nehmen wir an, Sie wollen im Jahr 1016 in Rio de Janeiro die mittelalterlichen Olympischen Spiele ausrichten. Vergessen Sie für einen Augenblick, dass Rio damals ein kleines Dorf war, das von Tupi-Indianern bewohnt wurde,[12] und dass Asiaten, Afrikaner und Europäer noch nicht mal wussten, dass Amerika überhaupt existiert. Vergessen Sie die logistischen Probleme, sämtliche Topathleten der Welt ohne Flugzeug nach Rio zu bringen. Vergessen Sie auch, dass kaum Sportarten weltweit verbreitet waren, und selbst wenn alle Menschen laufen konnten, konnten sich nicht alle auf die gleichen Regeln für einen Laufwettbewerb verständigen. Fragen Sie sich einfach, wie sie die wettstreitenden Delegationen angeordnet hätten. Heute verbringt das Internationale Olympische Komitee Stunden damit, die Taiwan-Frage und die Palästina-Frage zu erörtern. Multiplizieren Sie diese Zeit mit 10 000, dann kommen Sie ungefähr auf die Stundenzahl, die man bei mittelalterlichen Olympischen Spielen mit der Politik zu verbringen hätte.

So erkannte das chinesische Song-Reich 1016 kein anderes politisches Gebilde auf Erden als gleichberechtigt an. Es wäre deshalb eine undenkbare Demütigung gewesen, der Olympischen Abordnung von dort den gleichen Status zu gewähren wie den Delegationen aus dem koreanischen Königreich Koryŏ oder dem vietnamesischen Königreich der Dai Co Viet – ganz zu schweigen von den Delegationen primitiver Barbaren von jenseits der Meere.

Auch der Kalif in Bagdad beanspruchte universelle Hegemonie, und die meisten sunnitischen Muslime erkannten ihn als ihren obersten Führer an. Praktisch gesehen jedoch herrschte der Kalif gerade einmal über die Stadt Bagdad. Sollten also sämtliche sunnitischen Athleten Teil einer einzigen Kalifats-Delegation sein oder sollte man sie in Dutzende von Abordnungen aus den zahlreichen Emiraten und Sultanaten der sunnitischen Welt aufteilen? Aber warum bei den Emiraten und Sultanaten stehen bleiben? In der arabischen Wüste tummelten sich unzählige freie Beduinenstämme, die keinen Herrn außer Allah anerkannten. Hätte jeder dieser Stämme das Recht, eine unabhängige Delegation zu schicken, die sich im Bogenschießen oder im Kamelreiten mit anderen misst? Ähnlich viel Kopfzerbrechen würde Europa bereiten. Sollte ein Athlet aus der normannischen Stadt Ivry unter dem Banner des örtlichen Grafen von Ivry, dem seines Herrn, des Herzogs der Normandie, oder vielleicht dem des schwachen Königs von Frankreich antreten?

Viele dieser politischen Entitäten hatten nur wenige Jahre Bestand und verschwanden dann wieder von der Bildfläche. Bei Ihren Vorbereitungen auf die Olympischen Spiele 1016 hätten Sie nicht im Voraus gewusst, welche Mannschaften antreten würden, denn niemand konnte mit Sicherheit sagen, welche politischen Gebilde im nächsten Jahr überhaupt existierten. Hätte das Königreich England 1016 eine Abordnung zu Olympia geschickt, hätten die Athleten, als sie mit ihren Medaillen nach Hause zurückkehrten, feststellen müssen, dass die Dänen soeben London erobert hatten und England in das Nordseereich von König Knut dem Großen integriert wurde, zusammen mit Dänemark, Norwegen und Teilen Schwedens. Binnen 20 Jahren löste sich dieses Imperium wieder auf, doch 30 Jahre später wurde England erneut erobert, diesmal vom Herzog der Normandie.

Selbstverständlich verfügte die weit überwiegende Mehrheit dieser flüchtigen politischen Gebilde weder über eine Hymne noch über eine Flagge. Politische Symbole waren natürlich von großer Bedeutung, aber die Symbolsprache europäischer Politik unterschied sich doch sehr von der politischen Symbolsprache in Indonesien, China oder beim Volk der Tupi. Es dürfte nahezu unmöglich gewesen sein, sich auf ein gemeinsames Verfahren zu einigen, um einen Sieger zu ermitteln.

Wenn Sie sich also die Olympischen Spiele 2020 in Tokio im Fernsehen anschauen, dann denken Sie daran, dass dieser scheinbare Wettstreit zwischen Nationen tatsächlich eine erstaunliche globale Übereinkunft darstellt. Bei allem Nationalstolz, den die Menschen empfinden, wenn ihre Mannschaft eine Goldmedaille gewinnt und ihre Flagge gehisst wird, darf man mit deutlich mehr Recht stolz darauf sein, dass die Menschheit überhaupt in der Lage ist, solch ein Ereignis zu organisieren.

Ein Dollar, um sie alle zu regieren

In vormodernen Zeiten haben die Menschen nicht nur mit verschiedenen politischen Systemen experimentiert, sondern auch mit einer verblüffenden Vielfalt wirtschaftlicher Modelle. Russische Bojaren, hinduistische Maharadschas, chinesische Mandarine und amerikanische Indianerhäuptlinge hatten ganz unterschiedliche Vorstellungen von Geld, Handel, Besteuerung und Beschäftigung. Heute dagegen glaubt so gut wie jeder in leicht unterschiedlichen Variationen an das gleiche kapitalistische Thema, und wir alle sind Rädchen in einem einzigen globalen Produktionsprozess. Ob im Kongo oder in der Mongolei, in Neuseeland oder Bolivien – die alltäglichen Routinen und das wirtschaftliche Geschick der Menschen hängen von den gleichen Wirtschaftstheorien, den gleichen Unternehmen und Banken, den gleichen Kapitalströmen ab. Würden sich die Finanzminister Israels und Irans zu einem Geschäftsessen treffen, so hätten sie eine gemeinsame ökonomische Sprache und könnten die Sorgen und Nöte des jeweils anderen problemlos verstehen.

Als der Islamische Staat weite Teile Syriens und des Irak eroberte, ermordete er Zehntausende Menschen, zerstörte archäologisch bedeutsame Stätten, stürzte Statuen und vernichtete systematisch die Symbole früherer Regime und westlichen kulturellen Einflusses.[13] Als seine Kämpfer jedoch in die örtlichen Banken eindrangen und dort bündelweise amerikanische Dollarnoten vorfanden, auf denen das Antlitz amerikanischer Präsidenten prangte und auf denen in englischer Sprache politische und religiöse Ideale Amerikas beschworen wurden, verbrannten sie diese Symbole des amerikanischen Imperialismus nicht. Denn die Dollarnote wird weltweit über alle politischen und religiösen Trennlinien hinweg verehrt. Zwar hat sie für sich genommen keinen Wert – man kann eine Dollarnote schließlich nicht essen oder trinken –, aber das Vertrauen in den Dollar und in die Klugheit der US-Notenbank ist so stark, dass es sogar bei islamischen Fundamentalisten, mexikanischen Drogenbaronen und nordkoreanischen Tyrannen zu finden ist.

Am deutlichsten aber zeigt sich die Homogenität der heutigen Menschheit, wenn es um unsere Ansichten über die natürliche Welt und den menschlichen Körper geht. Wenn man sich vor 1000 Jahren krank fühlte, machte es einen großen Unterschied, wo man lebte. In Europa hätte einem der örtliche Priester vermutlich erklärt, dass man Gottes Zorn auf sich gezogen habe und dass man, um wieder gesund zu werden, der Kirche eine Spende zukommen, eine Wallfahrt an eine heilige Stätte unternehmen und Gott inbrünstig um Vergebung bitten solle. Alternativ hätte die Dorfhexe vielleicht behauptet, dass man von einem Dämon besessen sei und sie diesen mittels Gesang, Tanz und des Blutes eines schwarzen Hahns austreiben könne.

Im Nahen und Mittleren Osten hätten Ärzte, die ihr Handwerk anhand der klassischen Traditionen gelernt hatten, vielleicht erklärt, Ihre vier Körpersäfte seien aus dem Gleichgewicht und Sie sollten sie durch eine angemessene Diät und übelriechende Arzneitränke wieder in ein harmonisches Verhältnis bringen. In Indien hätten Ayurveda-Experten ihre Theorien im Hinblick auf das Gleichgewicht zwischen den drei Körperelementen, den *doshas*, aufgefahren und eine Behandlung mit Kräutern, Massagen und Yogaübungen empfohlen. Chinesische Ärzte, sibirische Schamanen, afrikanische und indianische Medizinmänner – jedes Imperium, jedes Königreich, jeder Stamm verfügte über seine eigenen Traditionen und Fachleute, die jeweils unterschiedliche Ansichten über den menschlichen Körper und das Wesen von Krankheit vertraten und die jeweils ihr eigenes Füllhorn an Ritualen, Gebräuen und Heilmitteln über den Kranken ausschütteten. Das Einzige, was die medizinischen Praktiken in Europa, China, Afrika und Amerika einte, war die Tatsache, dass mindestens ein Drittel der Kinder vor Erreichen des Erwachsenenalters starb und die durchschnittliche Lebenserwartung weit unter 50 Jahren lag.[14]

Wenn man heute krank ist, macht es deutlich weniger aus, wo man lebt. In Toronto, Tokio, Teheran oder Tel Aviv landen Sie in ähnlich aussehenden Krankenhäusern, wo Sie auf Ärzte in weißen Kitteln treffen, die an den gleichen Universitäten die gleichen wissenschaftlichen Theorien gelernt haben. Sie werden sich an identische Vorgehensweisen halten und mithilfe identischer Tests zu ganz ähnlichen Diagnosen kommen. Sie werden anschließend die gleichen Arzneimittel verabreichen, die von den gleichen internationalen Pharmakonzernen hergestellt werden. Es gibt noch ein paar geringfügige kulturelle Unterschiede, aber kanadische, japanische, iranische und israelische Ärzte teilen im Wesentlichen die gleichen Ansichten über den menschlichen Körper und menschliche Krankheiten. Nachdem der islamische Staat Rakka und Mossul erobert hatte, legte er die örtlichen Krankenhäuser nicht in Schutt und Asche. Vielmehr richtete er einen Appell an muslimische Ärzte und Krankenschwestern überall auf der Welt, dort freiwillig Dienst zu tun. Vermutlich glauben selbst islamistische Ärzte und Krankenschwestern, dass der menschliche Körper aus Zellen besteht, dass Krankheiten durch Krankheitserreger verursacht werden und dass Antibiotika Bakterien abtöten.

Und woraus bestehen diese Zellen und Bakterien? Ja, woraus besteht die ganze Welt? Vor tausend Jahren hatte jede Kultur ihre eigene Erzählung vom Universum und von den Grundzutaten der kosmischen Ursuppe. Heute glauben gelehrte Menschen überall auf der Welt genau die gleichen Dinge über Materie, Energie, Zeit und Raum. Nehmen wir beispielsweise die Atomprogramme in Iran und Nordkorea. Das eigentliche Problem besteht darin, dass Iraner und Nordkoreaner die gleichen Ansichten über Physik haben wie Israelis und Amerikaner. Würden Iraner und Nordkoreaner glauben, dass $E = MC^4$, würden sich Israel und die USA nicht im Geringsten um deren Atomprogramme scheren.

Menschen haben noch immer unterschiedliche Religionen und nationale Identitäten. Aber wenn es um praktische Dinge geht – wie man einen Staat, eine Volkswirtschaft, ein Krankenhaus oder eine Bombe baut –, gehören wir fast alle der gleichen Zivilisation an. Zweifellos gibt es Meinungsverschiedenheiten, aber dann haben alle Zivilisationen ihre internen Streitigkeiten. Tatsächlich definieren sie sich über diese Dispute. Wenn die Menschen versuchen, ihre Identität zu benennen, erstellen sie oft einen Einkaufszettel gemeinsamer Wesensmerkmale. Das ist ein Fehler. Es wäre viel besser, wenn sie gemeinsame Konflikte und Dilemmata auflisten würden. So verfügte beispielsweise Europa 1618 nicht über eine einzige religiöse Identität – es war durch religiöse Konflikte bestimmt. 1618 ein Europäer zu sein bedeutete, von winzigen dogmatischen Unterschieden zwischen Katholiken und Protestanten oder zwischen Calvinisten und Lutheranern besessen und bereit zu sein, wegen dieser Unterschiede zu töten und das eigene Leben zu geben. Wenn sich ein Mensch 1618 um diese Konflikte nicht weiter scherte, so war dieser Jemand vielleicht ein Türke oder ein Hindu, aber definitiv kein Europäer.

Ähnlich hatten Großbritannien und Deutschland 1940 ganz unterschiedliche politische Werte, doch beide waren fester Bestandteil der «europäischen Zivilisation». Hitler war nicht weniger Europäer als Churchill. Vielmehr bestimmte gerade die Auseinandersetzung zwischen ihnen, was es an einer bestimmten Wegscheide in der Geschichte bedeutete, Europäer zu sein. Ein Jäger und Sammler der !Kung hingegen war 1940 kein Europäer, weil die internen europäischen Auseinandersetzungen um Rasse und Imperium für ihn keinen wirklichen Sinn ergeben hätten.

Am häufigsten kämpfen wir gegen unsere eigenen Familienangehörigen. Identität definiert sich eher über Konflikte und Dilemmata als über Übereinstimmungen. Was heißt es im Jahr 2018, Europäer zu sein? Es bedeutet nicht, weiße Hautfarbe zu haben, an Jesus Christus zu glauben oder die Freiheit hochzuhalten. Es bedeutet vielmehr, vehement über Zuwanderung, über die EU und über die Grenzen des Kapitalismus zu streiten. Es bedeutet auch, sich selbst eindringlich zu fragen: «Was bestimmt meine eigene Identität?», und sich über das Altern der Bevölkerung, den grassierenden Konsumwahn und die Erderwärmung Gedanken zu machen. In ihren Konflikten und Dilemmata unterscheiden sich die Europäer des 21. Jahrhunderts von ihren Vorfahren der Jahre 1618 und 1940, aber sie ähneln zunehmend ihren chinesischen und indischen Handelspartnern.

Welche Veränderungen uns in der Zukunft auch erwarten, sie gehen wahrscheinlich mit einem brüderlichen Kampf innerhalb einer einzigen Zivilisation und weniger mit einem Zusammenstoß zwischen fremden Zivilisationen einher. Die großen Herausforderungen des 21. Jahrhunderts werden globaler Natur sein. Was wird geschehen, wenn der Klimawandel ökologische Katastrophen auslöst? Was wird passieren, wenn Computer bei immer mehr Aufgaben die Menschen überflügeln und sie bei immer mehr Tätigkeiten ersetzen? Was wird geschehen, wenn die Biotechnologie uns in die Lage versetzt, Menschen künstlich zu verbessern und die Lebensdauer zu verlängern? Kein Zweifel, es wird enorm viel Streit und erbitterte Konflikte um diese Fragen geben. Aber diese Streitigkeiten und Konflikte werden uns wahrscheinlich nicht voneinander isolieren. Im Gegenteil: Sie werden uns immer stärker miteinander vernetzen. Zwar ist die Menschheit weit davon entfernt, eine harmonische Gemeinschaft zu bilden, aber wir alle sind Angehörige einer einzigen rauflustigen globalen Zivilisation.

Wie aber lässt sich dann die nationalistische Welle erklären, die gerade einen Großteil der Welt erfasst hat? Haben wir in unserer Begeisterung für die Globalisierung vielleicht die guten alten Nationen zu schnell verabschiedet? Könnte eine Rückkehr zum traditionellen Nationalismus die Lösung für unsere globalen Krisen sein? Wenn die Globalisierung so viele Probleme mit sich bringt – warum machen wir nicht einfach Schluss damit?

7

Nationalismus

Globale Probleme verlangen globale Antworten

Wenn wir also davon ausgehen, dass die gesamte Menschheit heute eine einzige Zivilisation bildet, bei der alle Menschen vor den gleichen Herausforderungen und den gleichen Chancen stehen, warum wenden sich dann Briten, Amerikaner, Russen und zahlreiche andere Gruppen der nationalistischen Isolation zu? Bietet eine Rückkehr zum Nationalismus echte Lösungen für die beispiellosen Probleme unserer globalen Welt, oder handelt es sich um einen eskapistischen Luxus, der die Menschheit und die gesamte Biosphäre in den Untergang treibt?

Um diese Frage zu beantworten, sollten wir zunächst einen weit verbreiteten Mythos aus der Welt schaffen. Entgegen gängiger Ansicht ist der Nationalismus kein natürlicher und ewiger Teil der menschlichen Psyche, und er wurzelt nicht in der Biologie des Menschen. Es stimmt, dass Menschen durch und durch soziale Lebewesen sind, denen die Gruppenloyalität in den Genen liegt. Doch Hunderttausende Jahre lang lebten *Homo sapiens* und seine Hominiden-Vorfahren in kleinen, intimen Gemeinschaften, die nicht mehr als ein paar Dutzend Menschen zählten. Menschen entwickeln leicht Loyalität zu kleinen, intimen Gruppen wie einem Stamm, einer Infanterieeinheit oder einem Familienunternehmen, aber es ist nicht wirklich natürlich, dass Menschen gegenüber Millionen völlig Fremden loyal sind. Solche Massenloyalitäten entstanden erst in den letzten paar tausend Jahren – nach evolutionären Maßstäben also gestern früh –, und sie erfordern ungeheure gesellschaftliche Konstruktionsanstrengungen.

Die Menschen unterzogen sich der Mühe, nationale Kollektive zu schaffen, weil sie vor Herausforderungen standen, die ein einzelner Volksstamm nicht bewältigen konnte. Nehmen wir als Beispiel die antiken Völker, die vor Jahrtausenden am Nil lebten. Der Fluss war ihre Lebensader. Er bewässerte ihre Felder und transportierte ihre Handelswaren. Doch er war ein launischer Verbündeter. Zu wenig Regen – und die Menschen verhungerten; zu viel Regen – und der Fluss trat über die Ufer und zerstörte ganze Dörfer. Kein Stammesvolk konnte dieses Problem alleine lösen, denn jeder Stamm gebot nur über einen kleinen Teil des Flusses und konnte allenfalls ein paar hundert Arbeitskräfte mobilisieren. Nur mit einer gemeinsamen Anstrengung, bei der riesige Dämme gebaut und Hunderte Kilometer Kanäle gegraben wurden, konnte man hoffen, den mächtigen Fluss zu bändigen. Das war einer der Gründe, warum sich die Stämme nach und nach zu einer einzigen Nation zusammenschlossen, die über die Macht verfügte, Dämme und Kanäle zu bauen, den Flusslauf zu regulieren, Getreidereserven für magere Jahre anzulegen und ein landesweites Verkehrs- und Kommunikationssystem einzurichten.

Doch trotz solcher Vorteile war es nie ganz leicht, weder in der Antike noch heute, Stämme und Clans in eine Nation zu verwandeln. Um zu begreifen, wie schwierig es ist, sich mit so einer Nation zu identifizieren, müssen Sie sich nur selbst fragen: «Kenne ich diese Menschen?» Ich kenne meine zwei Schwestern und elf Cousins mit Namen und kann einen ganzen Tag über ihre Persönlichkeiten, Marotten und Beziehungen sprechen. Die acht Millionen Menschen, die wie ich israelische Staatsbürger sind, kenne ich nicht mit Namen, die meisten von ihnen habe ich nie getroffen und werde ihnen auch in Zukunft vermutlich nie begegnen. Meine Fähigkeit, mich gleichwohl dieser nebulösen Masse loyal verbunden zu fühlen, ist kein Vermächtnis meiner jagenden und sammelnden Vorfahren, sondern ein Wunder der jüngeren Geschichte. Ein Biologe vom Mars, der lediglich mit der Anatomie und Evolution von *Homo sapiens* vertraut ist, käme nie auf die Idee, dass diese Affen in der Lage sind, gemeinsame Bande mit Millionen Fremden zu entwickeln. Um mich davon zu überzeugen, loyal zu «Israel» und seinen acht Millionen Einwohnern zu stehen, mussten die zionistische Bewegung und der israelische Staat einen Mammutapparat für Bildung, Propaganda und Fahnenschwenken schaffen sowie ein nationales Sicherheits-, Gesundheits- und Sozialsystem errichten.

Das heißt nicht, dass nationale Bindungen irgendwie falsch wären. Riesige Systeme können ohne Massenloyalität nicht funktionieren, und den Kreis menschlicher Empathie zu erweitern hat sicherlich auch seine Vorzüge. Die milderen Formen von Patriotismus gehören zu den wohltuendsten menschlichen Errungenschaften. Die Überzeugung, meine Nation sei etwas Einzigartiges, sie verdiene meine Gefolgschaft und ich hätte besondere Verpflichtungen gegenüber ihren Angehörigen, veranlasst mich dazu, mich um andere zu kümmern und Opfer für sie zu bringen. Es ist ein gefährlicher Irrglaube, ohne Nationalismus würden wir alle in einem liberalen Paradies leben. Viel eher würden wir in ein tribales Chaos stürzen. Friedliche, wohlhabende und liberale Länder wie Schweden, Deutschland und die Schweiz zeichnen sich alle durch ein starkes Nationalgefühl aus. Zur Liste der Länder, denen es an robusten nationalen Bindungen fehlt, gehören Afghanistan, Somalia, der Kongo und die meisten anderen gescheiterten Staaten.[1]

Problematisch wird es, wenn sich der wohlmeinende Patriotismus in einen chauvinistischen Ultranationalismus verwandelt. Statt zu glauben, meine Nation sei einzigartig – was im Grunde für alle Nationen gilt –, habe ich nun das Gefühl, meine Nation sei allen anderen überlegen, ich schuldete ihr meine gesamte Loyalität und ich hätte keinerlei bedeutsame

Verpflichtungen gegenüber irgendjemandem anderen. Das ist der Nährboden für gewaltsame Konflikte. Über Generationen bestand die Hauptkritik am Nationalismus darin, dass er zu Krieg führe. Doch die Verbindung von Nationalismus und Gewalt zügelte nationalistische Exzesse keineswegs, da jede Nation ihre eigene militärische Expansion insbesondere damit rechtfertigte, dass sie sich gegen die Machenschaften ihrer Nachbarn schützen müsse. Solange die Nation den meisten ihrer Bürger ein beispielloses Maß an Sicherheit und Wohlstand bot, waren sie bereit, den Blutzoll dafür zu entrichten. Im 19. und frühen 20. Jahrhundert wirkte der nationalistische Deal nach wie vor ausgesprochen attraktiv. Zwar führte der Nationalismus zu fürchterlichen Konflikten, wie man sie bis dahin nicht erlebt hatte, doch moderne Nationalstaaten errichteten auch umfassende Systeme der Gesundheitsversorgung, der Bildung und der Wohlfahrt. Eine nationale Gesundheitsversorgung, so schien es, lohnte die Opfer, die man in Flandern und Verdun brachte.

Das alles änderte sich 1945. Die Erfindung der Atomwaffen verschob das Gleichgewicht des nationalistischen Deals drastisch. Nach Hiroshima hatten die Menschen nicht mehr nur Angst, dass der Nationalismus zu Krieg führte – sie fürchteten nun, er werde zum Atomkrieg führen. Die totale Vernichtung schärfte offenbar den Verstand der Menschen, jedenfalls geschah nicht zuletzt dank der Atombombe das Unmögliche, und der nationalistische Geist wurde zumindest wieder halbwegs zurück in die Flasche gestopft. So wie die antiken Dorfbewohner des Nilbeckens ihre Loyalität zumindest teilweise von lokalen Clans auf ein viel größeres Königreich übertrugen, das in der Lage war, den gefährlichen Fluss zu zähmen, so entwickelte sich im Atomzeitalter nach und nach eine globale Gemeinschaft oberhalb der verschiedenen Nationen und über sie hinweg, denn nur eine solche Gemeinschaft konnte den atomaren Dämon bändigen.

Im amerikanischen Präsidentschaftswahlkampf 1964 schaltete Lyndon B. Johnson den berühmt gewordenen «Daisy»-Werbespot, eines der erfolgreichsten Propagandastücke in den Annalen des Fernsehens. Der Spot beginnt damit, dass ein kleines Mädchen die Blüten eines Gänseblümchens abzupft und zählt, doch als es bei zehn anlangt, übernimmt eine blechern klingende männliche Stimme und zählt wie beim Start einer Rakete von zehn an rückwärts. Als sie bei null angekommen ist, erfüllt der helle Blitz einer Atomexplosion den Bildschirm, und der Kandidat Johnson wendet sich mit den Worten an die amerikanische Öffentlichkeit: «Darum geht es. Entweder eine Welt zu schaffen, in der alle Kinder Gottes leben können, oder in die Finsternis einzutreten. Wir müssen uns entweder lieben oder wir müssen sterben.»[2] Die Parole «Make love, not war» bringen wir gerne mit der Gegenkultur der späten 1960er Jahre in Verbindung, doch in Wirklichkeit war sie schon 1964 selbst bei hartgesottenen Politikern vom Schlage eines Johnson gängige Meinung. In der Folge rückte der Nationalismus während des Kalten Kriegs in den Hintergrund, er machte einem globaleren Ansatz internationaler Politik Platz, und als der Kalte Krieg zu Ende war, schien der Globalisierung unwiderruflich die Zukunft zu gehören. Man ging davon aus, die Menschheit werde nationalistische Politik völlig hinter sich lassen, der Nationalismus sei nur noch ein Relikt aus primitiveren Zeiten, das allenfalls noch bei den schlecht informierten Bewohnern ein paar weniger unterentwickelter Länder Anklang finde. Doch die Ereignisse der letzten Jahre haben gezeigt, dass der Nationalismus selbst bei den Bürgern Europas und der USA noch immer kräftige Unterstützung findet, ganz zu schweigen von Russland, Indien und China. Durch die unpersönlichen Kräfte des globalen Kapitalismus entfremdet und aus Angst um das Schicksal der nationalen Gesundheits-, Bildungs- und Sozialsysteme suchen die Menschen überall auf der Welt Sicherheit und Sinn im Schoße der Nation.

Doch die Frage, die Johnson in seinem Gänseblümchen-Spot aufwarf, ist heute noch relevanter als 1964. Werden wir eine Welt schaffen, in der alle Menschen zusammen leben können, oder werden wir alle in die Finsternis marschieren? Retten Donald Trump, Theresa May, Wladimir Putin, Narendra Modi und ihre Kollegen die Welt, indem sie unsere nationalen Gefühle anfachen, oder ist die gegenwärtige nationalistische Welle eine Form von Eskapismus angesichts der schier unlösbaren globalen Probleme, vor denen wir stehen?

Die atomare Herausforderung

Beginnen wir mit der vertrauten Nemesis der Menschheit: dem Atomkrieg. Als der Daisy-Werbespot 1964, zwei Jahre nach der Kubakrise, gesendet wurde, war die atomare Vernichtung eine mit Händen zu greifende Bedrohung. Experten und Laien fürchteten gleichermaßen, die Menschheit verfüge nicht über die Klugheit, die Zerstörung abzuwenden, und es sei nur eine Frage der Zeit, bis der Kalte Krieg kochend heiß werde. In Wirklichkeit zeigte sich die Menschheit der atomaren Herausforderung sehr wohl gewachsen. Amerikaner, Sowjets, Europäer und Chinesen veränderten die Art und Weise, wie Weltpolitik jahrtausendelang betrieben worden war, sodass der Kalte Krieg mit wenig Blutvergießen endete und eine neue internationalistische Weltordnung eine Ära beispiellosen Friedens gewährleistete. Und nicht nur der Atomkrieg wurde abgewendet, auch Kriege insgesamt nahmen ab. Seit 1945 wurden überraschend wenige Grenzen mittels nackter Aggression neu gezogen, und für die meisten Länder stellt der Krieg kein gängiges politisches Instrument mehr dar. Trotz der Kriege in Syrien, in der Ukraine und an verschiedenen anderen Hotspots dieser Welt starben 2016 weniger Menschen durch menschliche Gewalt als aufgrund von Fettsucht, Autounfällen oder Selbstmord.[3] Das dürfte die wohl größte politische und moralische Errungenschaft unserer Zeit sein.

Leider haben wir uns inzwischen so sehr an diese Errungenschaft gewöhnt, dass wir sie für selbstverständlich halten. Das ist einer der Gründe, warum die Menschen wieder mit dem Feuer spielen. Russland und die USA haben jüngst ein neues atomares Wettrüsten begonnen, sie entwickeln neuartige Waffen für den Weltuntergang, die die hart errungenen Fortschritte der letzten Jahrzehnte zunichtezumachen und uns wieder an den Rand der atomaren Vernichtung zurückzubringen drohen.[4] Derweil hat die Öffentlichkeit gelernt, sich keine Sorgen mehr zu machen und die Bombe zu lieben (wie das Dr. Seltsam vorgeschlagen hat), oder die Menschen haben schlicht und einfach vergessen, dass es sie überhaupt gibt.

Und so ging es bei der Brexit-Debatte in Großbritannien – immerhin einer großen Nuklearmacht – in erster Linie um Fragen der Wirtschaft und der Zuwanderung, während der zentrale Beitrag der EU zum europäischen und globalen Frieden weitgehend außer Acht blieb. Nach Jahrhunderten fürchterlichen Blutvergießens haben Franzosen, Deutsche, Italiener und Briten endlich einen Mechanismus geschaffen, der die kontinentale Harmonie sicherstellt – und jetzt wirft die britische Öffentlichkeit einfach einen Schraubenschlüssel in diese Wundermaschine.

Es war ein äußerst schwieriges Unterfangen, das internationale Regime aufzubauen, das den Atomkrieg verhinderte und den Weltfrieden sicherte. Selbstverständlich müssen wir dieses Regime den sich verändernden Weltbedingungen anpassen, indem wir beispielsweise weniger auf die USA bauen und nichtwestlichen Mächten wie China und Indien eine größere Rolle zugestehen.[5] Aber dieses Regime ganz aufzugeben und zu nationalistischer Machtpolitik zurückzukehren wäre ein unverantwortliches Wagnis. Natürlich spielten Länder im 19. Jahrhundert das nationalistische Spiel, ohne die menschliche Zivilisation zu vernichten. Aber das war in der Zeit vor Hiroshima. Seither haben Atomwaffen den Einsatz erhöht und den grundlegenden Charakter von Krieg und Politik verändert. Solange die Menschen wissen, wie man Uran anreichert und Plutonium produziert, hängt ihr Überleben davon ab, die Verhinderung des Atomkriegs über die Interessen irgendeiner einzelnen Nation zu stellen. Geifernde Nationalisten, die ständig «Unser Land zuerst!» brüllen, sollten sich fragen, ob ihr Land allein, ohne ein robustes System internationaler Kooperation, die Welt – oder auch nur sich selbst – vor einer atomaren Zerstörung schützen kann.

Die ökologische Herausforderung

Neben dem Atomkrieg wird es die Menschheit in den kommenden Jahrzehnten mit einer neuen existenziellen Bedrohung zu tun haben, die 1964 kaum jemand auf dem politischen Radarschirm hatte: dem ökologischen Kollaps. Die Menschen destabilisieren die globale Biosphäre an zahlreichen Fronten. Wir entnehmen der Umwelt immer mehr Ressourcen, während wir gleichzeitig ungeheure Mengen an Müll und Gift dorthin zurückpumpen, wodurch wir die Zusammensetzung des Bodens, des Wassers und der Atmosphäre verändern.

Wir wissen nicht einmal wirklich genau, auf wie vielfältige Weise wir das feine ökologische Gleichgewicht, das sich über Jahrmillionen herausgebildet hat, zerstören. Denken wir nur an den Einsatz von Phosphor als Dünger. In kleinen Mengen ist er ein nützlicher Nährstoff für das Pflanzenwachstum. Doch übermäßig angewendet wird er toxisch. Die moderne industrielle Landwirtschaft beruht auf der künstlichen Düngung der Äcker mit Unmengen an Phosphor, doch der enorme Phosphoraustrag der Landwirte vergiftet anschließend Flüsse, Seen und Weltmeere, mit verheerenden Folgen für die dortige Flora und Fauna. Ein Bauer, der in Iowa Getreide anbaut, könnte somit ungewollt die Fische im Golf von Mexiko töten.

Infolge solcher Aktivitäten leidet die natürliche Umgebung, Tiere und Pflanzen sterben aus, ganze Ökosysteme wie das australische Great Barrier Reef und der Regenwald am Amazonas könnten zerstört werden. Seit Jahrtausenden betätigt sich *Homo sapiens* als ökologischer Serienkiller; nun verwandelt er sich in einen ökologischen Massenmörder. Wenn wir unseren heutigen Kurs fortsetzen, wird das nicht nur die Vernichtung eines Großteils aller Lebensformen zur Folge haben, sondern möglicherweise auch die Grundlagen menschlicher Zivilisation aufzehren.[6]

Am bedrohlichsten ist dabei der Klimawandel. Menschen gibt es seit Hunderttausenden von Jahren, und sie haben zahlreiche Eiszeiten und Wärmeperioden überlebt. Doch Landwirtschaft, Städte und komplexe Gesellschaften gibt es erst seit höchstens 10 000 Jahren. In dieser Zeit, die man als Holozän bezeichnet, war das Klima auf der Erde relativ stabil. Jede Abweichung von den Holozän-Standards wird menschliche Gesellschaften vor enorme, nie dagewesene Herausforderungen stellen. Das ist so, als würde man mit Milliarden menschlichen Meerschweinchen ein Experiment mit offenem Ausgang durchführen. Selbst wenn sich die menschliche Zivilisation am Ende den neuen Bedingungen anpasst, kann kein Mensch sagen, wie viele Opfer im Zuge dieser Anpassung umkommen könnten.

Dieses furchterregende Experiment wurde bereits in Gang gesetzt. Anders als der Atomkrieg – der eine zukünftige Möglichkeit darstellt – ist der Klimawandel gegenwärtige Wirklichkeit. In der Wissenschaft herrscht Konsens darüber, dass menschliche Aktivitäten, insbesondere der Ausstoß von Treibhausgasen wie etwa Kohlendioxid, dazu führen, dass sich das Weltklima in beängstigender Geschwindigkeit verändert.[7] Niemand weiß genau, wie viel Kohlendioxid wir weiter in die Atmosphäre blasen können, ohne eine irreversible Katastrophe auszulösen. Doch die zuverlässigsten wissenschaftlichen Schätzungen lassen darauf schließen, dass die globale Durchschnittstemperatur um mehr als 2°C steigen wird, wenn wir den Ausstoß von Treibhausgasen in den nächsten 20 Jahren nicht drastisch reduzieren,[8] und das wird dazu führen, dass sich die Wüsten ausbreiten, die Polkappen abschmelzen, der Meeresspiegel steigt und extreme Wetterereignisse wie Hurrikane und Taifune deutlich häufiger auftreten. Diese Veränderungen wiederum werden die Agrarproduktion in Mitleidenschaft ziehen, Städte überfluten, einen Gutteil der Welt unbewohnbar machen und zur Folge haben, dass Hunderte Millionen Flüchtlinge sich auf die Suche nach einer neuen Heimat machen müssen.[9]

Überdies erreichen wir rasch eine Reihe sogenannter Tipping-Points, jenseits derer selbst ein dramatischer Rückgang der Treibhausgasemissionen nicht ausreichen wird, um die Entwicklung umzukehren und eine weltweite Tragödie zu verhindern. Wenn beispielsweise die globale Erwärmung die Eisdecke an den Polen schmelzen lässt, wird weniger Sonnenlicht von der Erde zurück in den Weltraum reflektiert. Das bedeutet, dass der Planet mehr Hitze speichert, die Temperaturen noch stärker steigen und das Eis noch schneller schmilzt. Sobald diese Rückkopplungsschleife eine kritische Schwelle überschreitet, wird sie unausweichlich an Schwung gewinnen, und das gesamte Eis der Polarregionen wird schmelzen, selbst wenn die Menschen von heute auf morgen keinerlei Kohle, Öl und Gas mehr verbrennen. Insofern reicht es nicht aus, dass wir die Gefahr erkennen, vor der wir stehen. Entscheidend ist, dass wir *jetzt* wirklich etwas dagegen tun.

Leider ist es – Stand 2018 – so, dass die Treibhausgasemissionen nicht sinken, sondern die globale Emissionsrate weiter steigt. Der Menschheit bleibt nicht mehr viel Zeit, um sich die fossilen Brennstoffe abzugewöhnen. Wir müssen noch heute in die Entzugsklinik. Nicht nächstes Jahr oder nächsten Monat, sondern heute. «Hallo, ich bin Homo sapiens und ich bin ein Fossiler-Brennstoff-Junkie.»

Wie aber passt der Nationalismus in dieses alarmierende Bild? Gibt es eine nationalistische Antwort auf die ökologische Bedrohung? Kann irgendeine Nation, wie mächtig auch immer sie sein mag, den Klimawandel alleine aufhalten? Einzelne Länder können mit Sicherheit eine Vielzahl umweltpolitischer Maßnahmen ergreifen, von denen viele wirtschaftlich wie ökologisch sinnvoll sind. Regierungen können CO_2-Emissionen besteuern, die Kosten externer Effekte auf den Preis von Öl und Gas umlegen, strengere Umweltgesetze verabschieden, die Subventionen für umweltschädliche Industrien kürzen und den Übergang zu erneuerbaren Energien durch Anreize beschleunigen. Sie können zudem mehr Geld in die Erforschung und Entwicklung revolutionärer umweltfreundlicher Technologien stecken, also in eine Art ökologisches Manhattan-Projekt. Dem Verbrennungsmotor haben wir viele Fortschritte der letzten 150 Jahre zu verdanken, aber wenn wir eine stabile physische und ökonomische Umwelt erhalten wollen, müssen wir ihn jetzt in den Ruhestand schicken und durch neue Technologien ersetzen, die keine fossilen Brennstoffe verfeuern.[10]

Auch in zahlreichen anderen Bereichen jenseits der Energie können bahnbrechende technologische Entwicklungen hilfreich sein. Man denke beispielsweise an das Potenzial für die Herstellung von «sauberem Fleisch». Gegenwärtig fügt die Fleischindustrie nicht nur Milliarden fühlenden Wesen unsägliches Leid zu, sie ist auch einer der Hauptverursacher des Klimawandels, einer der größten Anwender von Antibiotika und Giften und einer der schlimmsten Verschmutzer von Luft, Land und Wasser. Laut einem Bericht der Institution of Mechanical Engineers von 2013 braucht man ungefähr 15 000 Liter Frischwasser, um ein Kilogramm Fleisch zu produzieren, während man für ein Kilo Kartoffeln lediglich 287 Liter benötigt.[11]

Der Druck auf die Umwelt wird wahrscheinlich noch zunehmen, denn der wachsende Wohlstand in Ländern wie China und Brasilien ermöglicht es Hunderten Millionen zusätzlichen Menschen, statt Kartoffeln regelmäßig Fleisch zu essen. Es dürfte schwierig sein, die Chinesen und die Brasilianer – ganz zu schweigen von den Amerikanern und den Deutschen – davon zu überzeugen, auf Steaks, Hamburger und Würste zu verzichten. Was aber, wenn Ingenieure eine Möglichkeit finden, Fleisch aus Zellkulturen zu erzeugen? Wer einen Hamburger will, züchtet ihn sich einfach, statt eine ganze Kuh aufzuziehen und zu schlachten (und den Kadaver beispielsweise durch halb Europa zu transportieren).

Das mag wie Science-Fiction klingen, aber der weltweit erste saubere Hamburger wurde 2013 aus Zellkulturen hergestellt – und anschließend verzehrt. Er kostete 330 000 US-Dollar. Vier Jahre Forschung und Entwicklung drückten den Preis pro Einheit auf elf US-Dollar, und binnen eines weiteren Jahrzehnts, so die Annahme, wird industriell produziertes sauberes Fleisch billiger als Schlachtfleisch sein. Diese technologische Entwicklung könnte Milliarden Tieren ein Leben in erbärmlichem Elend ersparen, sie könnte helfen, Milliarden unterernährte Menschen satt zu bekommen, und gleichzeitig dazu beitragen, den ökologischen Kollaps zu verhindern.[12]

Regierungen, Unternehmen und Individuen können also einiges tun, um den Klimawandel zu verhindern. Doch damit das Wirkung zeigt, muss es auf globaler Ebene geschehen. Wenn es ums Klima geht, sind Staaten schlicht nicht souverän. Sie sind auf Gedeih und Verderb dem ausgeliefert, was Menschen auf der anderen Seite des Planeten tun. So könnte die Republik Kiribati – eine Inselnation im Pazifik – ihre Treibhausgasemissionen auf null reduzieren und gleichwohl in den steigenden Meeresfluten versinken, wenn andere Länder nicht das Gleiche tun. Der Tschad könnte jedes Hausdach im Land mit einem Sonnenkollektor versehen und doch karge Wüste werden aufgrund der unverantwortlichen Umweltpolitik ferner Fremder. Selbst mächtige Nationen wie China und Japan sind ökologisch nicht souverän. Um Shanghai, Hongkong und Tokio vor zerstörerischen Fluten und Taifunen zu schützen, werden die Chinesen und Japaner die Regierungen in Russland und Amerika davon überzeugen müssen, ihren Ansatz des «Weiter so!» aufzugeben.

Ein nationalistischer Isolationismus ist im Kontext des Klimawandels vermutlich noch gefährlicher als beim Atomkrieg. Ein umfassender Nuklearkrieg droht sämtliche Nationen zu vernichten, weshalb alle Nationen das gleiche Interesse daran haben, ihn zu verhindern. Die Erderwärmung hingegen wird vermutlich unterschiedliche Auswirkungen auf einzelne Nationen haben. Einige Länder, allen voran Russland, könnten sogar davon profitieren. So verfügt Russland über relativ wenige wertvolle, dicht besiedelte Küstenregionen, weshalb es sich um steigende Meeresspiegel weit weniger Sorgen machen muss als China oder Kiribati. Und während höhere Temperaturen ein Land wie den Tschad vielleicht in eine Wüste verwandeln, könnten sie gleichzeitig aus Sibirien den Brotkorb der Welt machen. Zudem könnten, wenn das Eis im hohen Norden schmilzt, die von den Russen beherrschten Seewege im arktischen Meer zur Lebensader des Welthandels werden, und Kamtschatka könnte Singapur als globales Drehkreuz ablösen.[13]

Ähnlich wird es für einige Länder interessanter sein als für andere, fossile Brennstoffe durch erneuerbare Energien zu ersetzen. China, Japan und Südkorea hängen am Import riesiger Mengen Öl und Gas. Sie werden froh sein, wenn sie sich von dieser Bürde befreien können. Russland, Iran und Saudi-Arabien hingegen sind vom Öl- und Gasexport abhängig. Ihre Volkswirtschaften werden zusammenbrechen, wenn Öl und Gas plötzlich durch Sonne und Wind ersetzt werden.

Die Folge ist: Während einige Nationen wie China, Japan und Kiribati wahrscheinlich mit Nachdruck darauf drängen werden, die weltweiten CO_2-Emissionen so bald wie möglich zu reduzieren, könnten andere Nationen wie Russland und der Iran in dieser Frage weit weniger Begeisterung zeigen. Selbst in Ländern, die durch den Klimawandel viel zu verlieren haben, wie den USA, könnten Nationalisten zu kurzsichtig und selbstbezogen sein, um die Gefahr zu erkennen. Ein kleines, aber vielsagendes Beispiel dafür war im Januar 2018 zu bestaunen, als die Vereinigten Staaten auf im Ausland hergestellte Sonnenkollektoren und Solaranlagen einen

Strafzoll von 30 Prozent verhängten, um damit amerikanische Solarhersteller zu schützen, auch wenn das den Übergang zu erneuerbaren Energien verlangsamte.[14]

Eine Atombombe ist eine derart offenkundige und unmittelbare Bedrohung, dass niemand sie ignorieren kann. Der Klimawandel hingegen ist eine deutlich vagere und langwierigere Gefahr. Wann immer langfristige Umwelterwägungen schmerzhafte kurzfristige Opfer verlangen, könnten Nationalisten deshalb versucht sein, unmittelbare nationale Interessen voranzustellen und sich einzureden, um die Umwelt könnten sie sich später kümmern oder das Ganze den Menschen anderswo überlassen. Alternativ können sie das Problem aber auch schlicht leugnen. Es ist kein Zufall, dass Klimaskeptiker fast ausschließlich aufseiten der nationalistischen Rechten zu finden sind. Linke Sozialisten twittern eher selten, der Klimawandel sei «eine Erfindung der Chinesen». Da es keine nationale Antwort auf das Problem des Klimawandels gibt, wollen einige nationalistische Politiker lieber glauben, dass es das Problem überhaupt nicht gibt.[15]

Die technologische Herausforderung

Die gleiche Dynamik wird wahrscheinlich auch jegliches nationalistische Antidot gegen die dritte existenzielle Bedrohung des 21. Jahrhunderts zunichtemachen: die technologische Disruption. Wie wir in den vorangegangenen Kapiteln gesehen haben, öffnet die Verschmelzung von Informationstechnologie und Biotechnologie einer Fülle von Untergangsszenarien Tür und Tor, die von digitalen Diktaturen bis zur Entstehung einer globalen Klasse der Nutzlosen reichen. Wie lautet die nationalistische Antwort auf diese Bedrohungen?

Es gibt keine nationalistische Antwort. Wie im Falle des Klimawandels ist auch bei der technologischen Disruption der Nationalstaat schlicht der falsche Rahmen, um dieser Gefahr zu begegnen. Da Forschung und Entwicklung nicht Monopol irgendeines Landes sind, kann nicht einmal eine Supermacht wie die USA sie von sich aus einschränken. Wenn die US-Regierung die genetische Manipulation menschlicher Embryonen verbietet, hindert das chinesische Wissenschaftler nicht daran, es trotzdem zu tun. Und wenn die daraus resultierenden Entwicklungen China irgendeinen entscheidenden wirtschaftlichen oder militärischen Vorteil verschaffen, werden die USA versucht sein, das eigene Verbot wieder zu kippen. Insbesondere in einer xenophoben Welt des Kampfes jeder gegen jeden ist es so: Wenn auch nur ein einziges Land beschließt, einen hochriskanten, aber auch extrem einträglichen technologischen Pfad einzuschlagen, werden andere Länder gezwungen sein, das Gleiche zu tun, denn niemand kann es sich leisten, abgehängt zu werden. Um solch eine Abwärtsspirale zu verhindern, wird die Menschheit vermutlich irgendeine Form globaler Identität und Loyalität benötigen.

Während Atomkrieg und Klimawandel lediglich das physische Überleben der Menschheit bedrohen, könnten disruptive Technologien darüber hinaus ihr Wesen verändern, und rühren deshalb an die tiefsten moralischen und religiösen Überzeugungen der Menschen. Während jeder der Meinung ist, dass wir einen Atomkrieg und den ökologischen Kollaps verhindern sollten, gibt es ganz unterschiedliche Ansichten darüber, wie und ob man Biotechnologie und künstliche Intelligenz einsetzen sollte, um Menschen «upzugraden» und neue Lebensformen zu entwickeln. Wenn es der Menschheit nicht gelingt, weltweit akzeptierte moralische Grundprinzipien zu formulieren und durchzusetzen, ist der Weg frei für Dr. Frankenstein.

Wenn es darum geht, solche moralischen Leitsätze zu formulieren, fehlt es dem Nationalismus vor allem an Fantasie. Nationalisten denken in Kategorien territorialer Konflikte, die Jahrhunderte dauern, während die technologischen Revolutionen des 21. Jahrhunderts allenfalls in kosmischen Kategorien wirklich zu begreifen sind. Nach vier Milliarden Jahren organischen Lebens, das sich durch natürliche Auslese entwickelte, tritt die Wissenschaft ins Zeitalter anorganischen Lebens ein, das durch Intelligent Design bestimmt ist.

Im Zuge dessen wird *Homo sapiens* selbst vermutlich verschwinden. Heute sind wir noch immer Affen aus der Hominidenfamilie. Die meisten unserer körperlichen Strukturen, physischen Möglichkeiten und mentalen Fertigkeiten haben wir nach wie vor mit Neandertalern und Schimpansen gemeinsam. Nicht nur unsere Hände, Augen und Gehirne sind spezifisch hominid, sondern auch unsere Lust, unsere Liebe, unser Zorn und unsere sozialen Bindungen. Binnen eines oder zweier Jahrhunderte könnte die Kombination von Biotechnologie und künstlicher Intelligenz körperliche, physische und mentale Wesensmerkmale zur Folge haben, die vollständig mit dem Hominidenmodell brechen. Manche glauben, das Bewusstsein lasse sich sogar von jeder organischen Struktur trennen und könnte frei von allen biologischen und physischen Schranken durch den Cyberspace surfen. Andererseits könnten wir erleben, wie sich Intelligenz vollständig vom Bewusstsein abkoppelt, und die Entwicklung künstlicher Intelligenz könnte in eine Welt münden, die von superintelligenten, aber vollständig nichtbewussten Gebilden beherrscht wird. Was sagt der israelische, russische oder französische Nationalismus zu all dem? Um kluge Entscheidungen über die Zukunft des Lebens treffen zu können, müssen wir die nationalistische Perspektive überwinden und die Dinge aus globaler oder gar kosmischer Warte betrachten.

Raumschiff Erde

Jedes dieser drei Probleme – Atomkrieg, ökologischer Kollaps und technologische Disruption – reicht für sich genommen aus, um die Zukunft menschlicher Zivilisation zu gefährden. Doch zusammen addieren sie sich zu einer beispiellosen existenziellen Krise, was nicht zuletzt damit zu tun hat, dass sie sich wahrscheinlich gegenseitig verstärken und vermischen werden. So bedroht beispielsweise die ökologische Krise das Überleben der menschlichen Zivilisation, wie wir sie kennen, aber die Entwicklung von künstlicher Intelligenz und Biotechnologie wird sie vermutlich nicht aufhalten. Wer darauf hofft, steigende Weltmeere, schwindende Nahrungsmittel und Massenmigration würden unsere Aufmerksamkeit von Algorithmen und Genen ablenken, sollte noch einmal scharf nachdenken. Wenn sich die ökologische Krise verschärft, wird sich die Entwicklung hochriskanter, vielversprechender Technologien vermutlich nur noch beschleunigen.

Tatsächlich könnte der Klimawandel die gleiche Rolle spielen wie die beiden Weltkriege. Zwischen 1914 und 1918 und dann wieder zwischen 1939 und 1945 erlebte die technologische Entwicklung einen enormen Schub, weil Nationen, die sich im totalen Krieg befanden, alle Vorsicht und alle wirtschaftlichen Erwägungen fahren ließen und ungeheure Ressourcen in alle möglichen wagemutigen und fantastischen Projekte investierten. Viele dieser Projekte scheiterten, aber aus einigen gingen Panzer, Radaranlagen, Giftgas, Überschalljets, Interkontinentalraketen und Atombomben hervor. Ähnlich könnten Nationen angesichts eines Klimakollapses versucht sein, ihre Hoffnung in verzweifelte technologische Wagnisse zu investieren. Die Menschheit hat mit gutem Grund jede Menge Vorbehalte gegenüber künstlicher Intelligenz und Biotechnologie, aber in Zeiten der Krise unternehmen Menschen riskante Dinge. Was auch immer Sie von der Regulierung disruptiver Technologien halten mögen, fragen Sie sich einfach selbst, ob diese Regulierungen noch Bestand haben werden, wenn der Klimawandel zu globaler Nahrungsmittelknappheit führt, Städte überall auf der Welt überflutet und Hunderte Millionen Flüchtlinge über die Grenzen treibt.

Technologische Disruptionen wiederum könnten die Gefahr apokalyptischer Kriege erhöhen, weil sie nicht nur weltweite Spannungen verschärfen, sondern auch das atomare Mächtegleichgewicht ins Wanken bringen. Seit den 1950er Jahren vermieden die Supermächte Konflikte untereinander, weil sie alle wussten, dass Krieg mit Sicherheit die gegenseitige Vernichtung bedeutete. Doch wenn neue Arten von Angriffs- und Verteidigungswaffen entstehen, könnte eine aufstrebende technologische Supermacht zu dem Schluss gelangen, dass sie ihre Gegner straflos vernichten kann. Umgekehrt könnte eine Macht im Niedergang befürchten, ihre traditionellen Nuklearwaffen könnten schon bald obsolet sein, und sie sollte sie vielleicht lieber einsetzen, bevor sie nutzlos werden. Herkömmlicherweise erinnerten atomare Konfrontationen an ein hyperrationales Schachspiel. Was aber wird geschehen, wenn Spieler mittels Cyberattacken die Kontrolle über die Spielsteine eines Rivalen übernehmen, wenn anonyme dritte Parteien eine Figur übers Feld bewegen, ohne dass irgendjemand weiß, wer den Zug vornimmt – oder wenn AlphaZero nicht mehr nur gewöhnliches Schach, sondern irgendwann auch atomares Schach spielt?

So wie sich die unterschiedlichen Herausforderungen vermutlich wechselseitig verstärken werden, so könnte auch der gute Wille, der angesichts einer Herausforderung nötig ist, durch Probleme an einer anderen Front zunichtegemacht werden. Länder, die in einer bewaffneten Auseinandersetzung gefangen sind, werden sich wahrscheinlich nicht darauf verständigen, die Entwicklung künstlicher Intelligenz einzuschränken, und

Länder, die bestrebt sind, die technologischen Errungenschaften ihrer Rivalen zu übertreffen, werden sich schwer damit tun, einem gemeinsamen Plan gegen den Klimawandel zuzustimmen. Solange die Welt in rivalisierende Nationen unterteilt bleibt, wird es ausgesprochen schwierig sein, alle drei Herausforderungen gleichzeitig zu bewältigen – das Scheitern an auch nur einer Front könnte sich als katastrophal erweisen.

Die nationalistische Welle, die gerade über die Welt schwappt, kann die Uhr nicht auf 1939 oder 1914 zurückstellen. Die Technologie hat alles verändert, indem sie ein ganzes Bündel globaler existenzieller Bedrohungen geschaffen hat, die keine Nation alleine bewältigen kann. Ein gemeinsamer Feind ist der beste Katalysator, um eine gemeinsame Identität entstehen zu lassen, und die Menschheit hat heute mindestens drei derartige Feinde – den Atomkrieg, den Klimawandel und die technologische Disruption. Wenn sich die Menschen trotz dieser gemeinsamen Gefahren dazu entschließen, ihre jeweiligen nationalen Loyalitäten über alles andere zu stellen, könnten die Folgen schlimmer sein als 1914 und 1939.

Wie ein deutlich besserer Weg aussehen könnte, ist in der Europäischen Verfassung nachzulesen. Dort heißt es, man sei sich sicher, «dass die Völker Europas, stolz auf ihre nationale Identität und Geschichte, entschlossen sind, die alten Gegensätze zu überwinden und immer enger vereint ihr Schicksal gemeinsam zu gestalten».[16] Das heißt nicht, dass man alle nationalen Identitäten abschaffen, alle lokalen Traditionen aufgeben und die Menschheit in eine homogene graue Masse verwandeln sollte. Es bedeutet auch nicht, alle Bekundungen von Patriotismus zu verunglimpfen. Tatsächlich hat die Europäische Union dadurch, dass sie einen militärischen und wirtschaftlichen Schutzschild für den Kontinent bildete, den Lokalpatriotismus an Orten wie Flandern, in der Lombardei, in Katalonien und Schottland vermutlich sogar befördert. Die Vorstellung eines unabhängigen Schottlands oder Kataloniens wirkt deutlich attraktiver, wenn man keinen deutschen Einmarsch befürchten muss und wenn man sich auf eine gemeinsame europäische Front gegen die globale Erwärmung und gegen globale Konzerne stützen kann.

Europäische Nationalisten machen es sich deshalb leicht. Bei allem Gerede von einer Wiederkehr der Nation sind tatsächlich nur wenige Europäer bereit, dafür zu töten und ihr Leben zu geben. Als die Schotten sich in den Zeiten von William Wallace und Robert Bruce aus dem Griff Londons zu befreien suchten, mussten sie dafür eine Armee aufstellen. Im Zuge des schottischen Referendums 2014 kam hingegen kein Mensch ums Leben, und wenn sich die Schotten beim nächsten Mal für die Unabhängigkeit aussprechen, so ist es höchst unwahrscheinlich, dass sie die Schlacht von Bannockburn noch einmal schlagen müssen. Der katalanische Versuch, sich von Spanien abzuspalten, hatte deutlich mehr Gewalt zur Folge, aber auch sie bleibt weit hinter dem Gemetzel zurück, das Barcelona 1939 oder 1714 erlebte.

Der Rest der Welt lernt hoffentlich vom europäischen Beispiel. Selbst auf einem geeinten Planeten wird jede Menge Platz für einen Patriotismus sein, der die Einzigartigkeit meiner Nation feiert und meine besonderen Verpflichtungen ihr gegenüber betont. Doch wenn wir überleben und gedeihen wollen, hat die Menschheit kaum eine andere Wahl, als solche lokalen Loyalitäten durch Verpflichtungen gegenüber einer Weltgemeinschaft zu ergänzen. Ein Einzelner kann und sollte gleichzeitig gegenüber seiner Familie, seiner Nachbarschaft, seinem Beruf und seiner Nation loyal sein – warum sollte man dieser Auflistung nicht die Menschheit und den Planeten Erde hinzufügen? Natürlich kommt es mitunter zu Konflikten, wenn vielfältige Loyalitäten bestehen, aber wer hat behauptet, das Leben sei einfach? Versuchen Sie einfach, damit zurechtzukommen.

In früheren Jahrhunderten bildeten sich nationale Identitäten, weil die Menschen vor Problemen und Möglichkeiten standen, die weit über den Einflussbereich lokaler Volksgruppen hinausgingen und die man nur durch landesweite Zusammenarbeit hoffte bewältigen zu können. Im

21. Jahrhundert befinden sich Nationen in der gleichen Lage wie die alten Volksstämme: Sie sind nicht mehr der geeignete Rahmen, um mit den wichtigsten Herausforderungen unserer Zeit fertig zu werden. Wir brauchen eine neue globale Identität, denn nationale Institutionen sind nicht in der Lage, eine ganze Reihe beispielloser globaler Dilemmata zu lösen. Wir haben heute eine globale Ökologie, eine globale Ökonomie und eine globale Wissenschaft – aber wir sind noch immer in nationaler Politik gefangen. Diese Diskrepanz verhindert, dass das politische System unsere Hauptprobleme wirksam angeht. Für eine effektive Politik müssen wir entweder Ökologie, Ökonomie und den wissenschaftlichen Fortschritt entglobalisieren – oder wir müssen unsere Politik globalisieren. Da es schlicht unmöglich ist, die Ökologie und den wissenschaftlichen Fortschritt zu entglobalisieren und da die Kosten einer entglobalisierten Ökonomie vermutlich nicht zu stemmen wären, bleibt als einzige wirkliche Lösung eine Globalisierung der Politik. Das heißt nicht, eine «Weltregierung» zu schaffen – das ist eine zweifelhafte und unrealistische Vision. Die Politik zu globalisieren meint vielmehr, dass politische Bewegungen innerhalb der einzelnen Länder und sogar innerhalb einzelner Städte globalen Problemen und Interessen sehr viel mehr Gewicht geben sollten.

Nationalistische Empfindungen werden dabei vermutlich keine große Hilfe sein. Sollten wir also vielleicht darauf setzen, dass die universellen Glaubenstraditionen der Menschheit uns bei der Zusammenführung der Welt helfen? Schon vor Jahrhunderten dachten Religionen wie das Christentum und der Islam in globalen und nicht in lokalen Kategorien, und sie interessierten sich schon immer für die großen Fragen des Lebens und weniger für das politische Kleinklein dieser oder jener Nation. Aber spielen traditionelle Religionen noch eine Rolle? Verfügen sie noch über die Macht, die Welt zu gestalten, oder sind sie nur noch träge Relikte unserer Vergangenheit, ein Spielball der mächtigen Wirkkräfte moderner Staaten, Ökonomien und Technologien?

8

Religion

Gott steht jetzt im Dienste der Nation

Bislang ist es modernen Ideologien, wissenschaftlichen Experten und nationalen Regierungen nicht gelungen, eine tragfähige Vision für die Zukunft der Menschheit zu entwickeln. Lässt sich eine solche Vision aus dem tiefen Brunnen menschlicher Glaubenstraditionen schöpfen? Vielleicht steht die Antwort für uns schon längst irgendwo in der Bibel, im Koran oder in den Veden bereit.

Säkulare Menschen reagieren auf diese Vorstellung vermutlich mit Spott oder Besorgnis. Heilige Schriften mögen im Mittelalter relevant gewesen sein, aber wie sollen sie uns, bitte schön, ins Zeitalter künstlicher Intelligenz, der Biotechnologie, des Klimawandels und des Cyberkriegs führen? Doch säkulare Menschen sind eine Minderheit. Milliarden glauben noch immer eher an den Koran und an die Bibel als an die Evolutionstheorie; religiöse Bewegungen prägen die Politik so unterschiedlicher Länder wie Indien, Türkei und Vereinigte Staaten; und religiöse Animositäten befeuern Konflikte von Nigeria bis zu den Philippinen.

Wie relevant also sind Religionen wie das Christentum, der Islam oder der Hinduismus? Können sie uns dabei helfen, die großen Probleme, vor denen wir stehen, zu lösen? Um die Rolle traditioneller Religionen in der Welt des 21. Jahrhunderts zu begreifen, müssen wir drei Arten von Problemen unterscheiden:

1. Technische Probleme: Wie sollten beispielsweise Bauern in trockenen Ländern mit schweren Dürren umgehen, die durch den Klimawandel verursacht werden?
2. Politische Probleme: Welche Maßnahmen sollten etwa Regierungen zuvörderst ergreifen, um den Klimawandel zu verhindern?
3. Identitätsprobleme: Sollte ich mich beispielsweise mit dem Problemen der Bauern auf der anderen Erdhalbkugel befassen, oder sollte ich mich nur um die Belange von Menschen meines eigenen Volkes oder Landes kümmern?

Wie wir im Folgenden sehen werden, sind traditionelle Religionen für technische und politische Probleme weitgehend irrelevant. Bei Identitätsproblemen spielen sie hingegen eine äußerst wichtige Rolle – doch in den meisten Fällen sind sie eher zentraler Bestandteil des Problems als potenzielle Lösung.

Technische Probleme: christliche Landwirtschaft

In vormodernen Zeiten waren Religionen dafür zuständig, eine Vielzahl von technischen Problemen in profanen Bereichen wie der Landwirtschaft zu lösen. Göttliche Kalender legten fest, wann man pflanzen und wann man ernten sollte, während Tempelrituale für Regen sorgten und vor Krankheiten schützten. Wenn aufgrund von Dürre oder einer Heuschreckenplage eine Agrarkrise drohte, wandten sich die Bauern an die Priester mit der Bitte, bei den Göttern ein gutes Wort einzulegen. Auch die Medizin fiel in den Zuständigkeitsbereich der Religion. Fast jeder Prophet, Guru und Schamane war auch als Heiler tätig. So verbrachte Jesus viel Zeit damit, die Kranken gesund, die Blinden sehend, die Stummen sprechend und die Wahnsinnigen normal zu machen. Ganz gleich ob man im alten Ägypten oder im mittelalterlichen Europa lebte: Wenn man krank war, dann ging man eher zum Medizinmann als zum Arzt und unternahm lieber eine Wallfahrt zu einem berühmten Tempel, als sich ins Krankenhaus zu begeben. In jüngerer Zeit haben die Biologen und die Ärzte die Aufgaben der Priester und der Wunderheiler übernommen. Wird Ägypten heute von einer Heuschreckenplage heimgesucht, dann bitten die Ägypter vielleicht Allah um Hilfe – warum auch nicht? –, aber sie werden nicht vergessen, sich auch an die Chemiker, Entomologen und Genetiker zu wenden, damit diese stärkere Pestizide und insektenresistente Weizensorten entwickeln. Leidet das Kind eines gläubigen Hindus an einem schweren Fall von Masern, dann betet der Vater vielleicht zu Dhanvantari und opfert Blumen und Süßigkeiten im örtlichen Tempel – aber erst, nachdem er den Kleinen ins nächste Krankenhaus gebracht und der Fürsorge der dortigen Ärzte anvertraut hat. Selbst Geisteskrankheiten – letzte Bastion religiöser Heiler – gehen allmählich in die Hände von Wissenschaftlern über, die Neurologie ersetzt die Dämonologie, und statt Exorzismus gibt es Prozac.

Die Wissenschaft hat so vollständig gesiegt, dass sich sogar unsere Vorstellung von Religion verändert hat. Wir bringen Religionen nicht mehr mit Landwirtschaft und Medizin in Verbindung. Selbst Glaubenseiferer leiden heute unter kollektiver Amnesie und vergessen lieber, dass traditionelle Religionen je Anspruch auf diese Bereiche erhoben. «Was soll schon sein, wenn wir uns den Ingenieuren und Ärzten zuwenden?», sagen die Fanatiker. «Das beweist gar nichts. Was hat Religion überhaupt mit Landwirtschaft oder Medizin zu tun?»

Offen gesagt haben traditionelle Religionen vor allem deshalb so sehr an Boden verloren, weil sie in Sachen Landwirtschaft oder Gesundheitsversorgung schlicht nicht besonders gut waren. Die Expertise von Priestern und Gurus hat nie wirklich für Regen oder Heilung gesorgt, sie hat weder Prophezeiungen noch Zauber bewirkt. Vielmehr handelte es sich stets um Interpretation. Ein Priester ist nicht jemand, der weiß, wie man den Regentanz aufführt und der Dürre ein Ende macht. Ein Priester ist jemand, der weiß, wie man begründet, warum der Regentanz erfolglos blieb und warum wir weiter an unseren Gott glauben müssen, obwohl er gegenüber all unseren Gebeten taub zu sein scheint.

Doch es ist gerade ihre große interpretatorische Begabung, die Religionsführer benachteiligt, wenn sie mit Wissenschaftlern konkurrieren. Auch Wissenschaftler wissen, wie man fünf gerade sein lässt und Beweise zurechtbiegt, aber letztlich ist das Markenzeichen der Wissenschaft die Bereitschaft, Misserfolge einzugestehen und einen anderen Kurs einzuschlagen. Aus diesem Grund lernen Wissenschaftler nach und nach, wie man bessere Getreidesorten anbaut und bessere Medikamente herstellt, während Priester und Gurus lediglich lernen, wie man bessere Ausflüchte findet. Über die Jahrhunderte haben selbst die wahren Gläubigen diesen Unterschied bemerkt, weshalb die religiöse Autorität auf immer mehr technischen Feldern schwand. Das ist auch der Grund, warum die gesamte Welt zunehmend zu einer einzigen Zivilisation wurde. Wenn Dinge wirklich funktionieren, übernimmt sie jeder.

Politische Probleme: muslimische Ökonomie

Während die Wissenschaft uns mit eindeutigen Antworten auf technische Fragen, etwa wie man Masern heilt, versorgt, herrschen in politischen Fragen beträchtliche Meinungsverschiedenheiten unter Wissenschaftlern. Fast alle Experten stimmen darin überein, dass der Klimawandel eine Tatsache ist, doch in der Frage, wie man ökonomisch am besten auf diese Bedrohung reagiert, herrscht kein Konsens. Das bedeutet freilich nicht, dass traditionelle Religionen uns bei der Lösung dieses Problems helfen könnten. Uralte Schriften sind nun einmal keine brauchbare Anleitung für die moderne Ökonomie, und die zentralen Konfliktlinien – beispielsweise zwischen Kapitalisten und Sozialisten – entsprechen nicht den Spaltungen zwischen traditionellen Religionen.

Sicher, in Ländern wie Israel und Iran haben Rabbiner und Ajatollahs ein gehöriges Wörtchen mitzureden bei der staatlichen Wirtschaftspolitik, und selbst in stärker säkularen Ländern wie den Vereinigten Staaten und Brasilien beeinflussen religiöse Führer die öffentliche Meinung in Fragen, die von der Besteuerung bis zur Umweltgesetzgebung reichen. Bei näherer Betrachtung zeigt sich jedoch, dass in den meisten dieser Fälle traditionelle Religionen gegenüber modernen wissenschaftlichen Theorien nur die zweite Geige spielen. Wenn Ajatollah Khamenei eine für die iranische Volkswirtschaft wichtige Entscheidung treffen muss, findet er die nötige Antwort nun einmal nicht im Koran, weil die Araber des 7. Jahrhunderts kaum etwas von den Problemen und Möglichkeiten moderner Industrieökonomien und globaler Finanzmärkte wussten. Und so müssen er oder seine Berater sich Karl Marx, Milton Friedman, Friedrich Hayek und der modernen Wirtschaftswissenschaft zuwenden, wenn sie Antworten bekommen wollen. Wenn also Khamenei sich dazu entschlossen hat, die Zinsen zu erhöhen, die Steuern zu senken, staatliche Monopole zu privatisieren oder ein internationales Handelsabkommen zu unterzeichnen, kann er anschließend sein religiöses Wissen und seine Glaubensautorität nutzen, um die wissenschaftliche Antwort in das Gewand dieses oder jenes Koranverses zu kleiden und sie den Massen als den Willen Allahs zu präsentieren. Doch das Gewand spielt so gut wie keine Rolle. Vergleicht man die Wirtschaftspolitik des schiitischen Iran, des sunnitischen Saudi-Arabien, des jüdischen Israel, des hinduistischen Indien und des christlichen Amerika, so lassen sich keine großen Unterschiede feststellen.

Im 19. und 20. Jahrhundert wetterten muslimische, jüdische, hinduistische und christliche Denker gegen den modernen Materialismus, gegen den seelenlosen Kapitalismus und gegen die Exzesse des Beamtenstaates.

Sie versprachen, wenn sie nur die Möglichkeit dazu hätten, würden sie all die Krankheiten der Moderne heilen und ein völlig anderes sozioökonomisches System errichten, das auf den ewigen spirituellen Werten ihres Glaubens basiert. Nun, sie hatten durchaus ein paar Chancen, und die einzig bemerkenswerte Veränderung, die sie am Gebäude der modernen Ökonomien vorgenommen haben, sind ein neuer Anstrich und ein Halbmond, ein Kreuz, ein Davidstern oder ein Om auf dem Dach.

Ähnlich wie beim Regenmachen ist es auch in ökonomischen Fragen: Religionsgelehrte sind erprobte Experten darin, Texte neu zu interpretieren, und genau das ist es, was die Religion in diesem Bereich irrelevant macht. Ganz gleich, für welche Wirtschaftspolitik Khamenei sich entscheidet, kann er sie stets mit dem Koran in Einklang bringen. Damit wird der Koran von einer Quelle wahren Wissens zu einer Quelle bloßer Autorität degradiert. Steht man vor einem schwierigen ökonomischen Dilemma, vertieft man sich am besten in Marx und Hayek, sie helfen einem, das Wirtschaftssystem besser zu verstehen, Dinge aus einer ganz neuen Perspektive zu betrachten und über potenzielle Lösungen nachzudenken. Nachdem man eine Antwort formuliert hat, wendet man sich dem Koran zu und studiert ihn eingehend auf der Suche nach irgendeiner Sure, die, wenn man sie nur fantasievoll genug interpretiert, die Lösung, die man von Hayek oder Marx hat, legitimieren kann. Ganz gleich, welche Lösung man dort gefunden hat – als guter Korangelehrter wird man immer in der Lage sein, sie zu rechtfertigen.

Das Gleiche gilt für das Christentum. Ein Christ kann ebenso gut Kapitalist oder Sozialist sein, und auch wenn ein paar Dinge, die Jesus sagte, reichlich unverblümt nach Kommunismus klingen, lasen gute amerikanische Kapitalisten während des Kalten Krieges weiterhin die Bergpredigt, ohne davon Notiz zu nehmen. So etwas wie eine «christliche Ökonomie», eine «muslimische Ökonomie» oder eine «hinduistische Ökonomie» gibt es schlicht nicht.

Nun sind in der Bibel, im Koran oder in den Veden natürlich durchaus ökonomische Ideen zu finden – nur sind diese nicht auf dem neuesten Stand. Mahatma Gandhis Interpretation der Veden veranlasste ihn dazu, sich ein unabhängiges Indien als Ansammlung autarker Agrargemeinschaften vorzustellen, die jeweils ihre eigenen Khadistoffe herstellen, wenig exportieren und noch weniger importieren. Die berühmtesten Fotos von Gandhi zeigen ihn, wie er eigenhändig Baumwolle spinnt, und er machte das einfache Spinnrad zum Symbol der nationalistischen Bewegung Indiens.[1] Doch diese arkadische Vision war schlicht nicht mit den Realitäten der modernen Ökonomie zu vereinbaren, und so ist nicht viel davon geblieben außer Gandhis strahlendem Antlitz auf Milliarden von Rupienscheinen.

Moderne Wirtschaftstheorien besitzen heute so viel mehr Relevanz als traditionelle Dogmen, dass man inzwischen selbst offenkundig religiöse Konflikte ökonomisch interpretiert, während niemand auf die umgekehrte Idee käme. So behaupten beispielsweise manche, die Unruhen in Nordirland zwischen Katholiken und Protestanten seien überwiegend durch Klassenkonflikte befeuert worden. Aufgrund verschiedener historischer Umstände waren die oberen Schichten in Nordirland überwiegend protestantisch, die unteren Klassen überwiegend katholisch. Was auf den ersten Blick wie ein theologischer Konflikt über das Wesen Christi erschien, erwies sich in Wirklichkeit als typischer Kampf zwischen Besitzenden und Habenichtsen. Hingegen würde kaum jemand behaupten, die Konflikte zwischen kommunistischen Guerillakämpfern und kapitalistischen Großgrundbesitzern in Südamerika in den 1970er Jahren seien in Wirklichkeit nur ein Deckmantel für weit tiefer reichende Meinungsverschiedenheiten in christlicher Theologie.

Wie also wäre es, wenn Religionen sich den großen Fragen des 21. Jahrhunderts stellen müssten? Nehmen wir beispielsweise die Frage, ob man künstlicher Intelligenz erlaubt, Entscheidungen über das Leben von Menschen zu treffen – etwa für jemanden zu entscheiden, was er studiert, wo er arbeitet und wen er heiratet. Wie sieht die muslimische Haltung zu dieser Frage aus? Wie die jüdische? Es gibt hier keine «muslimische» oder «jüdische» Position. Die Menschheit ist wohl in zwei große Lager geteilt – diejenigen, die dafür sind, künstlicher Intelligenz ein hohes Maß an Macht zuzugestehen, und diejenigen, die dagegen sind. Muslime und Juden findet man vermutlich in beiden Lagern, und sie rechtfertigen die Haltung, die sie vertreten, jeweils durch fantasievolle Interpretationen des Koran und des Talmud.

Natürlich könnten Glaubensgruppen in bestimmten Fragen eine härtere Haltung vertreten und daraus angeblich heilige und ewige Glaubenssätze machen. In den 1970er Jahren erfanden Theologen in Lateinamerika die Befreiungstheologie, in der Jesus ein bisschen wie Che Guevara wirkte. Ähnlich lässt sich Jesus leicht für die Diskussion um den Klimawandel in Stellung bringen, was zur Folge hat, dass aktuelle politische Positionen wie ewige Glaubensprinzipien wirken.

Was das bedeutet, lässt sich bereits beobachten. In den eifernd-geifernden Predigten mancher evangelikaler Pastoren in den USA ist vom Widerstand gegen Umweltgesetze die Rede, während Papst Franziskus im Namen Jesu Christi gegen den Klimawandel mobil macht (wie sich seiner zweiten Enzyklika *Laudato si'* entnehmen lässt).[2] Insofern wird im Jahr 2070 der Hauptunterschied in Umweltfragen vielleicht nur darin bestehen, ob man evangelikaler oder katholischer Christ ist. Selbstverständlich werden Evangelikale gegen jede Einschränkung der CO_2-Emissionen sein, während Katholiken der Überzeugung sein werden, dass schon Jesus den Umweltschutz gepredigt hat.

Diesen Unterschied wird man sogar an ihren Autos ablesen können. Evangelikale werden riesige, spritfressende SUVs fahren, während gläubige Katholiken in smarten Elektroautos herumkurven werden, auf deren Heck ein Aufkleber prangt: «Verbrennt den Planeten – und schmort in der Hölle!» Doch auch wenn die Kontrahenten zum Beleg für ihre Haltung verschiedene Bibelstellen zitieren, wird die wahre Quelle ihrer Meinungsdifferenzen in modernen wissenschaftlichen Theorien und politischen Bewegungen zu finden sein, nicht in der Bibel. So gesehen hat Religion nicht wirklich viel zu den großen politischen Debatten unserer Zeit beizutragen. Wie schon Karl Marx befand, ist sie nichts weiter als Fassade.

Identitätsprobleme: die Linien im Sand

Doch Marx hat übertrieben, als er die Religion als bloßen Überbau abtat, der die mächtigen technologischen und wirtschaftlichen Kräfte verdecke. Selbst wenn der Islam, der Hinduismus oder das Christentum farbenfrohe Verzierungen auf einem modernen Wirtschaftsgebäude sein mögen, so identifizieren sich die Menschen oft mit dem Dekor, und die Identitäten der Menschen sind ein wichtiger historischer Faktor. Menschliche Macht hängt von massenhafter Kooperation ab, massenhafte Kooperation hängt von der Herstellung massenhafter Identitäten ab – und alle Massenidentitäten beruhen auf fiktionalen Geschichten, nicht auf wissenschaftlichen Fakten oder gar auf wirtschaftlichen Notwendigkeiten. Im 21. Jahrhundert fußt die Unterteilung der Menschen in Juden und Muslime oder in Russen und Polen noch immer auf religiösen Mythen. Versuche der Nationalsozialisten und der Kommunisten, menschliche Identitäten der Rasse und der Klasse wissenschaftlich festzulegen, erwiesen sich als gefährliche Pseudowissenschaft, und seither waren Wissenschaftler extrem zurückhaltend, wenn es darum ging, irgendwelche «natürlichen» Identitäten für Menschen zu definieren.

Und so werden Religionen im 21. Jahrhundert keinen Regen bringen, keine Krankheiten heilen, keine Bomben bauen – aber sie werden weiter darüber bestimmen, wer «wir» sind und wer «sie» sind, wen wir heilen und wen wir bombardieren sollen. Wie schon erwähnt, bestehen in praktischer Hinsicht überraschend wenig Unterschiede zwischen dem schiitischen Iran, dem sunnitischen Saudi-Arabien und dem jüdischen Israel. Sie alle sind bürokratische Nationalstaaten, sie alle betreiben eine mehr oder weniger kapitalistische Politik, sie alle impfen ihre Kinder gegen Polio, und sie alle setzen beim Bombenbau auf Chemiker und Physiker. Es gibt keine schiitische Bürokratie, keinen sunnitischen Kapitalismus, keine jüdische Physik. Wie also sorgt man dafür, dass Menschen sich als etwas Besonderes fühlen, dass sie dem einen Menschenstamm loyal ergeben sind und dem anderen feindselig gegenüberstehen?

Um feste Linien in den Treibsand der Menschheit zu ziehen, bedienen sich die Religionen verschiedener Riten, Rituale und Zeremonien. Schiiten, Sunniten und orthodoxe Juden tragen unterschiedliche Kleidung, sprechen unterschiedliche Gebete und beachten unterschiedliche Tabus. Diese unterschiedlichen Glaubenstraditionen erfüllen das Alltagsleben oft mit Schönheit und regen die Menschen dazu an, sich freundlicher und wohltätiger zu verhalten. Fünfmal am Tag erhebt sich die klingende Stimme des Muezzins über dem Lärm der Basare, der Büros und der Fabriken und ruft die Muslime dazu auf, eine Pause einzulegen inmitten des geschäftigen Treibens weltlicher Aktivitäten und sich mit einer ewigen Wahrheit zu verbinden. Ihre hinduistischen Nachbarn streben mithilfe ihrer täglichen Pujas und des Mantra-Rezitierens nach dem gleichen Ziel. Jede Woche versammeln sich jüdische Familien am Freitagabend zu einem besonderen Mahl der Freude, des Dankes und des Zusammenseins. Zwei Tage später, am Sonntagmorgen, erfüllen christliche Kirchenchöre das Leben von Millionen mit Hoffnung und tragen dazu bei, gemeinschaftliche Bande des Vertrauens und der Zuneigung zu entwickeln.

Andere Glaubenstraditionen hingegen erfüllen die Welt mit jeder Menge Hässlichkeit und sorgen dafür, dass sich Menschen gemein und grausam benehmen. So lässt sich beispielsweise kaum etwas zugunsten einer religiös motivierten Frauenfeindlichkeit oder der Diskriminierung einzelner Kasten sagen. Doch ob schön oder hässlich, all diese Glaubenstraditionen vereinen bestimmte Menschen, während sie sie gleichzeitig von ihren Nachbarn unterscheiden. Von außen betrachtet wirken die Glaubenstraditionen, die Menschen spalten, oftmals nichtig, und Freud machte sich über die Besessenheit, die Menschen in solchen Dingen an den Tag legen, lustig, indem er sie als den «Narzissmus der kleinen Differenzen» bezeichnete.[3] Doch in der Geschichte und in der Politik können kleine Unterschiede große Wirkung haben. Und so ist es, wenn man schwul oder lesbisch ist, im Wortsinne eine Frage von Leben und Tod, ob man in Israel, im Iran oder in Saudi-Arabien lebt. In Israel stehen LGBTs unter dem Schutz des Gesetzes, und es gibt sogar einige Rabbiner, die der Ehe zweier Frauen ihren Segen erteilen würden. Im Iran werden Schwule und Lesben systematisch verfolgt und mitunter sogar hingerichtet. In Saudi-Arabien durfte eine Lesbe bis 2018 nicht einmal Auto fahren – nicht etwa weil sie lesbisch, sondern weil sie eine Frau war.

Das vielleicht beste Beispiel für die weiter bestehende Macht und Bedeutung traditioneller Religionen in der modernen Welt stammt aus Japan. 1853 zwang eine amerikanische Flotte das Land, sich der modernen Welt zu öffnen. Im Gefolge setzte der japanische Staat einen rasanten und extrem erfolgreichen Modernisierungsprozess in Gang. Binnen weniger Jahrzehnte wurde Japan zu einem mächtigen Beamtenstaat, der auf Wissenschaft, Kapitalismus und die neueste Militärtechnologie setzte, um China und Russland zu besiegen, Taiwan und Korea zu besetzen und schließlich die amerikanische Flotte bei Pearl Harbor zu versenken und die europäischen Imperien im Fernen Osten zu zerstören. Doch Japan kopierte das westliche Modell nicht blind. Es war fest entschlossen, seine besondere Identität zu bewahren und dafür zu sorgen, dass moderne Japaner ihrem Land treuer verbunden sind als der Wissenschaft, der Moderne oder irgendeiner nebulösen Weltgemeinschaft.

Zu diesem Zweck machte Japan die einheimische Religion des Shintō zu einem Eckpfeiler japanischer Identität. In Wahrheit erfand der japanische Staat den Shintō neu. Der traditionelle Shintō war ein wildes Gebräu vielfältigen animistischen Glaubens an verschiedene Gottheiten und Geister, jedes Dorf und jeder Tempel hatte seine eigenen Geister und lokalen Gebräuche. Ende des 19. und Anfang des 20. Jahrhunderts schuf der japanische Staat eine offizielle Version des Shintō und wandte sich zugleich gegen zahlreiche lokale Traditionen. Dieser «Staats-Shintō» wurde mit dezidiert modernen Ideen der Nationalität und der Rasse vermengt, die die japanische Elite von den europäischen Imperialisten übernahm. Jedes Element des Buddhismus, des Konfuzianismus und des Feudalethos der Samurai, das die Loyalität gegenüber dem Staat weiter festigen konnte, wurde dieser Mischung hinzugefügt. Zu guter Letzt erhob der Staats-Shintō die Verehrung des japanischen Kaisers zum obersten Prinzip, er galt als unmittelbarer Abkömmling der Sonnengöttin Amaterasu und selbst als lebendiger Gott.[4]

Auf den ersten Blick wirkt dieses seltsame Gemisch aus Alt und Neu höchst unangemessen für einen Staat, der sich auf einem Crashkurs in Sachen Modernisierung befindet. Ein lebendiger Gott? Beseelte Geister? Feudalethos? Das klang eher nach einem neolithischen Stamm als nach einer modernen Industriemacht.

Doch auf wundersame Weise funktionierte es. Die Japaner modernisierten sich in atemberaubendem Tempo, während sie gleichzeitig eine fanatische Loyalität gegenüber ihrem Staat entwickelten. Das bekannteste Symbol für den Erfolg des Staats-Shintō ist die Tatsache, dass Japan als erste Macht präzisionsgesteuerte Raketen entwickelte und einsetzte. Jahrzehnte bevor die USA die intelligente Bombe erfanden, und zu einer Zeit, da das nationalsozialistische Deutschland gerade damit begann, wenig intelligente V2-Raketen zu produzieren, versenkte Japan Dutzende alliierter Schiffe mithilfe präzisionsgesteuerter Raketen. Wir kennen diese Raketen als Kamikaze. Während heute in präzisionsgelenkten Waffen Computer die Steuerung übernehmen, waren die Kamikaze gewöhnliche Flugzeuge, beladen mit Sprengstoff und gesteuert von menschlichen Piloten, die zu diesen Missionen ohne Wiederkehr bereit waren. Diese Bereitschaft war das Produkt des todesverachtenden Opfergeistes, wie er vom Staats-Shintō kultiviert wurde. Kamikaze beruhte somit auf einer Mischung aus neuester Technologie und neuester religiöser Indoktrination.[5]

Ob wissentlich oder nicht, folgen zahlreiche Regierungen heute dem japanischen Vorbild. Sie übernehmen universelle Instrumente und Strukturen der Moderne, setzen aber gleichzeitig auf traditionelle Religionen, um eine besondere nationale Identität zu bewahren. Eine ähnliche Rolle wie der Staats-Shintō in Japan spielen in mehr oder weniger großem Maße das orthodoxe Christentum in Russland, der Katholizismus in Polen, der schiitische Islam im Iran, der Wahhabismus in Saudi-Arabien und das Judentum in Israel. Mag eine Religion auch noch so archaisch wirken, so lässt sie sich doch mit ein wenig Fantasie und Neuinterpretation fast immer mit den neuesten technischen Spielereien und den fortschrittlichsten modernen Institutionen vermählen.

In einigen Fällen könnten Staaten sogar eine ganz neue Religion schaffen, um ihre besondere Identität zu unterfüttern. Das extremste Beispiel findet man heute in Japans ehemaliger Kolonie Nordkorea. Das nordkoreanische Regime indoktriniert seine Untertanen mit einer fanatischen Staatsreligion namens Juche. Sie ist eine Mischung aus Marxismus-Leninismus, ein paar alten koreanischen Traditionen, einem rassistischen Glauben an die einzigartige Reinheit der koreanischen Rasse und der Vergöttlichung von Kim Il-sungs Familie. Zwar behauptet niemand, die Kims seien Nachfahren einer Sonnengöttin, aber sie werden mit mehr Inbrunst verehrt als fast jeder Gott in der Geschichte. Weil die Kims natürlich wissen, wie das japanische Imperium schließlich besiegt wurde, beharrte die nordkoreanische Juche-Ideologie lange darauf, diesem Gemisch Atomwaffen hinzuzufügen, und stellte die Entwicklung solcher Waffen als heilige Pflicht dar, für die die höchsten Opfer zu bringen seien.[6]

Der Handlanger des Nationalismus

Doch ganz gleich, wie sich die Technologie entwickeln wird, können wir davon ausgehen, dass Auseinandersetzungen um religiöse Identitäten und Rituale den Einsatz neuer Technologien weiterhin beeinflussen werden und dass solche Streitigkeiten auch in Zukunft über die Macht verfügen, die Welt in Brand zu setzen. Es könnte durchaus sein, dass neueste Atomraketen und Cyberbomben zum Einsatz kommen, um einen Glaubensstreit um mittelalterliche Texte beizulegen. Religionen, Riten und Rituale werden so lange wichtig bleiben, wie die Macht der Menschheit auf massenhafter Kooperation beruht und massenhafte Kooperation auf dem Glauben an gemeinsame Fiktionen basiert.

Leider macht all das traditionelle Religionen zu einem Problem für die Menschheit, nicht zu einem Problemlöser. Religionen verfügen noch immer über jede Menge politische Macht, insofern sie nationale Identitäten zementieren und sogar den Dritten Weltkrieg auslösen können. Wenn es aber darum geht, die globalen Probleme des 21. Jahrhunderts zu lösen statt sie zu verschärfen, haben sie offenbar nicht viel zu bieten. Zwar vertreten viele traditionelle Religionen universelle Werte und beanspruchen kosmische Gültigkeit, doch gegenwärtig dienen sie hauptsächlich als Handlanger des modernen Nationalismus – ob in Nordkorea, Russland, Iran oder Israel. Sie erschweren es deshalb, nationale Unterschiede zu überwinden und eine globale Lösung für die Gefahren des Atomkriegs, des ökologischen Zusammenbruchs und der technologischen Disruption zu finden.

Wenn es also um den Umgang mit dem Klimawandel oder die Verbreitung von Atomwaffen geht, drängen schiitische Kleriker die Iraner dazu, diese Probleme aus einer verengten iranischen Perspektive zu sehen, jüdische Rabbiner machen den Israelis weiß, sie sollten sich hauptsächlich um das kümmern, was gut für Israel ist, und orthodoxe Priester fordern die Russen auf, zuallererst russische Interessen im Sinn zu haben. Schließlich sind wir Gottes auserwählte Nation, und so wird das, was für unsere Nation gut ist, auch Gott gefallen. Zweifellos gibt es Religionsgelehrte, die nationalistische Exzesse ablehnen und deutlich universellere Ansichten vertreten. Leider verfügen diese Gelehrten heute über nicht besonders viel politische Macht.

Wir sitzen also ziemlich in der Klemme. Die Menschheit bildet heute eine einzige Zivilisation, und Probleme wie der Atomkrieg, der ökologische Kollaps und die technologische Disruption lassen sich nur auf globaler Ebene lösen. Andererseits spalten Nationalismus und Religion unsere menschliche Zivilisation noch immer in verschiedene und oftmals feindselige Lager. Dieser Zusammenprall von globalen Problemen und lokalen Identitäten zeigt sich besonders deutlich an der Krise, die heute das größte multikulturelle Experiment auf der Welt befallen hat – die Europäische Union. Die EU, die auf dem Versprechen universeller freiheitlicher Werte beruht, befindet sich aufgrund von Schwierigkeiten bei Integration und Immigration am Rande der Auflösung.

9

Zuwanderung

Manche Kulturen sind womöglich besser als andere

Zwar hat die Globalisierung die kulturellen Unterschiede auf unserem Planeten enorm reduziert, gleichzeitig hat sie es jedoch deutlich leichter gemacht, Fremden zu begegnen und sich über deren Eigenheiten aufzuregen. Der Unterschied zwischen dem angelsächsischen England und dem indischen Pala-Reich war weit größer als der Unterschied zwischen dem modernen Großbritannien und dem modernen Indien – aber zur Zeit von König Alfred dem Großen gab es eben auch noch keine Direktflüge zwischen Delhi und London.

Da immer mehr Menschen auf der Suche nach Arbeit, Sicherheit und einer besseren Zukunft immer häufiger Grenzen überqueren, stellt die Notwendigkeit, sich mit Fremden auseinanderzusetzen, sie zu integrieren oder wieder loszuwerden, politische Systeme und kollektive Identitäten, die in weniger bewegten Zeiten entstanden sind, vor enorme Belastungen. Nirgends zeigt sich dieses Problem deutlicher als in Europa. Die Europäische Union gründete auf dem Versprechen, die kulturellen Unterschiede zwischen Franzosen, Deutschen, Spaniern und Griechen zu überwinden. Sie könnte zusammenbrechen, wenn sie nicht in der Lage ist, die kulturellen Unterschiede zwischen Europäern und Migranten aus Afrika und dem Nahen Osten unter Kontrolle zu halten. Ironischerweise ist es gerade Europas enormer Erfolg beim Aufbau eines prosperierenden multikulturellen Systems, der so viele Migranten anzieht. Syrer wollen nach Deutschland und nicht nach Saudi-Arabien, in den Iran, nach Russland oder Japan, nicht weil Deutschland näher oder reicher ist als all die anderen potenziellen Ziele – sondern weil Deutschland eine deutlich bessere Bilanz bei der Aufnahme und der Integration von Zuwanderern aufzuweisen hat.

Die zunehmende Welle von Flüchtlingen und Zuwanderern sorgt bei den Europäern für höchst gemischte Reaktionen und hat erbitterte Diskussionen über Europas Identität und Zukunft ausgelöst. Einige Europäer fordern, Europa solle seine Pforten schließen: Verraten sie damit die multikulturellen und toleranten Ideale Europas, oder fordern sie einfach nur vernünftige Schritte, um eine Katastrophe zu verhindern? Andere verlangen, die Tore noch weiter zu öffnen: Glauben sie an die zentralen Werte Europas, oder machen sie sich schuldig, das europäische Projekt mit unmöglichen Erwartungen zu befrachten? Diese Diskussion über Zuwanderung verkommt leider oft zu einem gegenseitigen Sichanbrüllen, bei dem keine Seite der anderen zuhört. Um für ein wenig Klarheit zu sorgen, wäre es deshalb vielleicht hilfreich, Zuwanderung als einen Deal mit drei Grundbedingungen oder Klauseln zu betrachten:

Klausel 1: Das Gastland nimmt Zuwanderer auf.
Klausel 2: Im Gegenzug müssen die Immigranten die zentralen Normen und Werte des Gastlandes übernehmen, selbst wenn das bedeutet, ein paar ihrer traditionellen Normen und Werte aufzugeben.
Klausel 3: Wenn sich die Zuwanderer ausreichend integrieren, werden sie mit der Zeit gleichberechtigte und vollwertige Angehörige des Gastlandes. «Sie» werden «wir».

Diese drei Bestimmungen führen zu drei unterschiedlichen Debatten darüber, was die jeweiligen Klauseln genau bedeuten. Eine vierte Diskussion betrifft die Erfüllung dieser Bestimmungen. Wenn Menschen über Zuwanderung streiten, vermengen sie oft die vier Diskussionen, sodass niemand versteht, worum es bei dem Streit wirklich geht. Wir sollten deshalb diese Debatten am besten jeweils getrennt betrachten.

Debatte 1: Die erste Klausel des Zuwanderungsdeals besagt schlicht, dass das Gastland Immigranten aufnimmt. Aber sollte man das als Pflicht oder als einen Gefallen betrachten? Ist das Gastland verpflichtet, seine Türen für alle zu öffnen, oder hat es das Recht, sich die Zuwanderer auszusuchen oder der Immigration sogar ganz Einhalt zu gebieten? Zuwanderungsbefürworter glauben offenbar, Länder hätten eine moralische Pflicht, nicht nur Flüchtlinge aufzunehmen, sondern auch Menschen aus armen Ländern, die Arbeit und eine bessere Zukunft suchen. Insbesondere in einer globalisierten Welt haben Menschen moralische Verpflichtungen gegenüber allen anderen Menschen, und diejenigen, die sich vor diesen Verpflichtungen drücken, sind Egoisten oder gar Rassisten. Überdies betonen zahlreiche Zuwanderungsbefürworter, es sei unmöglich, Zuwanderung völlig zu stoppen, und ganz gleich wie viele Mauern und Zäune wir auch bauen, würden verzweifelte Menschen immer irgendwie einen Weg finden, sie zu überwinden. Insofern sei es besser, Zuwanderung zu legalisieren und offen damit umzugehen, statt eine riesige Schattenwelt des Menschenhandels, der illegalen Arbeitskräfte und der Kinder ohne Papiere zu schaffen.

Zuwanderungsgegner erwidern, wenn man nur ausreichend Gewalt anwende, könne man die Zuwanderung vollständig stoppen, und abgesehen von Flüchtlingen, die vor brutaler Verfolgung in einem Nachbarland fliehen, sei man nicht verpflichtet, die Tore zu öffnen. Die Türkei mag eine moralische Pflicht haben, verzweifelte syrische Flüchtlinge ins Land zu lassen. Aber wenn diese Flüchtlinge anschließend nach Schweden weiter wollen, müssen die Schweden sie nicht aufnehmen. Wie im Falle von Migranten, die auf der Suche nach Arbeit und sozialer Sicherheit sind, bleibt es ganz dem Gastland überlassen, ob es sie aufnimmt oder nicht und, wenn ja, unter welchen Bedingungen das geschieht.

Einwanderungsgegner betonen, eines der grundlegendsten Rechte jedes menschlichen Kollektivs sei es, sich gegen eine Invasion zu verteidigen, ob nun in Gestalt von fremden Truppen oder von Migranten. Die Schweden haben hart dafür gearbeitet und unzählige Opfer gebracht, um eine prosperierende freiheitliche Demokratie aufzubauen, und wenn den Syrern Gleiches nicht gelungen ist, dann ist das nicht die Schuld der Schweden. Wenn schwedische Wähler keine weiteren Zuwanderer aus Syrien mehr wollen – ganz gleich aus welchem Grund –, so ist es ihr gutes Recht, ihnen die Einreise zu verweigern. Und wenn sie bestimmte Zuwanderer aufnehmen, so sollte absolut klar sein, dass das eine Gunst ist, die Schweden gewährt, und nicht eine Verpflichtung, die es erfüllt. Das heißt: Zuwanderer, die nach Schweden dürfen, sollten extrem dankbar sein für das, was sie bekommen, statt gleich mit einer Liste von Forderungen anzukommen, so als würde ihnen das Land gehören.

Überdies, so die Zuwanderungsgegner, kann sich jedes Land seine Zuwanderungspolitik selbst aussuchen, es darf Zuwanderer nicht nur auf ihr Vorstrafenregister oder ihre beruflichen Talente hin überprüfen, sondern auch mit Blick auf Dinge wie ihre Religion. Wenn ein Staat wie Israel nur Juden ins Land lässt und ein Land wie Polen sich bereit erklärt, Flüchtlinge aus dem Nahen Osten nur dann aufzunehmen, wenn es sich um Christen handelt, so mag das verabscheuungswürdig erscheinen, aber es gehört zu den Rechten der israelischen oder polnischen Wähler.

Noch komplizierter wird die Sache dadurch, dass Menschen in vielen Fällen alles gleichzeitig haben wollen. Zahlreiche Länder drücken bei der illegalen Zuwanderung ein Auge zu oder nehmen sogar temporär Migranten auf, weil sie von der Energie, den Talenten und der billigen Arbeitskraft der Ausländer profitieren wollen. Dann aber weigern sich diese Länder, den Status dieser Menschen zu legalisieren, und sagen, sie wollten keine Zuwanderung. Auf lange Sicht könnte das zu hierarchischen Gesellschaften führen, in denen eine Oberschicht vollwertiger Staatsbürger eine Unterschicht rechtloser Ausländer ausbeutet, wie das heute schon in Katar und verschiedenen anderen Golfstaaten der Fall ist.

Solange diese Diskussion nicht beigelegt ist, ist es ausgesprochen schwer, alle sich anschließenden Fragen über Zuwanderung zu beantworten. Da Immigrationsbefürworter glauben, Menschen hätten ein Recht, in ein anderes Land zu emigrieren, wenn sie das wollen, und Gastländer hätten eine Pflicht, sie aufzunehmen, reagieren sie mit moralischer Empörung, wenn das Zuwanderungsrecht von Menschen eingeschränkt wird und wenn Länder ihre Pflicht zur Aufnahme nicht erfüllen. Immigrationsgegner sind erstaunt und empört ob solcher Ansichten. Sie betrachten Immigration als ein Privileg und Integration als einen Gefallen. Warum sollte man Menschen vorwerfen, Rassisten oder Faschisten zu sein, nur weil sie anderen den Zutritt zum eigenen Land verweigern?

Doch selbst wenn die Aufnahme von Immigranten einen Gefallen und keine Pflicht darstellt, übernimmt das Gastland, wenn die Zuwanderer sich niedergelassen haben, nach und nach zahlreiche Pflichten gegenüber ihnen und ihren Nachkommen. Insofern kann man den Antisemitismus in den USA heute nicht damit rechtfertigen, dass man behauptet: «Wir haben deiner Urgroßmutter einen Gefallen getan, indem wir sie 1910 ins Land ließen, deswegen dürfen wir dich jetzt so behandeln, wie wir wollen.»

Debatte 2: Die zweite Klausel des Zuwanderungsdeals besagt, dass Immigranten, die ins Land dürfen, die Pflicht haben, sich in die lokale Kultur zu integrieren. Aber wie weit sollte diese Integration gehen? Wenn Zuwanderer aus einer patriarchalen Gesellschaft in eine liberale Gesellschaft kommen, müssen sie dann Feministen oder Feministinnen werden? Wenn sie aus einer tiefreligiösen Gesellschaft kommen, müssen sie dann ein säkulares Weltbild übernehmen? Sollten sie ihre traditionellen Kleidersitten und Nahrungstabus aufgeben? Zuwanderungsgegner neigen dazu, die Integrationslatte hoch zu legen, während Zuwanderungsbefürworter sie deutlich niedriger ansetzen.

Zuwanderungsbefürworter behaupten, Europa selbst sei extrem vielfältig, und die einheimische Bevölkerung weise ein breites Spektrum an Meinungen, Gewohnheiten und Werten auf. Gerade das mache Europa so lebendig und stark. Warum sollte man Zuwanderer zwingen, sich irgendeine imaginäre europäische Identität zu eigen zu machen, der kaum ein Europäer tatsächlich entspricht? Wollen Sie muslimische Zuwanderer in Großbritannien dazu zwingen, Christen zu werden, obwohl viele britische Bürger kaum mehr in die Kirche gehen? Wollen Sie verlangen, dass Zuwanderer aus dem Punjab ihre Currys und ihre Masalas aufgeben und stattdessen Fish & Chips und Yorkshire Pudding essen? Wenn Europa wirklich so etwas wie zentrale Werte hat, dann sind dies die liberalen Werte der Toleranz und der Freiheit. Sie implizieren, dass Europäer auch Toleranz gegenüber Zuwanderern zeigen und ihnen so viel Freiheit wie möglich lassen sollten, ihre eigenen Traditionen zu pflegen, vorausgesetzt, diese schränken die Freiheiten und Rechte anderer Menschen nicht ein.

Zuwanderungsgegner sind ebenfalls der Ansicht, dass Toleranz und Freiheit die wichtigsten europäischen Werte sind, und werfen zahlreichen Zuwanderergruppen – insbesondere aus muslimischen Ländern – Intoleranz, Frauenfeindlichkeit, Homophobie und Antisemitismus vor. Gerade weil Europa die Toleranz hochhält, kann es nicht zu viele intolerante Menschen hereinlassen. Zwar kann eine tolerante Gesellschaft mit kleinen illiberalen Minderheiten fertig werden, doch wenn die Zahl solcher Extremisten eine bestimmte Schwelle überschreitet, verändert sich eine Gesellschaft von Grund auf. Wenn Europa zu viele Immigranten aus dem Nahen Osten aufnimmt, wird es am Ende aussehen wie der Nahe Osten.

Andere Immigrationsgegner gehen noch weiter. Sie verweisen darauf, dass eine nationale Gemeinschaft weitaus mehr ist als nur eine Ansammlung von Menschen, die sich gegenseitig tolerieren. Deshalb reicht es nicht, dass Zuwanderer sich an europäische Toleranzstandards halten. Sie müssen auch viele der spezifischen Merkmale britischer, deutscher oder schwedischer Kultur übernehmen, wie auch immer diese konkret aussehen. Wenn man sie ins Land lässt, nimmt die lokale Kultur ein enormes Risiko und enorme Kosten auf sich. Es gibt keinen Grund, dass sie sich auch noch selbst zerstören sollte. Sie offeriert letztendlich vollständige Gleichheit, kann also auch vollständige Assimilation verlangen. Wenn die Zuwanderer mit bestimmten Eigenheiten der britischen, deutschen oder schwedischen Kultur ein Problem haben, dann sollen sie bitte anderswohin gehen.

Im Kern geht es bei dieser Debatte um unterschiedliche Ansichten über die Intoleranz von Zuwanderern und die Identität Europas. Wenn Zuwanderer sich tatsächlich unverbesserlicher Intoleranz schuldig machen, werden viele liberale Europäer, die gegenwärtig Zuwanderung noch befürworten, früher oder später dazu übergehen, sich ihr erbittert zu widersetzen. Wenn sich umgekehrt die meisten Zuwanderer in ihrer Haltung zu Religion, Geschlecht und Politik als liberal und aufgeschlossen erweisen, wird dies den Zuwanderungsgegnern einige ihrer wichtigsten Argumente aus der Hand nehmen.

Offen bleibt dabei aber immer noch die Frage spezifischer nationaler Identitäten in Europa. Toleranz ist ein universeller Wert. Gibt es besondere französische Normen und Werte, die jeder, der nach Frankreich kommt, übernehmen sollte, und gibt es einzigartige dänische Normen und Werte, die Zuwanderer in Dänemark übernehmen müssen? Solange Europäer in dieser Frage unversöhnlich gespalten sind, können sie keine eindeutige Zuwanderungspolitik betreiben. Umgekehrt sollten 500 Millionen Europäer, sobald sie wissen, wer sie sind, keine Schwierigkeiten damit haben, ein paar Millionen Flüchtlinge aufzunehmen – oder sie abzuweisen.

Debatte 3: Die dritte Klausel des Zuwanderungsdeals besagt, dass das Gastland die Pflicht hat, Zuwanderer, die sich tatsächlich und aufrichtig um Integration bemühen – und insbesondere darum, den Wert der Toleranz zu übernehmen –, als Bürger erster Klasse zu behandeln. Aber wie viel Zeit muss genau vergehen, bevor die Zuwanderer vollwertige Mitglieder der Gesellschaft werden dürfen? Sollten sich Zuwanderer der ersten Generation aus Algerien beleidigt fühlen, wenn sie nach 20 Jahren im Land noch immer nicht als vollwertige Franzosen gelten? Und wie sieht es mit den Zuwanderern der dritten Generation aus, deren Großeltern in den 1970er Jahren nach Frankreich kamen?

Zuwanderungsbefürworter verlangen eine rasche Aufnahme, während Zuwanderungsgegner eine viel längere Probezeit fordern. Wenn Immigranten der dritten Generation nicht als gleichberechtigte Bürger betrachtet und behandelt werden, so bedeutet das aus Sicht der Zuwanderungsbefürworter, dass das Gastland seinen Verpflichtungen nicht nachkommt, und wenn das zu Spannungen, Feindseligkeit und sogar Gewalt führen sollte, so kann das Gastland dafür niemand anderen als seine eigene Bigotterie verantwortlich machen. Für Zuwanderungsgegner sind diese übersteigerten Erwartungen ein zentraler Teil des Problems. Zuwanderer sollten geduldig sein. Wenn deine Großeltern vor gerade einmal 40 Jahren hier ankamen und du nun auf den Straßen randalierst, weil du glaubst, du würdest nicht als Einheimischer behandelt werden, dann hast du die Prüfung nicht bestanden.

Im Kern geht es bei dieser Debatte um die Diskrepanz zwischen persönlichem und kollektivem Zeitmaßstab. Aus Sicht menschlicher Kollektive sind 40 Jahre eine kurze Zeit. Man kann kaum erwarten, dass eine Gesellschaft ausländische Gruppen binnen weniger Jahrzehnte vollständig integriert. In der Vergangenheit brauchten Zivilisationen, die Fremde aufnahmen und sie zu gleichberechtigten Bürgern machten – wie etwa das römische Kaiserreich, das muslimische Kalifat, die chinesischen Großreiche und die Vereinigten Staaten –, Jahrhunderte und nicht Jahrzehnte, um diese Veränderung zu erreichen.

Aus persönlicher Sicht jedoch können 40 Jahre eine Ewigkeit sein. Für eine junge Frau, die 20 Jahre, nachdem ihre Großeltern eingewandert sind, in Frankreich geboren wurde, ist die Reise von Algier nach Marseille eine alte Geschichte. Sie ist hier geboren, all ihre Freunde stammen von hier, sie spricht Französisch statt Arabisch, und sie war noch nie in Algerien. Frankreich ist die einzige Heimat, die sie kennt. Und nun sagen Leute zu ihr, das sei nicht ihre Heimat und sie solle dorthin zurückgehen, wo sie nie gelebt hat?

Das ist so, als würde man den Setzling eines Eukalyptusbaums aus Australien nehmen und ihn in Frankreich einpflanzen. Aus ökologischer Sicht sind Eukalyptusbäume eine invasive Art, und es wird Generationen dauern, ehe Botaniker sie als einheimische europäische Pflanzen neu klassifizieren. Doch aus Sicht des einzelnen Baumes ist er Franzose. Wenn man ihn nicht mit französischem Wasser gießt, wird er eingehen. Wenn man versucht, ihn mit Stumpf und Stiel auszureißen, wird man merken, dass er seine Wurzeln tief in französischen Boden geschlagen hat, nicht anders als die heimischen Eichen und Pinien.

Debatte 4: Über all diesen Meinungsverschiedenheiten mit Blick auf die genaue Definition des Zuwanderungsdeals steht die eigentliche Frage, ob der Deal überhaupt funktioniert. Kommen beide Seiten ihren Verpflichtungen nach?

Zuwanderungsgegner neigen zu der Ansicht, die Zuwanderer würden Klausel Nummer 2 nicht erfüllen. Sie würden sich nicht aufrichtig um Integration bemühen, zu viele würden weiterhin intoleranten und bigotten Weltbildern anhängen. Daher habe das Gastland keinerlei Grund, Bestimmung Nummer 3 zu erfüllen (sie als Bürger erster Klasse zu behandeln), und allen Grund, Bestimmung Nummer 1 zu überdenken (sie ins Land zu lassen). Wenn Menschen aus einem bestimmten Kulturkreis sich durchgängig als unwillig erweisen, dem Zuwanderungsdeal zu entsprechen, warum sollte man dann noch mehr von ihnen ins Land lassen und damit für noch größere Probleme sorgen?

Migrationsbefürworter erwidern darauf, es sei das Gastland, das seinen Teil der Abmachung nicht erfülle. Trotz der redlichen Integrationsbemühungen der überwiegenden Mehrheit der Zuwanderer machen die Gastgeber ihnen das Leben schwer; und schlimmer noch: diejenigen Zuwanderer, die sich erfolgreich integrieren, werden selbst in der zweiten und dritten Generation noch immer als Bürger zweiter Klasse behandelt. Natürlich ist es auch möglich, dass beide Seiten ihren Verpflichtungen nicht nachkommen und damit das Misstrauen und die Ressentiments der jeweils anderen Seite in einem immer schlimmer werdenden Teufelskreis befeuern.

Diese vierte Debatte lässt sich nicht beilegen, bevor nicht die genaue Definition der drei Klauseln geklärt ist. Solange wir nicht wissen, ob Aufnahme eine Pflicht oder eine Gefälligkeit ist, welches Maß an Integration wir von Zuwanderern verlangen und wie schnell Gastländer sie als gleichberechtigte Bürger behandeln sollten – so lange können wir nicht beurteilen, ob die beiden Seiten ihre Verpflichtungen erfüllen. Ein zusätzliches Problem betrifft die Bilanzierung. Bei der Bewertung des Zuwanderungsdeals messen beide Seiten Verstößen deutlich mehr Gewicht zu als der Einhaltung der Bestimmungen. Wenn eine Million Zuwanderer gesetzestreue Bürger sind, aber 100 sich Terrorgruppen anschließen und im Gastland Anschläge verüben, hält sich die Gesamtheit der Zuwanderer dann an die Bedingungen des Deals oder verstößt sie dagegen? Wenn ein Zuwanderer der dritten Generation tausend Mal durch die Straßen gegangen ist, ohne belästigt zu werden, aber einmal irgendein Rassist ihm böse Worte nachruft, heißt das dann, dass die einheimische Bevölkerung Migranten akzeptiert oder ablehnt?

Doch hinter all diesen Diskussionen lauert eine viel grundsätzlichere Frage, die unser Verständnis menschlicher Kultur betrifft. Gehen wir in die Zuwanderungsdebatte mit der Annahme, dass alle Kulturen grundsätzlich gleichwertig sind, oder glauben wir, dass manche Kulturen anderen durchaus überlegen sind? Wenn Deutsche über die Aufnahme von einer Million syrischen Flüchtlingen streiten, können sie dann mit irgendeinem Recht davon ausgehen, die deutsche Kultur sei in irgendeiner Weise besser als die syrische?

Vom Rassismus zum Kulturalismus

Vor hundert Jahren hielten es die Europäer für ganz selbstverständlich, dass einige Rassen – allen voran die weiße Rasse – von Natur aus anderen überlegen seien. Nach 1945 wurden solche Ansichten zunehmend geächtet. Rassismus galt nicht nur als moralisch verwerflich, sondern auch als wissenschaftlich diskreditiert. Biowissenschaftler und insbesondere Genetiker haben sehr überzeugende wissenschaftliche Beweise vorgelegt, wonach die biologischen Unterschiede zwischen Europäern, Afrikanern, Chinesen und amerikanischen Ureinwohnern vernachlässigbar sind.

Gleichzeitig jedoch haben Anthropologen, Soziologen, Historiker, Verhaltensökonomen und sogar Hirnforscher eine Unmenge an Daten gesammelt, die die Existenz deutlicher Unterschiede zwischen menschlichen Kulturen belegen. Wenn alle menschlichen Kulturen im Grunde gleich wären, warum bräuchten wir dann überhaupt Anthropologen und Historiker? Warum sollten wir Mittel dafür bereitstellen, triviale Unterschiede zu erforschen? Zumindest sollten wir dann damit aufhören, all diese teuren Feldforschungen im Südpazifik und in der Kalahariwüste zu finanzieren, und uns damit begnügen, Menschen in Oxford oder Boston wissenschaftlich unter die Lupe zu nehmen. Wenn kulturelle Unterschiede unbedeutend sind, dann sollte das, was wir über einen Harvard-Studenten herausfinden, für einen Jäger und Sammler aus der Kalahari genauso gelten.

Bei näherer Betrachtung räumen die meisten Menschen ein, dass zwischen menschlichen Kulturen zumindest einige gewichtige Unterschiede bestehen, von der Sexualmoral bis hin zu politischen Gewohnheiten. Wie aber sollten wir mit diesen Unterschieden umgehen? Kulturrelativisten behaupten, diese Unterschiede implizierten keinerlei Hierarchie und wir sollten niemals eine Kultur über eine andere stellen. Die Menschen mögen unterschiedlich denken und sich unterschiedlich verhalten, aber wir sollten diese Vielfalt begrüßen und allen Überzeugungen und Praktiken den gleichen Wert beimessen. Leider bestehen solche wohlmeinenden Haltungen den Wirklichkeitstest nicht. Menschliche Vielfalt mag wunderbar sein, wenn es ums Kochen und um Poesie geht, aber kaum jemand würde die Hexenverbrennung, den Kindsmord oder die Sklaverei als faszinierende menschliche Eigenheiten betrachten, die man vor dem Zugriff des globalen Kapitalismus und des Coca-Kolonialismus schützen sollte.

Oder denken wir daran, wie unterschiedliche Kulturen sich gegenüber Fremden, Zuwanderern und Flüchtlingen verhalten. Nicht alle Kulturen zeichnen sich durch das gleiche Maß an Akzeptanz aus. Die deutsche Kultur des frühen 21. Jahrhunderts ist gegenüber Fremden toleranter und gegenüber Zuwanderern offener als die saudische Kultur. Für einen Muslim ist es deutlich leichter, nach Deutschland zu gehen, als für einen Christen, nach Saudi-Arabien zu emigrieren. Tatsächlich ist es vermutlich sogar für einen muslimischen Flüchtling aus Syrien leichter, nach Deutschland als nach Saudi-Arabien zu gehen, und seit 2011 hat Deutschland deutlich mehr syrische Flüchtlinge aufgenommen als Saudi-Arabien.[1] Ähnlich legen gewichtige Indizien nahe, dass die Kultur Kaliforniens im frühen 21. Jahrhundert zuwanderungsfreundlicher ist als die Kultur Japans. Wenn Sie daher der Ansicht sind, Toleranz gegenüber Fremden und Offenheit gegenüber Zuwanderern seien etwas Gutes, sollten Sie dann nicht auch zumindest in dieser Hinsicht die Meinung vertreten, dass die deutsche Kultur der saudischen Kultur überlegen und dass die kalifornische Kultur besser als die japanische Kultur ist?

Selbst wenn zwei kulturelle Normen theoretisch gleichwertig sind, könnte es im praktischen Kontext der Zuwanderung gleichwohl gerechtfertigt sein, die Kultur des Gastlandes als besser zu betrachten. Normen und Werte, die in einem Land angemessen sind, funktionieren unter gänzlich anderen Umständen einfach nicht so gut. Schauen wir uns dafür ein konkretes Beispiel an. Stellen wir uns, um nicht gängigen Vorurteilen zum Opfer zu fallen, zwei fiktionale Länder vor: Kaltland und Warmland. Die beiden Länder weisen zahlreiche kulturelle Unterschiede auf, zu denen auch ihre Haltung gegenüber zwischenmenschlichen Beziehungen und zwischenmenschlichen Konflikten gehört. Kaltländer sind von Kindheit an so erzogen, dass sie, wenn sie in der Schule, bei der Arbeit oder sogar in der eigenen Familie mit jemandem in Konflikt geraten, diesen Konflikt am besten unterdrücken. Sie sollten vermeiden, laut zu schreien, wütend zu werden oder die andere Person zu attackieren – Wutausbrüche machen die Sache nur noch schlimmer. Es ist besser, sich mit den eigenen Gefühlen zu befassen, während man wartet, bis sich die Dinge ein wenig abgekühlt haben. Unterdessen sollte man den Kontakt mit der betreffenden Person so weit wie möglich einschränken, und wenn er sich nicht ganz vermeiden lässt, sollte man kurz angebunden, aber freundlich sein und heikle Themen nicht ansprechen.

Warmländer hingegen sind von Kindheit an darauf geeicht, Konflikte zu externalisieren. Wenn sich jemand in einem Konflikt befindet, soll er ihn auf keinen Fall vor sich hin köcheln lassen und nichts unterdrücken. Nutze die erstbeste Gelegenheit, um deine Emotionen offen kundzutun. Es ist in Ordnung, wenn du wütend wirst, wenn du schreist und wenn du dem anderen auf den Kopf zu sagst, wie du dich fühlst. Das ist die einzige

Möglichkeit, um Dinge auf ehrliche und direkte Weise gemeinsam zu bearbeiten. Ein Tag Herumbrüllen kann einen Konflikt lösen, der ansonsten jahrelang vor sich hin schwelt, und obwohl unmittelbare Konfrontation nie angenehm ist, werden sich alle Beteiligten danach deutlich besser fühlen.

Diese beiden Methoden haben jeweils ihre Vorzüge und ihre Nachteile, und es ist schwer zu entscheiden, ob die eine stets besser ist als die andere. Was aber könnte passieren, wenn ein Warmländer nach Kaltland auswandert und einen Job in einer kaltländischen Firma bekommt?

Jedes Mal, wenn es zu einem Konflikt mit einem Kollegen kommt, haut der Warmländer auf den Tisch und brüllt, so laut er kann, weil er davon ausgeht, dass er damit die Aufmerksamkeit auf das Problem lenkt und dafür sorgt, dass es rasch gelöst wird. Mehrere Jahre später wird ein höherer Posten frei. Zwar verfügt der Warmländer über alle dafür notwendigen Qualifikationen, doch der Chef befördert lieber einen kaltländischen Angestellten. Als er nach dem Grund gefragt wird, erklärt er: «Stimmt schon, der Warmländer hat viele Talente, aber eben auch ein ernsthaftes Problem mit zwischenmenschlichen Beziehungen. Er ist aufbrausend, sorgt ständig für unnötige Spannungen in seinem Umfeld und stört unsere Unternehmenskultur.» Das gleiche Schicksal ereilt andere warmländische Einwanderer in Kaltland. Die meisten von ihnen bleiben in untergeordneten Positionen oder finden überhaupt keinen Job, weil Personalchefs davon ausgehen, dass sie als Warmländer vermutlich heißblütige und problematische Angestellte sind. Da die Warmländer nie in höhere Positionen aufrücken, ist es schwer für sie, die Unternehmenskultur in Kaltland zu verändern.

So ziemlich das Gleiche passiert Kaltländern, die nach Warmland auswandern. Ein Kaltländer, der in einer warmländischen Firma zu arbeiten beginnt, steht rasch in dem Ruf, hochnäsig oder unnahbar zu sein und kaum Freunde zu haben. Die Leute glauben, er sei unaufrichtig oder es fehle ihm an den grundlegenden zwischenmenschlichen Fähigkeiten. Er rückt nie in höhere Positionen auf und bekommt deshalb nie die Möglichkeit, die Unternehmenskultur zu verändern. Warmländer kommen zu dem Schluss, dass die meisten Kaltländer unfreundlich oder schüchtern sind, und stellen sie lieber nicht ein, wenn ein Posten Kundenkontakt oder enge Zusammenarbeit mit anderen Beschäftigten erfordert.

Beide Fälle könnten einen rassistischen Beigeschmack haben. Doch in Wirklichkeit sind sie nicht rassistisch. Sie sind «kulturalistisch». Die Menschen kämpfen noch immer heldenhaft gegen den traditionellen Rassismus, ohne zu merken, dass sich die Front verschoben hat. Der traditionelle Rassismus schwindet, dafür ist die Welt heute voller «Kulturalisten».

Der traditionelle Rassismus wurzelte fest in biologischen Theorien. In den 1890er oder 1930er Jahren war man in Ländern wie Großbritannien, Australien und den USA weithin der Überzeugung, irgendein erblicher biologischer Wesenszug mache Afrikaner und Chinesen von Geburt an weniger intelligent, weniger geschäftstüchtig und weniger moralisch als Europäer. Das Problem lag in ihrem Blut. Solche Ansichten waren politisch respektabel und erhielten breite Rückendeckung durch die Wissenschaft. Heute hingegen hört man solche rassistischen Aussagen zwar noch immer häufig, aber sie haben jeden wissenschaftlichen Rückhalt verloren und sind politisch überwiegend nicht mehr respektabel – es sei denn, sie werden in kultureller Begrifflichkeit formuliert. Zu behaupten, Schwarze würden Verbrechen begehen, weil sie unterdurchschnittliche Gene besitzen, ist out; zu behaupten, sie würden Verbrechen begehen, weil sie aus dysfunktionalen Subkulturen stammen, ist in hohem Maße in.

In den USA beispielsweise unterstützen einige Parteien und Politiker ganz offen diskriminierende politische Maßnahmen und fallen durch abwertende Bemerkungen über Afroamerikaner, Latinos und Muslime auf – aber sie werden, wenn überhaupt, nur selten davon sprechen, dass mit deren DNA etwas nicht stimme. Das Problem ist angeblich ein kulturelles.

Als deshalb Präsident Trump Haiti, El Salvador und Teile Afrikas als «Dreckslochländer» bezeichnete, präsentierte er der Öffentlichkeit damit offensichtlich seine Ansicht über die Kultur dieser Orte und nicht über die genetische Ausstattung der dort lebenden Menschen.[2] Bei anderer Gelegenheit sagte Trump über mexikanische Einwanderer in die USA: «Wenn Mexiko seine Leute schickt, dann schickt es nicht die Besten. Sie schicken Leute, die jede Menge Probleme haben, und sie bringen diese Probleme mit. Sie bringen Drogen mit, sie bringen Kriminalität mit. Sie sind Vergewaltiger, und einige, so glaube ich, sind gute Leute.» Das ist eine ausgesprochen beleidigende Behauptung, aber sie ist eher soziologisch als biologisch beleidigend. Trump meint damit nicht, dass mexikanisches Blut ein Hindernis für das Gutsein ist – sondern nur, dass gute Mexikaner in der Regel südlich des Rio Grande bleiben.[3]

Der menschliche Körper – der Körper des Latinos, der afrikanische Körper, der chinesische Körper – steht noch immer im Mittelpunkt der Debatte. Hautfarbe spielt nach wie vor eine große Rolle. Wenn Sie mit reichlich Melaninen in Ihrer Haut durch New York laufen, so bedeutet das, dass die Polizei Sie stets besonders misstrauisch beäugen wird. Aber sowohl Präsident Trump als auch Präsident Obama werden die Bedeutung der Hautfarbe kulturell und historisch erklären. Die Polizei betrachtet Ihre Hautfarbe nicht aus irgendeinem biologischen Grund mit Misstrauen, sondern aufgrund der Geschichte. Das Obama-Lager wird vermutlich erklären, das polizeiliche Vorurteil sei ein unglückseliges Vermächtnis historischer Verbrechen wie der Sklaverei, während das Trump-Lager behaupten wird, schwarze Kriminalität sei ein unglückseliges Vermächtnis historischer Fehler, die weiße Liberale und schwarze Gemeinden begangen hätten. Wenn Sie allerdings in Wirklichkeit ein Tourist aus Neu-Delhi sind, der keine Ahnung von amerikanischer Geschichte hat, werden Sie trotzdem mit den Konsequenzen dieser Geschichte konfrontiert sein.

Die Verschiebung von der Biologie hin zur Kultur ist nicht einfach nur ein unbedeutender Wandel des Jargons. Es handelt sich vielmehr um eine grundlegende Verschiebung mit weitreichenden praktischen Konsequenzen, von denen einige gut, einige schlecht sind. Zunächst einmal ist Kultur veränderbarer als Biologie. Das bedeutet einerseits, dass heutige Kulturalisten möglicherweise toleranter sind als traditionelle Rassisten – wenn die «anderen» nur unsere Kultur übernehmen, werden wir sie als Unseresgleichen akzeptieren. Andererseits könnte es dazu führen, dass der Druck auf die «anderen», sich zu integrieren oder gar zu assimilieren, deutlich zunimmt und dass sie weitaus heftiger kritisiert werden, wenn sie das nicht tun.

Man kann einer dunkelhäutigen Person kaum vorwerfen, dass sie ihre Haut nicht weiß macht, aber man kann Afrikanern oder Muslimen vorwerfen (und tut das ja auch), sie würden die Normen und Werte der westlichen Kultur nicht übernehmen. Das soll nicht heißen, dass solche Vorwürfe zwangsläufig berechtigt sind. In vielen Fällen gibt es wenig Grund, die dominante Kultur zu übernehmen, und in vielen anderen Fällen ist es ein ganz und gar unmögliches Unterfangen. Afroamerikaner aus einem armen Slum, die aufrichtig bemüht sind, sich in die hegemoniale amerikanische Kultur einzufügen, dürften ziemlich schnell feststellen, dass sie durch institutionelle Diskriminierung daran gehindert werden – nur um später dann den Vorwurf zu hören, sie hätten sich nicht ausreichend bemüht, und deshalb sei niemand anderer als sie selbst für ihre Schwierigkeiten verantwortlich.

Ein zweiter entscheidender Unterschied, ob man über Biologie oder über Kultur redet, besteht darin, dass kulturalistische Argumente anders als die traditionelle rassistische Bigotterie gelegentlich durchaus sinnvoll sind, wie etwa im Falle von Warmland und Kaltland. Warmländer und Kaltländer haben tatsächlich unterschiedliche Kulturen, die sich durch unterschiedliche Formen zwischenmenschlicher Beziehungen auszeichnen. Da aber zwischenmenschliche Beziehungen für viele Jobs entscheidend sind, ist es dann unmoralisch, wenn eine warmländische Firma Kaltländer dafür bestraft, dass sie sich entsprechend ihrem kulturellen Erbe verhalten?

Anthropologen, Soziologen und Historiker fühlen sich in dieser Frage äußerst unbehaglich. Einerseits klingt das alles gefährlich nah am Rassismus. Andererseits verfügt der Kulturalismus über eine deutlich festere wissenschaftliche Grundlage als der Rassismus, und insbesondere Geistes- und Sozialwissenschaftler können nicht leugnen, dass es kulturelle Unterschiede gibt und dass diese eine nicht unwichtige Rolle spielen.

Wenn wir aber die Gültigkeit einiger kulturalistischer Behauptungen akzeptieren, so heißt das noch lange nicht, dass wir sie alle akzeptieren müssen. Zahlreiche kulturalistische Thesen leiden vor allem unter drei Schwächen. Erstens verwechseln Kulturalisten häufig eine lokale Überlegenheit mit einer objektiven Überlegenheit. So kann im Kontext von Warmland die warmländische Methode der Konfliktlösung der kaltländischen Methode durchaus überlegen sein – was bedeutet, dass eine warmländische Firma, die in Warmland tätig ist, allen Grund hat, introvertierte Beschäftigte zu diskriminieren (wovon überproportional Zuwanderer aus Kaltland betroffen sein werden). Das bedeutet aber nicht, dass die warmländische Methode objektiv überlegen ist. Die Warmländer könnten vielleicht das eine oder andere von den Kaltländern lernen, und wenn sich die Umstände ändern – beispielsweise wenn die warmländische Firma sich dazu entschließt, global tätig zu werden, und in vielen verschiedenen Ländern Standorte eröffnet –, könnte Vielfalt plötzlich zu einem Pluspunkt werden.

Zweitens können kulturalistische Behauptungen empirisch durchaus vernünftig klingen, sofern man Maßstab, Zeit und Ort eindeutig definiert. Allzu oft jedoch übernehmen Menschen sehr allgemeine kulturalistische Thesen, die wenig Sinn machen. Es ist also durchaus vernünftig zu behaupten, dass «die kaltländische Kultur gegenüber öffentlichen Wutausbrüchen weniger tolerant ist als die warmländische Kultur», aber weit weniger vernünftig ist es zu behaupten, «die muslimische Kultur ist sehr intolerant». Letztere Aussage ist schlicht viel zu vage. Was ist mit «intolerant» gemeint? Intolerant gegenüber wem oder was? Eine Kultur kann intolerant gegenüber religiösen Minderheiten und abweichenden politischen Ansichten sein, während sie gleichzeitig gegenüber fettleibigen Menschen oder Senioren sehr tolerant sein kann. Und was ist mit «muslimische Kultur» gemeint? Reden wir dabei über die arabische Halbinsel des 7. Jahrhunderts? Das Osmanische Reich des 16. Jahrhunderts? Pakistan zu Beginn des 21. Jahrhunderts? Und was ist schließlich die Messlatte? Wenn es um die Toleranz gegenüber religiösen Minderheiten geht und wir das Osmanische Reich des 16. Jahrhunderts mit Westeuropa im 16. Jahrhundert vergleichen, würden wir zu dem Schluss kommen, dass die muslimische Kultur äußerst tolerant ist. Vergleichen wir hingegen Afghanistan unter den Taliban mit dem heutigen Dänemark, wäre unsere Schlussfolgerung eine völlig andere.

Am problematischsten an kulturalistischen Behauptungen aber ist, dass sie trotz ihres statistischen Charakters allzu oft benutzt werden, um einzelne Menschen vorzuverurteilen. Wenn sich ein gebürtiger Warmländer und ein zugewanderter Kaltländer um denselben Posten in einer warmländischen Firma bewerben, stellt der Personalchef vielleicht lieber den Warmländer ein, weil «Kaltländer frostig und ungesellig sind». Selbst wenn das statistisch zutrifft, könnte es dann aber nicht sein, dass dieser spezifische Kaltländer in Wirklichkeit deutlich warmherziger und extrovertierter ist als dieser spezifische Warmländer? Zwar ist Kultur wichtig, aber Menschen sind auch durch ihre Gene und ihre jeweilige persönliche Geschichte geprägt. Individuen widersprechen oft statistischen Stereotypen. Insofern ist es für eine Firma vielleicht sinnvoll, unterkühlten Beschäftigten kontaktfreudige Angestellte vorzuziehen, aber es macht keinen Sinn, Warmländer gegenüber Kaltländern zu bevorzugen.

All das jedoch modifiziert lediglich bestimmte kulturalistische Thesen, ohne den Kulturalismus insgesamt zu diskreditieren. Anders als der Rassismus, der nichts weiter als unwissenschaftliches Vorurteil ist, können kulturalistische Argumente mitunter durchaus vernünftig sein. Wenn wir uns Statistiken anschauen und entdecken, dass warmländische Firmen kaum Kaltländer in gehobenen Positionen haben, kann das eine Folge nicht rassistischer Diskriminierung, sondern guten Urteilsvermögens sein. Sollten sich Zuwanderer aus Kaltland angesichts dieser Situation zurückgewiesen fühlen und behaupten, Warmland verstoße gegen den Zuwanderungsdeal? Sollten wir warmländische Firmen zwingen, mittels gesetzlicher Quoten mehr Kaltländer auf Managementebene einzustellen, in der Hoffnung, so die hitzige Unternehmenskultur Warmlands etwas abzukühlen? Oder liegt der Fehler vielleicht bei den Zuwanderern aus Kaltland, die sich nicht in die lokale Kultur integrieren, und sollten wir uns deshalb stärker und mit mehr Nachdruck darum bemühen, kaltländischen Kindern warmländische Normen und Werte einzuimpfen?

Kehren wir aus dem Bereich der Fiktion in den Bereich der Fakten zurück, so erkennen wir, dass die europäische Debatte um Zuwanderung alles andere als eine eindeutige Auseinandersetzung zwischen Gut und Böse ist. Es wäre falsch, alle Zuwanderungsgegner pauschal als «Nazis« zu verunglimpfen, so wie es falsch wäre, allen Zuwanderungsbefürwortern vorzuwerfen, sie würden «kulturellen Selbstmord» begehen. Deshalb sollte die Zuwanderungsdebatte nicht als kompromissloser Kampf um irgendeinen nicht verhandelbaren moralischen Imperativ geführt werden. Es handelt sich vielmehr um eine Diskussion zwischen zwei legitimen politischen Positionen, die durch gängige demokratische Verfahren entschieden werden sollte.

Gegenwärtig ist alles andere als klar, ob Europa einen Mittelweg findet, der es in die Lage versetzen würde, seine Tore für Fremde offenzuhalten, ohne durch Menschen destabilisiert zu werden, die seine Werte nicht teilen. Wenn es Europa gelingt, einen solchen Weg zu finden, ließe sich seine Formel vielleicht auch auf globaler Ebene anwenden. Wenn das europäische Projekt aber scheitert, wäre das ein Hinweis darauf, dass der Glaube an die liberalen Werte der Freiheit und der Toleranz nicht ausreicht, um die kulturellen Konflikte auf dieser Welt zu lösen und die Menschheit angesichts von Atomkrieg, ökologischem Kollaps und technologischer Disruption zu einen. Wenn sich Griechen und Deutsche nicht auf eine gemeinsame Bestimmung verständigen können und wenn 500 Millionen wohlhabende Europäer nicht ein paar Millionen arme Flüchtlinge aufnehmen können, welche Chancen haben die Menschen dann, die weitaus tiefer reichenden Konflikte zu überwinden, die unsere globale Zivilisation plagen?

Was Europa und der Welt insgesamt dabei helfen könnte, Zuwanderer besser zu integrieren und Grenzen wie Köpfe offenzuhalten, wäre weniger Hysterie im Hinblick auf den Terrorismus. Es wäre äußerst unglückselig, würde das europäische Experiment in Sachen Freiheit und Toleranz durch eine übertriebene Angst vor Terroristen zunichte gemacht. Damit hätten nicht nur die Terroristen ihre Ziele erreicht, es würde auch einer Handvoll Fanatiker viel zu viel Mitspracherecht einräumen, wenn es um die Zukunft der Menschheit geht. Terrorismus ist die Waffe eines randständigen und schwachen Teils der Menschheit. Wie konnte es passieren, dass er die Weltpolitik beherrscht?

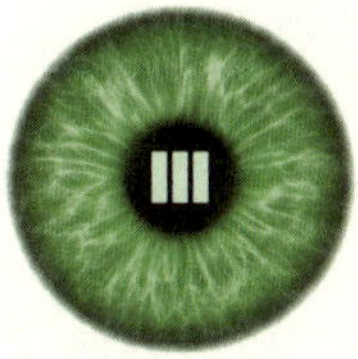

Verzweiflung und Hoffnung

Obwohl wir vor beispiellosen Herausforderungen stehen und die Meinungsunterschiede enorm sind, kann die Menschheit diese Situation meistern, wenn wir unsere Ängste unter Kontrolle halten und bei unseren Ansichten über die Welt etwas mehr Demut an den Tag legen.

10

Terrorismus

Keine Panik

Terroristen sind Meister der Gedankenkontrolle. Sie töten nur sehr wenige Menschen, schaffen es aber gleichwohl, Milliarden in Angst und Schrecken zu versetzen und riesige politische Gebilde wie die Europäische Union oder die Vereinigten Staaten zu erschüttern. Seit dem 11. September 2001 haben Terroristen in der Europäischen Union jedes Jahr rund 50 Menschen getötet, in den USA etwa zehn, in China etwa sieben und weltweit bis zu 25 000 Menschen (überwiegend im Irak, in Afghanistan, Pakistan, Nigeria und Syrien).[1] Bei Verkehrsunfällen hingegen sterben jedes Jahr rund 80 000 Europäer, 40 000 Amerikaner, 270 000 Chinesen und 1,25 Millionen Menschen insgesamt.[2] Diabetes und übermäßiger Zuckerkonsum töten bis zu 3,5 Millionen Menschen jährlich, während die Luftverschmutzung rund 7 Millionen Menschen das Leben kostet.[3] Warum also haben wir vor dem Terrorismus mehr Angst als vor dem Zucker und warum werden Regierungen aufgrund sporadischer Terroranschläge und nicht aufgrund chronischer Luftverschmutzung abgewählt?

Wörtlich genommen ist Terror eine Militärstrategie, die die politische Situation zu verändern hofft, indem sie Angst und Schrecken verbreitet, und weniger, indem sie materiellen Schaden verursacht. Dieser Strategie bedienen sich fast immer sehr schwache Parteien, die ihren Gegnern keinen großen materiellen Schaden zufügen können. Natürlich verbreitet jede Militäraktion Angst. Aber in einem konventionellen Krieg ist Angst lediglich ein Nebenprodukt der materiellen Verluste und hängt für gewöhnlich mit dem Ausmaß an Gewalt zusammen, durch das die Verluste bewirkt werden. Beim Terrorismus hingegen geht es in erster Linie um Angst, und es besteht ein erstaunliches Missverhältnis zwischen der tatsächlichen Stärke der Terroristen und der Angst, die sie verbreiten können.

Es ist nicht immer leicht, die politische Situation mittels Gewalt zu verändern. Am ersten Tag der Schlacht an der Somme, dem 1. Juli 1916, wurden 19 000 britische Soldaten getötet und weitere 40 000 verwundet. Als die Schlacht im November zu Ende war, hatten beide Seiten Verluste von mehr als einer Million Mann zu beklagen, darunter 300 000 Tote.[4] Doch dieses fürchterliche Gemetzel änderte so gut wie nichts am politischen Mächtegleichgewicht in Europa. Es dauerte noch einmal zwei Jahre und bedurfte Millionen weiterer Opfer, bis sich schließlich etwas tat.

Im Vergleich zur Offensive an der Somme ist der Terrorismus eine mickrige Angelegenheit. Bei den Terroranschlägen in Paris im November 2015 wurden 130 Menschen getötet, die Bombenanschläge in Brüssel im März 2016 forderten 32 Todesopfer, und der Anschlag in der Arena von Manchester im Mai 2017 kostete 22 Menschen das Leben. 2002, auf dem Höhepunkt der palästinensischen Terrorkampagne gegen Israel, als fast täglich Busse und Restaurants in die Luft gesprengt wurden, lag der jährliche Blutzoll bei 451 toten Israelis.[5] Im gleichen Jahr kamen 542 Israelis bei Autounfällen ums Leben.[6] Manche Terrorangriffe, etwa das Bombenattentat auf Flug PanAm 103 über Lockerbie 1988, töteten ein paar hundert Menschen.[7] Einen neuen traurigen «Rekord» stellten die Anschläge vom 11. September 2001 auf, als fast 3000 Menschen ums Leben kamen.[8] Doch selbst das wird vom Preis, den ein konventioneller Krieg fordert, weit in den Schatten gestellt. Zählt man alle Menschen zusammen, die seit 1945 in Europa durch Terroranschläge ums Leben kamen und verletzt wurden –

darunter die Opfer nationalistischer, religiöser, linker und rechter Gruppierungen gleichermaßen –, dürfte die Gesamtsumme weit unter der Zahl der Toten liegen, die jede noch so unbekannte Schlacht des Ersten Weltkriegs forderte, etwa die dritte Schlacht an der Aisne (250 000 Opfer) oder die zehnte Isonzo-Schlacht (225 000 Opfer).[9]

Inwiefern können also Terroristen darauf hoffen, viel zu erreichen? Nach einem Terroranschlag verfügt der Gegner noch immer über die gleiche Zahl an Soldaten, Panzern und Schiffen wie zuvor. Das Kommunikations-, Straßen- und Eisenbahnnetz des Feindes ist weitgehend intakt. Seine Fabriken, Häfen und Luftbasen sind kaum in Mitleidenschaft gezogen. Obwohl die Terroristen also die materielle Macht des Gegners so gut wie gar nicht schmälern können, hoffen sie doch darauf, dass Angst und Verwirrung den Gegner dazu bringen, seine intakt gebliebene Stärke zu missbrauchen und überzureagieren. Die Rechnung der Terroristen lautet: Wenn der wütende Feind seine massive Macht gegen sie einsetzt, wird er einen viel gewalttätigeren militärischen und politischen Sturm erzeugen, als das die Terroristen selbst jemals könnten. Während jedes Sturms geschehen viele unvorhergesehene Dinge. Es kommt zu Fehlern, Gräueltaten werden begangen, die öffentliche Meinung schwankt, Neutrale ändern ihre Haltung, und das Machtgleichgewicht verschiebt sich.

Insofern ähneln Terroristen einer Fliege, die einen Porzellanladen zu zerstören sucht. Die Fliege ist so schwach, dass sie nicht einmal eine einzige Teetasse ins Wanken bringen kann. Wie also zertrümmert eine Fliege einen Porzellanladen? Sie sucht sich einen Stier, setzt sich in sein Ohr und beginnt zu summen. Der Stier wird vor lauter Angst und Wut ganz rasend und zerlegt den Porzellanladen. Genau das geschah nach dem 11. September 2001, als islamische Fundamentalisten den amerikanischen Stier dazu reizten, den nahöstlichen Porzellanladen zu zertrampeln. In dessen Trümmern gedeihen die Islamisten jetzt ganz prächtig. Und an leicht reizbaren Stieren mangelt es nicht auf dieser Welt.

Die Karten neu mischen

Terrorismus ist eine sehr unattraktive militärische Strategie, weil er alle wichtigen Entscheidungen in den Händen des Gegners belässt. Da Letzterem alle Optionen, die er vor einem Terroranschlag hatte, auch danach zur Verfügung stehen, hat er alle Freiheit, sich eine Option auszusuchen. Armeen versuchen eine solche Situation normalerweise um jeden Preis zu verhindern. Wenn sie angreifen, dann wollen sie kein furchteinflößendes Spektakel inszenieren, das den Feind in Rage versetzen und zu einem Gegenschlag provozieren würde. Vielmehr wollen sie ihm beträchtlichen materiellen Schaden zufügen und seine Fähigkeit zur Vergeltung verringern. Insbesondere versuchen sie seine gefährlichsten Waffen und Optionen auszuschalten. Genau das tat beispielsweise Japan im Dezember 1941, als es die USA überraschend angriff und die amerikanische Pazifikflotte bei Pearl Harbor versenkte. Das war kein Terrorismus. Es war Krieg. Die Japaner konnten nicht sicher sein, wie die Amerikaner auf diesen Angriff reagieren würden, sie wussten nur eines: Ganz gleich, wofür die Amerikaner sich auch entschieden, sie würden nicht in der Lage sein, 1942 eine Flotte in Richtung Philippinen oder Hongkong zu schicken. Den Gegner zum Handeln zu provozieren, ohne irgendeine seiner Waffen oder Optionen auszuschalten, ist ein Akt der Verzweiflung, der nur unternommen wird, wenn es keine andere Option gibt. Wann immer es möglich ist, schweren materiellen Schaden zuzufügen, lässt sich niemand diese Gelegenheit zugunsten von bloßem Terrorismus entgehen. Hätten die Japaner im Dezember 1941 ein ziviles Passagierschiff torpediert, um die USA zu provozieren, gleichzeitig aber die Pazifikflotte in Pearl Harbor intakt gelassen, wäre das der blanke Wahnsinn gewesen.

Aber die Terroristen haben wenig Wahlmöglichkeiten. Sie sind so schwach, dass sie keinen Krieg vom Zaun brechen können. Und so entscheiden sie sich für die theatralische Inszenierung, um den Gegner zu provozieren und zu einer Überreaktion zu veranlassen. Terroristen veranstalten ein fürchterliches Gewaltspektakel, das unsere Vorstellungskraft besetzt und sie gegen uns wendet. Indem Terroristen eine Handvoll Menschen umbringen, sorgen sie dafür, dass Millionen um ihr Leben fürchten. Um diese Ängste zu besänftigen, reagieren Regierungen auf dieses Theater des Terrors mit einer Sicherheitsshow, bei der ein ungeheures Gewaltarsenal aufgefahren wird, bis hin zur Verfolgung ganzer Bevölkerungsgruppen oder dem Einmarsch in fremde Länder. In den meisten Fällen bedroht diese Überreaktion unsere Sicherheit deutlich stärker als die Terroristen selber.

Deshalb denken Terroristen nicht wie Armeegeneräle. Sie denken eher wie Theaterregisseure. Die öffentliche Erinnerung an die Anschläge vom 11. September 2001 zeigt, dass jeder das intuitiv versteht. Fragt man Menschen, was an 9/11 geschah, so sagen sie wahrscheinlich, dass al-Qaida die Zwillingstürme des World Trade Center zum Einsturz brachte. Doch der Anschlag betraf nicht nur die Türme, sondern umfasste auch zwei andere Aktionen, insbesondere einen erfolgreichen Angriff auf das Pentagon. Wie kommt es, dass sich kaum jemand daran erinnert?

Wäre die Operation vom 11. September ein konventioneller militärischer Angriff gewesen, hätte die Attacke auf das Pentagon die meiste Beachtung finden müssen, denn dabei gelang es al-Qaida, Teile des zentralen Hauptquartiers des Gegners zu zerstören sowie hochrangige Befehlshaber und Analysten zu töten oder zu verwunden. Warum misst die kollektive Erinnerung der Zerstörung der beiden zivilen Gebäude und der Ermordung von Aktienhändlern, Buchhaltern und Büroangestellten so viel mehr Bedeutung bei?

Das hat damit zu tun, dass es sich beim Pentagon um ein relativ flaches und unspektakuläres Gebäude handelt, während das World Trade Center ein hoch aufragendes phallisches Totem darstellte, dessen Einsturz einen ungeheuren audiovisuellen Effekt erzeugte. Niemand, der die Bilder von den brennenden und in sich zusammenfallenden Türmen sah, wird sie je vergessen. Weil wir instinktiv begreifen, dass Terror Theater ist, beurteilen wir ihn nach seiner emotionalen und nicht nach seiner materiellen Wirkung.

Wie die Terroristen sollten auch diejenigen, die den Terror bekämpfen, eher wie Theaterregisseure und weniger wie Generäle denken. Wenn wir Terror wirksam bekämpfen wollen, müssen wir zuallererst begreifen, dass nichts von dem, was Terroristen tun, uns besiegen kann. Wir können uns nur selbst besiegen, wenn wir angesichts der terroristischen Provokationen falsch reagieren.

Terroristen befinden sich auf unmöglicher Mission: Sie wollen das politische Kräftegleichgewicht mittels Gewalt verändern, obwohl sie über keine Armee verfügen. Um ihr Ziel zu erreichen, stellen sie den Staat vor eine nicht zu bewältigende Herausforderung: Er soll beweisen, dass er all seine Bürger überall und zu jeder Zeit vor politischer Gewalt schützen kann. Die Terroristen hoffen, dass der Staat die politischen Karten neu mischt, wenn er versucht, dieser unmöglichen Aufgabe gerecht zu werden, und ihnen ein unvorhergesehenes Ass in die Hände spielt.

Wenn sich der Staat dieser Herausforderung gewachsen zeigt, dann gelingt es ihm in der Regel, die Terroristen zu vernichten. In den letzten Jahrzehnten wurden Hunderte Terrororganisationen durch verschiedene Staaten beseitigt. Zwischen 2002 und 2004 bewies Israel, dass selbst die heftigsten Terrorkampagnen sich mittels brutaler Gewalt unterdrücken lassen.[10] Terroristen wissen nur zu gut, dass ihre Chancen in so einer Konfrontation gering sind. Aber weil sie sehr schwach sind und über keine andere militärische Option verfügen, haben sie nichts zu verlieren und viel zu gewinnen. Hin und wieder nützt der politische Sturm, der durch die Terrorbekämpfung erzeugt wird, den Terroristen, weshalb das Wagnis für sie durchaus sinnvoll ist. Ein Terrorist ist wie ein Zocker, der ein besonders schlechtes Blatt in der Hand hat und seine Gegner davon zu überzeugen versucht, die Karten neu zu mischen. Er hat nichts zu verlieren und kann alles gewinnen.

Eine kleine Münze in einem großen leeren Topf

Warum sollte sich der Staat darauf einlassen, die Karten neu zu mischen? Da der durch Terror verursachte materielle Schaden zu vernachlässigen ist, könnte er theoretisch gar nicht darauf reagieren oder starke, aber diskrete Maßnahmen jenseits der Kameras und Mikrofone ergreifen. Tatsächlich tun Staaten oft genau das. Dann und wann aber verlieren sie die Beherrschung und reagieren viel zu heftig und offen sichtbar und spielen damit den Terroristen in die Hände. Warum reagieren Staaten so empfindlich auf terroristische Provokationen?

Sie tun sich deshalb schwer, diesen Provokationen zu widerstehen, weil die Legitimität des modernen Staates auf seinem Versprechen beruht, die öffentliche Sphäre von politischer Gewalt freizuhalten. Ein Regime kann fürchterlichen Katastrophen widerstehen und sie sogar ignorieren, wenn seine Legitimität nicht darauf beruht, diese zu verhindern. Andererseits kann ein Regime wegen eines deutlich geringfügigeren Problems kollabieren, wenn dieses seine Legitimität untergräbt. Im 14. Jahrhundert tötete die Pestepidemie zwischen einem Viertel und der Hälfte der europäischen Bevölkerung, doch kein König verlor deswegen seinen Thron und kein Regent unternahm größere Anstrengungen, die Seuche zu bekämpfen. Damals war kein Mensch der Ansicht, die Verhinderung von Epidemien sei Aufgabe eines Königs. Andererseits liefen Herrscher, die zuließen, dass sich Glaubenshäretiker auf ihrem Territorium breitmachten, Gefahr, ihre Krone und sogar ihr Haupt zu verlieren.

Heute kann eine Regierung auf häusliche und sexuelle Gewalt weicher reagieren als auf Terror, denn Vergewaltigung oder sexueller Missbrauch untergraben die Legitimität der Regierung nicht, trotz der Wirkung von Bewegungen wie #MeToo. In Frankreich beispielsweise werden jedes Jahr mehr als 10 000 Vergewaltigungsfälle angezeigt, die Dunkelziffer liegt vermutlich noch deutlich höher.[11] Doch Vergewaltiger und übergriffige Ehemänner gelten nicht als existenzielle Bedrohung des französischen Staates, weil dieser nicht auf dem Versprechen gründet, sexuelle Gewalt zu eliminieren. Die deutlich selteneren Fälle von Terrorismus hingegen gelten als tödliche Gefahr für die Französische Republik, denn in den letzten Jahrhunderten gründeten moderne westliche Staaten ihre Legitimität zunehmend auf dem expliziten Versprechen, keine politische Gewalt innerhalb ihrer Grenzen zu dulden.

Im Mittelalter war der öffentliche Bereich voller politischer Gewalt. Tatsächlich war die Fähigkeit, Gewalt anzuwenden, das Eintrittsticket für das politische Spiel, und wem sie fehlte, der hatte keine politische Stimme. Zahlreiche Adelsfamilien unterhielten eigene bewaffnete Truppen, ebenso Städte, Zünfte, Kirchen und Klöster. Wenn ein vormaliger Abt starb und ein Streit um seine Nachfolge ausbrach, setzten die rivalisierenden Parteien – zu denen Mönche, lokale Herrscher und besorgte Nachbarn gehörten – oftmals auf Waffengewalt, um die Frage zu entscheiden.

In einer solchen Welt war kein Platz für Terrorismus. Wer nicht stark genug war, um beträchtlichen materiellen Schaden anzurichten, fiel nicht ins Gewicht. Hätten 1150 ein paar muslimische Fanatiker eine Handvoll Zivilisten in Jerusalem ermordet und verlangt, die Kreuzfahrer sollten das Heilige Land verlassen, hätte man darauf vermutlich eher mit Spott als mit Gewalt reagiert. Wer ernst genommen werden wollte, musste mindestens über ein oder zwei Festungsanlagen gebieten. Terrorismus beschäftigte unsere mittelalterlichen Vorfahren nicht, weil sie es mit viel größeren Problemen zu tun hatten.

Im Laufe der Neuzeit verringerten zentralisierte Staaten allmählich das Ausmaß politischer Gewalt auf ihrem Territorium, und in den letzten Jahrzehnten gelang es westlichen Ländern, sie fast gänzlich aus der Welt zu schaffen. Die Bürger Frankreichs, Großbritanniens oder der USA können um die Kontrolle über Städte, Unternehmen, Organisationen und sogar die Regierung selbst kämpfen, ohne dafür Waffengewalt zu benötigen. Das Kommando über Billionen Dollar, Millionen Soldaten und Tausende Schiffe, Flugzeuge und Atomraketen geht von einer Politikergruppe auf eine andere über, ohne dass ein einziger Schuss fällt. Die Menschen haben sich rasch daran gewöhnt und betrachten diese Situation als ihr natürliches Recht. Infolgedessen gelten selbst sporadische Akte politischer Gewalt, bei denen ein paar Dutzend Menschen ums Leben kommen, als tödliche Bedrohung für die Legitimität und sogar das Überleben des Staates. Eine kleine Münze in einem großen leeren Topf erzeugt jede Menge Lärm.

Genau das macht das Theater des Terrorismus so erfolgreich. Der Staat hat einen riesigen Raum frei von politischer Gewalt geschaffen, und dieser leere Raum fungiert nun als Resonanzkörper, der die Wirkung jedes bewaffneten Angriffs, mag er auch noch so geringfügig sein, enorm verstärkt. Je weniger politische Gewalt in einem bestimmten Staat herrscht, desto größer ist der öffentliche Schock angesichts eines Terrorakts. Die Ermordung von ein paar Menschen in Belgien erfährt deutlich mehr Beachtung als die Ermordung Hunderter in Nigeria oder im Irak. Es ist also paradoxerweise so, dass gerade der Erfolg moderner Staaten bei der Verhinderung politischer Gewalt sie für Terrorismus besonders anfällig macht.

Der Staat hat viele Male betont, dass er innerhalb seiner Grenzen keinerlei politische Gewalt dulden wird. Die Bürger ihrerseits haben sich an null politische Gewalt gewöhnt. Deshalb weckt der Terror tiefsitzende Ängste vor Chaos und Anarchie, und die Leute haben das Gefühl, als stünde die Gesellschaftsordnung kurz vor dem Zusammenbruch. Nach Jahrhunderten blutiger Auseinandersetzungen sind wir aus dem schwarzen Loch der Gewalt herausgekrochen, aber wir spüren, dass es noch immer da ist und geduldig darauf wartet, uns erneut zu verschlingen. Ein paar Gräueltaten – und wir glauben, wieder in dieses Loch zurückzufallen.

Um diesen Ängsten zu begegnen, fühlt sich der Staat genötigt, auf das Theater des Terrors mit seinem eigenen Theater der Sicherheit zu reagieren. Die effizienteste Antwort auf Terroristen dürften gute Geheimdienstarbeit und verdecktes Vorgehen gegen die finanziellen Netzwerke sein, von denen sie sich nähren. Aber das ist nichts, was die Bürger im Fernsehen sehen können. Die Bürger haben das Drama des einstürzenden World Trade Center erlebt. Und so fühlt sich der Staat gezwungen, ein gleichermaßen spektakuläres Drama mit noch mehr Feuer und Rauch zu inszenieren. Statt also ruhig und effizient zu agieren, entfacht er einen mächtigen Sturm, der nicht selten die kühnsten Träume der Terroristen in Erfüllung gehen lässt.

Wie also sollte der Staat mit Terror umgehen? Eine erfolgreiche Terrorbekämpfung sollte an drei Fronten erfolgen. Erstens sollten sich Regierungen auf verdeckte Aktionen gegen die Terrornetzwerke konzentrieren. Zweitens sollten die Medien die Dinge nüchtern betrachten und jede Hysterie vermeiden. Ohne Publizität kann das Theater des Terrors keinen Erfolg haben. Leider liefern die Medien diese Publizität allzu oft frei Haus. Fast schon obsessiv berichten sie über Terroranschläge und blähen deren Gefahr enorm auf, weil sich Berichte über Terror nun einmal deutlich besser verkaufen als Berichte über Diabetes oder Luftverschmutzung.

Die dritte Front ist die Vorstellungskraft eines jeden von uns. Terroristen besetzen unsere Fantasie und wenden sie gegen uns. Immer wieder proben wir den Terroranschlag auf der Bühne unseres Geistes – indem wir uns an den 11. September oder die jüngsten Selbstmordattentate erinnern. Die Terroristen haben 100 Menschen ermordet – und dafür gesorgt, dass 100 Millionen glauben, hinter jedem Baum lauere ein Mörder. Es liegt in der Verantwortung jedes Bürgers und jeder Bürgerin, seine oder ihre Vorstellungswelt von den Terroristen zu befreien und sich die wahren Dimensionen dieser Bedrohung bewusst zu machen. Es ist unser eigener innerer Terror, der die Medien zu obsessiver Berichterstattung über Terrorismus und die Regierung zu Überreaktionen veranlasst.

Ob der Terror Erfolg hat oder scheitert, hängt somit ganz von uns ab. Wenn wir zulassen, dass Terroristen unsere Vorstellungskraft kapern, und dann auf unsere eigenen Ängste überreagieren – dann wird der Terror Erfolg haben. Wenn wir dagegen unsere Fantasie von den Terroristen befreien und mit kühlem Kopf reagieren – dann wird er scheitern.

Der Terror wird atomar

Die vorangegangene Analyse gilt für einen Terrorismus, wie wir ihn in den letzten beiden Jahrhunderten kennengelernt haben und wie er sich gegenwärtig auf den Straßen von New York, London, Paris und Tel Aviv manifestiert. Wenn Terroristen jedoch in den Besitz von Massenvernichtungswaffen gelangen, wird sich nicht nur der Charakter des Terrors, sondern auch der des Staates und der Weltpolitik dramatisch verändern. Wenn winzige Organisationen, die lediglich eine Handvoll Fanatiker repräsentieren, ganze Städte zerstören und Millionen töten könnten, wird es keine öffentliche Sphäre frei von politischer Gewalt mehr geben.

Während also der heutige Terror überwiegend Theater ist, würde ein künftiger nuklearer Terror, Cyberterror oder Bioterror eine deutlich ernsthaftere Bedrohung darstellen und weitaus drastischere staatliche Reaktionen erfordern. Gerade deshalb sollten wir sehr darauf achten, solche hypothetischen Zukunftsszenarien von den tatsächlichen Terroranschlägen, wie wir sie bislang erlebt haben, zu unterscheiden. Die Befürchtung, Terroristen könnten eines Tages eine Atombombe in die Hände bekommen und New York oder London zerstören, rechtfertigt keine hysterische

Überreaktion auf einen Terroristen, der ein Dutzend Unbeteiligte mit einem Schnellfeuergewehr oder einem Lkw tötet. Staaten sollten sogar noch stärker darauf achten, nicht sämtliche Dissidentengruppen zu verfolgen, weil diese eines Tages versuchen könnten, in den Besitz von Atomwaffen zu gelangen, oder weil sie unsere selbstfahrenden Autos hacken und in eine Flotte von Killerrobotern verwandeln könnten.

Natürlich müssen Regierungen radikale Gruppen überwachen und verhindern, dass diese in den Besitz von Massenvernichtungswaffen gelangen, aber sie müssen die Angst vor einem atomaren Terrorismus gegen andere Bedrohungsszenarien abwägen. In den letzten beiden Jahrzehnten verschwendeten die Vereinigten Staaten Billionen Dollar und jede Menge politisches Kapital auf ihren Krieg gegen den Terror. George W. Bush, Tony Blair, Barack Obama und ihre Regierungen können mit einiger Berechtigung darauf verweisen, mit ihrer Jagd auf Terroristen hätten sie diese gezwungen, mehr ans eigene Überleben als an die Beschaffung von Atombomben zu denken. Sie hätten damit die Welt vor einem atomaren 9/11 bewahrt. Da es sich dabei um eine kontrafaktische Behauptung handelt – «Hätten wir den Krieg gegen den Terror nicht begonnen, hätte sich al-Qaida Atomwaffen besorgt» –, lässt sich nur schwer beurteilen, ob sie stimmt oder nicht.

Wir können allerdings mit Sicherheit sagen, dass die Amerikaner und ihre Verbündeten mit ihrem Krieg gegen den Terror nicht nur weltweit für ungeheure Zerstörung sorgten, sondern auch das verursachten, was Ökonomen als «Opportunitätskosten» bezeichnen. Das Geld, die Zeit und das politische Kapital, die in die Bekämpfung des Terrors investiert wurden, flossen eben nicht in die Bekämpfung des Klimawandels, von Aids und Armut; es war kein Geld da, um Afrika südlich der Sahara Frieden und Wohlstand zu bringen oder für bessere Beziehungen mit Russland und China zu sorgen. Wenn New York oder London irgendwann einmal in den steigenden Fluten des Atlantiks versinken oder wenn die Spannungen mit Russland zu einem offenen Krieg führen, könnten die Menschen Bush, Blair und Obama durchaus vorwerfen, sich auf die falsche Front konzentriert zu haben.

Es ist schwer, in Echtzeit Prioritäten zu setzen, während es nur allzu leicht ist, rückblickend die Prioritätensetzung zu kritisieren. Wir werfen Politikern vor, sie hätten Katastrophen, die sich ereigneten, nicht verhindert, sind uns aber der Katastrophen, zu denen es nie kam, zum Glück nicht bewusst. Und so blicken die Menschen auf die Regierung Clinton in den 1990er Jahren zurück und werfen ihr vor, die Bedrohung durch al-Qaida vernachlässigt zu haben. Doch in den 1990er Jahren konnte sich kaum jemand vorstellen, dass islamische Terroristen einen globalen Konflikt auslösen würden, indem sie Passagierflugzeuge in New Yorker Wolkenkratzer steuern. Hingegen hatten viele Angst, Russland könnte völlig zusammenbrechen und die Kontrolle nicht nur über sein riesiges Territorium, sondern auch über Tausende von nuklearen und biologischen Sprengköpfen verlieren. Eine andere Sorge war, dass sich die blutigen Kriege im ehemaligen Jugoslawien auf andere Teile Osteuropas ausbreiten könnten, was zu Konflikten zwischen Ungarn und Rumänien, zwischen Bulgarien und der Türkei oder zwischen Polen und der Ukraine hätte führen können.

Noch unbehaglicher war vielen angesichts der deutschen Wiedervereinigung zumute. Gerade einmal viereinhalb Jahrzehnte nach der Kapitulation des Dritten Reichs hatten viele Menschen noch immer tiefsitzende Ängste vor deutscher Macht. Würde Deutschland, befreit von der sowjetischen Bedrohung, zu einer Supermacht werden, die den europäischen Kontinent beherrscht? Und was war mit China? Es würde vielleicht, alarmiert durch den Zusammenbruch des Sowjetblocks, seine Reformen aufgeben, zu einer maoistischen Politik der harten Linie zurückkehren und sich in eine XXL-Version von Nordkorea verwandeln.

Heute können wir über diese Schreckensszenarien lachen, weil wir wissen, dass sie nicht eingetreten sind. Die Lage in Russland hat sich stabilisiert, ein Großteil Osteuropas wurde friedlich in die EU aufgenommen, das wiedervereinigte Deutschland wird heute als Anführer der freien Welt gepriesen und China ist zum wirtschaftlichen Motor des gesamten Globus geworden. All dies gelang zumindest teilweise dank konstruktiver Politik der USA und der EU. Wäre es also wirklich klüger gewesen, wenn sich die USA und die EU in den 1990er Jahren stärker auf islamische Extremisten als auf die Situation im ehemaligen Ostblock oder in China konzentriert hätten?

Wir können uns schlicht nicht auf jede Eventualität vorbereiten. Entsprechend müssen wir natürlich einen atomaren Terrorismus verhindern, aber das kann nicht das Thema Nummer eins auf der Menschheitsagenda sein. Und wir sollten diese theoretische Gefahr sicherlich nicht als Rechtfertigung nutzen, um auf den gewöhnlichen Terror überzureagieren. Das sind ganz unterschiedliche Probleme, die unterschiedliche Lösungen verlangen.

Wenn aber Terrorgruppen trotz unserer Bemühungen irgendwann doch in den Besitz von Massenvernichtungswaffen kommen sollten, lässt sich schwer abschätzen, wie politische Auseinandersetzungen geführt werden, aber sie werden sich deutlich von den Terror- und Terrorbekämpfungskampagnen des frühen 21. Jahrhunderts unterscheiden. Wenn die Welt im Jahr 2050 tatsächlich voller atomarer Terroristen und Bioterroristen ist, dann werden ihre Opfer sehnsüchtig und auch leicht ungläubig auf die Welt des Jahres 2018 zurückblicken: Wie konnten sich Menschen, die ein so sicheres Leben führten, trotzdem so bedroht fühlen?

Natürlich wird unser gegenwärtiges Bedrohungsgefühl nicht nur durch den Terror befeuert. Jede Menge Beobachter und Laien befürchten, der Dritte Weltkrieg stehe unmittelbar bevor, und es ist, als hätten wir diesen Film vor gut hundert Jahren schon einmal gesehen. Wie 1914 scheinen uns auch 2018 wachsende Spannungen zwischen den Großmächten, gepaart mit kaum zu bewältigenden globalen Problemen, in Richtung eines Weltkriegs zu ziehen. Ist diese Befürchtung berechtigter als unsere überzogene Angst vor dem Terror?

11

Krieg

Unterschätze nie die menschliche Dummheit

Die vergangenen Jahrzehnte waren die friedlichste Epoche in der Menschheitsgeschichte. War menschliche Gewalt in frühen Agrargesellschaften für bis zu 15 Prozent aller Todesfälle und im 20. Jahrhundert für immerhin noch 5 Prozent verantwortlich gewesen, so ist heute nur noch ein Prozent der Todesfälle ihr zuzuschreiben.[1] Doch seit der Weltfinanzkrise von 2008 verschlechtert sich die internationale Lage rasant, Kriegstreiberei ist wieder en vogue, und die Rüstungsausgaben explodieren.[2] Sowohl Laien als auch Experten befürchten, dass ähnlich wie 1914, als die Ermordung eines österreichischen Erzherzogs den Ersten Weltkrieg auslöste, auch 2018 irgendein Zwischenfall in der syrischen Wüste oder ein unüberlegter Schritt auf der koreanischen Halbinsel einen globalen Konflikt entfachen könnte.

Angesichts der wachsenden Spannungen auf der Welt und aufgrund der Persönlichkeitsstruktur von Staatsoberhäuptern in Washington, Pjöngjang und an verschiedenen anderen Orten besteht definitiv Anlass zur Sorge. Doch es gibt auch einige gravierende Unterschiede zwischen 2018 und 1914. Insbesondere übte der Krieg 1914 auf Eliten überall auf der Welt große Anziehungskraft aus, denn sie hatten zahlreiche konkrete Beispiele dafür, dass erfolgreich geführte Kriege zu wirtschaftlichem Wohlstand und politischer Macht beitragen konnten. 2018 hingegen gehören erfolgreiche Kriege zu den gefährdeten Arten.

Seit den Zeiten der Assyrer und der Qin wurden große Imperien üblicherweise mittels gewaltsamer Eroberung errichtet. Auch 1914 verdankten alle Großmächte ihren Status erfolgreichen Kriegen. So wurde beispielsweise das japanische Kaiserreich dank seiner Siege über China und Russland zu einer Regionalmacht; Deutschland erlangte nach seinen Triumphen über Österreich-Ungarn und Frankreich eine Vormachtstellung in Europa; und Großbritannien schuf durch eine ganze Reihe famoser kleiner Kriege überall auf dem Planeten das größte und wohlhabendste Weltreich. Als die Briten 1882 in Ägypten einmarschierten und das Land besetzten, verloren sie in der entscheidenden Schlacht von Tel el-Kebir gerade einmal siebenundfünfzig Soldaten.[3] Während heute die Besetzung eines muslimischen Landes Stoff für westliche Albträume bietet, stießen die Briten nach Tel el-Kebir kaum auf bewaffneten Widerstand und kontrollierten mehr als sechs Jahrzehnte lang das Niltal und den lebenswichtigen Suezkanal. Andere europäische Mächte nahmen sich ein Beispiel an den Briten, und wann immer Regierungen in Paris, Rom oder Brüssel überlegten, in Vietnam, Libyen oder dem Kongo zu intervenieren, war ihre einzige Angst die, dass ihnen irgendjemand zuvorkommen könnte.

Selbst die Vereinigten Staaten verdankten ihren Großmachtstatus vor allem ihrem militärischen Vorgehen und weniger allein wirtschaftlichem Unternehmungsgeist. 1846 marschierten sie in Mexiko ein und eroberten Kalifornien, Nevada, Utah, Arizona, New Mexico sowie Teile von Colorado, Kansas, Wyoming und Oklahoma. Der Friedensvertrag bestätigte zudem die vorangegangene amerikanische Annexion von Texas. Rund 13 000 amerikanische Soldaten fielen in diesem Krieg, der den Vereinigten Staaten zusätzliche 2,3 Millionen Quadratkilometer verschaffte (eine Fläche größer als die Frankreichs, Großbritanniens, Deutschlands, Spaniens und Italiens zusammen).[4] Es war das Geschäft des Jahrtausends.

Insofern wussten die Eliten in Washington, London und Berlin 1914 genau, wie ein erfolgreicher Krieg aussah und wie viel man dabei gewinnen konnte. 2018 hingegen haben globale Eliten allen Grund zu der Annahme, dass diese Form des Krieges womöglich ausgestorben ist. Zwar mag es einigen Drittwelt-Diktatoren und nichtstaatlichen Akteuren noch immer gelingen, mittels Krieg prächtig zu gedeihen, aber Großmächte wissen offenkundig nicht mehr, wie das möglich sein sollte.

Der größte Sieg seit Menschengedenken – derjenige der Vereinigten Staaten über die Sowjetunion – wurde ohne jede größere militärische Konfrontation errungen. Im ersten Golfkrieg durften die Vereinigten Staaten dann noch einmal flüchtig den Geschmack althergebrachten militärischen Ruhms kosten, doch das verführte sie nur dazu, Billionen für demütigende militärische Fiaskos im Irak und in Afghanistan zu vergeuden. China, die aufsteigende Macht des frühen 21. Jahrhunderts, hat sich seit der gescheiterten Invasion in Vietnam 1979 beharrlich aller bewaffneten Konflikte enthalten und verdankt seinen Aufstieg ausschließlich wirtschaftlichen Faktoren. In dieser Hinsicht nahm es sich nicht die japanischen, deutschen und italienischen Großreiche der Zeit vor 1914 zum Vorbild, sondern eher das japanische, deutsche und italienische Wirtschaftswunder der Zeit nach 1945. In all diesen Fällen erlangten Staaten wirtschaftlichen Wohlstand und geopolitisches Gewicht, ohne auch nur einen Schuss abgefeuert zu haben.

Selbst im Nahen und Mittleren Osten – dem Kampfring der Welt – wissen regionale Mächte nicht, wie man erfolgreich Krieg führt. Iran profitierte nicht im geringsten vom langen Blutbad des iranischen-irakischen Krieges und ging anschließend allen direkten militärischen Konfrontationen aus dem Weg. Die Iraner finanzieren und bewaffnen lokale Bewegungen vom Irak bis zum Jemen und haben ihren Verbündeten in Syrien und Libanon ihre Revolutionsgarden zu Hilfe geschickt, aber bislang waren sie sorgsam darauf bedacht, in kein Land einzumarschieren. Nicht dank irgendeines brillanten Sieges auf dem Schlachtfeld, sondern kampflos ist Iran jüngst zum regionalen Hegemon aufgestiegen. Seine beiden Hauptfeinde – die USA und Irak – hatten sich in einen Krieg verstrickt, der sowohl Irakern als auch Amerikanern den Appetit auf nahöstliche Sümpfe verdarb, wodurch Iran in den Genuss der Beute kam.

Gleiches lässt sich über Israel sagen. Seinen letzten erfolgreichen Krieg führte es 1967. Seither prosperierte Israel trotz seiner vielen Kriege, nicht dank ihrer. Die meisten besetzten Gebiete bringen schwere wirtschaftliche Belastungen und lähmende politische Verpflichtungen mit sich. Ähnlich wie Iran hat Israel jüngst seine geopolitische Stellung nicht durch das Führen erfolgreicher Kriege, sondern durch die Vermeidung militärischer Abenteuer verbessert. Während der Krieg Israels einstige Feinde im Irak, in Syrien und Libyern verwüstete, blieb Israel verschont. Sich nicht in den syrischen Bürgerkrieg hineinziehen zu lassen war vermutlich Benjamin Netanjahus größte politische Leistung (zumindest bis März 2018). Wenn sie gewollt hätten, hätten die israelischen Streitkräfte Damaskus binnen einer Woche erobern können, aber was hätte Israel davon gehabt? Noch leichter wäre es für die israelischen Truppen gewesen, den Gazastreifen zu besetzen und das Hamas-Regime zu stürzen, doch Israel hat wiederholt darauf verzichtet. Trotz aller militärischen Stärke und trotz aller säbelrasselnden Rhetorik israelischer Politiker weiß man in Israel nur zu gut, dass sich mit einem Krieg nur wenig gewinnen lässt. Wie die USA, China, Deutschland, Japan und Iran scheint auch Israel verstanden zu haben, dass die erfolgreichste Strategie des 21. Jahrhunderts darin besteht, am Ring zu sitzen und andere für einen kämpfen zu lassen.

Aus Sicht des Kremls

Die einzige erfolgreiche Invasion einer Großmacht im 21. Jahrhundert war bislang die russische Eroberung der Krim. Im Februar 2014 marschierten russische Truppen in der benachbarten Ukraine ein und besetzten die

Halbinsel Krim, die anschließend von Russland annektiert wurde. Ohne größere Kampfhandlungen kam Russland in den Besitz strategisch wichtigen Territoriums, versetzte seine Nachbarn in Angst und schwang sich wieder zu einer Weltmacht auf. Doch der Erfolg der Eroberung war vor allem außergewöhnlichen Umständen geschuldet. Die ukrainische Armee setzte den Russen ebenso wenig Widerstand entgegen wie die lokale Bevölkerung, während andere Mächte darauf verzichteten, sich unmittelbar in die Krise einzumischen. Diese Umstände werden sich so anderswo auf der Welt schwerlich finden lassen. Wenn Voraussetzung eines erfolgreichen Krieges ist, dass es an Gegnern fehlt, die bereit sind, sich dem Aggressor zu widersetzen, so schränkt das die verfügbaren Möglichkeiten deutlich ein.

Tatsächlich stieß Russland, als es den Erfolg auf der Krim in anderen Teilen der Ukraine zu wiederholen suchte, auf deutlich heftigeren Widerstand, und der Krieg in der Ostukraine blieb in einer unproduktiven Pattsituation stecken. Noch schlimmer war (zumindest aus Sicht Moskaus), dass der Krieg antirussische Gefühle in der Ukraine befeuerte und aus einem einstigen Verbündeten einen erbitterten Feind machte. So wie der Erfolg im ersten Golfkrieg die USA dazu verführte, sich im Irak zu übernehmen, so könnte der Erfolg auf der Krim Russland dazu verleitet haben, sich in der Ukraine zu übernehmen.

Insgesamt gesehen lassen sich Russlands Kriege im Kaukasus und in der Ukraine zu Beginn des 21. Jahrhunderts nicht wirklich als besonders erfolgreich bezeichnen. Zwar haben sie Russlands Ansehen als Großmacht gestärkt, aber sie haben auch das Misstrauen und die Feindseligkeit gegenüber Russland befördert, und wirtschaftlich gesehen waren sie ein Verlustgeschäft. Die Ferienorte auf der Krim und heruntergekommene Fabriken aus Sowjetzeiten in Lugansk und Donezk machen die Kosten des Krieges nicht wirklich wett und schon gar nicht die Verluste durch Kapitalflucht und internationale Sanktionen. Um die Grenzen der russischen Politik zu erkennen, muss man nur den enormen wirtschaftlichen Fortschritt, den das friedliche China in den letzten zwanzig Jahren erlebte, mit der ökonomischen Stagnation des «siegreichen» Russlands im selben Zeitraum vergleichen.[5]

Ungeachtet aller vollmundigen Bekundungen aus Moskau weiß die russische Elite selbst vermutlich sehr wohl um Kosten und Nutzen dieser militärischen Abenteuer, weshalb sie bislang stark darauf bedacht war, sie nicht eskalieren zu lassen. Russland folgte dem Prinzip des Schulhofschlägers: «Schnapp dir das schwächste Kind und verprügele es nicht zu sehr, damit der Lehrer nicht einschreitet.» Hätte Putin seine Kriege im Geiste Stalins, Peters des Großen oder Dschingis Khans geführt, wären russische Panzer schon lange bis Tiflis und Kiew, wenn nicht gar bis Warschau und Berlin vorgestoßen. Doch Putin ist weder Dschingis Khan noch Stalin. Er scheint besser als jeder andere zu wissen, dass militärische Macht im 21. Jahrhundert nicht weit gehen und nur ein begrenzter Krieg ein erfolgreicher sein kann. Selbst in Syrien war Putin trotz der rücksichtslosen russischen Luftschläge sehr darauf bedacht, den russischen Fußabdruck so klein wie möglich zu halten, andere die eigentlichen Kämpfe führen zu lassen und zu verhindern, dass der Krieg in benachbarte Länder überschwappt.

Tatsächlich waren aus russischer Sicht all seine angeblich aggressiven Vorgehensweisen in den letzten Jahren nicht die Eröffnungszüge eines neuen globalen Krieges, sondern vielmehr der Versuch, ungeschützte Verteidigungsflanken zu schließen. Russen können mit Recht darauf verweisen, dass sie nach ihrem friedlichen Rückzug am Ende der 1980er und in den frühen 1990er Jahren wie ein besiegter Feind behandelt wurden. Die USA und die NATO nutzten die russische Schwäche und dehnten trotz gegenteiliger Versprechungen das westliche Verteidigungsbündnis auf Osteuropa und sogar einige frühere Sowjetrepubliken aus. Der Westen ignorierte darüber hinaus russische Interessen im Nahen Osten, intervenierte unter zweifelhaften Vorwänden in Serbien und im Irak und machte Russland ganz generell deutlich, dass es nur auf eigene militärische Macht setzen kann, wenn es seine Einflusssphäre gegen westliche Einmischungen schützen will. So gesehen muss man für die jüngsten militärischen Aktionen Russlands Bill Clinton und George W. Bush genauso verantwortlich machen wie Wladimir Putin.

Natürlich könnten sich russische Militäraktionen in Georgien, der Ukraine und Syrien doch noch als Eröffnungssalven eines deutlich kühneren imperialen Drangs erweisen. Auch wenn Putin bislang keine ernsthaften Pläne für globale Eroberungszüge hegt, könnte ein Erfolg seine Ambitionen befeuern. Man sollte dabei jedoch auch bedenken, dass Putins Russland deutlich schwächer ist als Stalins UdSSR, und solange sich nicht andere Länder wie China mit ihm verbünden, kann es einen neuen Kalten Krieg nicht durchstehen, geschweige denn einen ausgewachsenen Weltkrieg. Russland hat eine Bevölkerung von 150 Millionen Menschen und kaufkraftbereinigt ein Bruttoinlandsprodukt von 4 Billionen US-Dollar. Sowohl bei der Bevölkerung als auch beim BIP steht es deutlich im Schatten der USA (325 Millionen Menschen und 19 Billionen US-Dollar) und der Europäischen Union (500 Millionen Menschen und 21 Billionen US-Dollar).[6] Zusammengenommen verfügen die USA und die EU über fünfmal mehr Menschen und zehnmal mehr Dollars als Russland.

Jüngste technologische Entwicklungen haben diese Kluft noch deutlich größer werden lassen, als sie auf den ersten Blick erscheint. Die UdSSR hatte ihren Zenit Mitte des 20. Jahrhunderts erreicht, als die Schwerindustrie die Lokomotive der Weltwirtschaft war und das zentralisierte Sowjetsystem bei der massenhaften Produktion von Traktoren, Lastwagen, Panzern und Interkontinentalraketen Hervorragendes leistete. Heute sind Informationstechnologie und Biotechnologie wichtiger als die Schwerindustrie, doch in beiden Bereichen zeichnet sich Russland nicht wirklich aus. Zwar verfügt es über eindrucksvolle Fähigkeiten zum Cyberkrieg, aber ihm fehlt ein ziviler IT-Sektor, und die Wirtschaft beruht in überwiegendem Maße auf dem Rohstoffreichtum des Landes, besonders bei Öl und Gas. Das mag genügen, um ein paar Oligarchen reich zu machen und Putin an der Macht zu halten, aber es reicht nicht aus, um ein digitales oder biotechnologisches Wettrüsten zu gewinnen.

Vor allem aber fehlt es Putins Russland an einer universellen Ideologie. Während des Kalten Krieges vertraute die UdSSR auf die globale Attraktivität des Kommunismus genauso wie auf die globale Reichweite der Roten Armee. Der Putinismus hingegen hat Kubanern, Vietnamesen oder französischen Intellektuellen wenig zu bieten. Auf der Welt mag sich tatsächlich ein autoritärer Nationalismus breitmachen, aber er verleitet schon von Natur aus nicht zur Herausbildung geschlossener internationaler Blöcke. Waren der polnische und der russische Kommunismus zumindest theoretisch den universellen Interessen einer internationalen Arbeiterklasse verpflichtet, so verfolgen der polnische und der russische Nationalismus qua Definition gegensätzliche Interessen. Da Putins Aufstieg zugleich ein Anwachsen des polnischen Nationalismus befeuert, wird diese Entwicklung Polen nur noch russlandfeindlicher machen als zuvor.

Obwohl Russland also weltweit Desinformation und Subversion betreibt, um die EU und die NATO zu spalten, erscheint es wenig wahrscheinlich, dass die ehemalige Supermacht sich auf irgendeinen physischen Eroberungsfeldzug begibt. Wir können mit einiger Berechtigung hoffen, dass die Annexion der Krim und die russischen Einmischungen in Georgien und in der Ostukraine Einzelfälle bleiben und nicht Vorboten einer neuen Epoche des Krieges sind.

Die verlorene Kunst, Kriege zu gewinnen

Warum ist es für Großmächte im 21. Jahrhundert so schwer, erfolgreiche Kriege zu führen? Das hat zum einen damit zu tun, dass sich das Wesen der Ökonomie verändert hat. In der Vergangenheit war wirtschaftliches Vermögen überwiegend materieller Art, weshalb es relativ einfach war, sich mittels Eroberung zu bereichern. Hatte man seine Gegner auf dem Schlachtfeld besiegt, konnte man absahnen, indem man ihre Städte plünderte, ihre Bürger auf Sklavenmärkten verkaufte und wertvolle Weizenfelder und Goldminen beschlagnahmte. Die Römer kamen zu Wohlstand, weil sie gefangene Griechen und Gallier verkauften, und das Amerika des 19. Jahrhunderts erlebte einen Aufschwung, als es die Goldminen Kaliforniens und die Rinderfarmen in Texas besetzte.

Im 21. Jahrhundert jedoch lassen sich auf diese Weise allenfalls mickrige Gewinne erzielen. Wirtschaftliches Vermögen besteht heute überwiegend aus technischem und institutionellem Wissen und weniger aus Getreideäckern, Goldminen oder Ölfeldern, und Wissen kann man nun einmal nicht mittels Krieg erobern. Eine Organisation wie der Islamische Staat mag weiter florieren, indem er Städte und Ölförderanlagen im Nahen Osten plündert – die Islamisten konfiszierten mehr als 500 Millionen US-Dollar aus den Beständen irakischer Banken und erwirtschafteten 2015 zusätzlich 500 Millionen US-Dollar aus dem Ölgeschäft[7] –, doch für eine Großmacht wie China oder die USA sind das Peanuts. China mit einem jährlichen BIP von mehr als 20 Billionen US-Dollar wird wegen einer kümmerlichen Milliarde keinen Krieg vom Zaun brechen. Müsste China Billionensummen für einen Krieg gegen die USA aufwenden, wie sollte das Land jemals diese Ausgaben zurückzahlen und all die Kriegsschäden und verlorenen Handelschancen ausgleichen? Würde die siegreiche

Volksbefreiungsarmee die Reichtümer des Silicon Valley plündern? Natürlich sind Unternehmen wie Apple, Facebook und Google Hunderte Milliarden Dollar wert, aber dieses Vermögen lässt sich nicht mit Gewalt in Besitz nehmen. Es gibt nun einmal keine Siliziumbergwerke im Silicon Valley.

Ein erfolgreicher Krieg könnte theoretisch enorme Profite erbringen, wenn er den Sieger in die Lage versetzt, das globale Handelssystem zu seinen Gunsten umzugestalten, wie das Großbritannien nach seinem Sieg über Napoleon und die USA nach ihrem Sieg über Hitler taten. Doch Veränderungen in Sachen Militärtechnik machen es schwer, einen solchen Schritt im 21. Jahrhundert zu wiederholen. Die Atombombe hat den Sieg in einem Weltkrieg in einen kollektiven Selbstmord verwandelt. Es ist kein Zufall, dass Supermächte sich seit Hiroshima nicht direkt bekämpften und lediglich an Konflikten beteiligten, bei denen es für sie um nicht allzu viel ging und bei denen die Versuchung, Atomwaffen einzusetzen, um eine Niederlage abzuwenden, gering war. Tatsächlich ist sogar der Angriff auf eine zweitklassige Atommacht wie Nordkorea ein äußerst unattraktives Vorhaben. Man mag sich gar nicht vorstellen, was die Familie Kim angesichts einer drohenden militärischen Niederlage tun könnte.

Der Cyberkrieg macht die Sache für angehende Imperialisten noch schlimmer. In den guten alten Zeiten von Königin Viktoria und dem Maxim-Maschinengewehr konnte die britische Armee die Eingeborenen in irgendeiner entlegenen Wüste massakrieren, ohne den Frieden in Manchester und Birmingham zu gefährden. Selbst zu Zeiten von George W. Bush konnten die USA Bagdad und Falludscha in Schutt und Asche legen, während die Iraker nicht über die Möglichkeit verfügten, mit Attacken auf San Francisco oder Chicago Vergeltung zu üben. Doch wenn die USA heute ein Land angreifen, das auch nur über bescheidene Cyberkapazitäten verfügt, könnte der Krieg binnen Minuten nach Kalifornien oder Illinois getragen werden. Schadsoftware und Logikbomben könnten den

Flugverkehr in Dallas lahmlegen, Züge in Philadelphia kollidieren lassen und die Stromversorgung in Michigan zum Erliegen bringen.

Im großen Zeitalter der Eroberer war Krieg eine Sache geringen Schadens und hohen Profits. In der Schlacht von Hastings 1066 gewann Wilhelm der Eroberer an einem einzigen Tag zum Preis von ein paar tausend Toten ganz England. Atomwaffen und Cyberkrieg hingegen sind Technologien, die enormen Schaden anrichten und wenig Gewinn bringen. Mit diesen Mitteln kann man ganze Länder zerstören, aber keine profitablen Großreiche errichten.

Insofern ist in einer Welt, in der immer lauter mit dem Säbel gerasselt wird und atmosphärische Störungen zunehmen, unsere vielleicht beste Friedensgarantie die, dass die Großmächte aus jüngerer Zeit keine Beispiele für erfolgreiche Kriege kennen. Während Dschingis Khan oder Julius Cäsar mir nichts, dir nichts in ein fremdes Land einmarschierten, klopfen heutige nationalistische Politiker wie Erdoğan, Modi und Netanjahu zwar große Sprüche, sind aber sehr vorsichtig, wirklich einen Krieg vom Zaun zu brechen. Natürlich könnten sich mit einem Schlag die Tore zur Hölle öffnen, wenn jemand eine Formel findet, wie man unter den Bedingungen des 21. Jahrhunderts erfolgreich Krieg führt. Das ist es, was das russische Vorgehen auf der Krim zu einem besonders beängstigenden Omen macht. Hoffen wir, dass es eine Ausnahme bleibt.

Die Torheit der Regierenden

Doch selbst wenn der Krieg im 21. Jahrhundert weiterhin ein wenig profitables Geschäft bleiben sollte, würde uns das keine absolute Friedensgarantie verschaffen. Denn wir sollten nie die menschliche Dummheit unterschätzen. Auf persönlicher wie auf kollektiver Ebene nämlich neigen Menschen dazu, sich in selbstzerstörerische Aktivitäten zu stürzen.

1939 war Krieg für die Achsenmächte vermutlich ein kontraproduktiver Schritt – doch er hat die Welt nicht davor bewahrt. Besonders erstaunlich am Zweiten Weltkrieg ist, dass die besiegten Mächte nach dem Krieg wie niemals zuvor prosperierten. Zwanzig Jahre nach der vollständigen Vernichtung ihrer Armeen und dem völligen Zusammenbruch ihrer Imperien erfuhren Deutsche, Italiener und Japaner beispiellosen Wohlstand. Warum also sind sie überhaupt in den Krieg gezogen? Warum brachten sie ohne Not Tod und Zerstörung über unzählige Millionen? Es war alles nur eine dumme Fehleinschätzung. In den 1930er Jahren waren Generäle, Admirale, Ökonomen und Journalisten in Japan übereinstimmend der Meinung, ohne die Kontrolle über Korea, die Mandschurei und die chinesische Küste sei Japan zu ökonomischem Stillstand verurteilt.[8] Sie lagen alle falsch. Tatsächlich begann das berühmte japanische Wirtschaftswunder erst, nachdem Japan all seine Eroberungen auf dem Festland verloren hatte.

Menschliche Dummheit ist einer der wichtigsten Faktoren in der Geschichte, aber wir tun sie oft als unbedeutend ab. Politiker, Generäle und Wissenschaftler betrachten die Welt gerne als großes Schachspiel, bei dem jeder Zug sorgfältigen rationalen Überlegungen folgt. Bis zu einem gewissen Punkt stimmt das auch. Nur wenige Staatsmänner in der Geschichte waren im engeren Wortsinn verrückt und haben ihre Bauern und Springer willkürlich übers Feld gezogen. General Tojo, Saddam Hussein und Kim Jong-il hatten für jeden ihrer Züge rationale Gründe. Das Problem ist, dass die Welt viel komplizierter ist als ein Schachbrett und dass menschliche Rationalität nicht ausreicht, um sie wirklich zu verstehen. Insofern tun selbst rationale Anführer häufig sehr dumme Dinge.

Inwiefern sollten wir also Angst vor einem Weltkrieg haben? Am besten ist es, wenn wir zwei Extreme vermeiden. Auf der einen Seite ist Krieg definitiv nicht unausweichlich. Die friedliche Beendigung des Kalten Krieges beweist: Wenn Menschen die richtigen Entscheidungen treffen, lassen sich selbst Konflikte zwischen Supermächten friedlich lösen. Zudem ist es sogar ausgesprochen gefährlich anzunehmen, ein neuer Weltkrieg sei unvermeidlich. Das nämlich könnte sich als selbsterfüllende Prophezeiung erweisen. Sobald Länder davon ausgehen, Krieg sei unausweichlich, peppen sie ihre Armeen auf, stürzen sich in eskalierende Rüstungswettläufe, verweigern sich bei Konflikten jedem Kompromiss und hegen den Verdacht, dass Gesten des guten Willens nichts weiter als Fallen sind. Das garantiert, dass es zu einem Krieg kommt.

Andererseits wäre es naiv anzunehmen, Krieg sei unmöglich. Selbst wenn Krieg für alle eine Katastrophe bedeutet, kann kein Gott und kein Naturgesetz uns vor menschlicher Dummheit schützen.

Ein potenzielles Heilmittel für menschliche Dummheit ist eine Dosis Demut. Nationale, religiöse und kulturelle Spannungen werden verschlimmert durch das großspurige Gefühl, meine Nation, meine Religion, meine Kultur sei die wichtigste auf der Welt – weshalb meine Interessen über den Interessen aller anderen oder der Menschheit insgesamt stehen sollten. Wie können wir dafür sorgen, dass Nationen, Religionen und Kulturen ihre wirkliche Stellung in der Welt mit ein bisschen mehr Realismus und ein wenig mehr Bescheidenheit betrachten?

12

Demut

Du bist nicht der Nabel der Welt

Die meisten Menschen glauben nur zu gerne, sie seien der Nabel der Welt und ihre Kultur sei das Herzstück der Menschheitsgeschichte. Viele Griechen sind der Ansicht, die Geschichte beginne mit Homer, Sophokles und Platon, und alle bedeutsamen Ideen und Erfindungen stammten aus Athen, Sparta, Alexandria oder Konstantinopel. Chinesische Nationalisten kontern, tatsächlich habe Geschichte mit dem Gelben Kaiser und den Dynastien der Xia und der Shang ihren Anfang genommen, und alle Errungenschaften von Abendländern, Muslimen oder Indern seien nur ein müder Abklatsch ursprünglich chinesischer Leistungen.

Überzeugte Hinduisten widersprechen diesen hochtrabenden chinesischen Behauptungen und erklären, sogar Flugzeuge und Atombomben seien von antiken Weisen auf dem indischen Subkontinent erfunden worden, und zwar schon lange vor Konfuzius und Platon, von Einstein und den Gebrüdern Wright ganz zu schweigen. Wussten Sie beispielsweise, dass Maharishi Bhardwaj Raketen und Flugzeuge erfunden hat, dass Vishwamitra Raketen nicht nur entwickelt, sondern auch eingesetzt hat, dass der Vater der Atomtheorie Acharya Kanad heißt und dass im *Mahabharata* Atomwaffen detailliert beschrieben sind?[1]

Fromme Muslime betrachten alle Geschichte vor dem Propheten Mohammed als weitgehend irrelevant und sind der Ansicht, nach der Offenbarung des Koran drehe sich die Welt um die muslimische *umma*. Die wichtigsten Ausnahmen sind türkische, iranische und ägyptische Nationalisten, die behaupten, schon vor Mohammed sei ihre jeweilige Nation Ursprungsquell all dessen gewesen, was an der Menschheit gut ist, und selbst nach der Entstehung des Koran sei es vor allem ihr Volk gewesen, das die Reinheit des Islam bewahrt und seinen Ruhm verbreitet habe.

Selbstverständlich sind auch Briten, Franzosen, Deutsche, Amerikaner, Russen, Japaner und unzählige andere Gruppen auf ähnliche Weise davon überzeugt, die Menschheit hätte in barbarischer und amoralischer Unwissenheit dahinvegetiert, hätte es nicht die spektakulären Leistungen ihrer jeweiligen Nation gegeben. Manche Menschen gingen sogar so weit zu meinen, ihre politischen Institutionen und Glaubenspraktiken seien sogar für die Gesetze der Physik grundlegend. So waren die Azteken der festen Überzeugung, ohne die Opfer, die sie jedes Jahr darbrachten, würde die Sonne nicht aufgehen und das gesamte Universum zerfallen.

All diese Behauptungen sind falsch. Sie kombinieren ein bewusstes Ignorieren der Geschichte mit mehr als nur einer Prise Rassismus. Keine der heutigen Religionen oder Nationen existierte, als die Menschen die Welt besiedelten, Pflanzen und Tiere domestizierten, die ersten Städte erbauten oder die Schrift und das Geld erfanden. Moral, Kunst, Spiritualität und Kreativität sind universelle menschliche Eigenschaften, die in unserer DNA verankert sind. Entstanden sind sie im Afrika der Steinzeit. Es ist deshalb grober Egoismus, sie einem jüngeren Ort und einer jüngeren Zeit zuzuschreiben, ob nun dem China zur Zeit des Gelben Kaisers, Griechenland im Zeitalter Platons oder der arabischen Halbinsel zu Zeiten Mohammeds.

Ich selbst bin mit solch brachialem Egoismus nur zu gut vertraut, denn auch die Juden, mein eigenes Volk, glauben, sie seien das Wichtigste auf der Welt. Es gibt so gut wie keine menschliche Leistung oder Erfindung, die sie nicht sofort für sich beanspruchen. Und weil ich die Juden so gut kenne, weiß ich auch, dass sie von solchen Behauptungen tatsächlich überzeugt sind. Ich hatte einmal einen Yogalehrer in Israel, der im Anfängerkurs allen Ernstes erklärte, Yoga sei von Abraham erfunden worden, und sämtliche Grundstellungen im Yoga leiteten sich aus der Form der Buchstaben des hebräischen Alphabets her! (So sei die Trikonasana-Übung – das Dreieck – dem hebräischen Buchstaben Aleph nachempfunden, die Balancierstangenhaltung Tuladandasane dem Buchstaben Daleth usw.) Abraham habe diese Stellungen dem Sohn einer seiner Nebenfrauen beigebracht, der anschließend nach Indien ging und die Inder im Yoga unterrichtete. Als ich ihn nach Belegen dafür fragte, zitierte der Meister eine Bibelstelle: «Den Söhnen der Nebenfrauen, die er hatte, gab Abraham Geschenke und schickte sie noch zu seinen Lebzeiten weg nach Osten, ins Morgenland, weit weg von seinem Sohn Isaak.» (Gen 25,6) Was glauben Sie, was das für Geschenke waren? Selbst das Yoga wurde also in Wahrheit von den Juden erfunden.

Abraham als den Erfinder des Yoga zu betrachten ist natürlich eine extreme Vorstellung. Doch selbst das gemäßigte Judentum behauptet steif und fest, der gesamte Kosmos existiere nur, damit jüdische Rabbiner ihre heiligen Schriften studieren können, und sobald die Juden diese Praxis aufgäben, werde das Universum an ein Ende kommen. China, Indien, Australien und sogar die fernen Galaxien werden alle vernichtet, wenn die Rabbiner in Jerusalem und Brooklyn nicht mehr über den Talmud diskutieren. Das ist ein zentraler Glaubensartikel orthodoxer Juden, und jeder, der ihn in Zweifel zu ziehen wagt, gilt als unwissender Narr. Säkulare Juden mögen angesichts solch großspuriger Behauptungen etwas skeptischer sein, aber auch sie glauben, das jüdische Volk sei die zentrale Heldengestalt der Geschichte und eigentlicher Urquell menschlicher Moral, Spiritualität und Gelehrtheit.

Was meinem Volk an Zahl und echtem Einfluss fehlt, wird durch Chuzpe mehr als wettgemacht. Da es höflicher ist, das eigene Volk zu kritisieren als Fremde, werde ich anhand des Judentums beispielhaft zeigen, wie grotesk solche wichtigtuerischen Narrative sind, und überlasse es meinen Lesern wo auch immer auf der Welt, die Heißluftballone ihrer eigenen Völker zum Platzen zu bringen.

Freuds Mutter

Mein Buch *Eine kurze Geschichte der Menschheit* wurde ursprünglich auf Hebräisch für ein israelisches Publikum verfasst. Nachdem die hebräische Ausgabe 2011 erschienen war, wurde ich von israelischen Lesern besonders häufig gefragt, warum ich das Judentum in meiner Geschichte der menschlichen Spezies so gut wie gar nicht erwähnt hätte. Warum hätte ich ausführlich über Christentum, Islam und Buddhismus geschrieben, der jüdischen Religion und dem jüdischen Volk aber nur ein paar dürre Worte gewidmet? Hatte ich etwa deren ungeheuren Beitrag zur Menschheitsgeschichte bewusst ignoriert? Verfolgte ich damit irgendeine finstere politische Absicht?

Solche Fragen kommen naturgemäß von israelischen Juden, die vom Kindergarten an in dem Glauben erzogen wurden, das Judentum sei der Superstar der Menschheitsgeschichte. Israelische Kinder haben in der Regel selbst nach zwölf Jahren Schule kein klares Bild von globalen historischen Prozessen. Sie wissen fast nichts über China, Indien oder Afrika, und obwohl sie etwas über das Römische Reich, die Französische Revolution und den Zweiten Weltkrieg lernen, fügen sich diese isolierten Bruchstücke nicht zu einer übergreifenden Erzählung. Die einzige kohärente Geschichte, die das israelische Bildungssystem zu bieten hat, beginnt stattdessen mit dem hebräischen Alten Testament, setzt sich mit dem Zeitalter des Zweiten Tempels fort, springt zwischen verschiedenen jüdischen Gemeinschaften in der Diaspora hin und her und gipfelt im Aufstieg des Zionismus, dem Holocaust und der Gründung des Staates Israel. Die meisten Jugendlichen verlassen die Schule in der Überzeugung, das sei der zentrale Handlungsstrang der gesamten Menschheitsgeschichte. Denn selbst wenn die Schüler etwas über das Römische Reich oder die Französische Revolution erfahren, konzentrieren sich die Erörterungen im Unterricht darauf, wie das Römische Reich die Juden behandelte oder wie die rechtliche und politische Stellung der Juden in der Französischen Republik aussah. Menschen, die mit einer solchen Geschichtsbetrachtung gefüttert wurden, tun sich reichlich schwer damit, die Vorstellung zu verdauen, das Judentum habe auf die Welt insgesamt nur relativ wenig Wirkung gehabt.

Die Wahrheit aber ist, dass das Judentum in den Annalen unserer Spezies nur eine bescheidene Rolle spielt. Anders als universelle Religionen wie das Christentum, der Islam und der Buddhismus war das Judentum stets nur der Glauben eines spezifischen Volkes. Diese Stammesreligion konzentriert sich auf das Schicksal einer kleinen Nation und eines winzigen Landes und interessiert sich so gut wie gar nicht für das Schicksal aller anderen Völker und aller anderen Länder. So sind ihr beispielsweise Ereignisse in Japan oder die Menschen auf dem indischen Subkontinent reichlich egal. Kein Wunder also, dass die historische Rolle dieses Volkes begrenzt war.

Natürlich ist richtig, dass das Judentum das Christentum hervorbrachte und die Geburt des Islams beeinflusste – zwei der wichtigsten Religionen in der Geschichte. Doch die Verdienste um die globalen Errungenschaften des Christentums und des Islams – ebenso wie ihre Verantwortung für zahlreiche Verbrechen – können (bzw. müssen) sich die Christen und Muslime selbst zuschreiben und nicht den Juden. So wie es unfair wäre, das Judentum für die Massenmorde der Kreuzfahrer verantwortlich zu machen (hier trägt das Christentum zu 100 Prozent die Schuld), so gibt es keinerlei Grund, dem Judentum die wirkmächtige christliche Vorstellung zuzuschreiben, wonach alle Menschen vor Gott gleich sind (eine Idee, die in direktem Widerspruch zur jüdischen Orthodoxie steht, denn die behauptet selbst heute noch, Juden seien von Natur aus allen anderen Menschen überlegen).

Die Rolle des Judentums in der Menschheitsgeschichte erinnert ein wenig an die Rolle von Freuds Mutter in der modernen abendländischen Geschichte. Sigmund Freud hatte, ob einem das gefällt oder nicht, ungeheuren Einfluss auf die Wissenschaft, die Kultur, die Kunst und die Volksweisheiten des modernen Abendlands. Richtig ist auch, dass wir ohne Freuds Mutter Freud nicht hätten und dass Freuds Persönlichkeit, seine Bestrebungen und Ansichten wahrscheinlich in beträchtlichem Maße durch das Verhältnis zu seiner Mutter geprägt waren – wie er selbst als Erster einräumen würde. Aber wer sich mit der Geschichte des modernen Abendlands beschäftigt, erwartet darin kein ganzes Kapitel über Freuds Mutter. Ähnlich hätten wir ohne das Judentum kein Christentum, aber deswegen müssen wir dem Judentum noch lange keine große Bedeutung zuschreiben, wenn wir die Geschichte der Welt betrachten. Die entscheidende Frage ist, was das Christentum mit dem Vermächtnis seiner jüdischen Mutter anstellte.

Selbstverständlich ist das jüdische Volk ein besonderes Volk mit einer erstaunlichen Geschichte (wenngleich das für die meisten Völker gilt). Genauso selbstverständlich ist, dass die jüdische Tradition voller tiefgründiger Einsichten und hehrer Werte steckt (wenngleich sie auch durchaus fragwürdige Vorstellungen und rassistische, frauenfeindliche und homophobe Einstellungen enthält). Des Weiteren ist richtig, dass das jüdische Volk, in Relation zu seiner Größe, die Geschichte der letzten 2000 Jahre überproportional beeinflusst hat. Doch wenn man sich das große Ganze unserer Geschichte als Spezies ansieht, also seit der Entstehung von *Homo sapiens* vor mehr als 100 000 Jahren, so ist offenkundig, dass der jüdische Beitrag zu dieser Geschichte nur ein sehr begrenzter ist. Die Menschen besiedelten den gesamten Planeten, erfanden die Landwirtschaft, erbauten die ersten Städte und erfanden die Schrift und das Geld Jahrtausende, bevor das Judentum auftauchte.

Betrachtet man Geschichte aus der Perspektive der Chinesen oder der amerikanischen Ureinwohner, so lässt sich selbst in den letzten beiden Jahrtausenden kein wirklich bedeutsamer jüdischer Beitrag erkennen, es sei denn vermittelt über Christen oder Muslime. So wurde das hebräische Alte Testament nur deshalb zu einem Eckpfeiler der globalen Menschheitskultur, weil das Christentum es dankbar übernahm und in die Bibel integrierte. Der Talmud hingegen – dessen Bedeutung für die jüdische Kultur die des Alten Testaments weit übersteigt – wurde vom Christentum abgelehnt und blieb folglich ein esoterischer Text, den Araber, Polen oder Holländer so gut wie gar nicht kennen, von den Japanern und den Maya ganz zu schweigen. (Was ausgesprochen schade ist, denn der Talmud ist ein deutlich klügeres und barmherzigeres Buch als das Alte Testament.)

Fällt Ihnen ein großes Kunstwerk ein, das vom Alten Testament inspiriert ist? Nun, das ist leicht: Michelangelos Statue des David, Verdis Oper *Nabucco*, Cecil B. DeMilles Monumentalfilm *Die zehn Gebote*. Kennen Sie irgendein berühmtes Werk, das durch das Neue Testament inspiriert ist? Ein Kinderspiel: Leonardo da Vincis *Letztes Abendmahl*, Bachs *Matthäuspassion*, Monty Pythons *Das Leben des Brian*. Nun aber kommt der eigentliche Härtetest: Können Sie ein paar Meisterwerke aufzählen, die vom Talmud beeinflusst sind?

Zwar breiteten sich jüdische Gemeinden, die den Talmud studierten, über weite Teile der Welt aus, aber sie spielten keine wichtige Rolle bei der Errichtung der chinesischen Imperien, bei den europäischen Entdeckungsfahrten, bei der Entwicklung des demokratischen Systems oder bei der industriellen Revolution. Die Münze, die Universität, das Parlament, die Bank, der Kompass, die Druckerpresse und die Dampfmaschine wurden allesamt von Nichtjuden erfunden.

Moral vor der Bibel

Die Menschen in Israel sprechen oft von den «drei großen Weltreligionen» und meinen damit das Christentum (2,3 Milliarden Gläubige), den Islam (1,8 Milliarden) und das Judentum (15 Millionen). Der Hinduismus mit seiner einen Milliarde Gläubigen und der Buddhismus mit seinen 500 Millionen Anhängern – ganz zu schweigen vom Shintoismus (50 Millionen) und dem Sikhismus (25 Millionen) – erfüllen die dafür nötigen Anforderungen offenbar nicht.[2] Diese leicht verzerrte Vorstellung von den «drei großen Weltreligionen» impliziert in den Augen vieler Israelis, dass alle wichtigen religiösen und moralischen Traditionen dem Schoße des Judentums entsprangen, das als erste Religion universell gültige moralische Regeln predigte. So als hätten die Menschen vor den Zeiten von Abraham und Moses in einer Art Hobbes'schem Naturzustand ohne jegliche moralische Prinzipien gelebt und als leite sich alle heutige Moral aus den Zehn Geboten ab. Das ist eine völlig haltlose und überhebliche Vorstellung, die viele der wichtigsten ethischen Traditionen dieser Welt außer Acht lässt.

Dabei verfügten schon die Jäger und Sammler der Steinzeit viele Jahrtausende vor Abraham über Moralkodizes. Als die ersten europäischen Siedler Ende des 18. Jahrhunderts nach Australien kamen, stießen sie dort auf Aborigines-Stämme, die über ein gut entwickeltes moralisches Weltbild verfügten, obwohl sie von Moses, Jesus und Mohammed noch nie etwas gehört hatten. Man kann jedenfalls nicht wirklich behaupten, die christlichen Kolonisatoren, die die Eingeborenen mit Gewalt vertrieben und enteigneten, hätten in ihrem Tun überlegene moralische Standards bewiesen.

Wissenschaftler verweisen heute darauf, dass die Moral in Wirklichkeit tiefliegende evolutionäre Wurzeln hat, die bis in Urzeiten Millionen Jahre vor dem Auftauchen der Menschheit zurückreichen. Alle sozialen Säugetiere wie Wölfe, Delfine und Affen verfügen über Moralkodizes, die im Verlauf der Evolution so angepasst wurden, dass sie die Zusammenarbeit in der Gruppe beförderten.[3] Wenn beispielsweise Wolfswelpen miteinander spielen, haben sie Regeln, damit es dabei fair zugeht. Wenn ein Welpe zu fest zubeißt oder einen anderen, der sich schon auf den Rücken gerollt und ergeben hat, weiter traktiert, werden die anderen Welpen nicht mehr mit ihm spielen.[4]

In Schimpansengruppen erwartet man von den dominanten Mitgliedern, dass sie die Eigentumsrechte schwächerer Gruppenmitglieder respektieren. Wenn eine junge Schimpansin eine Banane findet, wird selbst das Alphamännchen es üblicherweise vermeiden, sie ihr zu stibitzen. Wenn das Männchen gegen diese Regel verstößt, wird es mit großer Wahrscheinlichkeit seinen Status verlieren.[5] Affen vermeiden es aber nicht nur, schwächere Gruppenmitglieder auszunutzen, sondern helfen ihnen mitunter sogar aktiv. Ein männlicher Bonobo namens Kidogo, der im Zoo von Milwaukee lebte, litt unter schweren Herzproblemen, die ihn schwächten und verwirrten. Als er in den Zoo gebracht wurde, konnte er sich weder orientieren noch die Anweisungen der menschlichen Tierpfleger verstehen. Als die anderen Schimpansen seine Situation erkannten, griffen sie ein. Sie nahmen Kidogo häufig bei der Hand und wiesen ihm den Weg. Wenn Kidogo sich verirrte, gab er zeternde Notsignale von sich, und irgendein Affe kam ihm zu Hilfe.

Einer der wichtigsten Helfer Kidogos war das hochrangigste Männchen der Gruppe, Lody, das Kidogo nicht nur geleitete, sondern auch beschützte. Während fast alle Gruppenmitglieder Kidogo freundlich behandelten, ärgerte ihn ein junges Männchen namens Murph oftmals ohne jede Rücksicht. Wenn Lody dieses Verhalten bemerkte, verscheuchte er den Rabauken oder legte einen Arm schützend um Kidogo.[6]

Ein noch anrührenderer Fall ereignete sich im Dschungel der Elfenbeinküste. Als ein junger Schimpanse namens Oscar seine Mutter verloren hatte, musste er sich ganz allein durchschlagen. Keines der anderen Weibchen war bereit, ihn zu adoptieren und sich um ihn zu kümmern, denn sie hatten mit ihrem eigenen Nachwuchs genug zu tun. Nach und nach verlor Oscar an Gewicht, sein Gesundheitszustand verschlechterte sich, seine Lebenskraft ließ nach. Doch als schon alles verloren schien, wurde Oscar von Freddy, dem Alphamännchen der Gruppe, «adoptiert». Freddy sorgte dafür, dass Oscar genug zu essen bekam, und trug ihn sogar auf dem Rücken umher. Gentests belegten, dass Freddy nicht mit Oscar verwandt war.[7] Wir können lediglich darüber spekulieren, was den bärbeißigen alten Anführer dazu veranlasste, sich des verwaisten Knirpses anzunehmen, aber offenkundig fühlen sich die Anführer von Affenhorden dazu verpflichtet, den Armen, Bedürftigen und Waisen zu helfen – und zwar schon Jahrmillionen bevor die Bibel die alten Israeliten instruierte, sie sollten «keine Witwe oder Waise ausnützen» (Ex 22,21), und der Prophet Amos sich über die gesellschaftlichen Eliten beklagte, «die ihr die Schwachen unterdrückt / und die Armen zermalmt» (Am 4,1).

Selbst für die *Homo sapiens*, die im Nahen Osten der Antike lebten, waren die biblischen Propheten nichts Neues. Die Gebote «Du sollst nicht töten» und «Du sollst nicht stehlen» waren auch in den Gesetzbüchern und Moralkodizes der sumerischen Stadtstaaten, des pharaonischen Ägyptens und des babylonischen Reiches wohlbekannt. Schon lange vor dem jüdischen Sabbat gab es regelmäßig wiederkehrende Tage des Ausruhens und der Rast. Ein Jahrtausend bevor der Prophet Amos die israelitischen Eliten wegen ihres unterdrückerischen Verhaltens tadelte, erklärte der babylonische König Hammurabi, die großen Götter hätten ihm seinen Namen gegeben, «auf dass ich Gerechtigkeit im Lande erstrahlen ließe, dass ich Böse und Übeltäter dem Verderben übergäbe, dass der Starke dem Schwachen nicht Gewalt antue».[8]

In Ägypten hielten derweil – Jahrhunderte vor der Geburt Mose –

Schreiber die «Geschichte vom beredten Bauern» fest. Sie erzählt von einem armen Landwirt, dessen Besitz von einem gierigen Pächter gestohlen wurde. Der Bauer wandte sich an die korrupten Beamten des Pharaos, und als die sich weigerten, ihn zu beschützen, begann er ihnen zu erklären, warum sie für Gerechtigkeit zu sorgen und insbesondere die Armen gegen die Reichen zu verteidigen hätten. In einer eindrücklichen Allegorie erklärte dieser ägyptische Bauer, die kargen Besitztümer der Armen seien so etwas wie ihr Atem, und die Korruption der Beamten nehme ihnen die Luft, indem sie ihnen ihre Nasenlöcher verstopfe.[9]

Zahlreiche biblische Gesetze ahmen Regeln nach, die in Mesopotamien, Ägypten und Kanaan Jahrhunderte und sogar Jahrtausende vor der Errichtung der Königreiche Juda und Israel akzeptiert waren. Das biblische Judentum gab diesen Gesetzen allenfalls dadurch eine ganz spezifische Wendung, dass es sie von allgemeinen Regeln, die für alle Menschen galten, in stammesspezifische Kodizes verwandelte, die in erster Linie auf das jüdische Volk ausgerichtet waren. Die jüdische Moral entstand ursprünglich als eine exklusive Stammesangelegenheit und ist es in gewisser Weise bis heute geblieben. Das Alte Testament, der Talmud und viele (wenngleich nicht alle) Rabbiner behaupten, das Leben eines Juden sei wertvoller als das eines Nichtjuden, weshalb es beispielsweise Juden erlaubt ist, den Sabbat zu missachten, um einem Juden das Leben zu retten, sie das aber nicht tun dürfen, um einen Nichtjuden vor dem Tod zu bewahren (Babylonischer Talmud, Joma 84,2).[10]

Einige jüdische Gelehrte haben die Ansicht vertreten, selbst das berühmte Gebot «Liebe deinen Nächsten wie dich selbst» beziehe sich nur auf Juden, und es gebe absolut kein Gebot, Nichtjuden zu lieben. Tatsächlich lautet der ursprüngliche Text im biblischen Buch Levitikus: «An den Kindern deines Volkes sollst du dich nicht rächen und ihnen nichts nachtragen. Du sollst deinen Nächsten lieben wie dich selbst» (Lev 19,18) – was den Verdacht nahelegt, dass mit «dein Nächster» nur Angehörige des eigenen Volkes gemeint sind. Verstärkt wird dieser Verdacht noch durch die Tatsache, dass die Bibel den Juden befiehlt, bestimmte Völker wie die Amalekiter und die Kanaaniter zu vernichten: «Aus den Städten dieser Völker jedoch», heißt es in der Heiligen Schrift, «die der Herr, dein Gott, dir als Erbbesitz gibt, darfst du nichts, was Atem hat, am Leben lassen. Vielmehr sollst du die Hethiter und Amoriter, Kanaaniter und Perisiter, Hiwiter und Jebusiter der Vernichtung weihen, so wie es der Herr, dein Gott, dir zur Pflicht gemacht hat» (Dtn 20,16–17). Das ist einer der ersten überlieferten Fälle in der Menschheitsgeschichte, in denen ein Genozid als religiöse Verpflichtung dargestellt wurde.

Erst die Christen pickten sich ein paar Leckerbissen aus dem jüdischen Moralkodex heraus, verwandelten sie in allgemeingültige Gebote und verbreiteten sie über die gesamte Welt. Tatsächlich spaltete sich das Christentum genau an diesem Punkt vom Judentum ab. Während viele Juden bis heute glauben, das sogenannte «auserwählte Volk» sei Gott näher als andere Nationen, verkündete der Begründer des Christentums – der heilige Apostel Paulus – in seinem berühmten Brief an die Galater: «Es gibt nicht mehr Juden und Griechen, nicht Sklaven und Freie, nicht Mann und Frau; denn ihr alle seid ‹einer› in Christus Jesus.» (Gal 3,28)

Es sei noch einmal betont, dass trotz des ungeheuren Einflusses des Christentums hier nicht zum ersten Mal ein Mensch eine allgemeine Moral predigt. Die Bibel ist bei Weitem nicht die einzige Quelle menschlicher Moral (man muss sagen: zum Glück, wenn man an die zahlreichen rassistischen, frauenfeindlichen und homophoben Haltungen denkt, die sie auch enthält). Konfuzius, Laotse, Buddha und Mahavira begründeten lange vor Paulus und Jesus allgemeingültige Moralgesetze, ohne etwas über das gelobte Land Kanaan oder die Propheten Israels zu wissen. Konfuzius lehrte schon 500 Jahre, bevor Rabbi Hillel der Ältere dies zum Wesenskern der Thora erklärte, dass jeder Mensch andere wie sich selbst lieben müsse. Und zu einer Zeit, da das Judentum noch immer das Opfern von Tieren und die systematische Vernichtung ganzer Volksgruppen verlangte, trugen Buddha und Mahavira ihren Anhängern bereits auf, nicht nur allen Menschen kein Leid zuzufügen, sondern überhaupt allen fühlenden Wesen, darunter sogar Insekten. Es ist deshalb völliger Unsinn, dem Judentum und seinen christlichen und muslimischen Sprösslingen die Begründung menschlicher Moral zuzuschreiben.

Die Geburt der Bigotterie

Wie aber sieht es mit dem Monotheismus aus? Verdient das Judentum nicht zumindest ein wenig Sonderlob dafür, dass es den Glauben an einen einzigen Gott in die Welt gebracht hat, wie es ihn sonst nirgends auf der Welt gab (selbst wenn dieser Glauben dann eher von Christen und Muslimen als von Juden in alle Winkel dieser Welt getragen wurde)? Sogar darüber lässt sich streiten, denn der erste eindeutige Beleg für den Monotheismus stammt aus der Glaubensrevolution des Pharaos Echnaton um 1350 v. Chr., und Dokumente wie die Mescha-Stele (aufgestellt von dem Moabiter-König Mescha) zeugen davon, dass sich die Religion des biblischen Israels nicht groß von der Religion benachbarter Königreiche wie Moab unterschied. Mescha beschreibt seinen Reichsgott Kemosch fast auf die gleiche Weise, wie das Alte Testament Jahweh beschreibt. Doch das eigentlich Problematische an der Vorstellung, die Juden hätten den Monotheismus in die Welt gebracht, ist, dass man darauf nicht wirklich stolz sein kann. Denn aus moralischer Sicht war der Monotheismus vermutlich eine der schlimmsten Ideen der Menschheitsgeschichte.

Der Monotheismus trug kaum etwas zur Verbesserung der moralischen Standards der Menschen bei – oder glauben Sie wirklich, Muslime seien von Natur aus moralischer als Hindus, nur weil Muslime an einen einzigen Gott glauben, während Hinduisten viele Götter haben? Waren die christlichen Konquistadoren moralischer als die heidnischen Stämme der amerikanischen Ureinwohner? Was der Monotheismus zweifellos schaffte, war, dass viele Menschen deutlich intoleranter wurden als zuvor, was dazu beitrug, dass sich religiöse Verfolgung und heilige Kriege ausbreiteten. Für Polytheisten war es absolut akzeptabel, dass unterschiedliche Menschen unterschiedliche Götter anbeten und vielfältige Riten und Rituale vollziehen. Sie bekämpften, verfolgten oder töteten Menschen kaum einmal allein wegen ihrer Glaubensüberzeugungen. Monotheisten hingegen waren der Ansicht, ihr Gott sei der einzige Gott und er verlange allgemeinen Gehorsam. Als sich Christentum und Islam über die Welt verbreiteten, folgten ihnen Kreuzzüge, Dschihads, Inquisition und religiöse Diskriminierung.[11]

Vergleichen wir beispielsweise die Haltung des indischen Kaisers Ashoka im 3. vorchristlichen Jahrhundert mit der Einstellung christlicher Kaiser des spätrömischen Reiches. Kaiser Ashoka herrschte über ein Reich, in dem es von Religionen, Sekten und Gurus nur so wimmelte. Er gab sich den offiziellen Titel des «Göttergeliebten» und dessen, «der alles mit Wohlwollen betrachtet». Etwa um 250 v. Chr. erließ er ein kaiserliches Toleranzedikt, in dem es hieß:

> Der König Devānampriya Priyadārsin [der Göttergeliebte, der König, der alles mit Wohlwollen betrachtet] ehrt alle religiösen Vereinigungen, sowohl Büßer wie Laienanhänger, mit Spenden und bedenkt sie auch sonst mit allerlei Ehrungen. Aber äußeren Reichtum und Ansehen hält Devānampriya bei allen religiösen Vereinigungen nicht für so wichtig wie das Wachstum der inneren Werte. Dieses Wachstum der inneren Werte ist auf vielfache Weise möglich. Voraussetzung aber dafür ist die Zurückhaltung im Reden, auf dass man nicht bei unpassender Gelegenheit die eigene religiöse Vereinigung herausstreiche und über andere religiöse Vereinigungen abfällig urteile. Auf jeden Fall aber muss

man sich bei Lob und Tadel Mäßigung auferlegen. Bei passender Gelegenheit aber soll man auch den anderen religiösen Vereinigungen seine Achtung bezeugen. Wenn man sich so verhält, dann fördert man die eigene religiöse Vereinigung und benimmt sich richtig gegen die anderen religiösen Vereinigungen. Verhält man sich anders, so schädigt man die eigene religiöse Vereinigung und verletzt die anderen religiösen Vereinigungen. Wer aber die eigene religiöse Vereinigung herausstreicht und über die anderen religiösen Vereinigungen abfällig urteilt und dies alles in der Absicht, der eigenen religiösen Vereinigung einen Dienst zu erweisen und die Interessen der eigenen religiösen Vereinigung zu fördern, der fügt durch solches Verhalten der eigenen religiösen Vereinigung nur beträchtlichen Schaden zu.

So ist denn nur das Zusammengehen gut, auf dass ein jeder der Sittenlehre des anderen Gehör und Aufmerksamkeit schenke. Denn es ist der Wunsch des Devānampriya, alle religiösen Vereinigungen möchten begierig sein, noch etwas hinzuzulernen, und möchten sich nur das Gute zum Ziele setzen.[12]

500 Jahre später war das spätrömische Reich genauso vielfältig wie Ashokas Indien, aber als das Christentum zum zentralen Glauben des Reiches erhoben wurde, nahmen die Kaiser eine völlig andere Haltung gegenüber der Religion ein. Beginnend mit Konstantin dem Großen und seinem Sohn Constantius II., schlossen die Kaiser alle nichtchristlichen Tempel und verboten bei Todesstrafe sogenannte «heidnische» Rituale. Ihren Höhepunkt erreichte die Verfolgung unter Kaiser Theodosius – dessen Name «von Gott geschenkt» bedeutet –, der im Jahr 391 Dekrete erließ, die endgültig alle Religionen mit Ausnahme des Christentums und des Judentums für ungesetzlich erklärten (auch das Judentum wurde auf vielfältige Weise verfolgt, doch seine Ausübung blieb legal).[13] Gemäß den neuen Gesetzen konnte man sogar dann hingerichtet werden, wenn man

in der Privatheit der eigenen vier Wände zu Jupiter oder Mithras betete.[14] Im Zuge ihrer Kampagne, das Reich von allem ungläubigen Erbe zu säubern, verboten die christlichen Kaiser sogar die Olympischen Spiele. Nachdem sie mehr als 1000 Jahre lang zelebriert worden waren, wurden die letzten Olympischen Spiele der Antike Ende des 4. oder Anfang des 5. Jahrhunderts ausgetragen.[15]

Natürlich waren nicht alle monotheistischen Herrscher so intolerant wie Theodosius, während umgekehrt zahlreiche Herrscher den Monotheismus ablehnten, ohne die offenherzige Politik des Ashoka zu übernehmen. Trotzdem beförderte die monotheistische Vorstellung, wonach es «keinen Gott außer unserem Gott» gibt, die Bigotterie. Die Juden täten gut daran, ihre Rolle bei der Ausbreitung dieses gefährlichen Mems klein zu halten und den Christen und Muslimen die Verantwortung dafür zuzuschieben.

Jüdische Physik, christliche Theologie

Erst im 19. und 20. Jahrhundert leisteten Juden erkennbar einen außergewöhnlichen Beitrag zur Menschheit insgesamt, und zwar durch ihre herausragende Rolle in der modernen Wissenschaft. Neben so bekannten Namen wie Albert Einstein und Sigmund Freud waren rund 20 Prozent aller Nobelpreisträger in den Naturwissenschaften Juden, obwohl Juden weniger als 0,2 Prozent der Weltbevölkerung stellen.[16] Es sei jedoch betont, dass es sich dabei um einen Beitrag einzelner Juden und nicht des Judentums als Religion oder Kultur handelt. Die meisten bedeutenden jüdischen Wissenschaftler der vergangenen 200 Jahre agierten außerhalb der religiösen Sphäre des Judentums. Tatsächlich begannen Juden erst dann ihren bemerkenswerten Beitrag zur Wissenschaft zu leisten, als sie die Jeschiwas gegen die Forschungslabore eingetauscht hatten.

Vor 1800 nahmen Juden nur begrenzt Einfluss auf die Wissenschaft. Naturgemäß spielten Juden beim wissenschaftlichen Fortschritt in China, in Indien oder in der Maya-Kultur keine wichtige Rolle. In Europa und im Nahen und Mittleren Osten hatten einige jüdische Denker wie Maimonides eine beträchtliche Wirkung auf ihre nichtjüdischen Kollegen, aber insgesamt gesehen entsprach der jüdische Einfluss mehr oder weniger dem demografischen Gewicht der Juden. Im 16., 17. und 18. Jahrhundert leistete das Judentum keinen nennenswerten Beitrag zum Ausbruch der wissenschaftlichen Revolution. Sieht man von Spinoza einmal ab (der wegen seiner Probleme mit der jüdischen Gemeinde exkommuniziert wurde), findet sich so gut wie kein Jude, der für die Geburt der modernen Physik, Chemie, Biologie oder Sozialwissenschaften von Bedeutung war. Wir wissen nicht, was Einsteins Vorfahren in den Zeiten von Galilei und Newton taten, aber aller Wahrscheinlichkeit nach interessierten sie sich mehr für das Studium des Talmud als für das Studium des Lichts.

Die große Veränderung erfolgte erst im 19. und 20. Jahrhundert, als Säkularisierung und die jüdische Aufklärung dazu führten, dass viele Juden das Weltbild und den Lebensstil ihrer nichtjüdischen Nachbarn übernahmen. Juden besuchten nun die Universitäten und Forschungszentren in Ländern wie Deutschland, Frankreich und den Vereinigten Staaten. Jüdische Gelehrte brachten aus den Gettos und Schtetls wichtige kulturelle Vermächtnisse mit. Die Tatsache, dass Bildung in der jüdischen Kultur einen zentralen Wert darstellt, war einer der Hauptgründe für den außergewöhnlichen Erfolg jüdischer Wissenschaftler. Andere Faktoren waren das Bestreben einer verfolgten Minderheit, den eigenen Wert zu beweisen, und die Schranken, die verhinderten, dass talentierte Juden in stark antisemitisch geprägten Institutionen wie der Armee und der staatlichen Verwaltung Karriere machten.

Doch jüdische Wissenschaftler brachten aus den Jeschiwas zwar strenge Disziplin und einen tief verwurzelten Glauben an den Wert von Wissen mit, hatten aber kaum konkrete Ideen und Erkenntnisse im Gepäck. Einstein war Jude, aber die Relativitätstheorie war keine «jüdische Physik». Was hat der Glaube an die Heiligkeit der Thora mit der Erkenntnis zu tun, dass Energie gleich Masse mal Geschwindigkeit des Lichts im Quadrat ist? Um einen Vergleich zu bemühen: Darwin war Christ und studierte zunächst in Cambridge mit der Absicht, anglikanischer Priester zu werden. Heißt das, dass die Evolutionstheorie eine christliche Theorie ist? Es wäre geradezu lächerlich, die Relativitätstheorie als jüdischen Beitrag zur Menschheit zu verzeichnen, so wie es absurd wäre, dem Christentum die Evolutionstheorie gutzuschreiben.

Ähnlich lässt sich nur schwer irgendetwas spezifisch Jüdisches erkennen an der Erfindung der Ammoniaksynthese durch Fritz Haber (Nobelpreis für Chemie 1918), an der Entdeckung des Antibiotikums Streptomycin durch Selman Waksman (Nobelpreis für Physiologie oder Medizin 1952) oder an der Entdeckung von Quasikristallen durch Dan Shechtman (Nobelpreis für Chemie 2011). Bei Gelehrten im Bereich der Geistes- und Sozialwissenschaften wie etwa Sigmund Freud hatte ihr jüdisches Erbe vermutlich tiefer reichenden Einfluss auf ihre Erkenntnisse. Doch selbst in diesen Fällen stechen eher die Diskontinuitäten ins Auge als die verbliebenen Verbindungen. Freuds Ansichten über die menschliche Psyche unterschieden sich deutlich von denen eines Rabbi Joseph Caro oder Rabbi Yochanan ben Zakkai, und den Ödipuskomplex entdeckte er nicht durch die sorgsame Anwendung des Schulchan Aruch (des jüdischen Gesetzbuchs).

Zusammenfassend lässt sich also sagen: Zwar leistete die jüdische Betonung des Lernens vermutlich einen wesentlichen Beitrag zum außergewöhnlichen Erfolg jüdischer Wissenschaft, doch waren es nichtjüdische Denker, die den Grundstein für die Leistungen von Einstein, Haber und Freud legten. Die wissenschaftliche Revolution war kein jüdisches Projekt, und Juden fanden erst dann ihren Platz darin, als sie die Jeschiwas verließen und an die Universitäten gingen. Tatsächlich stellte die jüdische Gewohnheit, die Antworten auf alle Fragen mittels Lektüre antiker Texte zu suchen, ein beträchtliches Hindernis bei der jüdischen Integration in die Welt der modernen Wissenschaft dar, wo Antworten das Ergebnis von Beobachtung und Experiment sind. Wenn die jüdische Religion selbst irgendetwas an sich hat, das zwangsläufig zu bahnbrechenden wissenschaftlichen Erkenntnissen führt, warum war es dann so, dass zwischen 1905 und 1933 zehn säkulare deutsche Juden Nobelpreise in Chemie, Medizin und Physik einheimsten, im gleichen Zeitraum aber kein einziger ultraorthodoxer Jude oder auch nur ein bulgarischer oder jemenitischer Jude irgendeinen Nobelpreis zugesprochen bekam?

Bevor ich hier in den Verdacht gerate, «jüdischem Selbsthass» zu frönen oder gar ein Antisemit zu sein, möchte ich betonen, dass ich nicht behaupte, das Judentum sei eine besonders böse oder mit besonderer Unwissenheit geschlagene Religion. Ich will nur sagen, dass es für die Geschichte der Menschheit nicht besonders bedeutsam war. Über viele Jahrhunderte war das Judentum die bescheidene Religion einer kleinen verfolgten Minderheit, die sich lieber der Lektüre und der Kontemplation hingab, als ferne Länder zu erobern und Häretiker auf dem Scheiterhaufen zu verbrennen.

Antisemiten sind üblicherweise der Ansicht, Juden seien sehr wichtig. Antisemiten glauben, Juden würden die Welt oder das Bankensystem oder zumindest die Medien kontrollieren, und sie trügen an so ziemlich allem die Schuld, vom Klimawandel bis zu den Terroranschlägen vom 11. September 2001. Solche antisemitische Paranoia ist genauso grotesk wie jüdischer Größenwahn. Die Juden mögen ein sehr interessantes Volk sein, aber wenn man sich das große Ganze anschaut, so muss man feststellen, dass sie nur sehr begrenzten Einfluss auf die Welt hatten. Im Verlauf der Geschichte haben die Menschen Hunderte unterschiedliche Religionen und Sekten geschaffen. Eine Handvoll davon – Christentum, Islam,

Hinduismus, Konfuzianismus und Buddhismus – haben Milliarden Menschen beeinflusst (nicht immer zu ihrem Besten). Die überwältigende Mehrheit der Glaubensbekenntnisse – wie etwa die Bön-Religion, die Religion der Yoruba und der jüdische Glaube – hatte deutlich weniger Einfluss. Mir persönlich gefällt die Vorstellung, nicht von brutalen Welteroberern abzustammen, sondern von einem unbedeutenden Volk, das nur selten die Nase in anderer Leute Angelegenheiten steckte. Viele Religionen preisen den Wert der Demut – glauben dann aber, sie selbst seien die allerwichtigste Sache im Universum. Bei ihnen gehen Forderungen nach persönlicher Bescheidenheit mit eklatanter kollektiver Arroganz einher. Menschen aller Glaubensbekenntnisse täten gut daran, Demut ein wenig ernster zu nehmen.

Von allen Formen der Demut ist die vielleicht wichtigste die Demut vor Gott. Immer wenn die Menschen von Gott reden, bekunden sie allzu oft nach außen demütige Zurückhaltung, verwenden den Namen Gottes aber dann, um sich gegenüber ihren Brüdern als Herren aufzuspielen.

13

Gott

Du sollst den Namen Gottes nicht missbrauchen

Gibt es Gott? Das hängt davon ab, welchen Gott Sie dabei im Sinn haben. Das kosmische Geheimnis oder den irdischen Gesetzgeber? Wenn Menschen über Gott reden, dann sprechen sie mitunter über ein großes und Ehrfurcht gebietendes Rätsel, über das wir absolut nichts wissen. Wir beschwören diesen mysteriösen Gott, um die tiefsten Rätsel des Kosmos zu erklären. Warum gibt es etwas und nicht nichts? Woher stammen die Grundgesetze der Physik? Was ist Bewusstsein und woher kommt es? Die Antworten auf diese Fragen kennen wir nicht, und unserem Nichtwissen geben wir den großen Namen «Gott». Das grundlegendste Merkmal dieses geheimnisvollen Gottes ist, dass wir nichts Konkretes über ihn sagen können. Das ist der Gott der Philosophen; der Gott, über den wir reden, wenn wir spätabends am Lagerfeuer sitzen und uns fragen, was das Leben eigentlich ist.

Bei anderen Gelegenheiten betrachten die Menschen Gott als strengen und irdischen Gesetzgeber, über den wir nur allzu viel wissen. Wir wissen genau, was er über Mode, Essen, Sex und Politik denkt, und wir berufen uns auf diesen zornigen Mann im Himmel, um eine Million Regeln, Erlasse und Konflikte zu rechtfertigen. Er regt sich auf, wenn Frauen kurze Röcke tragen, wenn zwei Männer Sex miteinander haben oder wenn Teenager masturbieren. Manche sagen, er möge es nicht, wenn wir Alkohol trinken, während er anderen zufolge sehr wohl verlangt, wir sollten jeden Freitagabend oder jeden Sonntagmorgen Wein trinken. Ganze Bibliotheken wurden verfasst, um bis ins kleinste Detail zu erklären, was er will und was er nicht mag. Das grundlegendste Merkmal dieses irdischen Gesetzgebers ist, dass wir äußerst konkrete Dinge über ihn sagen können. Das ist der Gott der Kreuzfahrer und der Dschihadisten, der Inquisitoren, der Frauenverächter und der Homophoben. Das ist der Gott, über den wir reden, wenn wir um einen brennenden Scheiterhaufen herumstehen und Steine und Flüche auf die Häretiker schleudern, die dort schmoren.

Fragt man Gläubige, ob Gott wirklich existiert, sprechen sie oftmals zunächst über die rätselhaften Geheimnisse des Universums und die Grenzen menschlichen Verstehens. «Die Wissenschaft kann den Urknall nicht erklären», rufen sie aus, «deshalb muss das Gottes Tat sein.» Doch wie ein Zauberer, der sein Publikum narrt, indem er unmerklich eine Karte durch eine andere ersetzt, ersetzen die Gläubigen rasch das kosmische Geheimnis durch den irdischen Gesetzgeber. Nachdem sie den unbekannten Geheimnissen des Kosmos den Namen «Gott» gegeben haben, gebrauchen sie diesen Namen, um Bikinis und Ehescheidungen zu verdammen. «Wir verstehen den Urknall nicht – deshalb musst du dein Haar in der Öffentlichkeit bedecken und gegen die Homoehe stimmen.» Dabei besteht gar keine logische Verbindung zwischen den beiden «Göttern», ja sie widersprechen sich sogar. Je tiefer die Geheimnisse des Universums sind, desto weniger wahrscheinlich ist es, dass das, was dafür verantwortlich ist, sich auch nur im Geringsten um weibliche Kleidervorschriften oder menschliches Sexualverhalten schert.

Die fehlende Verbindung zwischen dem kosmischen Geheimnis und dem irdischen Gesetzgeber wird üblicherweise durch irgendein heiliges Buch hergestellt. Dieses steckt voller zutiefst nichtiger Regeln, aber es wird gleichwohl dem kosmischen Geheimnis zugeschrieben. Der Schöpfer von Raum und Zeit hat es angeblich verfasst, doch er wollte uns vor allem über irgendwelche obskuren Tempelrituale und Nahrungstabus aufklären. In Wahrheit haben wir keinerlei Beleg dafür, dass die Bibel oder der Koran oder das Buch Mormon oder die Veden oder irgendein anderes heiliges Buch von der Kraft verfasst wurde, die bestimmte, dass Energie gleich Masse mal Geschwindigkeit des Lichts im Quadrat ist und dass Protonen 1837 Mal schwerer als Elektronen sind. Aller wissenschaftlichen Erkenntnis zufolge wurden diese heiligen Texte von fantasiebegabten *Homo sapiens* verfasst. Sie sind nichts weiter als Geschichten, die von unseren Vorfahren erfunden wurden, um gesellschaftliche Normen und politische Strukturen zu legitimieren.

Ich persönlich wundere mich unablässig über das Geheimnis des Daseins. Aber ich habe nie verstanden, was das mit den belanglosen Gesetzen des Judentums, des Christentums oder des Hinduismus zu tun haben soll. Diese Gesetze waren ohne Zweifel hilfreich, als es darum ging, die Gesellschaftsordnung zu errichten und über Jahrtausende zu erhalten. Aber darin unterscheiden sie sich nicht grundlegend von den Gesetzen säkularer Staaten und Institutionen.

Das dritte der zehn biblischen Gebote verlangt von den Menschen, den Namen Gottes niemals zu missbrauchen. Viele verstehen das auf eine recht kindische Weise, nämlich als Verbot, Gottes Namen explizit auszusprechen (wie in der berühmten Monty-Python-Szene «Er hat Jehova gesagt!»). Die tiefere Bedeutung dieses Gebots hingegen besteht womöglich darin, dass wir den Namen Gottes nie gebrauchen sollten, um unsere politischen Interessen, unsere ökonomischen Bestrebungen oder unsere persönlichen Abneigungen zu rechtfertigen. Jemand hasst einen anderen und sagt: «Gott hasst ihn»; jemand begehrt ein Stück Land und sagt: «Gott will es». Die Welt wäre ein deutlich besserer Ort, wenn wir das dritte Gebot treuer befolgten. Sie wollen einen Krieg gegen Ihre Nachbarn führen und ihnen ihr Land stehlen? Dann lassen Sie Gott außen vor und suchen Sie sich irgendeine andere Ausrede.

Denn letzten Endes ist es eine Frage der Semantik. Wenn ich das Wort «Gott» verwende, denke ich an den Gott des Islamischen Staates, der Kreuzfahrer, der Inquisition und der «Gott hasst Schwuchteln»-Aufkleber. Wenn ich an das Geheimnis des Daseins denke, benutze ich lieber andere Wörter, um Verwechslungen zu vermeiden. Und anders als den Gott des Islamischen Staates und der Kreuzfahrer – der sich reichlich um Namen schert, vor allem um seinen eigenen heiligen Namen – kümmert es das Geheimnis des Daseins nicht im geringsten, welchen Namen wir Affen ihm geben.

Moral ohne Gott

Natürlich hilft uns das kosmische Mysterium überhaupt nicht dabei, die Gesellschaftsordnung aufrechtzuerhalten. Menschen behaupten oft, wir müssten an einen Gott glauben, der den Menschen einige ganz konkrete Gesetze gegeben hat, denn sonst werde die Moral verschwinden, und die Gesellschaft werde wieder in vorzeitlichem Chaos versinken.

Es stimmt natürlich, dass der Glaube an Götter für verschiedene Gesellschaftsordnungen wichtig war und dass er mitunter positive Folgen hatte. Tatsächlich befördern dieselben Religionen, die bei einigen Menschen für Hass und Bigotterie sorgen, bei anderen Liebe und Mitgefühl. So wurde beispielsweise Anfang der 1960er Jahre der Methodistenpfarrer Ted McIlvenna auf die schlimme Lage der Homosexuellen in seiner Gemeinde aufmerksam. Fortan befasste er sich intensiver mit der Situation von Schwulen und Lesben in der Gesellschaft ganz allgemein, und im Mai 1964 veranstaltete er am White Memorial Retreat Center in Kalifornien einen bahnbrechenden dreitägigen Dialog zwischen Kirchenleuten und schwul-lesbischen Aktivisten. Die Teilnehmer gründeten anschließend den «Council on Religion and the Homosexual» (CRH), dem neben den Aktivisten Geistliche der Methodisten, der Episkopalkirche, der Lutheraner und der United Church of Christ angehörten. Das war die erste amerikanische Organisation, die es wagte, das Wort «homosexuell» in ihre offizielle Bezeichnung aufzunehmen.

In den folgenden Jahren reichten die Aktivitäten des CRH von der Organisation von Kostümfesten bis zu rechtlichen Schritten gegen ungerechte Diskriminierung und Verfolgung. Das Council wurde zum Keim der Schwulenbewegung in Kalifornien. Reverend McIlvenna und die anderen Männer Gottes, die sich ihm anschlossen, waren sich der biblischen Vorbehalte gegenüber der Homosexualität sehr wohl bewusst. Aber in ihren Augen war es wichtiger, dem Geist der Barmherzigkeit Christi als dem strengen Wortlaut der Bibel zu folgen.[1]

Doch auch wenn Götter uns zu mitfühlendem Handeln inspirieren können, ist religiöser Glaube keine notwendige Voraussetzung für moralisches Verhalten. Die Vorstellung, wir bräuchten ein übernatürliches Wesen, das uns zu moralischem Handeln anhält, geht davon aus, dass Moral etwas Unnatürliches ist. Doch warum? Eine gewisse Moral ist ganz natürlich. Alle sozialen Säugetiere, von Schimpansen bis zu Ratten, verfügen über Moralkodizes, die Dingen wie Diebstahl und Mord einen Riegel vorschieben. Bei Menschen gibt es in allen Gesellschaften Moral, auch wenn nicht alle von ihnen an denselben Gott oder überhaupt an einen Gott glauben. Christen praktizieren Barmherzigkeit, ohne an den hinduistischen Pantheon zu glauben, bei Muslimen ist Aufrichtigkeit ein hoher Wert, obwohl sie die Göttlichkeit Christi ablehnen, und säkulare Länder wie Dänemark und die Tschechische Republik sind nicht gewalttätiger als fromme Länder wie Iran und Pakistan.

Moral bedeutet nicht, «sich an göttliche Gebote zu halten». Es bedeutet, «Leid zu verringern». Um moralisch zu handeln, muss man somit nicht an irgendeinen Mythos oder eine Geschichte glauben. Man muss lediglich ein tiefreichendes Verständnis des Leids entwickeln. Wer wirklich begreift, auf welche Weise eine Handlung einem selbst oder anderen unnötiges Leid zufügt, wird auf ganz natürliche Weise davon Abstand nehmen. Trotzdem morden, vergewaltigen und rauben Menschen, weil sie nur über ein sehr oberflächliches Verständnis des Elends verfügen, das sie damit verursachen. Sie sind darauf fixiert, ihre unmittelbare Lust oder Gier zu befriedigen, ohne sich um die Auswirkungen auf andere – oder auch nur um die langfristigen Auswirkungen auf sich selbst – zu kümmern. Selbst Inquisitoren, die ihrem Opfer bewusst so viel Leid wie möglich zufügen, nutzen üblicherweise verschiedene Techniken der Gefühlsabstumpfung und Entmenschlichung, um sich von dem, was sie tun, zu distanzieren.[2]

Nun ließe sich einwenden, dass jeder Mensch natürlich danach strebt, sich nicht elend zu fühlen, aber warum sollte sich jemand um das Elend anderer kümmern, wenn nicht irgendein Gott es von ihm verlangt? Eine offenkundige Antwort lautet, dass Menschen soziale Lebewesen sind, weshalb ihr Glück in hohem Maße von ihren Beziehungen zu anderen abhängt. Wer könnte glücklich sein ohne Liebe, ohne Freundschaft, ohne Gemeinschaft? Wer ein einsames, um sich selbst kreisendes Leben führt, wird sich mit ziemlicher Sicherheit elend fühlen. Wer glücklich sein will, muss sich also zumindest um die eigene Familie, um die eigenen Freunde und um die Angehörigen der eigenen Gemeinschaft kümmern.

Wie aber sieht es mit völlig Fremden aus? Warum kann ich nicht Fremde ermorden und mir ihren Besitz unter den Nagel reißen, um mich und meinen Stamm zu bereichern? Viele Denker haben ausgefeilte Gesellschaftstheorien entwickelt, die erklären, warum solches Verhalten auf lange Sicht kontraproduktiv ist. Man möchte nicht in einer Gesellschaft leben, in der Fremde regelmäßig ausgeraubt und ermordet werden. Man wäre nicht nur fortwährender Gefahr ausgesetzt, sondern würde auch nicht von den Vorzügen etwa des Handels profitieren, der vom Vertrauen zwischen Fremden abhängt. Kaufleute suchen üblicherweise keine Räuberhöhlen auf. Damit haben säkulare Theoretiker vom alten China bis zum modernen Europa die goldene Regel gerechtfertigt, die da lautet: «Was du nicht willst, dass man dir tu, das füg auch keinem andern zu.»

Doch wir brauchen nicht wirklich solche komplizierten langfristigen Theorien, um eine natürliche Grundlage für universelles Mitgefühl zu finden. Vergessen Sie für einen Augenblick den Handel. Auf einer viel unmittelbareren Ebene ist es doch so, dass ich mich immer selbst verletze, wenn ich andere verletze. Jeder Gewaltakt in der Welt beginnt mit einem gewalttätigen Wunsch in irgendjemandes Kopf, der den Seelenfrieden und das Glück dieses Menschen stört, bevor er den Frieden und das Glück von irgendjemand anderem stört. Deshalb stehlen Menschen nur selten, wenn sie nicht zuvor jede Menge Gier und Neid in sich entwickelt haben. Menschen morden üblicherweise nicht, wenn sie nicht in sich zunächst Wut und Zorn erzeugt haben. Emotionen wie Gier, Neid, Wut und Hass sind höchst widerwärtig. Man kann keine Freude und Harmonie erleben, wenn man innerlich vor Wut oder Neid kocht. Lange bevor Sie jemanden ermorden, hat also Ihre Wut bereits Ihren eigenen Seelenfrieden getötet.

Nun könnte es natürlich sein, dass die Wut jahrelang in Ihnen vor sich hin brodelt, ohne dass Sie je den Gegenstand Ihres Hasses tatsächlich umbringen. In diesem Fall haben Sie zwar nicht irgendjemand anderem Leid zugefügt, dafür aber sich selbst. Es ist deshalb Ihr natürliches Eigeninteresse – und nicht das Gebot irgendeines Gottes –, das Sie dazu veranlassen sollte, etwas gegen Ihre Wut zu tun. Wenn Sie völlig frei von Wut und Zorn wären, würden Sie sich viel besser fühlen, als wenn Sie einen unausstehlichen Feind ermordet hätten.

Manchen Leuten mag ein starker Glaube an einen mitfühlenden Gott, der uns befiehlt, die andere Wange hinzuhalten, dabei helfen, die Wut zu zügeln. Das war tatsächlich ein wichtiger Beitrag, den religiöser Glaube zu Frieden und Harmonie auf der Welt geleistet hat. Leider ist es aber so, dass religiöser Glaube bei anderen Menschen ihre Wut erst noch anheizt und rechtfertigt, insbesondere wenn es jemand wagt, ihren Gott zu beleidigen oder seine Wünsche zu ignorieren. Der Wert des gesetzgebenden Gottes hängt also letztlich vom Verhalten seiner Gläubigen ab. Wenn sie moralisch gut handeln, können sie glauben, was sie wollen. Ähnlich hängt der Wert religiöser Riten und heiliger Orte davon ab, welche Art von Gefühlen und Verhalten sie befördern. Wenn die Menschen beim Besuch eines Tempels Frieden und Harmonie erfahren, so ist das ganz wundervoll. Wenn aber ein bestimmter Tempel Gewalt und Konflikte auslöst, wozu sollten wir ihn dann brauchen? Es handelt sich eindeutig um einen dysfunktionalen Tempel. So sinnlos es ist, um einen kranken Baum zu kämpfen, der statt Früchten Dornen trägt, so sinnlos ist es, um einen mangelhaften Tempel zu kämpfen, der statt für Harmonie für Feindseligkeit sorgt.

Keinerlei Tempel zu besuchen und an keinerlei Gott zu glauben ist ebenfalls eine mögliche Option. Wie die letzten Jahrhunderte belegen, müssen wir nicht Gottes Namen beschwören, um ein moralisches Leben zu führen. Auch der Säkularismus kann uns mit all den Werten versorgen, die wir brauchen.

14

Säkularismus

Finde dich mit deinem Schatten ab

Was heißt es, säkular zu sein? Säkularismus wird mitunter als die Negation von Religion definiert, und säkulare Menschen zeichnen sich demnach durch das aus, was sie *nicht* glauben und tun. Dieser Definition zufolge glauben weltlich orientierte Menschen nicht an irgendwelche Götter oder Engel, sie gehen nicht in Kirchen und suchen keine Tempel auf, und sie vollziehen keine Riten und Rituale. Insofern wirkt die säkulare Welt hohl, nihilistisch und amoralisch – eine leere Box, die darauf wartet, mit etwas gefüllt zu werden.

Kaum jemand würde solch eine negative Identität für sich übernehmen. Selbst ernannte Säkularisten betrachten den Säkularismus völlig anders. Für sie ist er eine ausgesprochen positive und aktive Sicht der Welt, die sich in erster Linie durch einen kohärenten Wertekodex und weniger durch die Opposition gegen diese oder jene Religion auszeichnet. Tatsächlich finden sich viele säkulare Werte auch in verschiedenen religiösen Traditionen. Anders als manche Sekten, die darauf beharren, sie besäßen ein Monopol auf alle Weisheit und Güte, besteht eines der Hauptmerkmale säkularer Menschen darin, dass sie kein solches Monopol für sich beanspruchen. Sie glauben nicht, dass Moral und Weisheit an einem bestimmten Ort und zu einer bestimmten Zeit vom Himmel herabkamen. Vielmehr betrachten sie sie als das natürliche Erbe aller Menschen. Insofern war es in ihren Augen nur natürlich, dass zumindest einige Werte in menschlichen Gesellschaften überall auf der Welt auftauchen und Muslimen, Christen, Hindus und Atheisten gemein sein würden.

Glaubensführer stellen ihre Anhänger oftmals vor eine strikte Entweder-oder-Entscheidung – entweder du bist Muslim oder du bist es nicht. Und wenn du Muslim bist, solltest du alle anderen Glaubenslehren ablehnen. Säkulare Menschen hingegen haben kein Problem mit vielfältigen hybriden Identitäten. Wenn es nach dem Säkularismus geht, kann man sich weiter als Muslim bezeichnen und weiter zu Allah beten, sich halal ernähren und die Hadsch nach Mekka unternehmen – und gleichzeitig ein gutes Mitglied der säkularen Gesellschaft sein, vorausgesetzt man hält sich an den weltlichen Moralkodex. Dieser Moralkodex – der tatsächlich von Millionen Muslimen, Christen und Hindus genauso akzeptiert wird wie von Atheisten – umfasst die Werte der Wahrheit, Barmherzigkeit, Gleichheit, Freiheit, des Mutes und der Verantwortung. Er bildet die Grundlage moderner wissenschaftlicher und demokratischer Institutionen. Wie alle Moralkodizes ist auch der säkulare Kodex ein erstrebenswertes Ideal und weniger gesellschaftliche Wirklichkeit. So wie christliche Gesellschaften und christliche Institutionen oft vom christlichen Ideal abweichen, so bleiben auch säkulare Gesellschaften und Institutionen häufig hinter dem säkularen Ideal zurück. Das mittelalterliche Frankreich war ein selbst ernanntes christliches Königreich, aber es versuchte sich in allen möglichen nicht besonders christlichen Aktivitäten (fragen Sie nach bei den geknechteten Bauern). Das moderne Frankreich ist ein selbst erklärter säkularer Staat, aber seit den Zeiten Robespierres nahm es sich allein schon bei der Definition der Freiheit einige irritierende Freiheiten heraus (fragen Sie nach bei den Frauen). Das bedeutet nicht, dass es säkularen Menschen – in Frankreich oder anderswo – an einem moralischen Kompass oder an moralischer Verbindlichkeit fehlt. Es bedeutet lediglich, dass es nicht so einfach ist, einem Ideal zu entsprechen.

Das säkulare Ideal

Wie also sieht das säkulare Ideal aus? Die wichtigste säkulare Verpflichtung gilt der Wahrheit, die auf Beobachtung und Evidenz und nicht auf bloßem Glauben beruht. Wenn Sie ganz fest an irgendeine Geschichte glauben, dann kann uns das jede Menge interessanter Dinge über Ihre seelische Verfasstheit, über Ihre Kindheit und über Ihre Gehirnstruktur verraten – aber es beweist nicht, dass die Geschichte wahr ist. (Oftmals braucht man feste Glaubensüberzeugungen gerade dann, wenn die Geschichte nicht stimmt.)

Überdies verherrlichen Säkulare nicht irgendeine Gruppe, irgendeine Person oder irgendein Buch, so als seien diese Gruppe, diese Person oder dieses Buch die alleinigen Hüter der Wahrheit. Vielmehr heiligen säkulare Menschen die Wahrheit, wo immer sie sich offenbart – in versteinerten Knochen aus Urzeiten, in Aufnahmen von fernen Galaxien, in Tabellen voller statistischem Material oder in den Schriften verschiedener menschlicher Traditionen. Diese Verpflichtung auf die Wahrheit liegt der modernen Wissenschaft zugrunde, die die Menschheit in die Lage versetzte, das Atom zu spalten, das Genom zu entschlüsseln, die Evolution des Lebens nachzuzeichnen und die Geschichte der Menschheit zu verstehen.

Die andere Hauptverpflichtung säkularer Menschen gilt dem Mitgefühl und der Barmherzigkeit. Säkulare Moral beruht nicht darauf, dass man den Edikten dieses oder jenes Gottes gehorcht, sondern auf einem tiefgründigen Verständnis des Leids. So enthalten sich beispielsweise säkulare Menschen des Mordens, nicht weil irgendein altes Buch es verbietet, sondern weil das Töten fühlenden Wesen unendliches Leid zufügt. Menschen, die nur deshalb nicht töten, weil Gott das sagt, haben etwas zutiefst Verstörendes und Gefährliches an sich. Solche Menschen sind eher durch Gehorsam als durch Mitgefühl motiviert. Und was werden sie tun, wenn sie zu der Überzeugung gelangen, ihr Gott befehle ihnen, Häretiker, Hexen, Ehebrecher oder Ausländer zu töten?

Natürlich steht säkulare Ethik, da es ihr an absoluten göttlichen Geboten fehlt, oftmals vor schwierigen Dilemmata. Was geschieht, wenn ein und dieselbe Handlung eine Person verletzt, aber einer anderen hilft? Ist es moralisch, die Reichen mit hohen Steuern zu belegen, um die Armen zu unterstützen? Einen blutigen Krieg zu führen, um einen brutalen Diktator zu beseitigen? Eine unbegrenzte Zahl von Flüchtlingen ins eigene Land zu lassen? Wenn säkulare Menschen vor solchen Dilemmata stehen, fragen Sie nicht: «Was befiehlt Gott?» Stattdessen wägen sie sorgfältig die Gefühle aller betroffenen Parteien ab, ziehen ein breites Spektrum an Beobachtungen und Möglichkeiten in Betracht und suchen nach einem Mittelweg, der so wenig Schaden wie möglich anrichtet.

Nehmen wir beispielsweise die Einstellungen gegenüber der Sexualität. Wie entscheiden säkulare Menschen, ob sie für oder ob sie gegen Vergewaltigung, Homosexualität, Sodomie und Inzest sind? Indem sie nach Gefühlen fragen. Vergewaltigung ist offenkundig unmoralisch, nicht weil sie gegen irgendein göttliches Gebot verstößt, sondern weil sie Menschen verletzt. Eine liebevolle Beziehung zwischen zwei Männern hingegen tut niemandem etwas zuleide, und so gibt es keinen Grund, sie zu verbieten.

Und wie sieht es mit Sodomie aus? Ich habe an unzähligen privaten und öffentlichen Diskussionen über die Schwulenehe teilgenommen, und allzu oft fragt irgendwann irgendein oberschlauer Typ: «Wenn die Ehe zwischen zwei Männern okay ist, warum sollte man dann nicht die Ehe zwischen einem Mann und einer Ziege erlauben?» Aus säkularer Sicht ist die Antwort offenkundig. Gesunde Beziehungen erfordern emotionale, geistige und sogar spirituelle Tiefe. Eine Ehe, der es an solcher Tiefe fehlt, wird frustrieren, einsam machen und seelisch verkrüppeln. Während zwei Männer die emotionalen, geistigen und spirituellen Bedürfnisse des jeweils anderen mit Sicherheit befriedigen können, funktioniert das in einer Beziehung zu einer Ziege nicht. Wenn man daher die Ehe als Institution betrachtet, die darauf abzielt, das menschliche Wohlergehen zu befördern – wie säkulare Menschen das tun –, würde man nicht einmal im Traum darauf kommen, eine so bizarre Frage zu stellen. Nur Menschen, die die Ehe als irgendeine Art Zauberritual betrachten, verfallen auf eine solche Idee.

Und wie sieht es mit Beziehungen zwischen einem Vater und seiner Tochter aus? Beide sind Menschen, was sollte also schlimm daran sein? Nun, zahlreiche psychologische Studien haben gezeigt, dass solche Beziehungen dem Kind immensen und in der Regel irreparablen Schaden zufügen. Überdies sind sie Ausdruck destruktiver Neigungen des Elternteils und verstärken diese Tendenzen. Die Evolution hat die Psyche des Sapiens so geprägt, dass sich Liebesbeziehungen nicht wirklich gut mit elterlichen Bindungen vertragen. Deshalb braucht man keinen Gott oder die Bibel, um gegen Inzest zu sein – man muss nur die einschlägigen psychologischen Studien lesen.[1]

Das ist der eigentliche Grund, warum säkulare Menschen die wissenschaftliche Wahrheit hochhalten. Nicht um ihre Neugier zu befriedigen, sondern um zu erfahren, wie man das Leid auf der Welt am besten verringert. Ohne die Orientierungshilfe wissenschaftlicher Untersuchungen ist unser Mitgefühl oft blind.

Die doppelte Verpflichtung auf Wahrheit und Mitgefühl führt auch zu einer Verpflichtung auf die Gleichheit. Zwar gehen die Meinungen in Sachen wirtschaftlicher und politischer Gleichheit auseinander, aber säkulare Menschen misstrauen allen a priori bestehenden Hierarchien grundsätzlich. Leid ist Leid, ganz gleich, wer es erfährt; und Wissen ist Wissen, ganz gleich, wer es entdeckt. Wenn wir die Erfahrungen oder die Erkenntnisse einer bestimmten Nation, einer bestimmten Klasse oder eines bestimmten Geschlechts privilegieren, macht uns das mit einiger Wahrscheinlichkeit gefühllos und dumm. Säkulare Menschen sind zweifellos stolz auf die Einzigartigkeit ihrer jeweiligen Nation, ihres Landes und ihrer Kultur – aber sie verwechseln «Einzigartigkeit» nicht mit «Überlegenheit». Deshalb erkennen säkulare Menschen zwar ihre besonderen Verpflichtungen gegenüber ihrer Nation und ihrem Land an, aber sie glauben nicht, dass diese Pflichten exklusiv sind, und gleichzeitig wissen sie um ihre Verpflichtungen gegenüber der Menschheit insgesamt.

Wir können nicht nach der Wahrheit und nach einem Ausweg aus dem Leid suchen ohne die Freiheit, zu denken, zu erforschen und zu experimentieren. Daher halten säkulare Menschen die Freiheit hoch und nehmen davon Abstand, irgendeinem Text, einer Institution oder einem Anführer oberste Autorität als Entscheidungsinstanz darüber, was wahr und richtig ist, zuzuschreiben. Menschen sollten stets die Freiheit behalten, zu zweifeln, erneut zu prüfen, eine zweite Meinung einzuholen, einen anderen Weg auszuprobieren. Säkulare Menschen bewundern Galileo Galilei, der infrage zu stellen wagte, ob die Erde wirklich bewegungslos im Zentrum des Universums sitzt; sie bewundern die Massen gewöhnlicher Menschen, die 1789 die Bastille stürmten und das Despotenregime Ludwigs XVI. stürzten; und sie bewundern Rosa Parks, die den Mut hatte, sich in einem Bus auf einen Platz zu setzen, der weißen Fahrgästen vorbehalten war.

Es erfordert eine Menge Mut, gegen Vorurteile und repressive Regime zu kämpfen, aber noch mehr Mut braucht es, um Unwissen offen zuzugeben und sich ins Ungewisse aufzumachen. Säkulare Bildung lehrt uns, dass wir, wenn wir etwas nicht wissen, keine Angst haben sollen, unsere Unkenntnis einzugestehen und nach neuen Beweisen zu suchen. Selbst wenn wir glauben, wir wüssten etwas, sollten wir keine Angst haben, unsere Meinungen in Zweifel zu ziehen und uns selbst immer wieder zu überprüfen. Viele Menschen fürchten sich vor dem Unbekannten und wollen auf jede Frage eindeutige Antworten. Die Angst vor dem Unbekannten kann uns stärker lähmen als jeder Tyrann. Die gesamte Geschichte hindurch waren Menschen in Sorge, die menschliche Gesellschaft werde zusammenbrechen, wenn wir nicht all unseren Glauben auf irgendwelche absoluten Antworten setzen. Tatsächlich hat die moderne Geschichte gezeigt, dass eine Gesellschaft mutiger Menschen, die bereit sind, Unwissen einzugestehen und schwierige Fragen zu stellen, in der Regel nicht nur wohlhabender, sondern auch friedlicher ist als Gesellschaften, in denen jeder fraglos eine einzige Antwort akzeptieren muss. Menschen, die Angst haben, ihre Wahrheit zu verlieren, sind tendenziell gewalttätiger als Menschen, die es gewohnt sind, die Welt aus verschiedenen Blickwinkeln zu betrachten. Fragen, die wir nicht beantworten können, sind in der Regel weitaus besser für uns als Antworten, die man nicht infrage stellen darf.

Und schließlich legen säkulare Menschen großen Wert auf Verantwortung. Sie glauben nicht an irgendeine höhere Macht, die sich um die Welt kümmert, die die Bösen bestraft, die Gerechten belohnt und uns vor Hunger, Krankheit oder Krieg beschützt. Deshalb müssen wir Sterbliche aus Fleisch und Blut die volle Verantwortung für all das übernehmen, was wir tun – oder eben auch nicht tun. Wenn die Welt voller Elend und Not ist, ist es unsere Pflicht, Lösungen dafür zu finden. Säkulare Menschen sind stolz auf die ungeheuren Leistungen moderner Gesellschaften: dass sie Seuchen ausgerottet, die Hungrigen mit Nahrung versorgt und weiten Teilen der Welt Frieden gebracht haben. Wir müssen diese Errungenschaften nicht irgendeinem göttlichen Beschützer zuschreiben – sie sind eine Folge dessen, dass Menschen ihr eigenes Wissen und ihr eigenes Mitgefühl entwickelt haben. Doch aus genau diesem Grund müssen wir auch die volle Verantwortung für die Verbrechen und Irrwege der Moderne übernehmen, von Völkermorden bis zur ökologischen Verwüstung. Statt um Wunder zu beten, müssen wir fragen, was wir selbst tun können.

Das sind die zentralen Werte der säkularen Welt. Wie bereits erwähnt, ist keiner dieser Werte ausschließlich säkular. Auch für Juden ist die Wahrheit ein hoher Wert, für Christen ist es die Barmherzigkeit, für Muslime die Gleichheit, für Hindus die Verantwortung usw. Säkulare Gesellschaften und Institutionen sehen diese Werteüberschneidungen mit Freude und nehmen gläubige Juden, Christen, Muslime und Hindus gerne auf, vorausgesetzt, die Glaubenslehre steht zurück, wenn sie mit dem weltlichen Kodex in Konflikt gerät. Um in einer säkularen Gesellschaft akzeptiert zu sein, erwartet man beispielsweise von orthodoxen Juden, dass sie Nichtjuden als Gleichberechtigte behandeln, Christen sollten es tunlichst vermeiden, Häretiker auf dem Scheiterhaufen zu verbrennen, Muslime müssen die Meinungsfreiheit respektieren, und Hindus sollten sich von einer auf dem Kastenprinzip beruhenden Diskriminierung verabschieden.

Dagegen erwartet niemand, dass gläubige Menschen Gott verleugnen oder traditionelle Riten und Rituale aufgeben. Die säkulare Welt beurteilt Menschen nach ihrem Verhalten und weniger nach ihren Kleidungsvorlieben und Lieblingszeremonien. Jemand kann der schrillsten sektiererischen Kleiderordnung folgen und die eigenartigsten religiösen Zeremonien praktizieren, gleichzeitig aber aus einer tiefen Verpflichtung gegenüber den säkularen Kernwerten heraus handeln. Es gibt jede Menge jüdische Wissenschaftler, christliche Umweltschützer, muslimische Feministinnen und hinduistische Menschenrechtsaktivisten. Wenn sie wissenschaftlicher Wahrheit, Barmherzigkeit, Gleichberechtigung und Freiheit verpflichtet sind, sind sie vollwertige Mitglieder der säkularen Welt, und es gibt absolut keinen Grund, von ihnen zu verlangen, sie sollten ihre Kippa, ihr Kreuz, ihren Hijab oder ihr Tilaka abnehmen.

Aus einem ähnlichen Grund bedeutet säkulare Bildung nicht negative Indoktrination, die Kindern beibringt, nicht an Gott zu glauben und sich nicht an irgendwelchen religiösen Zeremonien zu beteiligen. Vielmehr bringt säkulare Bildung Kindern bei, Wahrheit von Glauben zu unterscheiden, Mitgefühl für alle leidenden Wesen zu entwickeln, die Weisheit und die Erfahrungen aller Erdenbürger zu schätzen, frei und ohne Angst vor dem Unbekannten zu denken sowie Verantwortung für das eigene Handeln und für die Welt insgesamt zu übernehmen.

War Stalin säkular?

Es gibt deshalb überhaupt keinen Grund, den Säkularismus zu kritisieren, weil es ihm an moralischen Verpflichtungen oder gesellschaftlicher Verantwortung fehle. Im Gegenteil besteht das Hauptproblem des Säkularismus darin, dass er die moralische Messlatte vermutlich viel zu hoch legt. Die meisten Menschen können einem so anspruchsvollen Kodex schlicht nicht gerecht werden, und große Gesellschaften lassen sich nicht auf der Basis der ergebnisoffenen Suche nach Wahrheit und Barmherzigkeit regieren. Insbesondere in Notzeiten – etwa im Falle eines Krieges oder einer Wirtschaftskrise – müssen Gesellschaften rasch und bestimmt agieren, selbst wenn sie nicht sicher sind, wie die Wahrheit lautet und wie wirklich barmherziges Handeln aussieht. Sie brauchen klare Richtlinien, eingängige Schlagworte und mitreißende Schlachtrufe. Da es schwierig ist, aufgrund zweifelhafter Mutmaßungen Soldaten in die Schlacht zu schicken oder radikale Wirtschaftsreformen zu verordnen, verwandeln sich säkulare Bewegungen immer wieder in dogmatische Glaubensbekenntnisse.

So behauptete beispielsweise Karl Marx anfangs, alle Religionen seien unterdrückerische Betrügereien, und ermunterte seine Anhänger, selbst nach dem wahren Wesen der Weltordnung zu suchen. In den Jahrzehnten nach Marx verhärteten die Zwänge der Revolution und des Krieges den Marxismus, und zur Zeit Stalins lautete die offizielle Linie der KPdSU, die Weltordnung sei für normale Menschen viel zu schwer zu verstehen, deshalb sollten sie am besten immer der Weisheit der Partei vertrauen und das tun, was diese ihnen vorschrieb, selbst wenn sie die Inhaftierung und

Vernichtung von Abermillionen unschuldigen Menschen ins Werk setzte. Das mochte hässlich aussehen, doch wie Parteiideologen niemals müde wurden zu erklären, war die Revolution nun einmal kein Zuckerschlecken, und wer ein Omelett will, muss eben ein paar Eier zerschlagen.

Ob wir Stalin als säkularen Führer betrachten sollten, hängt deshalb davon ab, wie wir Säkularismus definieren. Halten wir uns an die negative Minimaldefinition – «säkulare Menschen glauben nicht an Gott» –, dann war Stalin definitiv säkular. Verwenden wir eine positive Definition – «säkulare Menschen lehnen alle unwissenschaftlichen Dogmen ab und sind Wahrheit, Mitgefühl und Freiheit verpflichtet» –, dann war Marx ein säkularer Leuchtturm, während Stalin alles andere als das war. Er war der Prophet der gottlosen, aber extrem dogmatischen Religion des Stalinismus.

Der Stalinismus ist kein Einzelfall. Auf der anderen Seite des politischen Spektrums begann auch der Kapitalismus als eine sehr unvoreingenommene wissenschaftliche Theorie, verfestigte sich aber nach und nach zu einem Dogma. Viele Kapitalisten beten unablässig das Mantra von den freien Märkten und vom Wirtschaftswachstum herunter, ganz gleich, wie es in der Wirklichkeit aussieht. Egal, welch schreckliche Folgen Modernisierung, Industrialisierung oder Privatisierung mitunter haben, tun kapitalistische Überzeugungstäter sie als bloße «Wachstumsschmerzen» ab und versprechen, das alles werde durch ein bisschen mehr Wachstum wettgemacht.

Gemäßigte liberale Demokraten waren dem säkularen Streben nach Wahrheit und Mitgefühl stärker verpflichtet, aber selbst sie lassen mitunter zugunsten bequemer Dogmen davon ab. So vertrauen etwa Liberale, wenn sie mit dem Chaos brutaler Diktaturen und gescheiterter Staaten konfrontiert sind, oftmals unhinterfragt auf das großartige Ritual allgemeiner Wahlen. Sie führen Kriege und geben an Orten wie dem Irak, Afghanistan und dem Kongo Milliardensummen aus in der festen Überzeugung, die Abhaltung allgemeiner Wahlen werde diese Orte wie durch Zauberhand in sonnenscheinreichere Varianten Dänemarks verwandeln. Und das trotz wiederholter Misserfolge und ungeachtet der Tatsache, dass diese Rituale selbst in Ländern mit einer gefestigten Tradition allgemeiner Wahlen mitunter autoritäre Populisten an die Macht bringen und zu nichts Großartigerem als Mehrheitsdiktaturen führen. Wer aus diesen Gründen die angebliche Weisheit allgemeiner Wahlen infrage stellt, wird zwar nicht im Gulag landen, aber vermutlich einen ziemlich kalten Schwall dogmatischer Beschimpfungen abbekommen.

Natürlich sind nicht alle Dogmen gleichermaßen schädlich. So wie manche Glaubensüberzeugungen der Menschheit zugutekamen, waren auch einige säkulare Dogmen durchaus nützlich. Ganz besonders gilt das für die Doktrin der Menschenrechte. Der einzige Ort, an dem Rechte existieren, sind die Geschichten, die Menschen erfinden und sich gegenseitig erzählen. Diese Geschichten verfestigten sich während des Kampfes gegen religiöse Bigotterie und autokratische Regierungen zu einem selbstverständlichen Dogma. Zwar stimmt es nicht, dass Menschen ein natürliches Recht auf Leben oder Freiheit haben, doch der Glaube an diese Erzählung zähmte die Macht autoritärer Regime, bewahrte Minderheiten vor Schaden und schützte Milliarden vor den schlimmsten Folgen von Armut und Gewalt. Er leistete somit einen wichtigeren Beitrag zum Glück und Wohlergehen der Menschheit als jede andere Doktrin in der Geschichte.

Und doch handelt es sich nach wie vor um ein Dogma. So heißt es in Artikel 19 der UN-Menschenrechtscharta: «Jeder hat das Recht auf Meinungsfreiheit und freie Meinungsäußerung.» Verstehen wir das als politische Forderung («jeder *sollte* das Recht auf freie Meinungsäußerung haben»), ist das absolut vernünftig. Wenn wir jedoch glauben, jeder einzelne Sapiens sei von Natur aus mit einem «Recht auf freie Meinungsäußerung» ausgestattet und Zensur verstoße somit gegen ein Naturrecht, verfehlen wir die Wahrheit über die Menschheit. Solange wir uns selbst als Individuen definieren, die «unveräußerliche Naturrechte besitzen», werden wir nicht wissen, wer wir wirklich sind, und wir werden nicht verstehen, welche historischen Faktoren unsere Gesellschaft und unseren eigenen Geist (einschließlich unseres Glaubens an Naturrechte) prägten. Solcherlei Unkenntnis spielte im 20. Jahrhundert, als die Menschen damit beschäftigt waren, gegen Hitler und Stalin zu kämpfen, womöglich keine große Rolle. Doch im 21. Jahrhundert könnte sie fatal werden, denn Biotechnologie und künstliche Intelligenz wollen nun sogar etwas ganz Grundlegendes verändern, nämlich was es heißt, Mensch zu sein. Wenn wir dem Recht auf Leben verpflichtet sind, impliziert das dann, dass wir mittels Biotechnologie den Tod überwinden sollen? Wenn wir dem Recht auf Freiheit verpflichtet sind, sollten wir Algorithmen dazu ermächtigen, unsere verborgenen Wünsche zu entschlüsseln und zu erfüllen? Wenn alle Menschen gleiche Menschenrechte genießen, haben Übermenschen dann Überrechte? Säkulare Menschen werden Schwierigkeiten haben, sich mit solchen Fragen zu beschäftigen, solange sie einem dogmatischen Glauben an Menschenrechte verhaftet bleiben.

Das Dogma der Menschenrechte wurde in früheren Jahrhunderten als Waffe gegen die Inquisition, das Ancien Régime, die Nazis und den Ku-Klux-Klan entwickelt und geschärft. Für den Umgang mit Übermenschen, Cyborgs und superintelligenten Computern aber ist es kaum gerüstet und geeignet. Zwar haben Menschenrechtsbewegungen ein sehr eindrucksvolles Arsenal an Argumenten und Verteidigungsstrategien gegen religiöse Vorurteile und menschliche Tyrannen angehäuft, aber dieses Arsenal schützt uns nicht wirklich vor Konsumexzessen und technologischen Utopien.

Den Schatten anerkennen

Den Säkularismus sollte man nicht mit stalinistischem Dogmatismus oder mit den bitteren Früchten des westlichen Imperialismus und einer außer Kontrolle geratenen Industrialisierung gleichsetzen. Gleichwohl kann er nicht sämtliche Verantwortung für diese Dinge von sich weisen. Säkulare Bewegungen und wissenschaftliche Institutionen haben Milliarden Menschen in ihren Bann gezogen mit den Versprechen, die Menschheit zu vervollkommnen und die Fülle des Planeten Erde zum Nutzen unserer Spezies zu verwenden. Solche Versprechungen führten nicht nur dazu, dass Krankheiten und Hungersnöte überwunden wurden, sondern auch zu Gulags und abschmelzenden Polkappen. Nun könnten Sie mit gutem Grund behaupten, das alles sei die Schuld von Menschen, die die säkularen Kernideale und die wahren Fakten der Wissenschaft falsch verstanden und verzerrt hätten. Und damit haben Sie völlig recht. Aber vor diesem Problem stehen alle einflussreichen Bewegungen.

So war beispielsweise das Christentum für große Verbrechen wie die Inquisition, die Kreuzzüge, die Unterdrückung indigener Kulturen überall auf der Welt und die Entrechtung von Frauen verantwortlich. Ein Christ könnte darauf erwidern, all diese Verbrechen seien aus einem völligen Missverständnis des Christentums erwachsen. Jesus habe einzig und allein Liebe gepredigt, und die Inquisition beruhe auf einer fürchterlichen Verzerrung seiner Lehren. Wir können Verständnis für diese Behauptung haben, aber es wäre ein Fehler, das Christentum vorschnell vom Haken zu lassen. Christen, die sich durch die Inquisition und die Kreuzzüge abgestoßen fühlen, können ihre Hände nicht einfach von diesen Gräueltaten reinwaschen – sie sollten sich vielmehr selbst ein paar sehr unangenehme Fragen stellen. Wie genau konnte ihre Religion der Liebe zulassen, dass sie derart missbraucht wird, und zwar nicht nur einmal, sondern viele Male? Protestanten, die alle Schuld einem katholischen Fanatismus zuschreiben wollen, sollten ein Buch über das Verhalten protestantischer Kolonisatoren in Irland oder in Nordamerika lesen. Ähnlich sollten sich Marxisten fragen, was an den Lehren von Marx den Weg in den Gulag ebnete, Wissenschaftler sollten überlegen, warum das wissenschaftliche Projekt die Destabilisierung des globalen Ökosystems so leichtfertig in Kauf nahm, und insbesondere Genetiker sollten es sich eine Warnung sein lassen, wie die Nationalsozialisten sich darwinistische Theorien zunutze machten.

Jede Religion, jede Ideologie und jedes Glaubensbekenntnis haben ihren Schatten, und ganz gleich, welchem Glauben Sie anhängen, sollten Sie Ihren Schatten anerkennen und der naiven Selbstgewissheit misstrauen, wonach «uns das nicht passieren kann». Die säkulare Wissenschaft hat allerdings zumindest einen großen Vorteil gegenüber den meisten traditionellen Religionen, nämlich dass ihr Schatten sie nicht in Angst und Schrecken versetzt und dass sie zumindest im Prinzip bereit ist, eigene Fehler und blinde Flecken einzugestehen. Wer hingegen an eine absolute Wahrheit glaubt, die von einer transzendenten Macht offenbart wurde, darf sich keinerlei Fehler eingestehen – denn das würde die ganze Geschichte zunichte machen. Wenn Sie allerdings an eine Wahrheitssuche durch fehlbare Menschen glauben, gehört es selbstverständlich auch zum Spiel, Fehler einzuräumen.

Das ist auch ein Grund, warum undogmatische säkulare Bewegungen zumeist relativ bescheidene Versprechungen machen. Sie wissen um ihre Unvollkommenheiten und hoffen, kleine, schrittweise Veränderungen bewirken zu können, indem sie etwa den Mindestlohn um ein paar Euro anheben oder die Kindersterblichkeit um ein paar Prozentpunkte senken. Es gehört zu den Markenzeichen dogmatischer Ideologien, dass sie aufgrund ihrer überzogenen Selbstgewissheit regelmäßig das Unmögliche beschwören. Ihre Anführer sprechen nur allzu freizügig von «Ewigkeit»,

«Reinheit» und «Erlösung», als könnten sie durch den Erlass eines Gesetzes, den Bau eines Tempels oder die Eroberung irgendwelchen Territoriums die ganze Welt in einer einzigen großen Geste retten.

Heute, da wir vor den wichtigsten Entscheidungen in der Geschichte des Lebens stehen, würde ich persönlich eher denjenigen trauen, die Unwissen einräumen, als denjenigen, die Unfehlbarkeit für sich beanspruchen. Wenn Sie wollen, dass Ihre Religion, Ihre Ideologie oder Ihre Weltanschauung der Welt als Orientierung dient, so lautet meine erste Frage an Sie: «Was ist der größte Fehler, den Ihre Religion, Ihre Ideologie oder Ihre Weltanschauung begangen hat? Was hat sie falsch gemacht?» Wenn Sie mir darauf keine einigermaßen ernsthafte und seriöse Antwort geben können, so würde zumindest ich Ihnen nicht trauen.

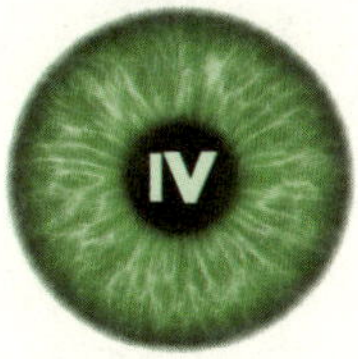

Wahrheit

Wenn du dich durch die Weltlage überwältigt und irritiert fühlst, dann liegst du damit ganz richtig. Globale Prozesse sind so kompliziert geworden, dass ein Einzelner sie nicht mehr versteht. Wie lässt sich dann die Wahrheit über die Welt erfahren und verhindern, dass man Propaganda und Falschinformationen zum Opfer fällt?

15

Nichtwissen

Du weißt weniger, als du glaubst

Die vorangegangenen Kapitel haben einen Überblick über einige der wichtigsten Probleme und Entwicklungen der heutigen Zeit gegeben, von der überschätzten Bedrohung durch den Terror bis zur unterschätzten Gefahr technologischer Disruption. Wenn Sie dabei das dumpfe Gefühl nicht losgeworden sind, dass Ihnen das alles zu viel ist und Sie das alles nicht verarbeiten können, dann haben Sie absolut recht. Niemand kann das.

In den letzten Jahrhunderten hat das liberale Denken ungeheures Vertrauen in das rationale Individuum entwickelt. Es verstand individuelle Menschen als unabhängige vernünftige Akteure und machte diese mythischen Geschöpfe zur Grundlage der modernen Gesellschaft. Demokratie gründet auf der Vorstellung, dass der Wähler am besten weiß, was richtig ist, die freie Marktwirtschaft glaubt, der Kunde habe immer recht, und liberale Bildung bringt den Schülern bei, eigenständig zu denken.

Es ist jedoch ein Fehler, so viel Vertrauen in das rationale Individuum zu setzen. Postkoloniale Denker und Feministinnen haben darauf hingewiesen, dass dieses «rationale Individuum» möglicherweise eine chauvinistische westliche Fantasievorstellung ist, die die Autonomie und Macht von Männern aus der weißen Oberschicht glorifiziert. Wie schon erwähnt, haben Verhaltensökonomen und Evolutionspsychologen gezeigt, dass die meisten menschlichen Entscheidungen auf emotionalen Reaktionen und heuristischen Kurzschlüssen basieren, weniger auf rationaler Analyse, und dass unsere Emotionen und Strategien der Problemlösung möglicherweise für ein Leben in der Steinzeit geeignet waren, im «Silicon Age» jedoch bedauerlicherweise völlig unbrauchbar sind.

Nicht nur die Rationalität, auch die Individualität ist ein Mythos. Menschen denken nur selten eigenständig. Vielmehr denken wir in Gruppen. So wie es einen Stamm braucht, um ein Kind großzuziehen, braucht es auch einen solchen, um ein Werkzeug zu erfinden, einen Konflikt zu lösen oder eine Krankheit zu heilen. Kein Einzelner weiß alles, was nötig ist, um eine Kirche, eine Atombombe oder ein Flugzeug zu bauen. Was *Homo sapiens* seinen Vorsprung gegenüber allen anderen Tieren verschaffte und uns zu Herren des Planeten machte, war nicht unsere individuelle Rationalität, sondern unsere beispiellose Fähigkeit, in großen Gruppen gemeinsam zu denken.[1]

Einzelne Menschen wissen erschreckend wenig über die Welt, und je weiter die Geschichte voranschritt, desto weniger wussten sie. Ein Jäger und Sammler der Steinzeit wusste, wie er seine Kleidung fertigte, wie er ein Feuer entfachte, wie er Kaninchen jagte und wie er den Löwen entkam. Wir glauben, wir wüssten heute viel mehr, aber in Wirklichkeit wissen wir als Individuen deutlich weniger. Bei fast all unseren Bedürfnissen vertrauen wir auf die Expertise von anderen. In einem Experiment, das Anlass zur Demut gibt, wurden Menschen gebeten, selbst einzuschätzen, wie gut sie über einen gewöhnlichen Reißverschluss Bescheid wussten. Die meisten gaben vertrauensvoll zu Protokoll, sie würden dessen Funktionsweise ziemlich gut verstehen – schließlich verwendeten sie ständig Reißverschlüsse. Anschließend bat man sie, so detailliert wie möglich zu beschreiben, was genau bei der Bedienung eines Reißverschlusses in dessen Innerem passiert. Die meisten hatten keinerlei Ahnung.[2] Steven Sloman und Philipp Fernbach haben dieses Phänomen als «Wissensillusion» bezeichnet. Wir glauben, eine Menge zu wissen, auch wenn wir individuell sehr wenig wissen, denn wir behandeln das Wissen in den Köpfen anderer, als wäre es unser eigenes.

Das ist nicht zwangsläufig schlecht. Unser Vertrauen auf das Gruppendenken hat uns zu Herren über die Welt gemacht, und die Wissensillusion versetzt uns in die Lage, ohne das illusorische Bemühen, alles selbst zu verstehen, durchs Leben zu kommen. Aus evolutionärer Sicht hat das Vertrauen auf das Wissen anderer für *Homo sapiens* extrem gut funktioniert.

Doch wie viele andere menschliche Charakterzüge, die in vergangenen Zeiten sinnvoll waren, aber in der Moderne Probleme verursachen, hat auch die Wissensillusion ihre Kehrseite. Die Welt wird immer komplizierter und die Menschen merken nicht einmal, wie wenig sie darüber Bescheid wissen, was vor sich geht. Das hat zur Folge, dass manche, die so gut wie gar nichts über Meteorologie oder Biologie wissen, trotzdem politische Maßnahmen im Hinblick auf den Klimawandel und genveränderte Pflanzen vorschlagen, während andere ziemlich genau wissen, was im Irak oder in der Ukraine zu tun ist, obwohl sie diese Länder noch nicht einmal auf der Karte finden. Die Menschen bemerken ihre Unkenntnis nur selten, weil sie sich in einer Echokammer gleichgesinnter Freunde und das eigene Weltbild bestätigender Newsfeeds eingeschlossen haben, wo ihre Überzeugungen ständig bestärkt und nur selten infrage gestellt werden.[3]

Die Menschen mit mehr und genaueren Informationen zu versorgen wird die Sache wahrscheinlich nicht besser machen. Wissenschaftler glauben, falsche Ansichten durch bessere wissenschaftliche Bildung zerstreuen zu können, und Meinungsmacher hoffen, die öffentliche Meinung zu Fragen wie Obamacare oder dem Klimawandel zu beeinflussen, indem sie der Öffentlichkeit exakte Fakten und Expertenberichte vorlegen. Solche Hoffnungen beruhen auf einem falschen Verständnis davon, wie Menschen wirklich denken. Die meisten unserer Ansichten sind durch gemeinschaftliches Gruppendenken und nicht durch individuelle Rationalität geprägt. Und aus Loyalität zur Gruppe halten wir an diesen Ansichten fest. Bombardiert man die Menschen mit Fakten und macht damit ihr individuelles Nichtwissen sichtbar, so könnte dieser Schuss nach hinten losgehen. Die meisten Menschen mögen nicht zu viele Fakten, und sie mögen es mit Sicherheit nicht, sich dumm zu fühlen. Seien Sie also nicht zu sicher, dass Sie die Anhänger der Tea Party von der Wahrheit des Klimawandels überzeugen können, indem Sie sie mit statistischem Zahlenmaterial überhäufen.[4]

Die Macht des Gruppendenkens ist so tief verwurzelt, dass sie sich selbst dann nur schwer durchbrechen lässt, wenn die daraus resultierenden Ansichten reichlich willkürlich erscheinen. So machen sich beispielsweise in den USA rechte Konservative deutlich weniger Gedanken über Dinge wie Umweltverschmutzung und bedrohte Arten als linke Progressive, weshalb es in Louisiana deutlich laschere Umweltgesetze gibt als in Massachusetts. Wir sind an diese Situation gewöhnt, also betrachten wir sie als selbstverständlich, dabei ist sie in Wirklichkeit höchst überraschend. Denn eigentlich sollte man annehmen, dass Konservative sich viel stärker um die Bewahrung der alten ökologischen Ordnung und um den Schutz der Gebiete, Wälder und Flüsse ihrer Vorfahren sorgen. Dagegen könnte man von fortschrittlichen Menschen erwarten, dass sie radikalen Veränderungen der Landschaft gegenüber aufgeschlossener sind, insbesondere wenn das Ziel darin besteht, den Fortschritt zu beschleunigen und den menschlichen Lebensstandard zu heben. Doch sobald in diesen Fragen aufgrund verschiedener Launen der Geschichte eine parteipolitische Trennlinie gezogen wurde, ist es für Konservative zur zweiten Natur geworden, Ängste vor verschmutzten Flüssen und verschwindenden Vögeln als übertrieben abzutun, während linke Progressive jede Zerstörung der alten ökologischen Ordnung fürchten.[5]

Selbst Wissenschaftler sind nicht immun gegen die Macht des Gruppendenkens. Insofern können Wissenschaftler, die glauben, Fakten könnten die öffentliche Meinung verändern, selbst Opfer wissenschaftlichen Gruppendenkens sein. Die wissenschaftliche Community glaubt an die Wirksamkeit von Fakten, weshalb diejenigen, die loyal zu dieser Gemeinschaft stehen, weiterhin davon ausgehen, dass sie öffentliche Debatten für sich entscheiden können, indem sie mit den richtigen Fakten um sich werfen, obwohl empirisch vieles für das Gegenteil spricht.

Ähnlich kann der liberale Glaube an die individuelle Rationalität durchaus das Produkt liberalen Gruppendenkens sein. In einer wunderbaren Schlüsselszene in Monty Pythons *Das Leben des Brian* hält eine riesige Menge wohlmeinender Gutmenschen Brian fälschlicherweise für den Messias. Brian ruft seinen Jüngern zu: «Hört zu. Ihr versteht das alles falsch. Es ist wirklich nicht nötig, dass ihr mir folgt. Es ist völlig unnötig, einem Menschen zu folgen, den ihr nicht mal kennt. Ihr müsst nur an euch selbst denken. Ihr seid doch alle Individuen. Und ihr seid alle völlig verschieden!« Woraufhin die Menge unisono skandiert: «Ja! Wir sind alle Individuen! Ja! Wir sind alle völlig verschieden!» Monty Python parodierte damit die gegenkulturelle Orthodoxie der 1960er Jahre, aber Gleiches kann auch für den Glauben an den rationalen Individualismus ganz allgemein gelten. Moderne Demokratien bestehen aus lauter Menschenmengen, die einträchtig rufen: «Ja, der Wähler weiß, was am besten ist! Ja, der Kunde hat immer recht!»

Das schwarze Loch der Macht

Doch das Problem des Gruppendenkens und des individuellen Nichtwissens betrifft nicht nur gewöhnliche Wähler und Kunden, sondern auch Präsidenten und Unternehmensvorstände. Sie mögen über jede Menge Berater und riesige Geheimdienstapparate verfügen, doch das macht die

Sache nicht zwangsläufig besser. Es ist extrem schwer, die Wahrheit herauszufinden, wenn man die Welt beherrscht. Man hat einfach viel zu viel zu tun. Die meisten politischen Oberhäupter und Wirtschaftsmoguln sind ständig beschäftigt. Doch wenn man sich eingehend mit einem Thema befassen will, braucht man viel Zeit, und vor allem braucht man das Privileg, Zeit verschwenden zu können. Man muss mit unproduktiven Wegen experimentieren, Sackgassen erkunden, Raum für Zweifel und Langeweile schaffen und zulassen, dass kleine Samen der Erkenntnis nur langsam gedeihen und blühen. Wer es sich nicht leisten kann, Zeit zu verschwenden, der wird die Wahrheit niemals finden.

Schlimmer noch: Große Machtfülle verzerrt unausweichlich die Wahrheit. Denn Macht heißt vor allem, die Wirklichkeit zu verändern, und nicht, sie so zu sehen, wie sie ist. Wenn Sie einen Hammer in der Hand haben, sieht alles wie ein Nagel aus; und wenn Sie große Macht in Händen halten, sieht alles wie eine Einladung zur Einmischung aus. Selbst wenn Sie diesen Drang irgendwie überwinden, werden die Menschen um Sie herum nie den riesigen Hammer vergessen, den Sie in Händen halten. Jeder, der mit Ihnen spricht, wird ein bewusstes oder unbewusstes Anliegen haben, deshalb können Sie nie voll und ganz auf das vertrauen, was die Menschen sagen. Kein Sultan kann je sicher sein, dass seine Höflinge und Untergebenen ihm die Wahrheit sagen.

Große Macht fungiert somit wie ein schwarzes Loch, das den Raum ringsum krümmt. Je näher Sie kommen, desto verzerrter wird alles. Jedes Wort wird extrem schwer, wenn es in Ihre Umlaufbahn eintritt, und jeder Mensch, den Sie treffen, versucht Sie zu umschmeicheln oder zu besänftigen oder will irgendetwas von Ihnen. Die Leute wissen, Sie haben nicht mehr als eine oder zwei Minuten für sie Zeit, und sie haben Angst, etwas Unangemessenes oder Wirres zu sagen, und so geben sie lieber leere Schlagworte oder die abgedroschensten Klischees von sich.

Vor ein paar Jahren war ich zu einem Abendessen mit dem israelischen

Premierminister Benjamin Netanjahu eingeladen. Freunde rieten mir ab, dorthin zu gehen, aber ich konnte der Versuchung nicht widerstehen. Ich dachte, vielleicht würde ich dort irgendwelche großen Geheimnisse erfahren, die nur für wichtige Ohren hinter verschlossenen Türen bestimmt sind. Doch was für eine Enttäuschung musste ich erleben! Es waren ungefähr dreißig Leute geladen, und jeder versuchte, die Aufmerksamkeit des großen Mannes auf sich zu ziehen, ihn mit seinem Witz zu beeindrucken, seine Gunst zu gewinnen oder ihm etwas zu entlocken. Wenn irgendjemand dort irgendein großes Geheimnis kannte, dann ist es ihm extrem gut gelungen, es für sich zu behalten. Das war nicht wirklich Netanjahus oder irgendjemandes Schuld. Schuld war die Anziehungskraft der Macht.

Wenn Sie wirklich Wahrheit wollen, müssen Sie dem schwarzen Loch der Macht entkommen und sich selbst gestatten, jede Menge Zeit zu verschwenden und an der Peripherie mal dahin, mal dorthin zu schweifen. Revolutionäre Erkenntnis schafft es nur selten in die Mitte, denn die Mitte besteht aus bereits existierendem Wissen. Die Hüter der alten Ordnung bestimmen üblicherweise, wer in die Zentren der Macht gelangt, und sie sortieren in der Regel diejenigen aus, die irritierende, unkonventionelle Ideen im Gepäck haben. Natürlich filtern sie auch eine unglaubliche Menge an Schrott heraus. Nicht zum Weltwirtschaftsforum in Davos eingeladen zu sein ist nicht wirklich eine Garantie dafür, dass man klug ist. Deshalb muss man so viel Zeit an der Peripherie verbringen – dort finden sich womöglich einige brillante revolutionäre Erkenntnisse, aber zumeist wimmelt es dort von unbegründeten Mutmaßungen, entzauberten Vorbildern, abergläubischen Dogmen und kruden Verschwörungstheorien.

Politiker stecken somit in einer Zwickmühle. Wenn sie im Zentrum der Macht bleiben, werden sie eine extrem verzerrte Sicht der Welt haben. Wenn sie sich an die Ränder wagen, werden sie allzu viel ihrer wertvollen Zeit vergeuden. Dieses Dilemma wird nur noch schlimmer werden. In den kommenden Jahrzehnten wird die Welt noch komplizierter werden, als sie es heute schon ist. Einzelne Menschen – Bauern ebenso wie Könige – werden folglich noch weniger über die technologischen Gerätschaften, die ökonomischen Strömungen und die politischen Kräftespiele wissen, die die Welt prägen. Wie Sokrates schon vor mehr als 2000 Jahren bemerkte, können wir unter solchen Umständen bestenfalls unser eigenes Nichtwissen anerkennen.

Aber welche Folgen hat das für Moral und Gerechtigkeit? Wenn wir die Welt nicht verstehen können, wie können wir dann hoffen, zwischen richtig und falsch, gerecht und ungerecht unterscheiden zu können?

16

Gerechtigkeit

Unser Gerechtigkeitsempfinden könnte veraltet sein

Wie all unsere sonstigen Empfindungen hat auch unser Gerechtigkeitssinn alte evolutionäre Wurzeln. Die menschliche Moral wurde im Verlauf der Evolution über Jahrmillionen geprägt und so angepasst, dass sie mit den gesellschaftlichen und moralischen Dilemmata zurechtkam, die im Leben kleiner Gruppen von Jägern und Sammlern auftraten. Wenn ich mit Ihnen auf die Jagd gehen und ein Reh erlegen würde, während Sie nichts fangen, sollte ich dann meine Beute mit Ihnen teilen? Wenn Sie Pilze sammeln und mit einem vollen Korb zurückkehren, erlaubt es mir dann die Tatsache, dass ich stärker bin als Sie, mir all diese Pilze einfach unter den Nagel zu reißen? Und wenn ich weiß, dass Sie planen, mich umzubringen, ist es dann in Ordnung, präventiv zu handeln und Ihnen im Schutze der Nacht die Kehle durchzuschneiden?[1]

Oberflächlich betrachtet hat sich seit der Zeit, als wir die afrikanische Savanne gegen den Großstadtdschungel eintauschten, nicht viel geändert. Man könnte glauben, dass die Fragen, vor denen wir heute stehen – der Bürgerkrieg in Syrien, globale Ungleichheit, der Klimawandel –, einfach nur die gleichen alten Fragen sind, lediglich ein wenig größer. Das aber ist eine Illusion. Die Größe spielt eine entscheidende Rolle, und unter dem Gesichtspunkt der Gerechtigkeit (wie unter vielen anderen Gesichtspunkten) sind wir nicht wirklich geeignet für die Welt, in der wir leben.

Das Problem sind nicht die Werte. Die Bürger des 21. Jahrhunderts verfügen, ob sie nun weltlich eingestellt oder gläubig sind, über jede Menge Werte. Das Problem ist die Umsetzung dieser Werte in einer komplexen globalen Welt. Schuld daran sind die Zahlenverhältnisse. Das Gerechtigkeitsgefühl von Wildbeutern war so strukturiert, dass es mit den Dilemmata zurechtkam, die das Leben von ein paar Dutzend Menschen in einem ein paar Dutzend Quadratkilometer umfassenden Gebiet betrafen. Wenn wir hingegen versuchen, die Beziehungen zwischen Millionen Menschen über ganze Kontinente hinweg nachzuvollziehen, ist unser moralisches Empfinden überfordert.

Gerechtigkeit erfordert nicht einfach nur ein Gefüge abstrakter Werte, sondern auch ein Verständnis konkreter Ursache-Wirkung-Zusammenhänge. Wenn Sie Pilze gesammelt haben, um damit Ihre Kinder zu ernähren, und ich nehme mir nun mit Gewalt diesen Korb voller Pilze, was bedeutet, dass all Ihre Mühe vergebens war und Ihre Kinder abends hungrig schlafen gehen werden, so ist das ungerecht. Das ist nicht schwer zu verstehen, denn die Ursache-Wirkung-Zusammenhänge sind leicht zu erkennen. Leider zeichnet sich unsere moderne globale Welt unter anderem dadurch aus, dass ihre Kausalbeziehungen hochgradig verzweigt und komplex sind. Ich kann friedlich zu Hause leben, keinen Finger rühren und niemandem irgendwelchen Schaden zufügen, und doch bin ich, glaubt man linken Aktivisten, vollständig an den Verfehlungen beteiligt, die israelische Soldaten und Siedler im Westjordanland begehen. Glaubt man den Sozialisten, so beruht mein komfortables Leben auf Kinderarbeit in üblen Sweatshops in der Dritten Welt. Und Tierrechtsaktivisten erinnern mich daran, dass mein Leben mit einem der fürchterlichsten Verbrechen in der Geschichte verbunden ist – der Unterwerfung von Milliarden Nutztieren unter ein brutales Regime der Ausbeutung.

Bin ich wirklich an all dem schuld? Das lässt sich nicht so leicht entscheiden. Da meine Existenz von einem verwirrenden Netzwerk ökonomischer und politischer Verbindungen abhängt und da globale Kausalzusammenhänge so verwickelt sind, ist es schwierig für mich, auch nur die einfachsten Fragen zu beantworten wie etwa: Wo kommt mein Mittagessen her? Wer hat die Schuhe hergestellt, die ich trage? Und was macht meine Rentenversicherung mit meinem Geld?[2]

Flüsse stehlen

Eine urzeitliche Wildbeuterin wusste genau, woher ihr Mittagessen kam (sie hatte es selbst gesammelt), wer ihre Mokassins fertigte (er schlief 20 Meter entfernt von ihr) und was ihre Rentenversicherung tat (sie spielte im Dreck; damals hatten Menschen nur eine Altersvorsorge, und die hieß «Kinder»). Ich selbst weiß deutlich weniger. Jahrelange Nachforschungen könnten zutage fördern, dass die Regierung, die ich gewählt habe, insgeheim Waffen an einen zwielichtigen Diktator am anderen Ende der Welt verkauft. Aber in der Zeit, die ich brauche, um das herauszufinden, könnte ich weitaus wichtigere Erkenntnisse versäumen, wie etwa das Schicksal der Hühner, deren Eier ich gestern verspeist habe.

Das System ist so aufgebaut, dass diejenigen, die keinerlei Anstrengung unternehmen, etwas zu wissen, in einem Zustand seliger Ignoranz verbleiben können und dass es für diejenigen, die sich um Erkenntnis bemühen, ziemlich schwierig ist, die Wahrheit herauszufinden. Wie ist es möglich, Diebstahl zu vermeiden, wenn das globale Wirtschaftssystem unablässig in meinem Namen und ohne mein Wissen stiehlt? Es spielt keine Rolle, ob ich Handlungen nach ihren Folgen beurteile (es ist falsch zu stehlen, weil es den Opfern Leid zufügt) oder ob ich an kategorische Verpflichtungen glaube, an die ich mich ungeachtet der Folgen zu halten habe (es ist falsch zu stehlen, weil Gott das gesagt hat). Das Problem ist: Es ist extrem kompliziert geworden, zu begreifen, was wir tatsächlich tun.

Das Gebot, nicht zu stehlen, wurde in Zeiten formuliert, als Diebstahl bedeutete, mit eigenen Händen etwas physisch an sich zu nehmen, was einem selbst nicht gehört. Heute jedoch betreffen die wirklich wichtigen Streitfragen im Hinblick auf Diebstahl vollkommen andere Szenarien. Nehmen wir an, ich investiere 10 000 Euro in Aktien eines großen Ölkonzerns, was mir eine jährliche Rendite von 5 Prozent einbringt. Das Unternehmen ist hoch profitabel, weil es für Externalitäten nicht zahlt. Es leitet giftige Abfälle in einen nahe gelegenen Fluss, ohne sich um den Schaden zu kümmern, den das für die regionale Wasserversorgung, die Gesundheit der Menschen oder für die örtliche Fauna und Flora bedeutet. Dank seines Reichtums beschäftigt das Unternehmen eine ganze Armada von Anwälten, die es vor jeglichen Entschädigungsforderungen schützen. Es verfügt überdies über Lobbyisten, die jeden Versuch, strengere Umweltgesetze zu erlassen, blockieren.

Können wir dem Unternehmen vorwerfen, «einen Fluss zu stehlen»? Und wie sieht es mit mir persönlich aus? Ich breche nie in ein fremdes Haus ein und klaue keine Geldbörsen aus den Taschen anderer Menschen. Ich weiß nicht, wie dieses spezifische Unternehmen seine Gewinne macht. Ich erinnere mich nur vage daran, dass Teile meines Portfolios dort investiert sind. Bin ich also des Diebstahls schuldig? Wie sollen wir moralisch handeln, wenn wir gar nicht alle relevanten Fakten kennen können?

Man kann versuchen, dieses Problem durch eine «Intentionsmoral» zu umgehen. Wichtig ist das, was ich beabsichtige, nicht das, was ich tatsächlich tue, oder das Ergebnis dessen, was ich tue. Doch in einer Welt, in der alles mit allem zusammenhängt, ist oberster moralischer Imperativ das Gebot zu wissen. Die größten Verbrechen in der modernen Geschichte resultierten nicht nur aus Hass und Gier, sondern noch viel mehr aus Unwissenheit und Gleichgültigkeit. Bezaubernde englische Ladys finanzierten den transatlantischen Sklavenhandel, ohne dass sie jemals einen Fuß nach Afrika oder in die Karibik setzten, indem sie Aktien und

Anleihen an der Londoner Börse kauften. Anschließend süßten sie ihren Nachmittagstee mit schneeweißen Zuckerwürfeln, die in höllengleichen Plantagen hergestellt wurden – doch davon wussten sie nichts.

Im Deutschland der späten 1930er Jahre mochte der örtliche Postbeamte ein aufrechter Bürger sein, der sich um das Wohl seiner Angestellten kümmerte und persönlich Menschen in Not dabei half, verlorengegangene Pakete wiederzufinden. Er war morgens immer der Erste bei der Arbeit und abends der Letzte, und selbst wenn draußen Schneestürme tobten, sorgte er dafür, dass die Post rechtzeitig ankam. Doch sein effizientes und hilfsbereites Postamt war auch eine wichtige Zelle im Nervensystem des NS-Staates. Es trug rassistische Propaganda, Einberufungsbescheide zur Wehrmacht und strikte Anweisungen der örtlichen SS-Standarte aus. Irgendetwas ist faul an den Absichten derjenigen, die sich nicht aufrichtig darum bemühen zu wissen.

Was aber zählt als «aufrichtiges Bemühen um Wissen»? Sollten Postbeamte in jedem Land die Briefe, die sie zustellen, öffnen und die Arbeit niederlegen oder aufbegehren, wenn sie dabei staatliche Propaganda entdecken? Es ist leicht, mit absoluter moralischer Gewissheit auf das nationalsozialistische Deutschland der 1930er Jahre zurückzublicken – weil wir wissen, wohin die Kette aus Ursachen und Wirkungen führte. Doch ohne diesen Vorzug des Rückblicks könnte moralische Gewissheit für uns unerreichbar sein. Die bittere Wahrheit ist: Die Welt ist schlicht zu kompliziert für unsere Wildbeuter-Gehirne geworden.

Die meisten Ungerechtigkeiten in der heutigen Welt resultieren aus strukturellen Verzerrungen im großen Maßstab und weniger aus individuellen Vorurteilen, und unsere Wildbeuter-Hirne sind nicht so entwickelt, dass sie solche strukturellen Verzerrungen erkennen. Wir alle sind Komplizen bei zumindest einigen dieser Ungleichgewichte, und wir haben schlicht nicht die Zeit und die Energie, um sie alle ausfindig zu machen. Beim Schreiben dieses Buches bekam ich diese Lektion am eigenen Leib zu spüren. Wenn es um die Erörterung globaler Fragen geht, stehe ich immer in der Gefahr, die Perspektive der globalen Elite gegenüber der Sicht verschiedener benachteiligter Gruppen zu privilegieren. Die globale Elite bestimmt den Diskurs, weshalb es unmöglich ist, ihre Ansichten unberücksichtigt zu lassen. Benachteiligte Gruppen hingegen werden regelmäßig zum Schweigen gebracht, weshalb es leicht ist, sie zu vergessen – nicht aus bewusstem bösen Willen, sondern aus schierer Ignoranz.

So weiß ich beispielsweise absolut nichts über die besonderen Ansichten und Probleme der tasmanischen Ureinwohner. Ich weiß sogar so wenig, dass ich in einem früheren Buch davon ausging, es gäbe gar keine tasmanischen Ureinwohner mehr, weil sie alle von europäischen Siedlern ausgerottet wurden. Tatsächlich aber leben heute Tausende Menschen, deren Vorfahren zu den Ureinwohnern Tasmaniens gehörten, und sie haben mit zahlreichen ganz spezifischen Problemen zu kämpfen – eines davon ist, dass allein schon ihre Existenz häufig geleugnet wird, nicht zuletzt von Wissenschaftlern, die es eigentlich besser wissen sollten.

Selbst wenn Sie persönlich einer benachteiligten Gruppe angehören und deren Standpunkt deshalb aus eigener Erfahrung zutiefst verstehen können, bedeutet das nicht, dass Sie den Standpunkt aller anderen derartigen Gruppen verstehen. Denn jede Gruppe und Untergruppe hat es mit einem ganz eigenen Gewirr aus gläsernen Decken, doppelten Standards, versteckten Beleidigungen und institutioneller Diskriminierung zu tun. Ein dreißig Jahre alter Afroamerikaner verfügt über eine dreißigjährige Erfahrung, was es heißt, ein afroamerikanischer Mann zu sein. Aber er hat keinerlei Erfahrung, was es bedeutet, eine afroamerikanische Frau, ein bulgarischer Roma, ein blinder Russe oder eine chinesische Lesbe zu sein.

Als junger Mann wurde dieser Afroamerikaner ohne offensichtlichen Grund regelmäßig von der Polizei angehalten und durchsucht – etwas, was die chinesische Lesbe nie erlebt hat. In einem afroamerikanischen

Viertel in eine afroamerikanische Familie hineingeboren zu werden bedeutete hingegen, dass er von Menschen, wie er selbst einer war, umgeben war, die ihm beibrachten, was er wissen musste, um als afroamerikanischer Mann gut durchs Leben zu kommen. Die chinesische Lesbe wurde nicht in eine lesbische Familie in einem lesbischen Viertel hineingeboren, und sie hatte vermutlich niemanden auf der Welt, der ihr die richtigen Lektionen beibrachte. Als Schwarzer in Baltimore aufzuwachsen macht es deshalb nicht wirklich leicht, zu begreifen, wie mühselig es ist, als Lesbe in Hangzhou groß zu werden.

In früheren Zeiten spielte das eine weniger wichtige Rolle, weil man für die Not von Menschen irgendwo am anderen Ende der Welt nicht verantwortlich war. Wenn man sich bemühte, für die eigenen weniger vom Glück begünstigten Nachbarn Verständnis zu haben, so reichte das in der Regel. Heute jedoch haben zentrale globale Debatten über solche Dinge wie den Klimawandel und künstliche Intelligenz Auswirkungen auf alle – ob in Tasmanien, Hangzhou oder Baltimore –, weshalb wir sämtliche Sichtweisen dazu berücksichtigen müssen. Doch wie soll das irgendjemand schaffen? Wie kann irgendjemand das Beziehungsnetz zwischen Tausenden miteinander verwobenen Gruppen auf der ganzen Welt verstehen?[3]

Schrumpfen oder leugnen?

Selbst wenn wir wirklich wollten, sind die meisten von uns nicht mehr in der Lage, die zentralen moralischen Probleme der Welt zu verstehen. Menschen können die Beziehungen zwischen zwei Wildbeutern, zwischen zwanzig Wildbeutern oder zwischen zwei benachbarten Clans begreifen. Doch sie sind schlecht gerüstet, um die Beziehungen zwischen mehreren Millionen Syrern, zwischen 500 Millionen Europäern oder zwischen all den sich überschneidenden Gruppen und Untergruppen auf dem Planeten nachzuvollziehen.

Beim Versuch, moralische Dilemmata dieses Ausmaßes zu verstehen und zu beurteilen, greifen die Menschen oftmals auf eine von vier Methoden zurück. Die erste besteht darin, das Problem zu «schrumpfen»: also so zu tun, als handle es sich beim syrischen Bürgerkrieg um einen Konflikt zwischen zwei Wildbeutern; sich das Assad-Regime als eine einzelne Person und die Rebellen als andere Person vorzustellen, von denen die eine schlecht, die andere gut ist. Die historische Komplexität des Konflikts wird durch einen schlichten, klaren Plot ersetzt.[4]

Die zweite Methode besteht darin, sich auf eine anrührende menschliche Geschichte zu konzentrieren, die scheinbar für den gesamten Konflikt steht. Wenn Sie versuchen, Menschen die wahre Komplexität des Konflikts mittels Statistiken und exakter Daten zu erklären, haben Sie keine Chance; doch eine persönliche Geschichte über das Schicksal eines einzelnen Kindes aktiviert die Tränendrüsen, bringt das Blut in Wallung und sorgt für falsche moralische Gewissheit.[5] Zahlreiche Hilfsorganisationen wissen schon lange, wie das funktioniert. In einem bemerkenswerten Experiment wurden Menschen gebeten, Geld zu spenden, um damit einem armen, sieben Jahre alten Mädchen aus Mali namens Rokia zu helfen. Viele waren bewegt von ihrer Geschichte und öffneten ihre Herzen und Geldbörsen. Als jedoch die Forscher den Menschen zusätzlich zu Rokias persönlicher Geschichte auch noch Statistiken über das allgemeinere Problem der Armut in Afrika vorlegten, waren die Versuchspersonen plötzlich weniger bereit zu helfen. In einer anderen Studie suchten Wissenschaftler um Spenden nach, die entweder einem kranken Kind oder acht kranken Kindern helfen sollten. Für das einzelne Kind gaben die Menschen mehr Geld als für die Gruppe der acht.[6]

Die dritte Methode, um mit moralischen Dilemmata im großen Maßstab umzugehen, besteht in der Konstruktion von Verschwörungstheorien. Wie funktioniert die Weltwirtschaft, und ist sie gut oder schlecht? Das ist viel zu kompliziert, um es wirklich zu begreifen. Hingegen kann man sich viel leichter vorstellen, dass zwanzig Multimilliardäre hinter den Kulissen die Fäden ziehen, dass sie die Medien kontrollieren und Kriege anheizen, um sich selbst zu bereichern. Dabei handelt es sich fast immer um völlig haltlose Fantasien. Die heutige Welt ist zu kompliziert nicht nur für unser Gerechtigkeitsempfinden, sondern auch für unsere Führungsqualitäten. Niemand – nicht einmal die Multimilliardäre, die CIA, die Freimaurer und die Weisen von Zion – verstehen wirklich, was auf der Welt vor sich geht. Insofern ist niemand in der Lage, wirklich die Strippen zu ziehen.[7]

Diese drei Methoden versuchen die wahre Komplexität der Welt zu leugnen. Die vierte und letzte Methode besteht darin, eine Glaubenslehre zu entwickeln, auf irgendeine vermeintlich allwissende Theorie, Institution oder Führungspersönlichkeit zu vertrauen und ihr zu folgen, wohin auch immer sie uns führt. Religiöse und ideologische Glaubenslehren sind in unserem wissenschaftlichen Zeitalter gerade deshalb noch immer ausgesprochen attraktiv, weil sie uns angesichts der frustrierenden Komplexität der Wirklichkeit einen sicheren Hafen bieten. Wie schon erwähnt, sind säkulare Bewegungen keineswegs vor dieser Gefahr gefeit. Selbst wenn sie anfänglich alle Glaubenslehren ablehnen und fest an die wissenschaftliche Wahrheit glauben, wird die Komplexität der Wirklichkeit früher oder später so quälend, dass auch sie sich nach einer Doktrin sehnen, die nicht infrage gestellt werden sollte. Solcherart Lehren verschaffen den Menschen zwar geistige Beruhigung und moralische Gewissheit, aber fraglich ist, ob sie auch für Gerechtigkeit sorgen.

Was also sollten wir tun? Sollten wir die liberale Glaubenslehre übernehmen und der Gesamtheit individueller Wähler und Kunden vertrauen? Oder sollten wir den individualistischen Ansatz ablehnen und wie zahlreiche frühere Kulturen in der Geschichte Gemeinschaften dazu ermächtigen, der Welt gemeinsam einen Sinn zu geben? Eine solche Lösung jedoch lässt uns lediglich aus der Bratpfanne individueller Unkenntnis ins Feuer voreingenommenen Gruppendenkens springen. Wildbeuterbanden, Dorfgemeinschaften und selbst Stadtviertel konnten zusammen nachdenken über die Probleme, vor denen sie gemeinsam standen. Heute aber haben wir unter globalen Problemen zu leiden, ohne dass es eine globale Gemeinschaft gibt. Weder Facebook noch der Nationalismus oder die Religion stehen irgendwo kurz davor, eine solche Community zu schaffen. Alle bestehenden menschlichen Gruppen sind damit beschäftigt, ihre spezifischen Interessen zu verfolgen, statt die globale Wahrheit zu verstehen. Weder Amerikaner noch Chinesen, weder Muslime noch Hindus bilden die «Weltgemeinschaft» – insofern ist ihre Interpretation der Wirklichkeit nicht wirklich vertrauenswürdig.

Sollten wir es deshalb bleiben lassen und erklären, dass das menschliche Streben, die Wahrheit zu verstehen und Gerechtigkeit zu finden, gescheitert ist? Sind wir ganz offiziell im postfaktischen Zeitalter angekommen?

17

Postfaktisch

Manche Fake News halten ewig

Dieser Tage bekommen wir immer wieder zu hören, wir würden in einem neuen und beängstigenden Zeitalter des Postfaktischen leben, und um uns herum wimmle es nur so von Lügen und Fiktionen. An Beispielen fehlt es nicht. So marschierten Ende Februar 2014 russische Spezialeinheiten, die keinerlei Uniformabzeichen trugen, in der Ukraine ein und besetzten wichtige Einrichtungen auf der Krim. Die russische Regierung und Präsident Putin persönlich leugneten wiederholt, dass es sich dabei um russische Truppen handle, und bezeichneten sie als spontane «Selbstverteidigungsgruppen», die sich ihre russisch aussehende Ausrüstung möglicherweise in Geschäften vor Ort besorgt hätten.[1] Als sie diese reichlich lächerliche Behauptung aufstellten, wussten Putin und seine Gehilfen ganz genau, dass sie logen.

Russische Nationalisten können diese Lüge damit entschuldigen, dass sie einer höheren Wahrheit diene. Russland habe sich in einem gerechten Krieg befunden, und wenn es in Ordnung ist, für eine gerechte Sache zu töten, so ist es doch mit Sicherheit auch okay, dafür zu lügen, oder nicht? Die höhere Sache, die angeblich den Einmarsch in der Ukraine rechtfertigte, war die Bewahrung der heiligen russischen Nation. Den russischen Nationalmythen zufolge ist Russland ein heiliges Gebilde, das trotz wiederholter Versuche bösartiger Feinde, es zu erobern und zu zerteilen, seit tausend Jahren besteht. Nach den Mongolen, den Polen, den Schweden, Napoleons Grande Armée und Hitlers Wehrmacht waren es in den 1990er Jahren die NATO, die USA und die EU, die es zu zerstören suchten, indem sie Teile seines Körpers abtrennten und daraus «Fake Countries» wie die Ukraine bildeten. Für viele russische Nationalisten ist die Vorstellung, die Ukraine sei eine eigene Nation außerhalb Russlands, eine weitaus größere Lüge als alles, was Präsident Putin während seiner heiligen Mission, die russische Nation wieder zu vereinen, von sich gab.

Ukrainische Bürger, außenstehende Beobachter und Berufshistoriker mögen ob dieser Erklärung in Empörung geraten und sie als eine Art «Atombombenlüge» im russischen Täuschungsarsenal betrachten. Zu behaupten, die Ukraine gebe es als Nation und als unabhängiges Land nicht, lässt eine lange Liste historischer Fakten außer Acht – beispielsweise, dass in den tausend Jahren angeblicher russischer Einheit Kiew und Moskau nur rund 300 Jahre lang Teil desselben Landes waren. Es verstößt zudem gegen zahlreiche internationale Gesetze und Verträge, die Russland früher akzeptiert hat und die die Souveränität und die Grenzen der unabhängigen Ukraine garantierten. Vor allem aber ignoriert es, was Millionen Ukrainer über sich selbst denken. Haben sie nichts zu sagen, wenn es darum geht, wer sie sind?

Ukrainische Nationalisten würden sicherlich mit russischen Nationalisten darin übereinstimmen, dass es so etwas wie «Fake Countries» gibt. Die Ukraine gehört allerdings nicht dazu. Stattdessen sind diese Fake-Länder die «Volksrepublik Lugansk» und die «Volksrepublik Donezk», die Russland eingerichtet hat, um seinen Einmarsch in der Ukraine zu bemänteln.[2]

Ganz gleich, welcher Seite man zuneigt, hat es den Anschein, als würden wir tatsächlich in einer fürchterlichen Zeit des Postfaktischen leben, in der nicht nur einzelne militärische Zwischenfälle, sondern ganze Geschichten und Nationen gefälscht sein können. Aber wenn wir uns tatsächlich im Zeitalter des Postfaktischen befinden, wann genau war dann das goldene Zeitalter der Wahrheit und der Fakten? In den 1980er Jahren? Den 1950er Jahren? Den 1930er Jahren? Und was hat unseren Übergang ins postfaktische Zeitalter ausgelöst? Das Internet? Die sozialen Medien? Der Aufstieg von Putin und Trump?

Ein kursorischer Blick auf die Geschichte macht deutlich, dass Propaganda und Desinformation nichts Neues sind, und selbst die Gewohnheit, ganze Nationen zu leugnen und Fake-Länder zu schaffen, weist eine lange Historie auf. So inszenierte die japanische Armee 1931 Scheinangriffe auf sich selbst, um den Einmarsch in China zu rechtfertigen, und schuf anschließend das «gefälschte» Land Mandschukuo, um die eigenen Eroberungen zu legitimieren. China selbst leugnet seit Langem, dass Tibet je als unabhängiges Land existiert hat. Die britische Besiedlung Australiens wurde mit dem Rechtsgrundsatz der *terra nullius* (also «niemandes Land») gerechtfertigt, womit man 50 000 Jahre Geschichte der Aborigines einfach ausradierte.

Anfang des 20. Jahrhunderts sprach eine beliebte zionistische Parole von der Rückkehr eines «Volkes ohne Land (der Juden) in ein Land ohne Volk (Palästina)». Die Existenz der örtlichen arabischen Bevölkerung wurde passenderweise ignoriert. 1969 sprach die israelische Premierministerin Golda Meir davon, es gebe kein palästinensisches Volk und habe ein solches nie gegeben. Derartige Ansichten sind in Israel selbst heute noch weit verbreitet, trotz jahrzehntelanger bewaffneter Konflikte mit etwas, das angeblich gar nicht existiert. So hielt beispielsweise die Parlamentsabgeordnete Anat Berko im Februar 2016 in der Knesset eine Rede, in der sie Wirklichkeit und Geschichte des palästinensischen Volkes in Zweifel zog. Ihr Beleg? Der Buchstabe «p» existiere im Arabischen nicht, wie also könne es dann ein palästinensisches Volk geben? (Im Arabischen steht für das «p» ein «f», und der arabische Name für Palästina lautet «Filasṭīn»).

Die postfaktische Spezies

Tatsächlich haben die Menschen schon immer in einer Zeit des Postfaktischen gelebt. *Homo sapiens* ist eine postfaktische Spezies, deren Macht davon abhängt, Fiktionen zu schaffen und daran zu glauben. Seit der Steinzeit dienten selbstverstärkende Mythen dazu, menschliche Kollektive zu einen. Ja, *Homo sapiens* eroberte diesen Planeten vor allem dank der einzigartigen menschlichen Fähigkeit, Fiktionen zu schaffen und zu verbreiten. Wir sind die einzigen Säugetiere, die mit zahlreichen Fremden zusammenarbeiten können, weil nur wir fiktionale Geschichten erfinden, sie verbreiten und Millionen andere davon überzeugen können, an diese Geschichten zu glauben. Solange jeder an die gleichen Fiktionen glaubt, befolgen wir alle die gleichen Gesetze und können deshalb erfolgreich kooperieren.

Wer also Facebook, Trump oder Putin dafür verantwortlich macht, eine neue und beklemmende Zeit des Postfaktischen einzuläuten, sei daran erinnert, dass sich Millionen Christen schon vor Jahrhunderten in eine selbstverstärkende mythologische Blase eingeschlossen haben und es niemals wagten, die faktische Wahrhaftigkeit der Bibel infrage zu stellen, während Millionen Muslime fraglos an die Wahrheit des Koran glauben. Jahrtausendelang waren ein Großteil dessen, was als «Nachrichten» und «Fakten» in menschlichen sozialen Netzwerken kursierte, Geschichten über Wunder, Engel, Dämonen und Hexen, und mutige Reporter berichteten live aus den tiefsten Tiefen der Unterwelt. Es gibt keinerlei wissenschaftlichen Beleg dafür, dass Eva von der Schlange in Versuchung geführt wurde, dass die Seelen aller Ungläubigen nach ihrem Tod in der Hölle schmoren oder dass der Schöpfer des Universums es nicht mag, wenn ein Brahmane eine Unberührbare heiratet – und doch glauben Milliarden von

Menschen seit Jahrtausenden an diese Geschichten. Manche Fake News halten ewig.

Ich bin mir bewusst, dass viele Menschen womöglich empört aufschreien, wenn ich Religion mit Fake News gleichsetze, aber genau darum geht es. Wenn tausend Menschen einen Monat lang an irgendeine erfundene Geschichte glauben – dann handelt es sich um Fake News. Wenn eine Milliarde Menschen ein Jahrtausend lang daran glauben – dann haben wir es mit Religion zu tun, und man ermahnt uns, das nicht als Fake News zu bezeichnen, um die Gefühle der Gläubigen nicht zu verletzen (oder uns nicht ihren Zorn zuzuziehen). Allerdings will ich damit keineswegs die Wirksamkeit oder potenzielle Güte von Religion leugnen. Im Gegenteil. Im Guten wie im Schlechten gehört Fiktion zu den effektivsten Utensilien im Werkzeugkasten der Menschheit. Indem sie Menschen zusammenbringen, machen Glaubensbekenntnisse menschliche Kooperation im großen Maßstab möglich. Sie inspirieren Menschen dazu, neben Armeen und Gefängnissen auch Krankenhäuser, Schulen und Brücken zu bauen. Adam und Eva haben nie existiert, aber die Kathedrale von Chartres ist noch immer wunderschön. Ein Großteil der Bibel mag Fiktion sein, aber sie kann noch immer Milliarden erfreuen, und sie kann die Menschen nach wie vor dazu ermutigen, barmherzig, mutig und kreativ zu sein – so wie andere große Werke der Fiktion wie *Don Quijote, Krieg und Frieden* und *Harry Potter*.

Auch hier mögen sich einige durch meinen Vergleich der Bibel mit *Harry Potter* wieder beleidigt fühlen. Wenn Sie ein wissenschaftlich denkender Christ sind, könnten Sie all die Irrtümer und Mythen in der Bibel damit erklären, dass Sie behaupten, das heilige Buch sei nie dazu gedacht gewesen, als Tatsachenbericht gelesen zu werden, sondern als eine metaphorische Geschichte, die tiefe Weisheit enthält. Aber gilt das nicht auch für *Harry Potter*?

Wenn Sie ein fundamentalistischer Christ sind, werden Sie vermutlich darauf beharren, dass jedes Wort der Bibel im buchstäblichen Sinne wahr ist. Nehmen wir für einen Augenblick an, Sie hätten recht und die Bibel wäre in der Tat das unfehlbare Wort des einen wahren Gottes. Wie aber steht es dann mit dem Koran, dem Talmud, dem Buch Mormon, den Veden, der Avesta und dem ägyptischen Totenbuch? Wären Sie nicht versucht zu behaupten, diese Texte seien ausgeklügelte Fiktionen, die von Menschen aus Fleisch und Blut (oder vielleicht von Teufeln) geschaffen wurden? Und wie halten Sie es mit der Göttlichkeit römischer Kaiser wie Augustus und Claudius? Der römische Senat behauptete, er verfüge über die Macht, Menschen in Götter zu verwandeln, und erwartete anschließend von den Untertanen des Reiches, dass sie diese Götter verehrten. War das nicht eine Fiktion? Tatsächlich finden wir in der Geschichte zumindest ein Beispiel für einen falschen Gott, der die Fiktion höchstpersönlich anerkannte. Wie schon erwähnt, beruhte der japanische Militarismus der 1930er und frühen 1940er Jahre auf einem fanatischen Glauben an die Göttlichkeit von Kaiser Hirohito. Nach Japans Niederlage verkündete Hirohito öffentlich, das sei nicht wahr und er sei überhaupt kein Gott.

Selbst wenn wir also darin übereinstimmen, dass die Bibel das wahre Wort Gottes ist, haben wir es immer noch mit Milliarden gläubigen Hindus, Muslimen, Juden, Ägyptern, Römern und Japanern zu tun, die seit Jahrtausenden an Fiktionen glauben. Aber das bedeutet nicht, dass diese Fiktionen zwangsläufig wertlos oder schädlich sind. Sie könnten trotzdem wunderschön und inspirierend sein.

Natürlich waren nicht alle religiösen Mythen gleichermaßen segensreich. So wurde am 29. August 1255 in einem Brunnenschacht in der englischen Stadt Lincoln die Leiche eines neun Jahre alten Jungen namens Hugh gefunden. Obwohl es damals noch kein Facebook und kein Twitter gab, verbreitete sich schnell das Gerücht, Hugh sei einem Ritualmord durch örtliche Juden zum Opfer gefallen. Je länger die Geschichte herumerzählt wurde, desto größer wurde sie, und einer der bekanntesten englischen Chronisten der damaligen Zeit – Matthäus Paris – verfasste eine detaillierte und blutrünstige Darstellung dessen, wie hochrangige Juden aus ganz England sich in Lincoln versammelt hätten, um das entführte Kind zu mästen, zu foltern und schließlich zu kreuzigen. 19 Juden wurde der Prozess gemacht und sie wurden wegen angeblichen Mordes hingerichtet. Ähnliche Ritualmordlegenden kursierten auch in anderen englischen Städten, was zu einer Reihe von Pogromen führte, bei denen ganze Gemeinden massakriert wurden. Schließlich wurde 1290 die gesamte jüdische Bevölkerung aus England vertrieben.[3]

Doch damit ist die Geschichte noch nicht zu Ende. Ein Jahrhundert nach der Vertreibung der Juden aus England nahm Geoffrey Chaucer – der Vater der englischen Literatur – eine Ritualmordlegende, die sich an der Geschichte des Hugh of Lincoln orientiert, in seine *Canterbury Tales* auf (es ist die «Erzählung der Priorin»). Die Erzählung gipfelt im Tod der Juden am Galgen. Ähnliche Ritualmordlegenden wurden anschließend zu einem wichtigen Teil jeder antisemitischen Bewegung vom spätmittelalterlichen Spanien bis zum modernen Russland. Ein fernes Echo davon kann man sogar noch in der 2016 verbreiteten Fake-News-Geschichte vernehmen, wonach Hillary Clinton an der Spitze eines Kinderpornorings stand, der Kinder im Keller einer beliebten Pizzeria als Sexsklaven hielt. Genügend Amerikaner glaubten diese Geschichte, sodass Clintons Wahlkampf Schaden nahm, und einer marschierte sogar mit einem Gewehr bewaffnet in besagte Pizzeria und verlangte, dass man ihm den Keller zeige (wie sich herausstellte, hatte die Pizzeria gar keinen Keller).[4]

Was Hugh of Lincoln angeht, so weiß niemand, wie er wirklich zu Tode kam, aber er wurde in der Kathedrale von Lincoln beigesetzt und als Heiliger verehrt. Er stand im Ruf, verschiedene Wunder vollbracht zu haben, und zu seinem Grab pilgerten die Menschen noch Jahrhunderte nach der Vertreibung aller Juden aus England.[5] Erst 1955 – zehn Jahre nach dem Holocaust – distanzierte sich die Kathedrale von Lincoln von der Ritualmordlegende und brachte in der Nähe von Hughs Grabmal eine Tafel an, auf der es heißt:

> Erdichtete Geschichten von «Ritualmorden» an christlichen Jungen durch jüdische Gemeinden waren in Europa während des Mittelalters und auch noch später gang und gäbe. Diese Fiktionen kosteten viele unschuldige Juden das Leben. Lincoln hatte seine eigene Legende, und das angebliche Opfer wurde im Jahr 1255 in der Kathedrale beigesetzt. Solche Geschichten gereichen der Christenheit nicht zur Ehre.[6]

Nun, manche Fake News halten nur 700 Jahre.

Einmal eine Lüge, immer die Wahrheit

Altehrwürdige Religionen waren nicht die Einzigen, die Fiktion nutzten, um Kooperation zu festigen. In jüngeren Zeiten hat jede Nation ihre eigene nationale Mythologie geschaffen, während Bewegungen wie der Kommunismus, der Faschismus und der Liberalismus ausgefeilte selbstverstärkende Glaubensbekenntnisse schufen. Joseph Goebbels, der Meister der nationalsozialistischen Propaganda und vielleicht versierteste Medienzauberer der Moderne, erklärte seine Methode angeblich kurz und bündig so: «Wenn man eine große Lüge erzählt und sie oft genug wiederholt, dann werden die Leute sie am Ende glauben.»[7] Und Hitler schrieb in *Mein Kampf*: «Aber alle Genialität der Aufmachung der Propaganda wird zu keinem Erfolg führen, wenn nicht ein fundamentaler Grundsatz immer gleich scharf berücksichtigt wird. Sie hat sich auf wenig zu beschränken und dieses ewig zu wiederholen.»[8] Kann irgendein Fake-News-Händler von heute das besser hinbekommen?

Die sowjetische Propagandamaschine war gleichermaßen flexibel in

Sachen Wahrheit und schrieb die Geschichte immer wieder gerne um, von ganzen Kriegen bis zu einzelnen Fotografien. Am 29. Juni 1936 brachte die offizielle Parteizeitung *Prawda* («Wahrheit») auf ihrer Titelseite ein Foto, auf dem ein lächelnder Josef Stalin Gelja Markisowa, ein sieben Jahre altes Mädchen, auf dem Arm hielt. Das Bild wurde zu einer stalinistischen Ikone, denn es festigte Stalins Ruf als Vater der Nation und verklärte die «glückliche sowjetische Kindheit». Druckerpressen und Fabriken im gesamten Land begannen damit, wie am Fließband Millionen Plakate, Skulpturen und Mosaike der Szene zu produzieren, die anschließend in öffentlichen Einrichtungen vom einen Ende der Sowjetunion bis zum anderen ausgestellt wurden. So wie keine russisch-orthodoxe Kirche ohne eine Ikone der heiligen Jungfrau Maria mit dem Jesuskind auf dem Arm auskam, so gab es keine sowjetische Schule ohne eine Ikone von Papa Stalin, der die kleine Gelja im Arm hält.

Doch in Stalins Reich war Ruhm oft eine Einladung zur Katastrophe. Binnen eines Jahres wurde Geljas Vater aufgrund erfundener Vorwürfe, er sei ein japanischer Spion und ein trotzkistischer Terrorist, verhaftet. 1938 wurde er hingerichtet, eines von Millionen Opfern des stalinistischen Terrors. Gelja und ihre Mutter wurden nach Kasachstan verbannt, wo die Mutter schon bald unter mysteriösen Umständen starb. Was aber sollte man nun mit den unzähligen Ikonen tun, die den Vater der Nation mit der Tochter eines verurteilten «Volksfeindes» zeigten? Kein Problem. Von diesem Augenblick an verschwand Gelja Markisowa, und das «glückliche sowjetische Kind» auf dem allgegenwärtigen Bild wurde als Mamlakat Nachangowa präsentiert – ein dreizehn Jahre altes tadschikisches Mädchen, das sich den Leninorden verdient hatte, weil es jede Menge Baumwolle auf den Feldern pflückte (wenn jemand glaubte, das Mädchen auf dem Bild sehe nicht wie eine Dreizehnjährige aus, wusste er genau, dass er solch gegenrevolutionäre häretische Ansichten besser nicht laut äußerte).[9]

Die sowjetische Propagandamaschine funktionierte so gut, dass es ihr gelang, fürchterliche Gräueltaten zu Hause zu verheimlichen, während sie im Ausland eine utopische Vision verbreitete. Heute beklagen sich Ukrainer, Putin habe zahlreiche westliche Medien im Hinblick auf russische Aktionen auf der Krim und im Donbass erfolgreich getäuscht. Doch in der Kunst der Täuschung kann er Stalin nicht ansatzweise das Wasser reichen. Anfang der 1930er Jahre priesen linke westliche Journalisten und Intellektuelle die UdSSR als eine ideale Gesellschaft, zu einer Zeit, als Ukrainer und andere Sowjetbürger aufgrund der menschengemachten Hungersnot, die Stalin ins Werk setzte, millionenfach starben. Ist es im Zeitalter von Facebook und Twitter mitunter auch schwer zu entscheiden, welcher Version der Ereignisse man glauben soll, so ist es zumindest für ein Regime nicht mehr möglich, Millionen umzubringen, ohne dass die Welt Kenntnis davon erlangt.

Neben Religionen und Ideologien setzen auch Unternehmen auf Fiktion und Fake News. Zur Markenbildung gehört oft, die gleiche fiktionale Geschichte immer wieder zu erzählen, bis die Menschen zu der Überzeugung gelangen, sie sei wahr. Welche Bilder kommen Ihnen in den Kopf, wenn Sie an Coca-Cola denken? Denken Sie an gesunde junge Menschen, die Sport treiben und Spaß zusammen haben? Oder denken Sie an übergewichtige Diabetespatienten, die in einem Krankenhausbett liegen? Wenn Sie jede Menge Coca-Cola trinken, wird Sie das nicht jung, nicht gesund und nicht athletisch machen – es erhöht vielmehr ihre Chancen, an Fettleibigkeit und Diabetes zu erkranken. Doch seit Jahrzehnten investiert Coca-Cola Milliardenbeträge in das Unterfangen, das eigene Produkt mit Jugend, Gesundheit und Sport in Verbindung zu bringen – und Milliarden Menschen glauben unbewusst an diesen Zusammenhang.

Die Wahrheit ist, dass die Wahrheit auf der Agenda von *Homo sapiens* nie sehr weit oben stand. Viele Menschen gehen davon aus, wenn eine bestimmte Religion oder Ideologie die Wirklichkeit falsch darstellt, würden ihre Anhänger das früher oder später erkennen, denn sie würden gegen klarsichtigere Rivalen keine Chance haben. Nun, das ist nichts als ein weiterer tröstlicher Mythos. In der Praxis hängt die Macht menschlicher Kooperation von einem fein austarierten, fragilen Gleichgewicht zwischen Wahrheit und Fiktion ab.

Wenn Sie die Realität zu sehr verzerren, wird es Sie in der Tat schwächen, weil Sie auf unrealistische Weise handeln. So behauptete beispielsweise 1905 ein ostafrikanisches Medium namens Kinjikitile Ngwale, es sei von dem Schlangengeist Hongo besessen. Der neue Prophet hatte für die Menschen in der deutschen Kolonie Ostafrika eine revolutionäre Botschaft im Gepäck: Tut euch zusammen und vertreibt die Deutschen. Um dieser Botschaft mehr Nachdruck zu verleihen, versorgte Ngwale seine Anhänger mit einer Zaubermedizin, die angeblich deutsche Gewehrkugeln in Wasser (was auf Suaheli *maji* heißt) verwandelte. So begann der Maji-Maji-Aufstand. Er scheiterte. Denn auf dem Schlachtfeld verwandelten sich deutsche Kugeln nicht in Wasser. Stattdessen durchlöcherten sie gnadenlos die Leiber der schlecht bewaffneten Rebellen.[10] 2000 Jahre zuvor war die große jüdische Revolte gegen die Römer von einem ähnlich inbrünstigen Glauben beseelt, wonach Gott für die Juden kämpfen und ihnen dabei helfen werde, das scheinbar unbesiegbare Römische Reich zu schlagen. Auch dieses Unterfangen scheiterte und hatte die Zerstörung Jerusalems und die Vertreibung der Juden zur Folge.

Andererseits kann man Menschenmassen nicht erfolgreich organisieren, ohne dabei auf irgendeine Mythologie zu setzen. Wenn Sie sich an die nackte Realität halten, wird Ihnen kaum jemand folgen. Ohne Mythen wäre es unmöglich gewesen, nicht nur den gescheiterten Maji-Maji-Aufstand und die misslungene Revolte der Juden zu organisieren, sondern auch die erfolgreicheren Rebellionen des Mahdi und der Makkabäer.

Tatsächlich haben falsche Geschichten einen natürlichen Vorteil gegenüber der Wahrheit, wenn es darum geht, Menschen zusammenzubringen. Wenn Sie die Loyalität einer Gruppe beurteilen wollen, können Sie das am besten dadurch überprüfen, dass Sie die Menschen an eine Absurdität glauben lassen, anstatt sie zu bitten, an die Wahrheit zu glauben. Wenn ein Oberhäuptling sagt: «Die Sonne geht im Osten auf und im Westen unter», so bedarf es keiner Loyalität zu diesem Häuptling, um ihm zu applaudieren. Wenn der Oberhäuptling aber sagt: «Die Sonne geht im Westen auf und im Osten unter», werden nur wahre Getreue Beifall klatschen. Wenn all Ihre Nachbarn an die gleiche haarsträubende Geschichte glauben, so können Sie darauf zählen, dass sie in Krisenzeiten zusammenstehen. Wenn sie lediglich bereit sind, an beglaubigte Tatsachen zu glauben, was beweist das schon?

Nun könnten Sie einwenden, dass es zumindest in einigen Fällen möglich ist, Menschen mittels einvernehmlicher Abmachungen und nicht durch Fiktionen und Mythen erfolgreich zu organisieren. So verbinden im Bereich der Wirtschaft Geld und Unternehmen Menschen deutlich effektiver als irgendein Gott oder heiliges Buch, auch wenn jeder weiß, dass es sich bei beidem, Geld wie Unternehmen, nur um eine menschliche Konvention handelt. Im Fall eines heiligen Buches würde ein wahrer Gläubiger sagen: «Ich glaube, dass das Buch heilig ist», während im Falle des Dollars ein wahrer Gläubiger lediglich sagen würde: «Ich glaube, dass *andere Menschen* glauben, dass der Dollar wertvoll ist.» Es ist offenkundig, dass der Dollar nur eine menschliche Schöpfung ist, doch Menschen überall auf der Welt respektieren ihn. Wenn dem so ist, warum können dann Menschen nicht alle Mythen und Fiktionen fahren lassen und sich auf der Basis einvernehmlicher Konventionen wie dem Dollar organisieren?

Solche Konventionen unterscheiden sich freilich nicht eindeutig von Fiktionen. So ist beispielsweise der Unterschied zwischen heiligen Büchern und dem Geld weit kleiner, als es auf den ersten Blick erscheint. Wenn Menschen eine Dollarnote sehen, vergessen die meisten, dass es sich lediglich um eine menschliche Konvention handelt. Wenn sie das grüne Stück Papier mit dem Bild des toten weißen Mannes darauf sehen, betrachten sie es als etwas, das für sich genommen einen Wert hat. Sie erinnern sich nur selten daran: «Tatsächlich ist das ein wertloses Stück Papier, aber weil andere Menschen es als wertvoll betrachten, kann ich es verwenden.» Betrachtet man ein menschliches Gehirn in einem fMRT-Scanner, so würde man bei einem Menschen, dem ein Koffer voller Hundertdollarnoten vor die Nase gehalten wird, erkennen, dass nicht die skeptischen Teile des Gehirns («Andere Menschen glauben, dass das wertvoll ist») in Aufregung versetzt werden, sondern eher die gierigen Teile («Verdammte Scheiße, ich will das haben!»). Umgekehrt heiligen in der weit überwiegenden Mehrheit der Fälle Menschen die Bibel oder die Veden oder das Buch Mormon erst, wenn sie lange und wiederholt mit anderen Menschen zu tun hatten, die diese Schriften als heilig betrachten. Wir lernen auf genau die gleiche Weise, heilige Bücher zu respektieren, wie wir lernen, Geldscheine zu respektieren.

Insofern besteht in der Praxis keine strikte Trennung zwischen «wissen, dass etwas nur eine menschliche Konvention ist» und «glauben, dass etwas in sich wertvoll ist». In vielen Fällen sind die Menschen ambivalent oder vergessen diese Unterscheidung ganz. Nehmen wir noch ein Beispiel: Wenn Sie sich hinsetzen und eine tiefgründige philosophische Diskussion darüber führen, dürfte fast jeder zustimmen, dass Unternehmen fiktionale Geschichten sind, die von Menschen geschaffen wurden. Microsoft besteht nicht aus den Gebäuden, die es besitzt, den Menschen, die es beschäftigt, oder den Aktionären, denen es dient – Microsoft ist vielmehr eine verschachtelte rechtliche Fiktion, die von Gesetzgebern und Anwälten gewoben wurde. Doch 99 Prozent unserer Zeit verbringen wir nicht mit tiefgründigen philosophischen Erörterungen und behandeln Unternehmen deshalb, als handle es sich um reale Gebilde in der Welt, so wie Tiger oder Menschen.

Die Trennlinie zwischen Fiktion und Wirklichkeit lässt sich aus vielerlei Gründen verwischen, das Spektrum reicht von «Spaß haben» bis zu

«Überleben». Man kann keine Spiele spielen oder Romane lesen, wenn man den Nichtglauben nicht zumindest für einige Zeit aussetzt. Um an Fußball wirklich Spaß zu haben, müssen Sie die Spielregeln akzeptieren und zumindest für 90 Minuten vergessen, dass sie nichts weiter als menschliche Erfindungen sind. Wenn Sie das nicht tun, wird es Ihnen völlig lächerlich erscheinen, dass 22 Menschen einem Ball hinterherjagen. Fußball mag zunächst Spaß sein, kann aber dann zu etwas viel Ernsthafterem werden, wie jeder englische Hooligan oder argentinische Nationalist bestätigen wird. Fußball kann dazu beitragen, persönliche Identitäten auszubilden, er kann große Gemeinschaften festigen, und er kann sogar Gründe für Gewalt liefern. Nationen und Religionen sind Fußballmannschaften auf Steroiden.

Menschen verfügen über die bemerkenswerte Fähigkeit, gleichzeitig zu wissen und nicht zu wissen. Oder genauer gesagt: Sie können etwas wissen, wenn sie wirklich darüber nachdenken, doch die meiste Zeit denken sie nicht darüber nach, und deshalb wissen sie nicht. Wenn Sie sich wirklich darauf konzentrieren, merken Sie, dass Geld Fiktion ist. Aber üblicherweise richten Sie Ihr Augenmerk nicht darauf. Wenn man Sie danach fragt, wissen Sie, dass Fußball eine menschliche Erfindung ist. Doch im Eifer der Partie fragt Sie niemand danach. Wenn Sie Zeit und Energie darauf verwenden, können Sie zu der Erkenntnis kommen, dass Nationen kunstvolle Spintisierereien sind. Aber mitten in einem Krieg haben Sie weder die Zeit noch die Energie dafür. Wenn Sie die letzte Wahrheit wollen, merken Sie, dass die Geschichte von Adam und Eva ein Mythos ist. Aber wie oft fragen Sie nach der letzten Wahrheit?

Wahrheit und Macht können nur so weit miteinander einhergehen. Früher oder später schlagen sie getrennte Wege ein. Wenn Sie Macht wollen, werden Sie irgendwann damit beginnen müssen, Fiktionen zu verbreiten. Wenn Sie die Wahrheit über die Welt erfahren wollen, frei von allen Fiktionen, dann werden Sie irgendwann auf Macht verzichten müssen. Sie werden Dinge eingestehen müssen – zum Beispiel über die Quellen ihrer eigenen Macht –, die Verbündete verärgern, Anhänger entmutigen oder den sozialen Frieden gefährden. An der Kluft zwischen Wahrheit und Macht ist nichts Geheimnisvolles. Zur Bestätigung suche man sich einen typischen weißen Amerikaner und stelle die Rassenfrage, schnappe man sich einen durchschnittlichen Israeli und bringe das Gespräch auf die Besatzung oder versuche mit einem richtigen Kerl über das Patriarchat zu sprechen.

Im Laufe der Geschichte sahen sich Wissenschaftler diesem Dilemma wiederholt gegenüber: Dienen sie der Macht oder der Wahrheit? Sollten sie danach streben, die Menschen zu vereinen, indem sie sicherstellten, dass alle an dieselbe Geschichte glaubten, oder sollten sie ihnen die Wahrheit sagen, auch um den Preis von Uneinigkeit? Die einflussreichsten gelehrten Unternehmungen – ob von christlichen Priestern, konfuzianischen Mandarins oder kommunistischen Ideologen – stellten Einigkeit über Wahrheit. Und genau darum waren sie so mächtig.

Als Spezies ist den Menschen Macht lieber als Wahrheit. Wir verwenden viel mehr Zeit und Mühe auf den Versuch, die Welt zu kontrollieren, als darauf, sie zu verstehen – und selbst wenn wir sie verstehen wollen, tun wir das üblicherweise in der Hoffnung, dass das Verständnis der Welt es uns erleichtern wird, sie zu kontrollieren. Wenn Sie also von einer Gesellschaft träumen, in der die Wahrheit regiert und Mythen ignoriert werden, so dürfen Sie von *Homo sapiens* nicht allzu viel erwarten. Sie sollten ihr Glück lieber bei den Schimpansen versuchen.

Raus aus der Gehirnwaschmaschine

All das heißt nicht, dass Fake News kein ernsthaftes Problem darstellen oder dass Politiker und Priester eine Art Freibrief besitzen, zu lügen, dass sich die Balken biegen. Es wäre auch völlig falsch, kämen wir zu dem

Schluss, dass alles ohnehin nur Fake News ist, dass jeder Versuch, die Wahrheit herauszufinden, zum Scheitern verurteilt ist und dass es keinerlei Unterschied zwischen seriösem Journalismus und Propaganda gibt. Hinter allen Fake News stehen reale Fakten und reales Leid. In der Ukraine beispielsweise kämpfen russische Soldaten wirklich, Tausende sind wirklich gestorben, und Hunderttausende haben wirklich ihr Zuhause verloren. Menschliches Leid wird oftmals durch den Glauben an Fiktionen verursacht, aber das Leid selbst ist doch ganz real.

Statt also Fake News als Norm zu akzeptieren, sollten wir sie als ein viel komplizierteres Problem anerkennen, als wir das in der Regel tun, und noch stärker bestrebt sein, Wirklichkeit und Fiktion zu unterscheiden. Erwarten Sie dabei keine Perfektion. Eine der allergrößten Fiktionen besteht darin, die Komplexität der Welt zu leugnen und in absoluten Kategorien ursprünglicher Reinheit im Gegensatz zum satanischen Bösen zu denken. Kein Politiker sagt die ganze Wahrheit und nichts als die Wahrheit, aber einige Politiker sind trotzdem weit besser als andere. Wenn ich die Wahl hätte, würde ich Churchill mehr vertrauen als Stalin, auch wenn der britische Premierminister nicht davor zurückschreckte, die Wahrheit großzügig auszuschmücken, wenn es ihm zupass kam. Ähnlich ist keine Zeitung frei von Voreingenommenheit und Fehlern, aber einige Zeitungen sind aufrichtig darum bemüht, die Wahrheit herauszufinden, während andere eine Gehirnwaschmaschine sind. Hätte ich in den 1930er Jahren gelebt, so wäre ich hoffentlich so klug gewesen, der *New York Times* mehr zu glauben als der *Prawda* und dem *Stürmer*.

Es liegt in unser aller Verantwortung, dass wir Zeit und Mühe darauf verwenden, unsere eigenen Voreingenommenheiten zu erkennen und unsere Informationsquellen zu verifizieren. Wie in früheren Kapiteln schon erwähnt, können wir nicht alles selbst unter die Lupe nehmen. Aber genau deswegen müssen wir zumindest sorgfältig darauf achten, welches unsere bevorzugten Informationsquellen sind – ob nun eine Zeitung, eine

Website, ein Fernsehsender oder eine Person. In Kapitel 20 werde ich eingehender danach fragen, wie wir Gehirnwäsche verhindern und Wirklichkeit von Fiktion unterscheiden können. Hier möchte ich zwei simple Faustregeln geben.

Wenn Sie verlässliche Informationen haben wollen, dann zahlen Sie gutes Geld dafür. Wenn Sie Ihre Nachrichten umsonst bekommen, könnte es sein, dass Sie das Produkt sind. Stellen Sie sich vor, ein zwielichtiger Milliardär würde Ihnen folgenden Deal anbieten: «Ich werde Ihnen 30 Euro im Monat zahlen, und im Gegenzug werden Sie mir gestatten, Sie eine Stunde am Tag einer Gehirnwäsche zu unterziehen und in Ihrem Kopf all die politischen und kommerziellen Einseitigkeiten unterzubringen, die mir so vorschweben.» Würden Sie auf diesen Deal eingehen? Kaum jemand, der einigermaßen bei Verstand ist, würde das tun. Und so bietet der zwielichtige Milliardär einen etwas anderen Deal an: «Sie werden mir erlauben, Sie eine Stunde am Tag einer Gehirnwäsche zu unterziehen, und im Gegenzug werde ich Ihnen für diese Dienstleistung nichts in Rechnung stellen.» Jetzt klingt der Deal plötzlich für Hunderte Millionen Menschen verführerisch. Folgen Sie nicht deren Beispiel.

Die zweite Faustregel lautet: Wenn irgendeine Frage Ihnen besonders wichtig erscheint, bemühen Sie sich, die einschlägige wissenschaftliche Literatur zu lesen. Und mit wissenschaftlicher Literatur meine ich seriöse Artikel, Bücher, die von angesehenen Verlagen veröffentlicht wurden, und die Schriften von Professoren renommierter Institutionen. Die Wissenschaft hat ganz offenkundig ihre Grenzen und in der Vergangenheit viele Fehler begangen. Trotzdem ist die wissenschaftliche Community seit Jahrhunderten unsere verlässlichste Wissensquelle. Wenn Sie glauben, die wissenschaftliche Community liege bei irgendetwas falsch, so ist das mit Sicherheit möglich, aber Sie sollten zumindest die wissenschaftlichen Theorien, die Sie ablehnen, kennen und über empirische Belege verfügen, die Ihre These stützen.

Wissenschaftler müssen sich ihrerseits stärker in aktuellen öffentlichen Debatten engagieren. Sie sollten keine Angst haben, sich zu Wort zu melden, wenn die Debatte ihr Fachgebiet berührt, ob das nun die Medizin oder die Geschichtswissenschaft ist. Schweigen bedeutet nicht Neutralität; es stärkt den Status quo. Natürlich ist es äußerst wichtig, weiter akademische Forschung zu betreiben und die Ergebnisse in wissenschaftlichen Zeitschriften, die lediglich ein paar Fachleute lesen, zu veröffentlichen. Aber gleichermaßen wichtig ist es, die neuesten wissenschaftlichen Theorien einem allgemeinen Publikum zu vermitteln, durch populäre Wissenschaftsbücher und sogar durch die gekonnte Verwendung von Kunst und Fiktion.

Heißt das, dass Wissenschaftler Science-Fiction schreiben sollten? Das ist tatsächlich keine so schlechte Idee. Kunst spielt eine Schlüsselrolle dabei, das Weltbild der Menschen zu prägen, und im 21. Jahrhundert ist Science-Fiction vermutlich die wichtigste Gattung von allen, denn sie bestimmt, wie die meisten Menschen über Dinge wie künstliche Intelligenz, Bioengineering und Klimawandel denken. Wir brauchen zweifellos gute Wissenschaft, aber aus politischer Sicht ist ein guter Science-Fiction-Film viel mehr wert als ein Artikel in *Science* oder *Nature*.

18

Science-Fiction

Die Zukunft ist nicht das, was man im Kino sieht

Die Menschen beherrschen die Welt, weil sie besser als jedes andere Lebewesen kooperieren können, und sie können so gut kooperieren, weil sie an Fiktionen glauben. Dichter, Maler und Dramatiker sind deshalb mindestens genauso wichtig wie Soldaten und Ingenieure. Menschen ziehen in den Krieg und bauen Kathedralen, weil sie an Gott glauben, und sie glauben an Gott, weil sie Verse über Gott gelesen haben, weil sie Bilder von Gott gesehen haben und weil sie von Theaterstücken über Gott fasziniert waren. Ähnlich stützt sich unser Glaube an die moderne Mythologie des Kapitalismus auf die künstlerischen Schöpfungen Hollywoods und der Popindustrie. Wir glauben, dass es uns glücklich macht, wenn wir immer mehr Dinge kaufen, denn wir haben das kapitalistische Paradies mit eigenen Augen im Fernsehen gesehen.

Zu Beginn des 21. Jahrhunderts ist die vielleicht wichtigste Kunstgattung die Science-Fiction. Kaum jemand dürfte die aktuellsten Fachartikel aus den Bereichen maschinelles Lernen oder Gentechnologie lesen. Stattdessen bestimmen Filme wie *Matrix* und *Her* oder Fernsehserien wie *Westworld* und *Black Mirror*, wie Menschen die wichtigsten technologischen, gesellschaftlichen und wirtschaftlichen Entwicklungen unserer Zeit verstehen. Das heißt auch: Science-Fiction muss bei der Art und Weise, wie sie wissenschaftliche Realitäten darstellt, deutlich mehr Verantwortung zeigen, denn sonst könnte sie den Menschen falsche Vorstellungen vermitteln oder deren Aufmerksamkeit auf die falschen Probleme lenken.

Wie in einem früheren Kapitel bereits erwähnt, besteht die vielleicht schlimmste Sünde der heutigen Science-Fiction darin, dass sie gerne Intelligenz und Bewusstsein verwechselt. Infolgedessen beschäftigt sie sich übermäßig mit einem potenziellen Krieg zwischen Robotern und Menschen, während wir in Wirklichkeit eher vor einem Konflikt zwischen einer kleinen Elite von Übermenschen, deren Macht auf Algorithmen gründet, und einer riesigen Unterschicht entmachteter *Homo sapiens* Angst haben müssen. Wenn wir über die Zukunft künstlicher Intelligenz nachdenken, bietet uns Karl Marx noch immer bessere Orientierung als Steven Spielberg.

Tatsächlich sind viele Filme über künstliche Intelligenz so weit entfernt von der wissenschaftlichen Realität, dass man den Verdacht haben könnte, sie seien nichts weiter als Allegorien auf gänzlich andere Dinge. So scheint der Film *Ex Machina* von 2015 von einem KI-Experten zu handeln, der sich in einen weiblichen Roboter verliebt, von diesem allerdings düpiert und manipuliert wird. In Wirklichkeit jedoch handelt es sich nicht um einen Film über die menschliche Angst vor intelligenten Robotern. Es ist ein Film über die männliche Angst vor intelligenten Frauen und insbesondere über die Angst, weibliche Befreiung könnte zu weiblicher Herrschaft führen. Wann immer Sie einen Film über eine künstliche Intelligenz sehen, in dem die künstliche Intelligenz weiblich und der Wissenschaftler männlich ist, handelt es sich mit einiger Wahrscheinlichkeit um einen Film über Feminismus und nicht über Kybernetik. Denn warum um Himmels willen sollte eine künstliche Intelligenz eine sexuelle oder genderspezifische Identität haben? Sex ist ein Markenzeichen organischer vielzelliger Wesen. Was sollte er für ein nichtorganisches kybernetisches Wesen bedeuten?

Leben in einer Schachtel

Ein anderes Thema, mit dem sich Science-Fiction auf deutlich erkenntnisträchtigere Weise beschäftigt hat, ist die Gefahr, dass Technologie dazu verwendet wird, um Menschen zu manipulieren und zu kontrollieren. So schildert *Matrix* eine Welt, in der fast alle Menschen im Cyberspace gefangen sind, und alles, was sie erleben, wird von einem Master-Algorithmus bestimmt. *Die Truman Show* konzentriert sich auf ein einzelnes Individuum, das unwissentlich zum Star einer Fernsehserie wird. Ohne dass Truman selbst darüber Bescheid weiß, sind alle seine Freunde und Bekannten – darunter auch seine Mutter, seine Frau und sein bester Freund – Schauspieler; alles, was ihm zustößt, folgt einem genau konzipierten Drehbuch; und alles, was er sagt und tut, wird von versteckten Kameras aufgenommen und von Millionen Fans begierig verfolgt.

Doch beide Filme schrecken am Ende trotz ihrer Brillanz davor zurück, ihre Szenarien vollständig durchzuspielen. Sie gehen davon aus, dass die in der Matrix gefangenen Menschen ein authentisches Ich haben, das von all den technologischen Manipulationen unberührt bleibt, und dass jenseits der Matrix eine authentische Wirklichkeit wartet, zu der die Helden Zugang finden, wenn sie sich nur intensiv genug darum bemühen. Die Matrix ist lediglich eine künstliche Barriere, die das innere authentische Ich von der äußeren authentischen Welt trennt. Nach vielen Versuchen und Verwicklungen gelingt es beiden Helden – Neo in *Matrix* und Truman in *Die Truman Show* –, das Netz aus Manipulationen zu überwinden und hinter sich zu lassen, das eigene authentische Selbst zu entdecken und ins authentische gelobte Land zu entkommen.

Kurioserweise ist dieses authentische gelobte Land in allen wichtigen Aspekten identisch mit der erfundenen Matrix. Als Truman aus dem

Fernsehstudio ausbricht, will er sich wieder mit seiner Schulhofliebe zusammentun, die der Regisseur der Sendung aus der Serie entfernt hat. Doch selbst wenn Truman diese Liebesfantasie verwirklicht, würde sein Leben genauso aussehen wie der perfekte Hollywoodtraum, den *Die Truman Show* Millionen Zuschauern auf der ganzen Welt verkauft hat – plus Ferien auf Fidschi. Der Film deutet nicht einmal an, welche Art von alternativem Leben Truman in der wirklichen Welt finden kann.

Als Neo aus der Matrix ausbricht, indem er die berühmte rote Pille schluckt, erkennt auch er, dass die Welt da draußen sich von der Welt da drinnen nicht unterscheidet. Außen wie innen gibt es gewaltsame Konflikte und Menschen, die von Angst, Lust, Liebe und Neid getrieben sind. Der Film hätte eigentlich damit enden sollen, dass Neo erfährt, dass die Wirklichkeit, in die er eingetreten ist, nur eine größere Matrix ist, und wenn er in die «wirklich reale Welt» entkommen will, muss er erneut zwischen der blauen und der roten Pille wählen.

Die gegenwärtige technologische und wissenschaftliche Revolution impliziert nicht, dass sich authentische Individuen und authentische Realitäten durch Algorithmen und Fernsehkameras manipulieren lassen, sondern dass Authentizität ein Mythos ist. Die Menschen haben Angst davor, in einer Schachtel gefangen zu sein, merken aber gar nicht, dass sie es bereits sind – nämlich in der Schachtel ihres Gehirns –, die ihrerseits in eine größere Schachtel eingeschlossen ist – die menschliche Gesellschaft mit ihren unzähligen Fiktionen. Wer der Matrix entkommt, findet nichts anderes als eine größere Matrix. Als die Bauern und Arbeiter 1917 gegen den Zaren aufbegehrten, bekamen sie am Ende Stalin; und wenn Sie damit beginnen, die vielfältigen Arten, wie die Welt Sie manipuliert, genauer zu erkunden, merken Sie am Ende, dass Ihr Identitätskern eine komplexe Illusion ist, die von neuronalen Netzwerken geschaffen wurde.

Die Menschen haben Angst, dass sie, wenn sie in einer Schachtel gefangen sind, sämtliche Wunder dieser Welt verpassen. Solange Neo in der

Matrix steckt und Truman im Fernsehstudio, werden sie nie die Fidschiinseln oder Paris oder Machu Picchu besuchen. In Wahrheit jedoch befindet sich alles, was Sie je in Ihrem Leben erleben werden, innerhalb Ihres Körpers und Ihres Geistes. Ob Sie aus der Matrix ausbrechen oder auf die Fidschiinseln reisen, wird keinen Unterschied machen. Es ist keineswegs so, dass es in Ihrem Kopf ein Kästchen aus Metall gibt mit einem großen roten Warnschild drauf: «Erst in Fidschi öffnen!», und wenn Sie endlich in den Südpazifik fahren, dürfen Sie dieses Kästchen öffnen, und heraus kommen all die besonderen Emotionen und Gefühle, die Sie nur auf den Fidschiinseln haben können. Wenn Sie nie in ihrem Leben auf die Fidschiinseln fahren, dann haben Sie diese besonderen Gefühle für immer verpasst. Nein. Was auch immer Sie in Fidschi fühlen können, können Sie überall auf der Welt fühlen, sogar innerhalb der Matrix.

Vielleicht leben wir alle in einer riesigen Computersimulation nach Art von *Matrix*. Das würde all unseren nationalen, religiösen und ideologischen Erzählungen widersprechen. Doch unsere geistigen Erfahrungen wären trotzdem nach wie vor real. Sollte sich herausstellen, dass die Menschheitsgeschichte eine ausgeklügelte Simulation ist, die von Rattenwissenschaftlern vom Planeten Zircon auf einem Supercomputer inszeniert wird, wäre das für Karl Marx und den Islamischen Staat ziemlich beschämend. Doch diese Rattenwissenschaftler müssten gleichwohl Rechenschaft über den Genozid an den Armeniern und über Auschwitz ablegen. Wie konnten sie das am Ethikausschuss der Zircon-Universität vorbeischmuggeln? Selbst wenn die Gaskammern lediglich elektrische Signale in Siliziumchips waren, so war die Erfahrung von Schmerz, Angst und Verzweiflung deswegen kein bisschen weniger quälend.

Schmerz ist Schmerz, Angst ist Angst und Liebe ist Liebe – selbst in der Matrix. Es ist egal, ob die Angst, die Sie empfinden, durch eine Ansammlung von Atomen in der äußeren Welt oder durch elektrische Signale, die von einem Computer gesteuert werden, ausgelöst wird. Die Angst ist trotzdem real. Wenn Sie also die Wirklichkeit Ihres Geistes erkunden wollen, so können Sie das innerhalb der Matrix genauso tun wie außerhalb.

Die meisten Science-Fiction-Filme erzählen in Wirklichkeit eine uralte Geschichte – die vom Sieg des Geistes über die Materie. Vor 30 000 Jahren ging die Geschichte so: «Geist stellt sich ein Messer aus Stein vor – Hand produziert ein Messer – Mensch tötet Mammut.» In Wahrheit jedoch erlangten die Menschen die Kontrolle über die Welt weniger dadurch, dass sie Messer erfanden und Mammuts töteten, sondern indem sie den menschlichen Geist manipulierten. Der Geist ist nicht das Subjekt, das frei und ungehindert historische Handlungen und biologische Realitäten bestimmt – der Geist ist ein Objekt, das von Geschichte und Biologie beeinflusst wird. Selbst unsere hehrsten Ideale – Freiheit, Liebe, Kreativität – sind wie ein Messer aus Stein, das jemand anderer geformt hat, um irgendein Mammut zu töten. Glaubt man den fortgeschrittensten wissenschaftlichen Theorien und den aktuellsten technischen Tools, so ist der Geist nie frei von Manipulation. Es gibt kein authentisches Ich, das darauf wartet, aus der manipulativen Hülle befreit zu werden.

Haben Sie irgendeine Vorstellung, wie viele Filme, Romane und Gedichte Sie im Laufe der Jahre konsumiert haben und wie diese Kunstwerke Ihre Vorstellung von Liebe geprägt und geschärft haben? Liebeskomödien haben mit Liebe ungefähr so viel zu tun wie Porno mit Sex und Rambo mit Krieg. Wenn Sie glauben, Sie könnten irgendeinen Delete-Knopf drücken und sämtliche Spuren Hollywoods aus Ihrem Unterbewusstsein und Ihrem limbischen System löschen, so machen Sie sich etwas vor.

Wir mögen die Vorstellung, Messer aus Stein zu formen, aber die Idee, selbst Messer aus Stein zu sein, gefällt uns weniger. Und so lautet die Matrix-Variante der alten Mammutgeschichte in etwa so: «Geist stellt sich einen Roboter vor – Hand erschafft einen Roboter – Roboter tötet Terroristen, versucht aber auch, den Geist zu kontrollieren – Geist tötet Roboter.» Doch diese Geschichte ist falsch. Das Problem ist nicht, dass der Geist nicht in der Lage sein wird, einen Roboter zu töten. Das Problem ist vielmehr, dass der Geist, der sich den Roboter überhaupt erst vorgestellt hat, bereits das Produkt viel früherer Manipulationen war. Daher wird uns das Töten des Roboters nicht befreien.

Disney verliert den Glauben an den freien Willen

Im Jahr 2015 brachten Pixar Studios und Walt Disney Pictures einen deutlich realistischeren und irritierenderen Animationsfilm über die *conditio humana* in die Kinos, der sich bei Kindern und Erwachsenen gleichermaßen rasch zu einem Kassenschlager entwickelte. *Inside Out* (dt. *Alles steht Kopf*) erzählt die Geschichte eines elfjährigen Mädchens namens Riley Andersen, das mit seinen Eltern von Minnesota nach San Francisco zieht. Weil sie ihre Freunde und ihre Heimatstadt vermisst, hat sie Schwierigkeiten, sich an das neue Leben zu gewöhnen, und versucht, davonzulaufen, um wieder nach Minnesota zurückzukehren. Doch ohne dass Riley es weiß, vollzieht sich ein viel größeres Drama. Riley ist nicht der unwissende Star einer Fernsehserie und sie ist nicht in der Matrix gefangen. Vielmehr ist Riley selbst die Matrix und irgendetwas ist in ihr gefangen.

Disney hat sein Imperium damit aufgebaut, dass es einen ganz bestimmten Mythos immer und immer wieder neu erzählt hat. In unzähligen Disney-Filmen haben die Helden mit Schwierigkeiten und Gefahren zu kämpfen, aber letztlich triumphieren sie immer, indem sie ihr authentisches Ich finden und ihren freien Entscheidungen folgen. *Alles steht Kopf* entzaubert diesen Mythos auf brutale Weise. Der Film greift die neuesten neurobiologischen Erkenntnisse über den Menschen auf und nimmt die Zuschauer mit auf eine Reise in Rileys Gehirn, doch wie sich herausstellt, hat sie kein authentisches Ich und trifft nie irgendwelche freien Entscheidungen. In Wirklichkeit nämlich ist Riley ein riesiger Roboter, der von einer Ansammlung widerstreitender biochemischer Mechanismen gesteuert wird, die der Film als süße Zeichentrickcharaktere personifiziert: die gelbe, fröhliche Freude, den blauen, missmutigen Kummer, die rote, aufbrausende Wut usw. Indem sie in ihrem Kontrollzentrum eine Reihe von Knöpfen und Hebeln bedienen, während sie gleichzeitig jede Bewegung Rileys auf einem riesigen Bildschirm verfolgen, kontrollieren diese Charaktere sämtliche Stimmungen, Entscheidungen und Handlungen Rileys.

Die Tatsache, dass Riley sich nicht an ihr neues Leben in San Francisco gewöhnen kann und zutiefst unglücklich ist, ist Folge eines Malheurs im Kontrollzentrum, das Rileys Gehirn fast vollständig aus dem Gleichgewicht zu bringen droht. Um die Sache wieder in Ordnung zu bringen, begeben sich Freude und Kummer auf eine lange und abenteuerliche Reise durch Rileys Gehirn, bei der sie auf einem Gedankenzug unterwegs sind, das unbewusste Gefängnis erkunden und das innere Atelier besuchen, wo ein Trupp aus künstlerisch begabten Nervenzellen eifrig dabei ist, Träume zu produzieren. Während wir diesen personifizierten biochemischen Mechanismen in die Tiefen von Rileys Gehirn folgen, begegnen wir nirgendwo einer Seele, einem authentischen Ich oder einem freien Willen. Tatsächlich erfolgt der Moment der Offenbarung, an dem die gesamte Handlung hängt, nicht, als Riley ihr authentisches Ich entdeckt, sondern als deutlich wird, dass Riley sich nicht mit einem einzigen Kern gleichsetzen lässt und dass ihr Wohlergehen von der Interaktion vieler verschiedener Mechanismen abhängt.

Zunächst sind die Zuschauer versucht, Riley mit der Hauptprotagonistin gleichzusetzen – der gelben, fröhlichen Freude. Doch wie sich herausstellt, war das der entscheidende Fehler, der Rileys Leben zu ruinieren drohte. Weil Freude glaubt, sie alleine sei der authentische Wesenskern von Riley, bringt sie all die anderen Wesen in Rileys Innerem gegen sich auf und zerstört damit das fragile Gleichgewicht in Rileys Gehirn. Zur Katharsis kommt es, als Freude ihren Fehler erkennt und zusammen mit den Zuschauern merkt, dass Riley nicht Freude oder Kummer oder irgendeines der anderen Wesen ist. Riley ist eine komplexe Geschichte, die durch die Konflikte und Kollaboration all der biochemischen Charaktere zusammen geschaffen wird.

Das wirklich Erstaunliche daran ist nicht nur, dass Disney es wagte, einen Film mit einer so radikalen Botschaft auf den Markt zu bringen – sondern dass dieser Film zu einem weltweiten Hit wurde. Vielleicht war *Alles steht Kopf* auch deshalb so erfolgreich, weil es sich um eine Komödie mit einem Happy End handelt und die meisten Zuschauer darüber möglicherweise die neurologische Bedeutung und die düsteren Implikationen dieses Films gar nicht bemerkt haben.

Für das prophetischste Science-Fiction-Buch des 20. Jahrhunderts gilt das mit Sicherheit nicht. Sein düsterer Charakter lässt sich nicht übersehen. Es wurde vor fast 100 Jahren verfasst, wird aber mit jedem Jahr, das ins Land geht, relevanter. Aldous Huxley schrieb *Brave New World* (dt. *Schöne neue Welt*) 1931, als Kommunismus und Faschismus in Russland und Italien fest im Sattel saßen, der Nationalsozialismus in Deutschland seinen Aufstieg erlebte, das militaristische Japan sich zu seinem Eroberungskrieg in China aufmachte und die gesamte Welt sich im Würgegriff der Großen Depression befand. Doch Huxley schaffte es, durch all diese dunklen Wolken hindurchzublicken und eine zukünftige Gesellschaft ohne Kriege, Hunger und Krankheiten zu entwerfen, in der ununterbrochen Frieden, Wohlstand und Gesundheit herrschen. Es handelt sich um eine Konsumwelt, in der Sex, Drugs und Rock 'n' Roll ungehindert walten und deren oberster Wert das Glück ist. Dem Buch liegt die Vorstellung zugrunde, Menschen seien biochemische Algorithmen, die Wissenschaft könne den menschlichen Algorithmus entschlüsseln, und dieser lasse sich mithilfe von Technologie manipulieren.

In dieser schönen neuen Welt setzt die Weltregierung auf fortschrittliche Biotechnologie und Social Engineering, um sicherzustellen, dass alle stets zufrieden sind und niemand auch nur den geringsten Grund hat, aufzubegehren. Es ist, als seien Freude, Kummer und die anderen Wesen in Rileys Gehirn zu loyalen Staatsdienern geworden. Die Regierung braucht daher auch keine Geheimpolizei, keine Konzentrationslager und kein Ministerium für Liebe wie in Orwells *1984*. Vielmehr besteht Huxleys Genialität darin, zu zeigen, dass man die Menschen mittels Liebe und Vergnügen deutlich besser kontrollieren kann als mittels Angst und Gewalt.

Wenn wir *1984* lesen, ist klar, dass Orwell eine beklemmende, albtraumhafte Welt beschreibt, und die einzige Frage, die dabei offen bleibt, lautet: «Wie können wir verhindern, in einen so schrecklichen Zustand zu geraten?» Liest man hingegen *Schöne neue Welt*, so ist das eine deutlich irritierendere und herausforderndere Erfahrung, denn als Leser kann man gar nicht so genau sagen, was dieses Buch eigentlich zu einer Dystopie macht. Die Welt ist friedlich und saturiert, und jeder ist die ganze Zeit höchst zufrieden. Was sollte daran schlimm sein?

Huxley erörtert diese Frage ganz direkt in der Szene, die den Höhepunkt des Romans bildet: dem Dialog zwischen Mustapha Mond, dem World Controller für Westeuropa, und John, genannt der Wilde, der sein ganzes Leben in einem Indianerreservat in New Mexico verbracht hat und als einziger anderer Mensch in London noch etwas über Shakespeare oder Gott weiß.

Als der Wilde versucht, die Menschen in London zu einer Rebellion gegen das System, das sie kontrolliert, aufzustacheln, reagieren sie darauf vollkommen apathisch, doch die Polizei verhaftet ihn und bringt ihn zu Mustapha Mond. Der World Controller führt ein angenehmes Gespräch mit John und erklärt, wenn er weiter asozial bleiben wolle, solle er sich einfach an irgendeinen abgeschiedenen Ort zurückziehen und als Eremit leben. Der Wilde stellt daraufhin die Ansichten infrage, die der Weltordnung zugrunde liegen, und wirft der Weltregierung vor, bei ihrem Streben nach Glück habe sie nicht nur Wahrheit und Schönheit vernichtet, sondern auch alles Edle und Heldenhafte im Leben:

> «Mein lieber junger Freund», sprach Mustapha Mond, «die Zivilisation hat keine Verwendung für Edelmut und Heldentum. Dergleichen sind Symptome politischer Ineffizienz. In einer gut organisierten Gesellschaft wie der unsrigen bleibt niemandem Gelegenheit zu Edelmut oder Heroismus. Erst wenn durchweg instabile Verhältnisse herrschen, bietet sich eine solche Gelegenheit. Wo Krieg herrscht, wo es geteilte Loyalitäten gibt, wo es gilt, Versuchungen zu widerstehen, um eine Liebe zu kämpfen oder sie zu verteidigen – da ergeben Edelmut und Heroismus Sinn, das liegt auf der Hand. Doch gibt es heute keine Kriege mehr. Es wird alles getan, die Menschen daran zu hindern, eine einzige Person zu sehr zu lieben. Es gibt keine geteilten Loyalitäten, man wird so konditioniert, dass man gar nicht anders kann als zu tun, was man tun soll. Und was man tun soll, ist im Ganzen so angenehm, spricht so viele der natürlichen Impulse an, dass es wirklich keinerlei Versuchung gibt, der man widerstehen müsste. Und sollte einem durch unglückliche Umstände doch einmal Unerfreuliches widerfahren, nun, dann gibt es immer noch [das Medikament] Soma, das einem einen Urlaub von der Realität gewährt. Es gibt immer Soma, das einem den Ärger nimmt, mit Feinden versöhnt, geduldig und langmütig macht. Früher war das nur durch größte Anstrengungen und nach Jahren harten moralischen Drills zu bewerkstelligen. Heute schluckt man zwei bis drei Halbgrammtabletten, und fertig! Heute kann jeder tugendhaft sein. Weil er mindestens die halbe Moral in einer Flasche mit sich herumtragen kann. Soma, das ist Christentum ohne Tränen.»
>
> «Aber man braucht die Tränen. Erinnern Sie sich doch nur an die Worte Othellos: ‹Wenn jedem Sturm so heitre Stille folgt, dann blast,

Orkane, bis den Tod ihr weckt!› Es gibt eine Geschichte, die einer der Alten im Dorf uns oft erzählte, von der Maid von Mátsaki. Alle jungen Männer, die sie zur Frau wollten, mussten einen Morgen lang auf ihrem Maisfeld hacken. Das klingt einfach, aber es gab Fliegen und Mücken, und zwar verzauberte. Die meisten Freier hielten die Stiche auf Dauer nicht aus. Der aber, der standhielt, der gewann die Maid.»

«Wie hübsch! In zivilisierten Ländern allerdings», sagte der Controller, «kann man Mädchen ohne Feldarbeit haben, und es gibt weder Fliegen noch Mücken, die stechen. Die haben wir vor Jahrhunderten abgeschafft.»

Der Wilde nickte mit finsterer Miene. «Abgeschafft. Ja, das sieht euch ähnlich. Alles abschaffen, was unangenehm ist, statt zu lernen, es zu erdulden. Ob's edler im Gemüt, die Pfeil und Schleudern des wütenden Geschicks erdulden, oder, sich waffnend gegen eine See von Plagen, durch Widerstand sie enden ... Ihr aber tut weder das eine noch das andere. Erduldet weder noch leistet ihr Widerstand. Ihr schafft bloß Pfeil und Schleudern ab. Das ist zu einfach. ... Was ihr braucht», fuhr der Wilde schließlich fort, «ist zur Abwechslung etwas *mit* Tränen. ... ‹Gefährlich leben› – ist da nicht etwas dran?»

«Eine ganze Menge», stimmte der Controller zu. «In der Tat brauchen Männer und Frauen dann und wann einen Adrenalinschub.»

«Bitte?», meinte der Wilde verständnislos.

«Eine der Voraussetzungen vollkommener Gesundheit. Deshalb haben wir die HLS-Behandlung zur Pflicht erhoben.»

«HLS?»

«Heißleidenschaftssubstitution. Einmal im Monat. Wir fluten den Kreislauf mit Adrenalin. Dem physiologischen Äquivalent von Angst und Aggression. Die tonische Wirkung kommt dem Mord an Desdemona beziehungsweise der Ermordung durch Othello gleich – ohne die Unannehmlichkeiten.»

«Aber ich mag die Unannehmlichkeiten.»

«Wir nicht», entgegnete der Controller. «Wir richten die Dinge lieber komfortabel ein.»

«Ich will aber keinen Komfort. Ich will Gott, ich will Dichtung, ich will reale Gefahren, ich will Freiheit, ich will Güte. Ich will Sünde.»

«Kurzum», bemerkte Mustapha Mond, «Sie fordern das Recht, unglücklich zu sein.»

«Also gut», bejahte der Wilde trotzig, «dann fordere ich eben das Recht, unglücklich zu sein.»

«Ganz zu schweigen von dem Recht, zu altern, hässlich und impotent zu werden, dem Recht auf Syphilis und Krebs, dem Recht, zu wenig zu essen zu haben, dem Recht, verlaust zu sein, dem Recht, in ständiger Angst vor dem zu leben, was morgen wird, dem Recht auf Typhus, dem Recht, unaussprechliche Schmerzen aller Art zu erleiden.»

Es herrschte lange Schweigen.

«Ja, ich fordere diese Rechte, alle», sagte der Wilde schließlich.

Mustapha Mond zuckte mit den Schultern. «Wie Sie wollen», sagte er.[1]

Der Wilde zieht sich schließlich in eine unbewohnte Wildnis zurück und lebt dort als Einsiedler. Das jahrelange Leben in einem Indianerreservat und die Gehirnwäsche durch Shakespeare und Religion haben ihn so konditioniert, dass er alle Segnungen der Moderne ablehnt. Doch die Nachricht von einem so ungewöhnlichen und aufregenden Zeitgenossen verbreitet sich schnell, die Menschen strömen herbei, um ihn zu beobachten und all sein Tun aufzuzeichnen, und schon bald wird er zu einer Berühmtheit. Zutiefst betrübt über die ungewollte Aufmerksamkeit, entkommt der Wilde der zivilisierten Matrix, nicht indem er eine rote Pille schluckt, sondern indem er sich erhängt.

Anders als die Schöpfer von *Matrix* und *Die Truman Show* bezweifelte Huxley die Möglichkeit eines Entkommens, denn für ihn war fraglich, ob da überhaupt jemand war, der entkommen konnte. Weil das Gehirn und das Ich Teil der Matrix sind, muss jemand, der der Matrix entkommen will, sich selbst entkommen. Das aber ist eine Möglichkeit, die es wert ist, näher in Augenschein genommen zu werden. Der engen Definition von Ich zu entkommen könnte nämlich durchaus zu einer notwendigen Überlebenstechnik im 21. Jahrhundert werden.

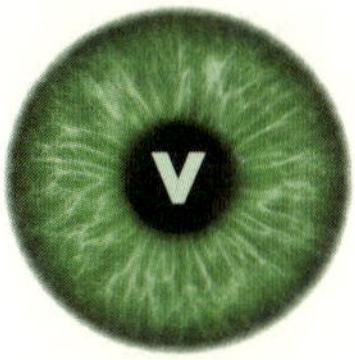

Resilienz

Wie sollen wir leben in einer Zeit der Verunsicherung, in der die alten Erzählungen weggebrochen sind und noch keine neue Erzählung entstanden ist, die sie ersetzen könnte?

19

Bildung

Veränderung ist die einzige Konstante

Die Menschheit steht vor nie dagewesenen Revolutionen, all unsere alten Erzählungen fallen in sich zusammen, und bislang ist noch keine neue entstanden, die sie ersetzen könnte. Wie können wir uns selbst und unsere Kinder auf eine Welt solch beispielloser Veränderungen und radikaler Ungewissheiten vorbereiten? Ein Kind, das heute zur Welt kommt, wird 2050 knapp über 30 Jahre alt sein. Wenn alles gut geht, wird das Kind im Jahr 2100 noch immer leben und könnte sogar ein aktiver Bürger des 22. Jahrhunderts sein. Was sollten wir diesem Kind beibringen, das ihm dabei hilft, in der Welt des Jahres 2050 oder des 22. Jahrhunderts zu überleben und zu gedeihen? Was für Fertigkeiten wird er oder sie brauchen, um einen Job zu finden, um zu verstehen, was ringsum geschieht, und um sich im Labyrinth des Lebens zurechtzufinden?

Da niemand weiß, wie die Welt im Jahr 2050 aussehen wird – vom Jahr 2100 ganz zu schweigen –, kennen wir die Antwort auf diese Fragen leider nicht. Natürlich konnten die Menschen die Zukunft noch nie genau vorhersagen. Doch heute ist es schwieriger als je zuvor, denn sobald uns die Technologie in die Lage versetzt, Körper, Gehirne und Seelen zu manipulieren, können wir in keinerlei Hinsicht mehr sicher sein – nicht einmal bei Dingen, die früher als unverrückbar und ewig galten.

Vor 1000 Jahren, im Jahr 1018, gab es viele Dinge, die Menschen mit

Blick auf die Zukunft nicht kannten, aber sie waren trotzdem davon überzeugt, dass sich die grundlegenden Merkmale der menschlichen Gesellschaft nicht ändern würden. Wer 1018 in China lebte, wusste, dass 1050 das Song-Reich zusammenbrechen, die Kitan von Norden aus angreifen und Krankheiten Millionen hinwegraffen konnten. Doch zugleich stand fest, dass auch 1050 die meisten Menschen noch als Bauern und Weber arbeiten und Herrscher nach wie vor Menschen benötigen würden, um ihre Armeen und Bürokratien zu bemannen, dass Männer noch immer über die Frauen herrschen, die Lebenserwartung weiterhin bei rund 40 Jahren liegen und der menschliche Körper genau der Gleiche sein würden. Deshalb brachten arme chinesische Eltern ihren Kindern 1018 bei, wie man Reis anpflanzte oder Seide webte, und wohlhabendere Eltern lehrten ihre Jungen, wie man die konfuzianischen Klassiker las, Kalligrafie betrieb oder zu Pferde kämpfte – und ihren Mädchen brachten sie bei, bescheidene und gehorsame Hausfrauen zu sein. Es war offenkundig, dass man diese Fertigkeiten auch 1050 noch brauchen würde.

Heute hingegen haben wir keinerlei Vorstellung, wie China oder der Rest der Welt im Jahr 2050 aussehen wird. Wir wissen nicht, womit die Menschen ihren Lebensunterhalt verdienen werden, wir wissen nicht, wie Armeen oder Bürokratien funktionieren werden, und wir wissen nicht, wie die Beziehungen zwischen den Geschlechtern aussehen werden. Einige Menschen werden wahrscheinlich viel länger leben als heute, und der menschliche Körper selbst könnte dank Biotechnologie und direkten Schnittstellen zwischen Gehirn und Computer eine beispiellose Revolution erleben. Ein Großteil von dem, was Kinder heute lernen, wird deshalb 2050 vermutlich irrelevant sein.

Gegenwärtig konzentrieren sich viel zu viele Schulen darauf, die Schüler mit Informationen vollzustopfen. In der Vergangenheit war das sinnvoll, weil Information knapp war, und selbst das Durchsickern vorhandener Informationen wurde immer wieder mittels Zensur blockiert. Wer beispielsweise um 1800 in einer kleinen Provinzstadt in Mexiko lebte, für den war es schwer, etwas über die Welt da draußen zu erfahren. Es gab kein Radio, kein Fernsehen, keine Tageszeitungen und keine öffentlichen Bibliotheken.[1] Selbst wer lesen und schreiben konnte und Zugang zu einer privaten Bibliothek hatte, konnte nicht viel mehr lesen als Romane und religiöse Traktate. Das spanische Imperium zensierte alle vor Ort gedruckten Texte streng und ließ nur tröpfchenweise Publikationen von außen ins Land, die zudem zuvor genau überprüft worden waren.[2] Gleiches galt für jemanden, der in irgendeiner Provinzstadt in Russland, Indien, der Türkei oder China lebte. Als moderne Schulen aufkamen, die jedem Kind Lesen und Schreiben beibrachten und die grundlegenden Fakten in Geografie, Geschichte und Biologie vermittelten, bedeutete das eine ungeheure Verbesserung.

Im 21. Jahrhundert dagegen werden wir von Unmengen an Informationen überflutet, und nicht einmal die Zensoren versuchen, diesen Strom aufzuhalten. Stattdessen sind sie eifrig darum bemüht, Falschinformationen zu verbreiten oder uns mit Belanglosigkeiten abzulenken. Wer in irgendeiner Provinzstadt in Mexiko lebt und über ein Smartphone verfügt, kann mehrere Leben damit verbringen, Wikipedia zu durchstöbern, sich TED-Talks anzusehen und kostenlose Online-Kurse zu belegen. Keine Regierung darf darauf hoffen, all die Informationen, die ihr nicht genehm sind, geheim zu halten. Andererseits ist es beunruhigend leicht, die Öffentlichkeit mit widersprüchlichen Berichten und Falschmeldungen zu überschwemmen. Überall auf der Welt sind die Menschen nur einen Klick entfernt von den jüngsten Schilderungen der Bombardierung Aleppos oder der schmelzenden Polkappen in der Arktis, aber es gibt so viele widersprüchliche Darstellungen, dass schwer zu entscheiden ist, was man glauben soll. Daneben sind unzählige andere Dinge nur einen Klick entfernt und machen es schwer, sich zu konzentrieren, und wenn Politik oder Wissenschaft zu kompliziert erscheinen, ist die Versuchung groß, sich irgendwelchen lustigen Katzenvideos, belanglosem Promigeschwätz oder billigen Pornofilmchen zuzuwenden.

In einer solchen Welt ist ein Mehr an Informationen so ziemlich das Letzte, was ein Lehrer seinen Schülern vermitteln muss. Die Kinder haben ohnehin schon viel zu viel davon. Stattdessen benötigen Menschen die Fähigkeit, Informationen zu interpretieren, zwischen wichtig und unwichtig zu unterscheiden und vor allem viele Informationsstückchen zu einem umfassenderen Bild der Welt zusammenzusetzen.

Tatsächlich war genau das jahrhundertelang das Ideal westlicher liberaler Bildung, doch bis heute waren selbst viele westliche Schulen recht nachlässig in dem Bemühen, diesem Ideal gerecht zu werden. Lehrer konnten sich darauf beschränken, mit jeder Menge Datenmaterial aufzuwarten und gleichzeitig die Schüler dazu zu ermuntern, «eigenständig zu denken». Aufgrund ihrer Angst vor einem autoritären Erziehungsstil schreckten liberale Schulen insbesondere vor großen Erzählungen zurück. Sie gingen davon aus, solange sie den Schülern jede Menge Daten und ein gewisses Maß an Freiheit vermittelten, würden die Schüler sich ihr eigenes Bild von der Welt machen, und selbst wenn es dieser Generation nicht gelingen sollte, sämtliche Daten zu einer stimmigen und sinnvollen Geschichte der Welt zu bündeln, werde jede Menge Zeit bleiben, in Zukunft eine brauchbare Synthese zu entwickeln. Doch jetzt haben wir keine Zeit mehr. Bei den Entscheidungen, die wir in den nächsten Jahrzehnten treffen werden, wird es um die Zukunft des Lebens als solchem gehen, und wir können diese Entscheidungen nur auf der Basis unseres gegenwärtigen Weltbilds treffen. Wenn es dieser Generation an einer umfassenden Vorstellung vom Kosmos fehlt, so wird über die Zukunft des Lebens nach dem Zufallsprinzip entschieden werden.

The heat is on

Überdies konzentrieren sich die meisten Schulen viel zu sehr darauf, den Schülern neben Informationen eine Reihe vorgegebener Fertigkeiten zu vermitteln wie etwa das Lösen von Potenzialgleichungen, das Schreiben eines Computerprogramms in C++, die Bestimmung von Chemikalien in einem Reagenzglas oder Konversation auf Chinesisch. Doch da wir keine Ahnung haben, wie die Welt und der Arbeitsmarkt im Jahr 2050 aussehen werden, wissen wir nicht wirklich, welche konkreten Fertigkeiten Menschen brauchen werden. Möglicherweise investieren wir enorme Mühen, um Kindern beizubringen, wie sie bestimmte Programmiersprachen anwenden oder Chinesisch sprechen, nur um festzustellen, dass künstliche Intelligenz im Jahr 2050 Software deutlich besser programmieren kann als Menschen und eine neue Übersetzungs-App von Google uns in die Lage versetzt, ein Gespräch in fast fließendem Mandarin, Kantonesisch oder Hakka zu bestreiten, selbst wenn wir gerade einmal «Ni Hao» sagen können.

Was also sollten wir unterrichten? Zahlreiche Fachpädagogen behaupten, Schulen sollten sich auf die Vermittlung der vier Ks verlegen – kritisches Denken, Kommunikation, Kollaboration und Kreativität.[3] Allgemeiner sollten Schulen weniger Wert auf technisches Können legen und stattdessen universell anwendbare Lebensfertigkeiten in den Mittelpunkt rücken. Am allerwichtigsten wird die Fähigkeit sein, mit Veränderung umzugehen, neue Dinge zu lernen und in unvertrauten Situationen das seelische Gleichgewicht zu wahren. Wollen wir mit der Welt des Jahres 2050 Schritt halten, müssen wir nicht nur neue Ideen und Produkte erfinden – wir müssen vor allem uns selbst immer wieder neu erfinden.

Denn da sich der Wandel beschleunigt, wird sich nicht nur die Wirt schaft verändern, sondern sogar die Bedeutung dessen, was es heißt, Mensch zu sein. Schon 1848 war im *Kommunistischen Manifest* davon die Rede, dass «alles Ständische und Stehende verdampft». Karl Marx und Friedrich Engels dachten dabei hauptsächlich an gesellschaftliche und wirtschaftliche Strukturen. 2048 werden aber auch körperliche und kognitive Strukturen «verdampfen» oder sich in eine Cloud von Datenbits auflösen.

1848 verloren Millionen Menschen ihre Arbeit auf kleinen Bauernhöfen auf dem Land und zogen in die großen Städte, um in Fabriken zu arbeiten. Doch wenn sie in der Großstadt ankamen, war es eher unwahrscheinlich, dass sie ihr Geschlecht änderten oder einen sechsten Sinn hinzufügten. Und wenn sie in irgendeiner Textilfabrik einen Job fanden, konnten sie davon ausgehen, für den Rest ihres Arbeitslebens in diesem Beruf tätig zu sein.

2048 könnten die Menschen es mit Migrationen in den Cyberspace, mit fließenden Geschlechteridentitäten und mit neuen sinnlichen Erfahrungen, die durch Computerimplantate erzeugt werden, zu tun haben. Sollten sie beispielsweise sowohl Arbeit als auch Sinn darin finden, die allerneueste Mode für ein Virtual Reality Game in 3-D zu entwerfen, so könnten binnen eines Jahrzehnts nicht nur diese spezifische Tätigkeit, sondern alle Jobs, die ein derartiges Maß an künstlerischer Schöpferkraft erfordern, von künstlicher Intelligenz übernommen werden. So werden Sie sich mit 25 auf einer Datingseite vorstellen als «25 Jahre alte heterosexuelle Frau, die in London lebt und in der Modebranche arbeitet». Mit 35 sagen Sie, sie seien «eine geschlechtsunspezifische Person, die sich einer Altersanpassung unterzieht, deren neokortikale Aktivität vor allem in der virtuellen Welt von NewCosmos stattfindet und deren Lebensaufgabe es ist, dorthin zu gelangen, wo kein Modedesigner zuvor jemals war». Mit 45 werden sowohl Dating als auch Selbstbeschreibungen völlig passé sein. Sie warten einfach, bis ein Algorithmus den perfekten Partner für Sie findet (oder erschafft). Und wenn es darum geht, Sinn aus der Kunst des Modedesigns zu ziehen, so werden Sie von den Algorithmen so unwiderruflich übertroffen, dass es Sie eher mit Beschämung als mit Stolz erfüllt, wenn Sie sich ihre größten Leistungen aus dem vorangegangenen Jahrzehnt betrachten. Und mit 45 haben Sie noch viele Jahrzehnte radikaler Veränderung vor sich.

Bitte nehmen Sie dieses Szenario nicht wörtlich. Niemand kann wirklich die genauen Veränderungen vorhersagen, die wir erleben werden. Jedes konkrete Szenario wird vermutlich weit von der Wirklichkeit entfernt sein. Wenn Ihnen jemand die Welt beschreibt, wie sie Mitte des 21. Jahrhunderts aussehen wird, und es wie Science-Fiction klingt, dann ist es vermutlich falsch. Aber wenn Ihnen jemand die Welt Mitte des 21. Jahrhunderts beschreibt und es *nicht* nach Science-Fiction klingt – dann ist es mit Sicherheit falsch. Wie genau die Veränderungen aussehen werden, können wir nicht mit Sicherheit sagen, nur dass Veränderung selbst die einzige Gewissheit sein wird.

Solch tiefgreifender Wandel könnte die Grundstrukturen des Lebens verändern und Diskontinuität zu ihrem hervorstechenden Merkmal machen. Seit urdenklichen Zeiten war das Leben in zwei komplementäre Teile geteilt: eine Phase des Lernens, gefolgt von einer Phase der Arbeit. Im ersten Teil des Lebens häufte man Informationen an, entwickelte Fertigkeiten, konstruierte ein Weltbild und baute eine stabile Identität auf. Selbst wenn man mit 15 Jahren den Großteil des Tages mit Arbeit auf dem familiären Reisfeld (und nicht in einer formellen Schule) verbracht hat, war das Wichtigste, das man tat, lernen: wie man Reis anbaut, wie man mit den raffgierigen Reishändlern aus der Großstadt verhandelt und wie man Konflikte mit den anderen Dorfbewohnern um Land und Wasser beilegt. Im zweiten Teil des Lebens vertraute man auf seine akkumulierten Fertigkeiten, um sich in der Welt zurechtzufinden, seinen Lebensunterhalt zu verdienen und einen Beitrag zur Gesellschaft zu leisten. Natürlich lernte man auch mit 50 Jahren noch Neues über Reis, über Kaufleute und über Konflikte, aber das waren lediglich geringfügige Justierungen erprobter Fertigkeiten.

Mitte des 21. Jahrhunderts werden ein beschleunigter Wandel sowie längere Lebensspannen dieses traditionelle Modell obsolet machen. Das Leben wird an den Rändern ausfransen, und zwischen den verschiedenen Lebensphasen wird immer weniger Kontinuität bestehen. Die Frage «Wer bin ich?» wird dringlicher und komplizierter sein als je zuvor.[4]

Das wird vermutlich ein ungeheures Maß an Stress mit sich bringen. Denn Veränderung ist fast immer belastend, und ab einem bestimmten Alter wollen sich die meisten Menschen einfach nicht mehr verändern. Wenn Sie 15 sind, ist Ihr ganzes Leben Veränderung. Ihr Körper wächst, Ihr Geist entwickelt sich, Ihre Beziehungen vertiefen sich. Alles ist im Fluss, und alles ist neu. Sie sind eifrig dabei, sich selbst zu erfinden. Die meisten Jugendlichen finden das beängstigend, doch gleichzeitig ist es auch aufregend. Vor einem eröffnen sich fortwährend neue Perspektiven, und eine ganze Welt wartet darauf, erobert zu werden.

Wenn Sie 50 sind, halten Sie nicht viel von Veränderung, und die meisten Menschen haben es aufgegeben, die Welt zu erobern. Dort schon gewesen, das schon getan, jenes schon gekauft. Am liebsten ist ihnen Stabilität. Sie haben so viel in ihre Fertigkeiten, ihre Karriere, ihre Identität und ihre Weltsicht investiert, dass sie nicht wieder ganz von vorn anfangen wollen. Je härter sie gearbeitet haben, um etwas aufzubauen, desto schwieriger ist es, davon abzulassen und Platz zu machen für etwas Neues. Sie legen vielleicht weiterhin Wert auf neue Erfahrungen und kleinere Anpassungen, aber die meisten Menschen in ihren Fünfzigern sind nicht bereit, die tiefliegenden Strukturen ihrer Identität und Persönlichkeit über den Haufen zu werfen.

Dafür gibt es neurologische Gründe. Zwar ist das erwachsene Gehirn flexibler und volatiler als ursprünglich gedacht, aber es ist trotzdem weniger formbar als das Gehirn eines Jugendlichen. Nervenzellen neu miteinander zu verbinden und Synapsen neu zu verdrahten ist verdammt harte Arbeit.[5] Doch im 21. Jahrhundert kann man sich Stabilität kaum leisten. Wer an irgendeiner stabilen Identität, Arbeit oder Weltsicht festzuhalten versucht, riskiert, den Anschluss zu verlieren, wenn die Welt mit einem Wuuuuuuuuuuusch an einem vorbeifliegt. Wenn wir davon ausgehen, dass die Lebenserwartung vermutlich steigt, könnte es sein, dass man anschließend noch viele Jahrzehnte als unbedarftes Fossil zubringen muss. Um relevant zu bleiben – nicht nur ökonomisch, sondern vor allem gesellschaftlich –, wird man über die Fähigkeit verfügen müssen, fortwährend zu lernen und sich selbst neu zu erfinden, zumindest in einem noch jungen Alter von 50 Jahren.

Da Fremdheit zur neuen Normalität wird, werden unsere vergangenen Erfahrungen wie auch die vergangenen Erfahrungen der Menschheit insgesamt weniger verlässliche Orientierung bieten. Menschen als Individuen und die Menschheit als Ganzes werden zunehmend mit Dingen zu tun haben, mit denen niemand je zuvor konfrontiert war: etwa superintelligenten Maschinen, gentechnisch veränderten Körpern, Algorithmen, die unsere Emotionen mit verblüffender Präzision manipulieren können, rasanten menschengemachten Klimakatastrophen und dem Zwang, alle zehn Jahre den Beruf zu wechseln. Was macht man am besten, wenn man sich mit einer völlig beispiellosen Situation konfrontiert sieht? Wie sollten Sie agieren, wenn Sie von enormen Mengen an Informationen überflutet werden und absolut keine Möglichkeit haben, all diese Informationen aufzunehmen und zu analysieren? Wie soll man leben in einer Welt, in der umfassende Ungewissheit kein Fehler, sondern ein Grundmerkmal ist?

Wer in einer solchen Welt überleben und gedeihen will, braucht eine Menge an geistiger Flexibilität und große Reserven an emotionaler Ausgeglichenheit. Sie werden sich immer wieder von einigen Dingen, die Sie wie auf dem Effeff kennen, verabschieden und mit dem Unbekannten an freunden müssen. Leider ist es viel schwerer, Kindern beizubringen, wie man das Unbekannte akzeptiert und das seelische Gleichgewicht behält, als ihnen eine physikalische Gleichung oder die Ursachen des Ersten Weltkriegs zu erklären. Resilienz lässt sich nicht lernen, indem man ein Buch liest oder einem Vortrag lauscht. Den Lehrern selbst fehlt in der Regel die geistige Flexibilität, die das 21. Jahrhundert verlangt, denn sie sind selbst Produkt des alten Bildungssystems.

Die industrielle Revolution hat uns die Fließbandtheorie der Bildung beschert. Mitten in der Stadt befindet sich ein großes Betongebäude, das in viele identische Räume aufgeteilt ist, und jeder Raum ist mit einer Reihe von Pulten und Stühlen ausgestattet. Wenn eine Glocke ertönt, begeben wir uns zusammen mit dreißig anderen Kindern, die alle im selben Jahr geboren wurden wie wir selbst, in einen dieser Räume. Jede Stunde kommen ein paar Erwachsene herein und beginnen zu reden. Sie werden alle von der Regierung dafür bezahlt. Der eine erzählt etwas über die Gestalt der Erde, ein anderer über die menschliche Vergangenheit, und eine Dritte berichtet über den menschlichen Körper. Es ist leicht, sich über dieses Modell lustig zu machen, und fast jeder ist der Ansicht, dass es trotz aller vergangenen Leistungen heute bankrott ist. Doch bisher haben wir keine brauchbare Alternative entwickelt. Und mit Sicherheit keine, die sich auch im ländlichen Mexiko und nicht nur in den vornehmen Suburbs Kaliforniens umsetzen lässt.

Menschen hacken

Einem 15-Jährigen, der in einer veralteten Schule irgendwo in Mexiko, Indien oder Alabama sitzt, kann ich deshalb vor allem einen Rat geben: Vertraue nicht zu sehr auf die Erwachsenen. Die meisten von ihnen meinen es gut mit dir, aber sie verstehen die Welt einfach nicht. In der Vergangenheit war es relativ sicher, den Erwachsenen zu folgen, denn sie kannten die Welt recht gut und diese veränderte sich langsam. Doch das 21. Jahrhundert wird anders sein. Aufgrund des zunehmenden Tempos des Wandels kannst du nie sicher sein, ob das, was die Erwachsenen dir sagen, zeitlose Weisheit oder veraltetes Vorurteil ist. Worauf kannst du stattdessen setzen? Vielleicht auf die Technologie? Das ist ein noch gewagteres Spiel. Technologie kann sehr hilfreich sein, aber wenn sie zu viel Macht über dein Leben gewinnt, könntest du zu einer Geisel ihrer Agenda werden. Vor Jahrtausenden erfanden die Menschen die Landwirtschaft, aber diese Technologie machte nur eine winzige Elite reich, während sie die Mehrheit versklavte. Die meisten Menschen mussten von Sonnenaufgang bis Sonnenuntergang Unkraut jäten, Wassereimer schleppen und in der glühenden Hitze die Ernte einbringen. Das kann dir auch passieren.

Technologie ist nicht per se schlecht. Wenn du weißt, was du im Leben willst, kann Technologie dir dabei helfen, es zu bekommen. Aber wenn du nicht weißt, was du im Leben willst, wird es für die Technologie nur allzu einfach sein, deine Ziele für dich zu bestimmen und die Kontrolle über dein Leben zu übernehmen. Insbesondere weil die Technologie Menschen immer besser versteht, könnte es am Ende sein, dass du ihr dienst und nicht sie dir. Hast du diese Zombies gesehen, die durch die Straßen laufen, die Augen fest auf ihre Smartphones geheftet? Glaubst du, sie kontrollieren die Technologie, oder kontrolliert die Technologie sie?

Solltest du also auf dich selbst vertrauen? Das klingt toll in der *Sesamstraße* oder in irgendeinem altmodischen Disney-Film, aber im echten Leben funktioniert es nicht ganz so gut. Selbst Disney merkt das allmählich. So wie Riley Andersen kennen die meisten Menschen sich selbst nicht wirklich, und wenn sie versuchen, auf sich zu hören, werden sie leicht zur Beute äußerer Manipulationen. Die Stimme, die wir in unserem Inneren vernehmen, war nie vertrauenswürdig, denn sie spiegelte stets staatliche Propaganda, ideologische Gehirnwäsche und kommerzielle Werbung wider, von biochemischen Fehlern ganz zu schweigen.

Heute, da Biotechnologie und maschinelles Lernen immer besser werden, wird es immer leichter, die tiefsten Emotionen und Wünsche der Menschen zu manipulieren, und es wird gefährlicher denn je, einfach dem eigenen Herzen zu folgen. Wenn Coca-Cola, Amazon, Baidu oder die Regierung wissen, wie sie die Strippen in deinem Herzen ziehen und die Knöpfe in deinem Gehirn drücken, könntest du dann noch zwischen deinem Ich und ihren Marketingexperten unterscheiden?

Damit du bei dieser beängstigenden Aufgabe nicht scheiterst, wirst du hart daran arbeiten müssen, dein Betriebssystem immer besser zu kennen. Zu wissen, wer du bist und was du vom Leben willst. Das ist natürlich der älteste Ratschlag in diesem Buch: Erkenne dich selbst. Seit Jahrtausenden haben Philosophen und Propheten die Menschen dazu gedrängt, sich selbst zu erkennen. Doch dieser Ratschlag war nie dringlicher als im 21. Jahrhundert, denn anders als in den Zeiten von Laotse oder Sokrates haben wir heute ernsthafte Konkurrenz. Coca-Cola, Amazon, Baidu und die Regierung sind alle eifrig bestrebt, uns zu hacken. Nicht unsere Smartphones, nicht unsere Computer und nicht unsere Bankkonten – sie befinden sich in einem Wettlauf darum, uns und unser organisches Betriebssystem zu hacken. Vielleicht hast du davon gehört, dass wir in einer Zeit leben, in der Computer gehackt werden, aber das ist allenfalls die halbe Wahrheit. Tatsächlich leben wir in einer Epoche, in der Menschen gehackt werden. Jetzt in genau diesem Augenblick beobachten uns die Algorithmen. Sie beobachten, wohin wir gehen, was wir kaufen, wen wir treffen. Schon bald werden sie all unsere Schritte, all unsere Atemzüge, all unsere Herzschläge überwachen. Sie setzen auf Big Data und maschinelles Lernen, um uns immer besser und genauer kennen zu lernen. Und sobald diese Algorithmen uns besser kennen als wir uns selbst, könnten sie uns kontrollieren und manipulieren, und wir könnten nicht viel dagegen tun.

Wir werden in der Matrix oder in der *Truman Show* leben. Am Ende ist es eine simple Frage der Empirie: Wenn die Algorithmen tatsächlich besser als wir verstehen, was in uns abläuft, dann wird sich die Macht zu ihnen hin verschieben.

Natürlich wird so mancher heilfroh sein, alle Macht an die Algorithmen abtreten und ihnen die wichtigen Entscheidungen für uns und für den Rest der Welt anvertrauen zu können. Wenn du das bist, dann entspann dich einfach und genieße die Fahrt. Du musst nichts tun. Die Algorithmen werden sich um alles kümmern. Wenn du aber noch irgendwie die Kontrolle über dein persönliches Dasein und die Zukunft des Lebens behalten willst, so musst du schneller sein als die Algorithmen, schneller als Amazon und die Regierung, und dich selbst erkennen, bevor sie es tun. Um schnell zu sein, solltest du nicht zu viel Gepäck mitnehmen. Lass all deine Illusionen zurück. Sie wiegen schwer.

20

Sinn

Das Leben ist keine Erzählung

Wer bin ich? Was soll ich mit meinem Leben anfangen? Worin besteht der Sinn des Lebens? Menschen stellen diese Fragen seit urdenklichen Zeiten. Jede Generation braucht eine neue Antwort darauf, denn das, was wir wissen bzw. nicht wissen, verändert sich ständig. Wie also lautet angesichts all dessen, was wir über Wissenschaft, über Gott, über Politik und über Religion wissen bzw. nicht wissen, die beste Antwort, die wir heute geben können? Welche Art von Antwort erwarten die Menschen? Wenn sie nach dem Sinn des Lebens fragen, erwarten sie in fast allen Fällen, dass man ihnen eine Geschichte erzählt. *Homo sapiens* ist ein geschichtenerzählendes Lebewesen, das eher in Geschichten als in Zahlen oder Grafiken denkt und der Überzeugung ist, dass das Universum selbst wie eine Geschichte funktioniert, voller Helden und Schurken, Konflikte und Lösungen, Höhepunkte und Happy Ends. Wenn wir nach dem Sinn des Lebens suchen, wollen wir eine Geschichte, die erklärt, worum es in Wirklichkeit geht und worin meine spezifische Rolle im kosmischen Drama besteht. Diese Rolle macht mich zu einem Teil von etwas, das größer ist als ich selbst, und gibt all meinen Erfahrungen und Entscheidungen einen Sinn.

Eine beliebte Geschichte, die jahrtausendelang Milliarden ängstlichen Menschen erzählt wurde, behauptet, wir seien Teil eines ewigen Kreislaufs, der alle Wesen umfasst und miteinander verbindet. Jedes Wesen hat in diesem Kreislauf eine ganz spezifische Funktion zu erfüllen. Den Sinn des Lebens zu begreifen heißt, die eigene Funktion zu verstehen, und ein gutes Leben zu führen bedeutet, diese Funktion zu erfüllen.

So erzählt das hinduistische Epos *Bhagavadgita,* wie der große Krieger Prinz Arjuna inmitten eines mörderischen Bürgerkriegs von Zweifeln befallen wird. Denn als er seine Freunde und Verwandten in der gegnerischen Armee erblickt, zögert er, gegen sie zu kämpfen und sie zu töten. Er fängt an, über das Wesen von Gut und Böse und den Zweck menschlichen Lebens nachzudenken. Der Gott Krishna erklärt ihm daraufhin, innerhalb des großen kosmischen Kreislaufs besitze jedes Wesen ein besonderes «Dharma», den Weg, dem es folgen, und Pflichten, die es erfüllen müsse. Wer sein Dharma erkennt, ganz gleich wie beschwerlich der Pfad auch sein mag, kommt in den Genuss von Seelenfrieden und Befreiung von allen Zweifeln. Wer sich weigert, seinem Dharma zu folgen, und versucht, irgendjemandes anderen Pfad einzuschlagen – oder ohne irgendeinen Pfad herumzuwandern –, wird das kosmische Gleichgewicht stören und nie in der Lage sein, Frieden oder Freude zu finden. Es ist ganz gleich, wie der eigene spezifische Pfad aussieht, solange man ihm folgt. Eine Wäscherin, die hingebungsvoll dem Weg der Wäscherin folgt, ist einem Fürsten, der vom Weg des Fürsten abschweift, weit überlegen. Nachdem Arjuna den Sinn des Lebens begriffen hat, machte er sich pflichtgemäß auf, seinem Dharma als Krieger zu folgen. Er tötet seine Freunde und Verwandten, führt seine Armee zum Sieg und wird zu einem der meistgeschätzten und beliebtesten Helden der hinduistischen Welt.

Das Disney-Epos *Der König der Löwen* hat diese alte Geschichte 1994 für ein modernes Publikum neu verpackt und den jungen Löwen Simba an die Stelle Arjunas gesetzt. Als Simba etwas über den Sinn des Daseins erfahren will, erzählt ihm sein Vater – der Löwenkönig Mufasa – vom großen Kreis des Lebens. Mufasa erklärt, dass die Antilopen das Gras fressen, dass die Löwen die Antilopen fressen, und wenn die Löwen sterben, zersetzt sich ihr Körper und nährt das Gras. So setzt sich das Leben von Generation zu Generation fort, vorausgesetzt, jedes Tier spielt seine Rolle in diesem Drama. Alles ist miteinander verbunden, und jeder hängt von jedem anderen ab, sodass der gesamte Kreis des Lebens durcheinandergeraten kann, wenn nur ein Grashalm seine Berufung nicht erfüllt. Simbas Berufung, so sagt Mufasa, besteht darin, das Königreich der Löwen nach Mufasas Tod zu regieren und die Ordnung der anderen Tiere zu erhalten.

Als jedoch Mufasa vorzeitig von seinem bösen Bruder Scar ermordet wird, glaubt der junge Simba, er sei für diese Katastrophe verantwortlich, und von Schuldgefühlen geplagt, verlässt er das Königreich der Löwen, entzieht sich seiner königlichen Bestimmung und macht sich auf in die Wildnis. Dort begegnet er zwei anderen Ausgestoßenen, einem Erdmännchen und einem Warzenschwein, und gemeinsam verbringen sie ein paar sorglose Jahre fernab des ausgetretenen Pfades. Ihre antisoziale Lebensphilosophie veranlasst sie, auf jedes Problem damit zu reagieren, dass sie *Hakuna matata* singen – «keine Sorgen».

Doch Simba kann seinem Dharma nicht entkommen. Als er heranwächst, leidet er zunehmend darunter, dass er nicht weiß, wer er ist und was er im Leben tun soll. Auf dem Höhepunkt des Films erscheint Simba der Geist Mufasas und gemahnt ihn an den Kreislauf des Lebens und seine königliche Identität. Simba erfährt überdies, dass der böse Scar während seiner Abwesenheit den Thron bestiegen hat und das Königreich verkommen ließ, das nun heftig unter Streit und Hunger zu leiden hat. Schließlich begreift Simba, wer er ist und was er zu tun hat. Er kehrt ins Königreich der Löwen zurück, tötet seinen Onkel, wird König und sorgt wieder für Harmonie und Wohlergehen. Der Film endet damit, dass Simba den versammelten Tieren stolz seinen frisch geborenen Erben präsentiert, womit sichergestellt ist, dass der große Kreislauf des Lebens weitergeht.

Der Kreis des Lebens stellt das kosmische Drama als zirkuläre Geschichte dar. Denn soweit Simba und Arjuna wissen, fraßen seit unzähligen Äonen Löwen Antilopen und fochten Krieger Schlachten, und sie werden das weiter auf ewig tun. Die unaufhörliche Wiederholung verleiht der Geschichte ihre Kraft, denn sie impliziert, dass das der natürliche Gang der Dinge ist, und wenn Arjuna den Kampf scheut oder Simba sich weigert, König zu werden, lehnen sie sich gegen die Gesetze der Natur auf.

Wenn ich an irgendeine Version der Geschichte vom Kreis des Lebens glaube, so bedeutet das, dass ich über eine feststehende und wahre Identität verfüge, die meine Verpflichtungen im Leben bestimmt. Viele Jahre lang mag ich im Zweifel über diese Identität sein oder sie nicht kennen, aber eines Tages, in irgendeinem bedeutsamen Augenblick, wird sie offenbart werden und ich werde meine Rolle im kosmischen Drama verstehen, und selbst wenn ich anschließend mit vielerlei Unannehmlichkeiten und Beschwerlichkeiten konfrontiert bin, werde ich frei von Zweifeln und Verzweiflung sein.

Andere Religionen und Ideologien glauben an ein lineares kosmisches Drama, das einen definitiven Anfang, einen nicht zu langen Mittelteil und ein endgültiges Ende aufweist. So behauptet beispielsweise die muslimische Erzählung, am Anfang habe Allah das gesamte Universum geschaffen und dessen Gesetze festgelegt. Anschließend offenbarte er diese Gesetze im Koran den Menschen. Unglücklicherweise begehrten unwissende und böse Menschen gegen Allah auf und versuchten, diese Gesetze zu brechen oder zu verheimlichen, und deshalb ist es Aufgabe tugendhafter und loyaler Muslime, an diesen Gesetzen festzuhalten und das Wissen über sie zu verbreiten. Schließlich, am Tag des Jüngsten Gerichts, wird Allah über das Verhalten jedes einzelnen Individuums richten. Die Rechtschaffenen wird er mit dauerhafter Glückseligkeit im Paradies belohnen, während er die Bösen in die lodernden Tiefen der Hölle stoßen wird.

Diese große Erzählung impliziert, dass meine kleine, aber wichtige Rolle im Leben darin besteht, Allahs Befehlen zu folgen, die Kenntnis seiner Gesetze zu verbreiten und für Gehorsam gegenüber seinen Wünschen zu sorgen. Wenn ich an die muslimische Geschichte glaube, finde ich einen Sinn darin, fünfmal am Tag zu beten, Geld für den Bau einer neuen Moschee zu spenden und gegen Abtrünnige und Ungläubige zu kämpfen. Noch die profansten Tätigkeiten – sich die Hände zu waschen, Wein zu trinken, Sex zu haben – sind mit kosmischem Sinn aufgeladen.

Auch der Nationalismus stützt sich auf eine lineare Geschichte. Und so beginnt die zionistische Erzählung mit den biblischen Abenteuern und Leistungen des jüdischen Volkes, sie berichtet von 2000 Jahren des Exils und der Verfolgung, erreicht mit dem Holocaust und der Gründung des Staates Israel einen Höhepunkt und blickt freudig voraus auf den Tag, da Israel Frieden und Wohlstand genießen und einen moralischen und spirituellen Leuchtturm für die gesamte Welt darstellen wird. Wenn ich an die zionistische Geschichte glaube, komme ich zu dem Schluss, dass meine Lebensaufgabe darin besteht, die Interessen der jüdischen Nation zu befördern, indem ich die Reinheit der hebräischen Sprache schütze, für die Rückgewinnung verlorenen jüdischen Territoriums kämpfe oder vielleicht eine neue Generation loyaler israelischer Kinder großziehe.

Auch in diesem Fall sind selbst Allerweltstätigkeiten mit Sinn versehen. Am Unabhängigkeitstag singen israelische Schulkinder oft gemeinsam ein beliebtes hebräisches Lied, in dem jede Tat zugunsten des Vaterlands gepriesen wird. Ein Kind singt: «Ich habe ein Haus gebaut im Land Israel», ein anderes Kind singt: «Ich habe einen Baum gepflanzt im Land Israel», ein drittes stimmt ein mit: «Ich habe ein Gedicht verfasst im Land Israel», und so geht es immer weiter, bis sie alle gemeinsam im Chor singen: «So haben wir ein Haus und einen Baum und ein Gedicht [und was immer man dem noch hinzufügen möchte] im Land Israel.»

Der Kommunismus erzählt eine analoge Geschichte, legt sein Augenmerk jedoch auf die Klasse und nicht auf die ethnische Herkunft. Das *Kommunistische Manifest* verkündet gleich zu Beginn:

> Die Geschichte aller bisherigen Gesellschaft ist die Geschichte von Klassenkämpfen. Freier und Sklave, Patrizier und Plebejer, Baron und Leibeigener, Zunftbürger und Gesell, kurz, Unterdrücker und Unterdrückte standen in stetem Gegensatz zueinander, führten einen ununterbrochenen, bald versteckten, bald offenen Kampf, einen Kampf, der jedesmal mit einer revolutionären Umgestaltung der ganzen Gesellschaft endete oder mit dem gemeinsamen Untergang der kämpfenden Klassen.[1]

Und weiter erklärt das *Manifest,* in der Moderne spalte sich die «ganze Gesellschaft ... mehr und mehr in zwei große feindliche Lager, in zwei große, einander direkt gegenüberstehende Klassen: Bourgeoisie und Proletariat».[2] Ihr Kampf werde mit dem Sieg des Proletariats enden, und der werde das Ende der Geschichte und die Errichtung des kommunistischen Paradieses auf Erden signalisieren, in dem niemand irgendetwas besitzen und jeder völlig frei und glücklich sein wird.

Wenn ich an diese kommunistische Geschichte glaube, komme ich zu dem Schluss, dass meine Lebensaufgabe darin besteht, die Heraufkunft der globalen Revolution zu beschleunigen, indem ich feurige Streitschriften verfasse, die das Klassenbewusstsein heben, Streiks und Demonstrationen organisiere oder vielleicht gierige Kapitalisten umbringe und gegen ihre Lakaien kämpfe. Die Geschichte verleiht noch den kleinsten Gesten einen Sinn, wie etwa dem Boykott einer bestimmten Marke, die Textilarbeiter in Bangladesch ausbeutet, oder dem Streit mit meinem Schwiegervater, dem Kapitalistenschwein, beim Weihnachtsmahl.

Schaut man sich das gesamte Spektrum an Geschichten an, die meine wahre Identität zu bestimmen und meinen Handlungen einen Sinn zu verleihen suchen, so fällt auf, dass die Größenordnung keine besondere Rolle spielt. Einige Geschichten, wie die von Simbas Kreis des Lebens, scheinen von einem Ewigkeitsanspruch getragen zu sein. Nur vor dem

Hintergrund des gesamten Universums kann ich wissen, wer ich bin. Andere Geschichten, etwa die meisten nationalistischen und tribalen Mythen, sind vergleichsweise kümmerlich. Der Zionismus heiligt die Abenteuer von gerade einmal 0,2 Prozent der Menschheit und 0,005 Prozent der Erdoberfläche während einer winzigen Zeitspanne. Der zionistischen Geschichte gelingt es nicht, den chinesischen Imperien, den Stämmen Neuguineas und der Andromeda-Galaxie irgendeinen Sinn zuzuschreiben, genauso wenig wie den zahllosen Zeitaltern, die vor der Existenz Moses, Abrahams und der Evolution der Affen vergangen sind.

Solche Kurzsichtigkeit kann ernste Konsequenzen haben. So liegt beispielsweise eines der zentralen Hindernisse für einen Friedensvertrag zwischen Israelis und Palästinensern darin begründet, dass die Israelis nicht bereit sind, die Stadt Jerusalem zu teilen. Sie behaupten, diese Stadt sei «die ewige Hauptstadt des jüdischen Volkes» – und bei etwas Ewigem kann man natürlich keine Kompromisse machen.[3] Was bedeuten schon ein paar Tote im Vergleich zur Ewigkeit? Das ist natürlich kompletter Unsinn. Die Ewigkeit dauert mindestens 13,8 Milliarden Jahre – das gegenwärtige Alter des Universums. Der Planet Erde bildete sich vor 4,5 Milliarden Jahren, und Menschen existieren seit mindestens 2 Millionen Jahren. Die Stadt Jerusalem hingegen wurde vor gerade einmal 5000 Jahren gegründet, und das jüdische Volk ist allerhöchstens 3000 Jahre alt. Das kann nun wirklich nicht als Ewigkeit gelten.

Was die Zukunft angeht, so lässt uns die Physik wissen, der Planet Erde werde in rund 7,5 Milliarden Jahren durch eine sich ausdehnende Sonne verschluckt werden,[4] und unser Universum werde mindestens 13 Milliarden weitere Jahre bestehen. Glaubt irgendjemand ernsthaft, das jüdische Volk, der Staat Israel oder die Stadt Jerusalem werden in 13 000 Jahren noch existieren oder gar in 13 Milliarden Jahren? Mit Blick auf die Zukunft hat der Zionismus einen Zeithorizont von nicht mehr als ein paar Jahrhunderten, und doch reicht das, um die Vorstellungskraft der meisten Israelis zu übersteigen und irgendwie als Ewigkeit zu gelten. Und so sind die Menschen bereit, Opfer für die ewige Stadt zu bringen, die sie für eine vergängliche Ansammlung von Häusern vermutlich niemals bringen würden.

Als junger Mensch in Israel war auch ich zunächst begeistert vom nationalistischen Versprechen, Teil von etwas Größerem als mir selbst zu werden. Ich wollte glauben, dass ich, wenn ich mein Leben für die Nation gäbe, für immer in dieser leben würde. Aber ich konnte mir nicht vorstellen, was es hieß, «für immer in der Nation zu leben». Diese Phrase klang recht pathetisch, aber was bedeutete sie wirklich? Ich erinnere mich an eine ganz besondere Feier zum nationalen Gedenktag Jom haSikaron, als ich etwa 13 oder 14 Jahre alt war. Während der Memorial Day in den USA in erster Linie ein Tag ist, an dem die Geschäfte mit Sonderangeboten locken, ist der Gedenktag in Israel ein extrem feierliches und wichtiges Ereignis. An den Schulen werden Zeremonien abgehalten, um an die Soldaten zu erinnern, die in Israels zahlreichen Kriegen gefallen sind. Die Kinder sind weiß gekleidet, sagen Gedichte auf, singen Lieder, legen Kränze nieder und schwenken Fahnen. Auch ich nahm, ganz in Weiß gekleidet, an unserer Schulzeremonie teil, und zwischen Fahnenschwenken und Gedichtrezitation dachte ich bei mir, wenn ich erwachsen wäre, würde auch ich gerne ein gefallener Soldat sein. Denn wenn ich ein heldenhafter gefallener Soldat wäre, der sein Leben für Israel opferte, dann würden all diese Kinder zu meinen Ehren Gedichte aufsagen und Fahnen schwenken.

Doch dann dachte ich: «Moment mal. Wenn ich tot bin, woher soll ich dann wissen, dass diese Kinder wirklich Gedichte zu meinen Ehren aufsagen?» Also versuchte ich, mir mich selbst als tot vorzustellen. Und ich stellte mir vor, wie ich unter irgendeinem weißen Grabstein auf einem gepflegten Militärfriedhof liege und den Gedichten lausche, die von oben zu mir herabdringen. Doch dann dachte ich: «Wenn ich tot bin, kann ich keine Gedichte hören, weil ich keine Ohren habe, und ich habe kein Gehirn, und ich kann nichts hören oder fühlen. Was soll das also?»

Schlimmer noch: Zu der Zeit, als ich dreizehn war, wusste ich, dass das Universum ein paar Milliarden Jahre alt ist und wahrscheinlich Milliarden weitere Jahre bestehen wird. Konnte ich realistischerweise davon ausgehen, dass auch Israel so lange existierte? Werden *Homo sapiens*-Kinder auch nach 200 Millionen Jahren weiß gekleidet Gedichte zu meinen Ehren aufsagen? An der ganzen Sache war irgendetwas faul.

Wenn Sie zufällig Palästinenser sind, dann freuen Sie sich nicht zu früh. Es ist genauso unwahrscheinlich, dass es in rund 200 Millionen Jahren noch irgendwelche Palästinenser geben wird. Tatsächlich wird es dann aller Wahrscheinlichkeit überhaupt keine Säugetiere mehr geben. Andere nationale Bewegungen sind genauso engstirnig. Der serbische Nationalismus schert sich wenig um Ereignisse in der Jurazeit, während koreanische Nationalisten glauben, eine kleine Halbinsel an der Ostküste Asiens sei der einzige Teil des Kosmos, der im großen Gefüge der Dinge wirklich eine Rolle spielt.

Natürlich bedenkt nicht einmal Simba – bei aller Ehrfurcht vor dem ewig währenden Kreis des Lebens – die Tatsache, dass Löwen, Antilopen und Gräser nicht wirklich ewig sind. Simba fragt sich nicht, wie das Universum vor der Entstehung von Säugetieren aussah oder welches Schicksal seiner geliebten afrikanischen Savanne droht, wenn die Menschen sämtliche Löwen getötet und das Grasland asphaltiert und zubetoniert haben. Macht das Simbas Leben völlig sinnlos?

Alle Geschichten sind unvollständig. Doch wenn ich mir eine praktikable Identität schaffen und meinem Leben einen Sinn geben möchte, brauche ich nicht wirklich eine vollständige Geschichte, die frei von blinden Flecken und inneren Widersprüchen ist. Damit sie meinem Leben Sinn gibt, muss eine Geschichte lediglich zwei Bedingungen erfüllen. Erstens muss sie *mir* irgendeine Rolle darin zuweisen. Ein Stammesangehöriger aus Neuguinea wird wahrscheinlich nicht an den Zionismus oder an den serbischen Nationalismus glauben, weil sich diese Geschichten überhaupt nicht um Neuguinea und seine Bewohner scheren. Ähnlich wie berühmte Schauspieler mögen Menschen nur die Drehbücher, in denen ihnen eine wichtige Rolle vorbehalten ist.

Zweitens muss sich eine gute Geschichte zwar nicht bis ins Unendliche erstrecken, aber sie muss meine Horizonte überschreiten. Die Geschichte verschafft mir eine Identität und gibt meinem Leben einen Sinn, indem sie mich in etwas einbettet, das größer ist als ich selbst. Dabei besteht jedoch immer die Gefahr, dass ich mich möglicherweise frage, was diesem «Größeren» seinen Sinn gibt. Wenn der Sinn meines Lebens darin besteht, dem Proletariat oder der polnischen Nation zu helfen, was genau gibt dann dem Proletariat oder der polnischen Nation seinen Sinn? Es gibt die Geschichte von einem Mann, der behauptete, die Welt ruhe auf dem Rücken eines riesigen Elefanten. Als er gefragt wurde, worauf der Elefant ruhe, antwortete er, der stehe auf dem Rücken einer großen Schildkröte. Und die Schildkröte? Auf dem Rücken einer noch größeren Schildkröte. Und diese größere Schildkröte? Der Mann warf die Hände in die Luft und sagte: «Machen Sie sich keine Sorgen. Von hier an sind es Schildkröten bis ganz nach unten.»

Die meisten erfolgreichen Geschichten lassen das Ende offen. Sie müssen nie erklären, wo der Sinn letztlich herkommt, denn es gelingt ihnen ausgesprochen gut, die Aufmerksamkeit der Menschen zu fesseln und sie in einem sicheren Bereich zu halten. Wenn Sie also erklären, die Welt ruhe auf dem Rücken eines riesigen Elefanten, so sollten Sie möglichen schwierigen Fragen zuvorkommen, indem Sie detailliert schildern, dass es zu Wirbelstürmen kommt, wenn der Elefant mit seinen riesigen Ohren wedelt, und dass Beben die Erdoberfläche erschüttern, wenn der Elefant vor Zorn erbebt. Wenn Sie Ihr Erzählgarn nur gut genug spinnen, wird niemand auf die Idee kommen zu fragen, worauf der Elefant steht. Ähnlich bezaubert uns der Nationalismus mit Erzählungen von heldenhaften Taten, rührt uns zu Tränen, indem er vergangene Katastrophen schildert, und entfacht unseren Zorn, indem er all die Ungerechtigkeiten, die unsere Nation erlitten hat, ausbreitet. Wir gehen so sehr auf in diesem nationalen Epos, dass wir irgendwann alles, was in der Welt geschieht, nach seiner Auswirkung auf unsere Nation bewerten und gar nicht mehr danach fragen, was unsere Nation überhaupt so bedeutsam macht.

Wenn Sie an eine bestimmte Erzählung glauben, interessieren Sie sich noch für die kleinsten Details, während Sie für alles, was aus dem Rahmen der Geschichte herausfällt, blind bleiben. Fromme Kommunisten können stundenlang darüber diskutieren, ob es erlaubt ist, sich in der Frühphase einer Revolution mit den Sozialdemokraten zu verbünden, aber sie denken nur selten darüber nach, welche Stellung dem Proletariat bei der Entwicklung von Säugetierleben auf dem Planeten Erde oder bei der Verbreitung organischen Lebens im Kosmos zukommt. Solch unproduktives Gerede gilt als konterrevolutionär und in den Wind gesprochen.

Zwar machen sich einige Erzählungen die Mühe, die Gesamtheit von Raum und Zeit zu erfassen, doch viele andere Geschichten können dank ihrer Fähigkeit, die Aufmerksamkeit zu fesseln, in deutlich bescheidenerem Rahmen verbleiben. Ein wichtiges Gesetz des Geschichtenerzählens lautet: Sobald es einer Erzählung gelingt, über den Horizont der Zuhörer hinaus auszugreifen, spielt ihr eigentlicher Rahmen kaum eine Rolle. Menschen können für eine tausend Jahre alte Nation den gleichen mörderischen Fanatismus an den Tag legen wie für einen Jahrmilliarden alten Gott. Die Menschen haben es einfach nicht so mit den großen Zahlen. In den meisten Fällen ist überraschend wenig vonnöten, um unsere Vorstellungskraft zu erschöpfen.

Angesichts all dessen, was wir über das Universum wissen, müsste es eigentlich völlig unmöglich sein, dass irgendjemand, der einigermaßen bei Verstand ist, glaubt, die endgültige Wahrheit über das Universum und das Dasein der Menschen finde sich in der Erzählung des israelischen, deutschen oder russischen Nationalismus – oder des Nationalismus ganz allgemein. Eine Geschichte, die fast die gesamte Zeit, den gesamten Raum, den Urknall, die Quantenphysik und die Evolution des Lebens ignoriert, ist bestenfalls ein winziger Teil der Wahrheit. Doch irgendwie gelingt es den Menschen, nicht darüber hinaus zu blicken.

Tatsächlich haben Milliarden Menschen im Verlauf der Geschichte geglaubt, damit ihr Leben einen Sinn habe, müssten sie nicht einmal in einer Nation oder einer großen ideologischen Bewegung aufgehen. Es würde reichen, wenn sie einfach «etwas hinterlassen» und damit sicherstellen, dass ihre persönliche Geschichte nach ihrem Tod weitergeht. Dieses «Etwas», das ich hinterlasse, ist idealerweise meine Seele oder mein persönlicher Wesenskern. Wenn ich nach dem Tod meines gegenwärtigen Körpers in einem neuen Körper wiedergeboren werde, so ist der Tod nicht das Ende. Er ist lediglich der Raum zwischen zwei Kapiteln, und die Handlung, die in einem Kapitel begann, wird im nächsten weitergehen. Viele Menschen glauben zumindest vage an eine solche Theorie, ohne dass dieser Glaube in einer spezifischen Theologie gründet. Sie brauchen keine ausgefeilte Glaubenslehre – sie brauchen nur das beruhigende Gefühl, dass ihre Geschichte jenseits des Horizonts des Todes weitergeht.

Diese Theorie des Lebens als niemals endendes Epos ist ausgesprochen attraktiv und weit verbreitet, leidet jedoch vor allem unter zwei Problemen. Erstens mache ich meine persönliche Geschichte nicht wirklich sinnvoller, indem ich sie verlängere. Ich mache sie einfach nur länger. Tatsächlich ist den beiden großen Religionen, in denen sich die Vorstellung eines endlosen Kreislaufs aus Geburten und Toden findet – der Hinduismus und der Buddhismus –, die Schreckensvorstellung gemeinsam, all das könnte vergeblich sein. Abermillionen Male lerne ich laufen, wachse auf, streite mit meiner Schwiegermutter, werde krank, sterbe – und dann mache ich all das wieder. Aber wozu? Würde ich all die Tränen, die ich in meinen früheren Leben vergossen habe, sammeln, würden sie den Pazifik ausfüllen; würde ich all die Zähne und die Haare, die mir ausgefallen sind, zusammentragen, würden sie sich höher als der Himalaja türmen. Und was habe ich von alldem? Kein Wunder, dass hinduistische und buddhistische Weise sich intensiv darum bemüht haben, einen Ausgang aus diesem Karussell zu finden und es nicht ewig fortlaufen zu lassen.

Das zweite Problem dieser Theorie besteht darin, dass sie sich kaum beweisen lässt. Welche Belege habe ich dafür, dass ich in einem vergangenen Leben ein mittelalterlicher Bauer, ein jagender Neandertaler, ein *Tyrannosaurus rex* oder eine Amöbe war (wenn ich wirklich Millionen Leben gelebt habe, muss ich irgendwann ein Dinosaurier und eine Amöbe gewesen sein, denn Menschen gibt es erst seit 2,5 Millionen Jahren)? Wer garantiert mir, dass ich in Zukunft als Cyborg, als intergalaktischer Entdeckungsreisender oder auch nur als Frosch wiedergeboren werde? Mein Leben auf diesen Versprechen aufzubauen ist ein wenig so, als würde ich mein Haus gegen einen nachdatierten Scheck verkaufen, der auf eine Bank über den Wolken ausgestellt ist.

Menschen, die daran zweifeln, dass irgendeine Art von Seele oder Geist ihren Tod wirklich überlebt, sind deshalb bestrebt, etwas Handfesteres zu hinterlassen. Dieses «Handfeste» kann zwei Formen annehmen: eine kulturelle und eine biologische. So kann ich beispielsweise ein Gedicht oder einige meiner wertvollen Gene hinterlassen. Mein Leben hat einen Sinn, weil die Menschen auch noch in hundert Jahren mein Gedicht lesen oder weil meine Kinder und Enkelkinder nach wie vor die Erde bevölkern werden.

Und worin besteht der Sinn ihres Lebens? Nun, das ist ihr Problem, nicht meines. Mit dem Sinn des Lebens ist es also ein wenig so, als würde ich mit einer scharfen Handgranate spielen. Sobald ich sie an jemanden anderen weitergereicht habe, bin ich sicher.

Doch diese bescheidene Hoffnung, einfach «etwas zu hinterlassen», geht nur selten in Erfüllung. Die meisten Organismen, die je existierten, starben aus, ohne irgendein genetisches Erbe zu hinterlassen. Das gilt beispielsweise für fast alle Dinosaurier. Oder für eine Neandertalerfamilie, die ausstarb, als Sapiens das Ruder übernahm. Oder die polnische Sippe meiner Großmutter. 1934 emigrierte meine Großmutter Fanny mit ihren Eltern und zwei Schwestern nach Jerusalem, doch die meisten Verwandten blieben in den polnischen Städten Chmielnik und Tschenstochau. Ein paar Jahre später kamen die Nazis und vernichteten sie bis zum allerletzten Kind.

Versuche, irgendein kulturelles Vermächtnis zu hinterlassen, sind nur selten erfolgreich. Von der polnischen Sippschaft meiner Großmutter ist nicht viel mehr übrig geblieben als ein paar verblasste Gesichter im Familienalbum, und mit 96 Jahren bringt auch meine Großmutter Namen und Gesichter nicht mehr zusammen. Soweit ich weiß, haben sie keine kulturelle Schöpfung hinterlassen – kein Gedicht, kein Tagebuch, nicht einmal eine Einkaufsliste. Nun könnte man einwenden, sie hätten teil am kollektiven Erbe des jüdischen Volkes oder der zionistischen Bewegung, aber das gibt ihrem individuellen Leben nicht wirklich einen Sinn. Und woher sollen wir überhaupt wissen, dass sie alle ihre jüdische Identität pflegten oder mit der zionistischen Bewegung sympathisierten? Vielleicht war einer von ihnen ein überzeugter Kommunist und gab sein Leben als Spion für die Sowjets? Vielleicht wünschte sich ein anderer nichts dringlicher, als sich in die polnische Gesellschaft zu integrieren, weshalb er als Offizier in der polnischen Armee diente und von den Sowjets bei Katyn ermordet wurde? Vielleicht war eine dritte eine radikale Feministin, die alle traditionellen religiösen und nationalistischen Identitäten ablehnte? Da sie alle nichts hinterlassen haben, lassen sie sich postum nur allzu leicht für diese oder jene Sache vereinnahmen, und sie können sich nicht einmal dagegen wehren.

Wenn wir schon nichts Handfestes – wie etwa ein Gen oder ein Gedicht – hinterlassen können, reicht es dann nicht vielleicht, wenn wir einfach nur die Welt ein bisschen besser machen? Ich kann jemandem helfen, und dieser Jemand wird anschließend jemand anderem helfen – damit leiste ich einen Beitrag zur Gesamtverbesserung der Welt und bilde ein kleines Glied in der großen Kette der Freundlichkeit. Vielleicht fungieren Sie als Mentor für ein schwieriges, aber brillantes Kind, das später einmal Arzt werden und Hunderte Leben retten wird? Vielleicht helfen Sie einer alten Dame über die Straße und bringen für eine Stunde ein bisschen Freude in ihr Leben? Doch bei allen Verdiensten ähnelt die große Kette der Freundlichkeit ein wenig der großen Kette der Schildkröten – es ist alles andere als klar, woher der Sinn kommt. Ein weiser alter Mann wurde einmal gefragt, was er über den Sinn des Lebens gelernt habe. «Nun», antwortete er, «ich habe gelernt, dass ich hier auf Erden bin, um anderen Menschen zu helfen. Was ich noch nicht herausgefunden habe, ist, warum die anderen Menschen hier sind.»

Diejenigen, die großen Ketten, Zukunftsvermächtnissen oder kollektiven Epen nicht so recht trauen, wenden sich am sichersten und ökonomischsten der Geschichte der Liebe zu. Sie ist nicht bestrebt, über das Hier und Jetzt hinauszuweisen. Wie unzählige Liebesgedichte bezeugen, reduziert sich, wenn man verliebt ist, das gesamte Universum auf das Ohrläppchen, das Augenlid oder die Brustwarze der Geliebten. Als Romeo Julia dabei beobachtet, wie sie ihre Wange in ihre Hand schmiegt, ruft er aus: «Wär ich der Handschuh doch auf dieser Hand / Und küsste diese Wange!» Indem wir uns hier und jetzt mit einem einzigen Körper verbinden, fühlen wir uns mit dem gesamten Kosmos verbunden.

In Wahrheit ist Ihr Geliebter natürlich auch nur ein Mensch und unterscheidet sich im Wesenskern nicht von den vielen Menschen, die Sie jeden Tag im Zug oder im Supermarkt ignorieren. Aber für Sie scheint er oder sie unendlich zu sein, und Sie sind glücklich, sich in dieser Unendlichkeit zu verlieren. Mystische Dichter aller Traditionen haben oft romantische Liebe und kosmische Einheit miteinander verknüpft und über Gott wie über einen Liebhaber gesprochen. Romantische Dichter haben das Kompliment zurückgegeben und ihre Geliebten wie Götter beschrieben. Wenn Sie jemanden wirklich lieben, machen Sie sich nie wirklich Gedanken über den Sinn des Lebens.

Und was, wenn Sie nicht verliebt sind? Nun, wenn Sie an die romantische Erzählung glauben, aber nicht verliebt sind, wissen Sie zumindest, worin das Ziel des Lebens besteht: wahre Liebe zu finden. Sie haben sie in unzähligen Filmen gesehen und in zahllosen Büchern davon gelesen. Sie wissen, dass Sie eines Tages dieser besonderen Person begegnen werden. Sie werden in zwei strahlenden Augen die Unendlichkeit erkennen, Ihr ganzes Leben wird plötzlich einen Sinn ergeben, und all die Fragen, die Sie je hatten, werden sich dadurch beantworten, dass Sie einen Namen immer und immer wieder wiederholen, so wie Tony in der *West Side Story* oder Romeo, als er sieht, wie Julia vom Balkon aus zu ihm herabblickt.

Das Gewicht des Dachs

Eine gute Geschichte muss mir also eine Rolle zuweisen und muss meine Horizonte übersteigen, aber sie muss nicht notwendigerweise wahr sein. Eine Geschichte kann reine Fiktion sein und mir trotzdem eine Identität verschaffen und mir das Gefühl vermitteln, mein Leben habe einen Sinn. Soweit wir wissen, ist es tatsächlich so, dass keine der abertausend Erzählungen, die verschiedene Kulturen, Religionen und Völker im Verlauf der Geschichte erfunden haben, wahr ist. Sie sind allesamt nichts weiter als menschliche Erfindungen. Wenn Sie nach dem wahren Sinn des Lebens fragen und als Antwort eine Erzählung bekommen, denken Sie daran, dass das die falsche Antwort ist. Die genauen Details spielen gar keine Rolle. Jede Geschichte ist falsch, einfach deshalb, weil es eine Geschichte ist. Das Universum funktioniert schlicht nicht wie eine Erzählung.

Doch warum glauben die Menschen an diese Fiktionen? Ein Grund liegt darin, dass ihre persönliche Identität auf der Geschichte beruht. Den Menschen wurde von frühester Kindheit an beigebracht, an die Erzählung zu glauben. Sie hören sie von ihren Eltern, ihren Lehrern, ihren Nachbarn und der allgemeinen Kultur lange, bevor sie die geistige und emotionale Unabhängigkeit entwickeln, die notwendig ist, um solche Geschichten zu hinterfragen und auf ihren Wahrheitsgehalt zu überprüfen. Zu der Zeit, da ihr Intellekt heranreift, sind sie so sehr in diese Erzählung eingebunden, dass sie ihren Verstand eher dazu nutzen, sie rational zu begründen als sie anzuzweifeln. Die meisten Menschen, die auf Identitätssuche gehen, sind wie Kinder, die sich auf Schatzsuche begeben. Sie finden nur, was ihre Eltern zuvor für sie versteckt haben.

Zum Zweiten beruhen nicht nur unsere persönlichen Identitäten, sondern auch unsere kollektiven Institutionen auf dieser Geschichte. Folglich ist es extrem beängstigend, sie anzuzweifeln. In vielen Gesellschaften wird jeder, der das versucht, ausgestoßen oder verfolgt. Und selbst wenn das nicht der Fall ist, braucht man starke Nerven, um das Gewebe der Gesellschaft infrage zu stellen. Denn wenn die Geschichte tatsächlich falsch ist, dann ergibt die gesamte Welt, wie wir sie kennen, keinen Sinn. Staatliche Gesetze, soziale Normen, wirtschaftliche Institutionen – sie könnten alle in sich zusammenfallen.

Die meisten Geschichten werden vom Gewicht ihres Daches und weniger durch die Stärke ihrer Fundamente zusammengehalten. Nehmen wir die christliche Erzählung. Sie hat die schwächsten Grundpfeiler. Welche konkreten Anhaltspunkte gibt es dafür, dass der Sohn des Schöpfers des gesamten Universums vor 2000 Jahren irgendwo in der Milchstraße als kohlenstoffbasierte Lebensform geboren wurde? Welche Beweise haben wir dafür, dass das in Galiläa geschah und dass seine Mutter eine Jungfrau war? Doch auf dieser Geschichte wurden riesige weltweite Institutionen errichtet, und ihr Gewicht drückt mit so überwältigender Macht nach unten, dass sie die Geschichte stabil halten. Ganze Kriege wurden geführt, weil ein einziges Wort in der Geschichte verändert wurde. Das tausendjährige Schisma zwischen Westchristen und orthodoxen Ostchristen, das sich jüngst noch einmal im gegenseitigen Abschlachten von Kroaten und Serben manifestierte, begann mit dem einen lateinischen Wort «filioque» («und aus dem Sohn»). Die westlichen Christen wollten dieses Wort ins christliche Glaubensbekenntnis einfügen, während die Ostchristen das vehement ablehnten. (Die theologischen Implikationen dieser Hinzufügung sind so undurchsichtig, dass es unmöglich ist, sie an dieser Stelle halbwegs einleuchtend zu erklären. Wenn Sie neugierig sind, fragen Sie Google.)

Sobald persönliche Identitäten und ganze Gesellschaftssysteme auf einer Erzählung errichtet werden, wird es undenkbar, sie in Zweifel zu ziehen, egal auf welche Belege sie sich stützt, weil ihr Zusammenbruch eine persönliche und gesellschaftliche Katastrophe auslösen würde. In der Geschichte ist das Dach mitunter wichtiger als die Fundamente.

Hokuspokus und die Glaubensindustrie

Die Geschichten, die uns mit Sinn und Identität versorgen, sind alle fiktional, aber Menschen müssen an sie glauben. Wie also sorgt man dafür, dass sich eine solche Erzählung real anfühlt? Es ist offenkundig, *warum* Menschen an die Erzählung glauben wollen, aber *wie* glauben sie tatsächlich daran? Schon vor Jahrtausenden entdeckten Priester und Schamanen die Antwort: durch Rituale. Ein Ritual ist ein magischer Akt, der das Abstrakte konkret und das Fiktionale real macht. Der Wesenskern des Rituals ist der Zauberspruch «Hokuspokus, X ist Y!»[5]

Wie macht man Christus für seine Gläubigen real? Bei der Feier der Heiligen Messe nimmt der Priester ein Stück Brot und ein Glas Wein und verkündet, das Brot sei der Leib Christi, der Wein sei das Blut Christi, und indem die Gläubigen das Brot essen und den Wein trinken, erlangen sie Gemeinschaft mit Christus. Was könnte realer sein, als Christus wirklich im eigenen Mund zu schmecken? Traditionellerweise verkündet der Priester diese kühnen Vorstellungen auf Lateinisch, also in der alten Sprache von Religion, Recht und den Geheimnissen des Lebens. Vor den erstaunten Augen der versammelten Bauern hielt der Priester ein Stück Brot hoch und rief aus: «Hoc est corpus meum» – «Dies ist mein Leib» –, und das Brot wurde angeblich zum Leib Christi. In den Köpfen der Bauern, die weder lesen noch schreiben noch Latein konnten, wurde dieses «Hoc est corpus» zu «Hokuspokus» verballhornt, und damit war der mächtige Zauberspruch geboren, der einen Frosch in einen Prinzen und einen Kürbis in eine Kutsche verwandeln kann.[6]

Tausend Jahre vor der Geburt des Christentums bedienten sich die alten Hindus des gleichen Tricks. Die *Brihadaranyaka Upanishad* interpretiert die rituelle Opferung eines Pferdes als Realisierung der gesamten Geschichte des Kosmos. Der Text folgt der «Hokuspokus, X ist Y»-Struktur und lautet: «Der Kopf des Opferrosses ist die Morgendämmerung, das Auge die Sonne, der Atem der Wind, das offene Maul das Feuer Vaishvanara und der Leib das Jahr ... die Glieder die Jahreszeiten, die Gelenke die Monate und Halbmonate, die Beine die Tage und Nächte, die Knochen die Sterne und das Fleisch die Wölkchen am Himmel ... Dass es gähnt, das ist der Blitz, und dass es sich schüttelt, das ist der Donner, und dass es wässert, das ist der Regen, und dass es wiehert, das ist die Rede.»[7] Und so verwandelt sich das arme Pferd in den gesamten Kosmos.

So gut wie alles lässt sich in ein Ritual verwandeln, indem man profanen Gesten wie dem Entzünden von Kerzen, dem Läuten von Glocken oder dem Zählen von Perlen eine tiefe religiöse Bedeutung verleiht. Gleiches gilt für physische Gesten, wie etwa das Neigen des Hauptes, das Ausstrecken des gesamten Körpers oder das Falten der Hände. Verschiedene Formen von Kopfbedeckung, vom Turban der Sikhs bis zum muslimischen Hijab, sind so sehr mit Bedeutung aufgeladen, dass sie seit Jahrhunderten leidenschaftlich geführte Kontroversen auslösen.

Auch Speisen können weit über ihren Nährwert hinaus mit spiritueller Bedeutung aufgeladen werden, ob nun Ostereier, die neues Leben und die Auferstehung Christi symbolisieren, oder die bitteren Kräuter und das ungesalzene Brot, das Juden an Pessach essen müssen, um sich an ihre Sklaverei in Ägypten und ihre wundersame Flucht zu erinnern. Es gibt kaum ein Gericht auf dieser Welt, das nicht als Symbol von irgendetwas gedeutet wurde. So essen gläubige Juden am Neujahrstag Honig, damit das kommende Jahr süß wird, sie essen Fischköpfe, damit es so ertragreich wird wie die Fische und sich eher vorwärts als rückwärts bewegt, und sie essen Granatäpfel, damit sich ihre guten Taten vervielfältigen wie die zahlreichen Kerne des Granatapfels.

Ähnliche Rituale wurden auch für politische Zwecke genutzt. Jahrtausendelang repräsentierten Kronen, Throne und Zepter Königreiche und ganze Imperien, und Millionen Menschen starben in brutalen Kriegen, die um den Besitz eines Throns oder einer Krone geführt wurden. Königshöfe pflegten extrem aufwendige Protokolle, die an die aufwendigsten religiösen Zeremonien heranreichten. Im Militär sind Disziplin und Ritual nicht voneinander zu trennen, und vom alten Rom bis in die heutige Zeit verbringen Soldaten unzählige Stunden damit, in Formation zu marschieren, Vorgesetzte zu grüßen und ihre Stiefel zu putzen. Von Napoleon stammt die berühmte Bemerkung, er könne Männer dazu bringen, ihr Leben für ein farbiges Stück Stoff zu opfern.

Niemand verstand die politische Bedeutung von Ritualen vermutlich besser als Konfuzius, der die strikte Einhaltung von Riten (*li*) als den Schlüssel zu gesellschaftlicher Harmonie und politischer Stabilität betrachtete. Konfuzianische Klassiker wie *Das Buch der Riten, Die Riten der Zhou* und *Etikette und Riten* verzeichneten detailliert, welcher Ritus bei welcher staatlichen Gelegenheit vollzogen werden sollte – das ging bis hin zur Zahl der Ritualgefäße, die bei der Zeremonie Verwendung finden sollten, zur Art der Musikinstrumente, die gespielt werden sollten, und zur Farbe der Roben, die zu tragen waren. Immer wenn China von irgendeiner Krise heimgesucht wurde, machten konfuzianische Gelehrte rasch die Vernachlässigung von Riten dafür verantwortlich, so wie ein Stabsfeldwebel die militärische Niederlage nachlässigen Soldaten zuschreibt, die ihre Schuhe nicht ordentlich gewienert haben.[8]

Im modernen Westen galt die konfuzianische Obsession für Rituale oft als Zeichen von Oberflächlichkeit und archaischem Verhalten. Tatsächlich zeugt es vermutlich von Konfuzius' tiefreichendem und zeitlosem Verständnis der menschlichen Natur. Es ist vielleicht kein Zufall, dass konfuzianische Kulturen – zuallererst in China, aber auch im benachbarten Korea, Vietnam und Japan – extrem langlebige gesellschaftliche und politische Strukturen schufen. Will man die letzte Wahrheit des Lebens erfahren, so sind Riten und Rituale ein enormes Hindernis. Ist man aber – wie Konfuzius – an gesellschaftlicher Stabilität und Harmonie interessiert, so ist Wahrheit oft eine Bürde, während Riten und Rituale zu den besten Verbündeten gehören.

Das gilt im 21. Jahrhundert genauso wie im alten China. Die Macht des Hokuspokus erfreut sich in unserer modernen Industriewelt bester Gesundheit. Für viele Menschen sind im Jahr 2018 zwei Stückchen Holz, die zusammengenagelt sind, Gott, ein farbiges Plakat an der Wand ist die Revolution, und ein Stück Stoff, das im Wind flattert, ist die Nation. Man kann Frankreich nicht sehen oder hören, weil es nur in der eigenen Fantasie existiert, aber man kann zweifellos die Trikolore sehen und die Marseillaise hören. Und so verwandelt man, indem man eine farbige Fahne schwenkt und eine Hymne singt, die Nation aus einer abstrakten Geschichte in handfeste Realität.

Vor Jahrtausenden opferten gläubige Hindus wertvolle Pferde – heute investieren sie in die Herstellung kostspieliger Fahnen. Die Nationalfahne

Indiens wird auch als Tiranga (wörtlich: Trikolore) bezeichnet, weil sie aus drei horizontalen Streifen in den Farben Safran, Weiß und Grün besteht. Das Flaggengesetz Indiens von 2002 verkündet, die Flagge repräsentiere «die Hoffnungen und Bestrebungen der Menschen Indiens. Sie ist das Symbol unseres nationalen Stolzes. In den letzten fünf Jahrzehnten haben zahlreiche Menschen, darunter Angehörige der Streitkräfte, bereitwillig ihr Leben gelassen, damit die Trikolore weiter in vollem Glanz wehen kann.»[9] Anschließend zitiert das Flaggengesetz Sarvepalli Radhakrishnan, Indiens zweiten Präsidenten, der erklärte:

> Bhagwa oder Safran steht für Entsagung und Distanziertheit. Unsere Führer müssen materiellem Gewinn gleichgültig gegenüberstehen und sich ihrer Aufgabe hingeben. Das Weiß im Zentrum ist das Licht, der Weg der Wahrheit, der unser Verhalten leiten soll. Das Grün zeigt unsere Beziehung zur Erde, unsere Beziehung zum Leben der Pflanzen, von dem alles weitere Leben abhängig ist. Das Ashoka-Rad im Zentrum des Weiß ist das Rad des Gesetzes des Dharma. Wahrheit oder Satya, Dharma oder Tugendhaftigkeit sollen die Prinzipien jener sein, die unter dieser Flagge arbeiten.[10]

2017 hisste die nationalistische Regierung Indiens bei Attari an der indisch-pakistanischen Grenze eine der größten Fahnen der Welt, eine Geste, die weder Entsagung noch Distanziertheit zum Ausdruck bringen, sondern vielmehr für Neid bei den Pakistanern sorgen sollte. Diese besondere Tiranga war 36 Meter lang und 24 Meter breit und wurde auf einem 110 Meter hohen Fahnenmast angebracht (was Freud wohl dazu gesagt hätte?). Die Fahne war bis in die pakistanische Metropole Lahore zu sehen. Leider zerrten starke Winde fortwährend an ihr, und der Nationalstolz verlangte, dass sie immer wieder repariert wurde, was mit enormen Kosten für den indischen Steuerzahler verbunden war.[11] Warum investiert die indische Regierung ihre knappen Ressourcen in die Herstellung riesiger Flaggen, statt Abwasserkanäle für die Slums in Delhi zu bauen? Weil die Fahne Indien auf eine Weise real macht, wie das Abwassersysteme nicht können.

Tatsächlich ist es sogar so, dass allein schon die Kosten der Fahne dem Ritual größere Wirkung verleihen. Von allen Ritualen ist das Opfer das wirkmächtigste, denn von allen Dingen auf der Welt ist Leid am realsten. Es lässt sich niemals ignorieren oder anzweifeln. Wenn Sie also dafür sorgen wollen, dass Menschen wirklich an irgendeine Fiktion glauben, dann bringen Sie sie dazu, ein Opfer für diese Fiktion zu bringen. Sobald jemand für eine Geschichte leidet, reicht das in der Regel, um ihn davon zu überzeugen, dass die Geschichte wahr ist. Wenn jemand fastet, weil Gott ihm das befohlen hat, so lässt das handfeste Gefühl des Hungers Gott präsenter werden als jede Statue oder Ikone. Wer seine Beine in einem patriotischen Krieg verliert, für den machen die Stümpfe und der Rollstuhl die Nation realer als jedes Gedicht oder jede Hymne. Oder eine Nummer kleiner: Wenn Sie statt importierter italienischer Nudeln hoher Qualität minderwertige lokale Pasta kaufen, können Sie ein kleines alltägliches Opfer bringen, das dafür sorgt, dass sich die Nation sogar im Supermarkt real anfühlt.

Das ist natürlich ein Trugschluss. Wenn Sie aufgrund Ihres Glaubens an Gott oder an die Nation leiden, so beweist das noch nicht, dass Ihr Glauben wahr ist. Vielleicht zahlen Sie einfach nur den Preis für ihre Leichtgläubigkeit? Doch die meisten Menschen gestehen ungern ein, dass sie sich zum Narren halten ließen. Je mehr Opfer sie folglich für eine bestimmte Überzeugung bringen, desto stärker wird ihr Glaube. Das ist die geheimnisvolle Alchemie des Opfers. Damit wir uns seiner Macht unterwerfen, muss der Opferpriester uns gar nichts geben – weder Regen noch Geld noch den Triumph im Krieg. Vielmehr muss er uns etwas wegnehmen. Sobald er uns davon überzeugt, irgendein schmerzliches Opfer zu bringen, sitzen wir in der Falle.

Das funktioniert auch in der Geschäftswelt. Wenn Sie sich für 2000 Euro einen gebrauchten Fiat kaufen, werden Sie sich wahrscheinlich bei jedem, der es hören will, über dieses Auto beklagen. Wenn Sie sich allerdings einen brandneuen Ferrari für 200 000 Euro leisten, so werden Sie überall in den höchsten Tönen davon schwärmen, nicht weil es sich um einen so tollen Wagen handelt, sondern weil Sie so viel Geld dafür bezahlt haben, dass Sie unbedingt glauben müssen, es handle sich um die wundervollste Sache auf Erden. Selbst in der Liebe weiß jeder werbende Romeo oder Werther, dass es ohne Opfer keine wahre Liebe gibt. Das Opfer dient nicht nur dazu, den Geliebten oder die Geliebte davon zu überzeugen, dass Sie es ernst meinen – es soll auch Sie selbst davon überzeugen, dass Sie wirklich verliebt sind. Warum, glauben Sie, bitten Frauen ihre Liebhaber, ihnen diamantbesetzte Ringe zu schenken? Sobald der Geliebte ein so gewaltiges finanzielles Opfer bringt, muss er sich selbst einreden, dass es die Sache wert war.

Selbstaufopferung ist nicht nur für die Märtyrer selbst extrem überzeugend, sondern auch für die Zuschauer. Nur wenige Götter, Nationen oder Revolutionen kommen ohne Märtyrer aus. Sollten Sie es wagen, das göttliche Drama, den nationalistischen Mythos oder die revolutionäre Saga infrage zu stellen, werden Sie sofort zurechtgewiesen: «Aber die gesegneten Märtyrer sind doch dafür gestorben! Willst du behaupten, dass sie umsonst ihr Leben ließen? Glaubst du, diese Helden waren Idioten?»

Für schiitische Muslime erreichte das kosmische Drama seinen Höhepunkt am Aschura-Tag, dem zehnten Tag des Monats Muharram, 61 Jahre nach der Hidschra (nach christlichem Kalender war das der 10. Oktober 680). An diesem Tag massakrierten Soldaten des bösen unrechtmäßigen Herrschers Yazid in der irakischen Stadt Kerbela Hussein ibn Ali, den Enkel des Propheten Mohammed, sowie eine kleine Gruppe seiner Anhänger. Für Schiiten symbolisiert Husseins Märtyrertod seither den ewigen Kampf des Guten gegen das Böse und der Unterdrückten gegen Ungerechtigkeit. So wie Christen immer wieder das Drama der Kreuzigung aufführen und das Leiden Christi nachahmen, so führen Schiiten regelmäßig das Drama von Aschura auf und imitieren die Passion Husseins. Jedes Jahr versammeln sich Millionen Schiiten am heiligen Schrein in Kerbela, der dort errichtet wurde, wo Hussein den Märtyrertod starb, und am Aschura-Tag vollziehen Schiiten überall auf der Welt Trauerrituale, bei denen sie sich in einigen Fällen sogar selbst geißeln und mit Messern und Ketten blutige Wunden zufügen.

Doch die Bedeutung Aschuras ist nicht auf einen Ort und einen Tag begrenzt. Ajatollah Ruhollah Khomeini und zahlreiche andere geistliche Führer der Schiiten haben gegenüber ihren Anhängern immer wieder erklärt: «Jeder Tag ist Aschura und jeder Ort ist Kerbela.»[12] Das Martyrium Husseins bei Kerbela gibt somit jedem Ereignis, überall und zu jeder Zeit, einen Sinn, und selbst die profansten Entscheidungen haben angeblich Auswirkungen auf den großen kosmischen Kampf zwischen Gut und Böse. Wer diese Geschichte in Zweifel zu ziehen wagt, wird sofort an Kerbela erinnert werden – und das Martyrium Husseins anzuzweifeln oder sich darüber lustig zu machen ist vermutlich das schlimmste Vergehen, dessen man sich schuldig machen kann.

Wenn es an Märtyrern mangelt und die Menschen nicht bereit sind, sich zu opfern, kann der Opferpriester sie alternativ dazu bewegen, stattdessen jemand anderen zu opfern. So durfte man dem rachsüchtigen Gott Baal einen Menschen opfern, zum größeren Lobpreis Jesu Christi durfte man einen Häretiker auf dem Scheiterhaufen verbrennen, man durfte ehebrecherische Frauen hinrichten, weil Allah das so befohlen hat, oder Klassenfeinde ins Arbeitslager schicken. Sobald Sie so etwas tun, übt eine etwas andere Alchemie des Opfers allmählich ihren Zauber auf Sie aus. Wenn Sie sich im Namen irgendeiner Geschichte selbst Leid zufügen, stellt Sie das vor eine Entscheidung: «Entweder die Geschichte ist wahr oder ich bin ein gutgläubiger Narr.» Wenn Sie anderen Leid zufügen, haben Sie ebenfalls die Wahl: «Entweder die Geschichte ist wahr oder ich bin ein grausamer Schurke.» Und so wenig wir zugeben wollen, dass wir Narren sind, so wenig wollen wir eingestehen, dass wir Schurken sind, und so glauben wir lieber, dass die Geschichte wahr ist.

Im März 1839 gab ein Quacksalber in der iranischen Stadt Maschhad einer jüdischen Frau, die unter irgendeiner Hautkrankheit litt, den Ratschlag, sie könne geheilt werden, wenn sie einen Hund töte und ihre Hände in seinem Blut wasche. Maschhad ist eine heilige schiitische Stadt, und zufälligerweise unterzog sich die Frau dieser grausigen Therapie ausgerechnet am heiligen Aschura-Tag. Sie wurde dabei von einigen Schiiten beobachtet, die glaubten – oder angaben, sie hätten geglaubt –, die Frau habe den Hund getötet und damit das Märtyrertum in Kerbela verhöhnt. Die Nachricht von diesem unfassbaren Sakrileg verbreitete sich rasch in den Straßen Maschhads. Aufgestachelt vom örtlichen Imam, drang ein wütender Mob ins jüdische Viertel ein, steckte die Synagoge in Brand und ermordete 36 Juden. Die überlebenden Juden Maschhads wurden anschließend gnadenlos vor die Wahl gestellt: entweder sofort zum Islam zu konvertieren oder getötet zu werden. Maschhads Ruf als «geistlicher Hauptstadt Irans» hat dieses üble Ereignis kaum geschadet.[13]

Wenn wir an Menschenopfer denken, kommen uns üblicherweise grausame Rituale in Tempeln der Kanaaniter oder der Azteken in den Sinn, und es wird gern behauptet, der Monotheismus habe dieser schrecklichen Praxis ein Ende gemacht. Tatsächlich praktizierten Monotheisten das Menschenopfer in viel größerem Maßstab als die meisten polytheistischen Kulte. Christentum und Islam brachten weit mehr Menschen im Namen Gottes um als die Anhänger von Baal oder Huitzilopochtli. Zu einer Zeit, als die spanischen Konquistadoren den Menschenopfern für die Götter der Azteken und Inkas Einhalt geboten, verbrannte zu Hause in Spanien die Inquisition reihenweise Häretiker.

Opfer können in allen möglichen Formen und Größen gebracht werden. Dazu bedarf es nicht immer geistlicher Scharfmacher oder blutiger Pogrome. So verbietet es beispielsweise das Judentum, am heiligen Tag des Sabbat zu arbeiten oder zu reisen (die wörtliche Bedeutung von Sabbat lautet «stillstehen» oder «ruhen»). Der Sabbat beginnt am Freitag mit Sonnenuntergang und dauert bis zum Sonnenuntergang am Samstag, und dazwischen verzichten orthodoxe Juden auf fast jede Art von Tätigkeit; sie reißen nicht einmal auf der Toilette Klopapier von einer Rolle. (Gelehrte Rabbiner kamen nach etlichen Diskussionen zu dem Schluss, das Abreißen von Toilettenpapier verstoße gegen das Sabbatgebot, und gläubige Juden, die sich am Sabbat den Hintern abwischen wollen, müssten deshalb im Voraus einen Stapel bereits abgerissenen Toilettenpapiers bereitlegen.)[14]

In Israel versuchen gläubige Juden oft, säkularen Juden und sogar überzeugten Atheisten die Einhaltung dieser Tabus aufzuzwingen. Da orthodoxe Parteien in der israelischen Politik oftmals das Zünglein an der Waage bilden, gelang es ihnen im Lauf der Jahre, zahlreiche Gesetze zu verabschieden, die jegliche Aktivitäten am Sabbat verboten. Zwar schafften sie es nicht, die Nutzung privater Fahrzeuge zu verbieten, aber der öffentliche Verkehr steht an diesem Tag still. Dieses landesweite religiöse Opfer trifft vor allem die schwächsten Teile der Gesellschaft, insbesondere deshalb, weil der Samstag der einzige Tag in der Woche ist, an dem arbeitende Menschen Zeit haben, um zu reisen und ferne Verwandte, Freunde oder Sehenswürdigkeiten zu besuchen. Eine wohlhabende Großmutter hat kein Problem, mit ihrem nagelneuen Auto ihre Enkel in einer anderen Stadt zu besuchen, aber eine arme Großmutter kann das nicht tun, weil keine Busse oder Züge fahren.

Indem die religiösen Parteien Hunderttausenden Bürgern solche Schwierigkeiten zumuten, beweisen und vertiefen sie ihren unerschütterlichen Glauben an das Judentum. Zwar wird kein Blut vergossen, aber dennoch wird das Wohlergehen vieler Menschen geopfert. Wenn es sich beim Judentum lediglich um eine fiktionale Erzählung handelt, dann ist es grausam und herzlos, eine Großmutter vom Besuch ihrer Enkel abzuhalten oder zu verhindern, dass sich ein armer Student ein wenig am Strand vergnügt. Indem sie das trotzdem tun, lassen die religiösen Parteien alle Welt – und sich selbst – wissen, dass sie wirklich an die jüdische Geschichte glauben. Oder meinen Sie, sie hätten Spaß daran, Menschen ohne wirklich guten Grund Schaden zuzufügen?

Das Opfer stärkt nicht nur den eigenen Glauben an die Erzählung, sondern dient auch oft als Ersatz für alle anderen Verpflichtungen ihr gegenüber. Die meisten großen Erzählungen der Menschheit haben Ideale entwickelt, denen die meisten Menschen nicht gerecht werden können. Wie viele Christen halten sich wirklich buchstabengetreu an die Zehn Gebote und lügen oder begehren niemals? Wie viele Buddhisten haben bislang das Stadium der Ichlosigkeit erreicht? Wie viele Sozialisten arbeiten bis zum Umfallen und nehmen dafür nicht mehr Geld, als sie wirklich brauchen?

Weil die Menschen dem Ideal nicht entsprechen können, greifen sie zum Opfer. Ein Hindu mag Steuern hinterziehen, hin und wieder eine Prostituierte aufsuchen und seine alten Eltern schlecht behandeln, doch dann überzeugt er sich selbst davon, dass er ein sehr frommer Mensch ist, weil er die Zerstörung der Babri-Moschee in Ayodhya unterstützt und sogar Geld für den Bau eines Hindutempels an deren Stelle gespendet hat. Im 21. Jahrhundert ist es nicht anders als in der Antike: Die menschliche Suche nach Sinn mündet allzu oft in eine Abfolge von Opfern.

Das Identitätsportfolio

Die alten Ägypter, Kanaaniter und Griechen sicherten ihre Opfer ab. Sie hatten viele Götter, und wenn einer von diesen Göttern scheiterte, hofften sie, ein anderer werde durchkommen. Und so opferten sie am Morgen dem Sonnengott, zu Mittag der Göttin der Erde und am Abend einer bunten Mischung aus Feen und Dämonen. Auch das hat sich nicht groß geändert. All die Geschichten und Götter, an die Menschen heute glauben – ob nun Jahwe, Mammon, die Nation oder die Revolution –, sind unvollständig, voller Lücken und durchzogen von Widersprüchen. Deshalb setzen die Menschen nur selten ihren ganzen Glauben auf eine einzige Geschichte. Vielmehr verfügen sie über ein Portfolio an mehreren Geschichten und mehreren Identitäten und wechseln, wenn nötig, zwischen ihnen hin und her. Solche kognitiven Dissonanzen sind typisch für fast alle Gesellschaften und Bewegungen.

Nehmen wir einen klassischen Anhänger der Tea Party, der einen inbrünstigen Glauben an Jesus Christus mit einer vehementen Ablehnung staatlicher Sozialpolitik und nachdrücklicher Unterstützung für die National Rifle Association verbindet. Aber ging es Jesus nicht eher darum, den Armen zu helfen, als sich bis an die Zähne zu bewaffnen? Beides mag unvereinbar erscheinen, aber das menschliche Gehirn verfügt über eine Menge Schubladen und Nischen, und manche Nervenzellen reden einfach nicht miteinander. Ähnlich findet man jede Menge Anhänger von Bernie Sanders, die vage an irgendeine künftige Revolution glauben, gleichzeitig aber auch der Ansicht sind, es sei wichtig, das eigene Geld klug anzulegen. Es ist für sie gar kein Problem, von einer Erörterung der ungerechten Wohlstandsverteilung in der Welt zu einer Diskussion darüber zu springen, wie sich ihre Investitionen an der Wall Street schlagen.

Kaum jemand verfügt nur über eine einzige Identität. Niemand ist nur Moslem oder nur Italiener oder nur Kapitalist. Aber immer mal wieder beharrt ein fanatischer Glauben darauf, die Menschen sollten nur an eine Geschichte glauben und nur über eine Identität verfügen. In jüngster Zeit war die fanatischste dieser Glaubensüberzeugungen der Faschismus. Er bestand darauf, dass die Menschen nur an die nationalistische Geschichte glauben und einzig und allein über ihre nationale Identität verfügen sollten. Nicht alle Nationalisten sind Faschisten. Die meisten Nationalisten glauben voller Überzeugung an die Geschichte ihrer Nation und betonen die einzigartigen Verdienste ihrer Nation sowie die einzigartigen Verpflichtungen, die sie gegenüber ihrer Nation haben – aber sie erkennen gleichwohl an, dass es auf der Welt mehr als nur ihre Nation gibt. Ich kann ein loyaler Italiener mit besonderen Verpflichtungen gegenüber der italienischen Nation sein und gleichwohl andere Identitäten haben. Ich kann auch Sozialist, Katholik, Ehemann, Vater, Wissenschaftler und Vegetarier sein, und jede dieser Identitäten bringt zusätzliche Verpflichtungen mit sich. Manchmal ziehen mich einige meiner Identitäten in unterschiedliche Richtungen, und einige meiner Verpflichtungen kommen sich ins Gehege. Aber wer würde schon behaupten, das Leben sei einfach?

Faschismus wird dann daraus, wenn sich der Nationalismus das Leben zu leicht machen will und alle anderen Identitäten und Verpflichtungen leugnet. In jüngster Zeit herrscht reichlich Verwirrung darüber, was Faschismus genau bedeutet. Die Leute bezeichnen fast jeden, den sie nicht mögen, als «Faschisten». Es besteht die Gefahr, dass der Terminus zu einem Begriff verkommt, der sich für so ziemlich alle Zwecke missbrauchen lässt. Was aber bedeutet er wirklich? Kurz gesagt: Während der Nationalismus mich lehrt, dass meine Nation etwas Besonderes sei und ich ihr gegenüber besondere Verpflichtungen hätte, behauptet der Faschismus, meine Nation sei allen anderen überlegen und ich hätte ausschließlich ihr gegenüber Verpflichtungen. Ich sollte niemals, egal unter welchen Umständen, die Interessen irgendeiner Gruppe oder irgendeines Individuums über die Interessen meiner Nation stellen. Selbst wenn meine Nation Gefahr läuft, nur kümmerlichen Gewinn daraus zu ziehen, dass sie Millionen Fremden in einem fernen Land viel Elend zufügt, sollte ich keine Skrupel haben, sie zu unterstützen. Andernfalls bin ich ein elender Verräter. Wenn meine Nation von mir verlangt, ich solle eine Million Menschen umbringen – dann sollte ich das gefälligst tun. Wenn meine Nation von mir verlangt, ich solle Wahrheit und Schönheit verraten – dann sollte ich das gefälligst tun.

Wonach bewertet ein Faschist Kunst? Wie weiß ein Faschist, ob ein Film gut ist? Ganz einfach. Es gibt nur einen einzigen Maßstab. Wenn der Film den nationalen Interessen dient – dann ist es ein guter Film. Dient der Film nicht den nationalen Interessen – dann ist es ein schlechter Film. Und wie entscheidet ein Faschist, was die Kinder in der Schule lernen sollen? Er legt die gleiche Messlatte an. Die Kinder sollen lernen, was den Interessen der Nation dient; die Wahrheit spielt keine Rolle.[15]

Diese Verehrung der Nation ist ausgesprochen reizvoll, nicht nur, weil sie viele schwierige Dilemmata deutlich vereinfacht, sondern auch, weil sie Menschen glauben lässt, sie würden der wichtigsten und schönsten Sache der Welt angehören – ihrer Nation. Die Schrecken des Zweiten Weltkriegs und des Holocaust machen deutlich, welch fürchterliche Folgen diese Denkweise haben kann. Wenn die Menschen von den Übeln des Faschismus sprechen, tun sie das oft nur sehr unzureichend, denn sie stellen den Faschismus gern als grässliches Monster dar, ohne zu erklären, was an ihm so verführerisch ist. Deshalb übernehmen Menschen heute mitunter faschistische Vorstellungen, ohne es zu merken. Sie glauben: «Man hat mir eingetrichtert, der Faschismus sei hässlich, und wenn ich in den Spiegel blicke, sehe ich etwas sehr Schönes, deshalb kann ich kein Faschist sein.»

Das ähnelt in gewisser Weise dem Fehler, den Hollywood begeht, wenn es die Schurken und Bösewichter – Voldemort, Sauron oder Darth Vader – hässlich und gemein darstellt. Sie sind üblicherweise sogar gegenüber ihren treuesten Gefolgsleuten grausam und niederträchtig. Was ich nie verstehen werde, wenn ich mir solche Film anschaue: Warum um Himmels willen sollte irgendjemand versucht sein, einem widerwärtigen Fiesling wie Voldemort Gefolgschaft zu leisten?

Das Problem am Bösen ist, dass es im wirklichen Leben nicht zwangsläufig hässlich ist. Es kann im Gegenteil wunderschön aussehen. Das Christentum wusste das besser als Hollywood, weshalb der Satan in traditioneller christlicher Kunst gerne als hinreißend schöner Mann dargestellt ist. Genau deshalb ist es so schwer, den Versuchungen des Teufels zu widerstehen. Und deshalb ist der Umgang mit dem Faschismus so schwierig. Wenn jemand in den faschistischen Spiegel schaut, sieht er nichts Hässliches. Als die Deutschen in den 1930er Jahren in den faschistischen Spiegel blickten, sahen sie Deutschland als die wunderbarste Sache der Welt. Wenn Russen in den faschistischen Spiegel blicken, werden sie Russland als wunderbarste Sache der Welt erkennen. Und wenn Israelis in den faschistischen Spiegel blicken, werden sie Israel als die wunderbarste Sache der Welt sehen. Und sie werden sich wünschen, in diesem wunderbaren Kollektiv aufzugehen.

Das Wort «Faschismus» kommt vom lateinischen *fascis*, was so viel wie «Rutenbündel» bedeutet. Das klingt nicht gerade nach einem besonders glamourösen Symbol für eine der brutalsten und tödlichsten Ideologien der Weltgeschichte. Aber es hat eine tiefere, düstere Bedeutung. Eine einzelne Rute ist sehr schwach, man kann sie leicht entzweibrechen. Bündelt man jedoch viele Ruten zu einer *fascis*, wird es fast unmöglich, sie zu zerbrechen. Das bedeutet: Der Einzelne fällt nicht ins Gewicht, doch solange das Kollektiv zusammenhält, ist es sehr mächtig.[16] Faschisten glauben deshalb, dass man die Interessen des Kollektivs über diejenigen des Individuums stellen müsse, und verlangen, keine einzelne Rute dürfe es je wagen, die Einheit des Bündels zu zerstören.

Natürlich ist nie klar, wo ein menschliches «Rutenbündel» endet und ein neues beginnt. Warum sollte ich Italien als das Rutenbündel betrachten, zu dem ich gehöre? Warum nicht meine Familie oder die Stadt Florenz oder die Provinz Toskana oder den Kontinent Europa oder die gesamte menschliche Spezies? Die sanfteren Formen des Nationalismus werden mir erklären, ich könne tatsächlich Verpflichtungen gegenüber meiner Familie, Florenz, Europa und der Menschheit haben, aber auch besondere Verpflichtungen gegenüber Italien. Italienische Faschisten hingegen werden absolute Loyalität allein gegenüber Italien fordern.

Trotz aller Bemühungen Mussolinis und seiner faschistischen Partei waren die meisten Italiener nicht wirklich darauf erpicht und bereit, Italien über ihre *famiglia* zu stellen. In Deutschland leistete die nationalsozialistische Propagandamaschine deutlich gründlichere Arbeit, aber nicht einmal Hitler gelang es, dafür zu sorgen, dass die Menschen sämtliche alternativen Erzählungen vergaßen. Selbst in den finstersten Tagen der NS-Zeit hatten die Menschen neben der offiziellen Erzählung immer ein paar Hilfsgeschichten in petto. Besonders deutlich wurde das 1945. Man hätte glauben können, viele Deutsche wären nach zwölf Jahren nationalsozialistischer Gehirnwäsche völlig unfähig gewesen, ihrem Nachkriegsleben einen Sinn zu verleihen. Was sollten sie, die all ihren Glauben in eine große Geschichte gesetzt hatten, tun, nachdem diese Geschichte sich als verheerender Irrweg erwiesen hatte? Doch die meisten Deutschen erholten sich erstaunlich schnell. Irgendwo in ihrem Kopf hatten sie auch noch ein paar andere Geschichten über die Welt parat, und kaum hatte sich Hitler eine Kugel in den Kopf gejagt, übernahmen die Menschen in Berlin, Hamburg und München neue Identitäten und fanden neuen Sinn für ihr Leben.

Zugegeben, rund 20 Prozent der nationalsozialistischen Gauleiter begingen Selbstmord, ebenso wie 10 Prozent der Generäle.[17] Das bedeutet freilich auch, dass 80 Prozent der Gauleiter und 90 Prozent der Generäle ausgesprochen froh waren, weiterleben zu können. Die überwiegende

Mehrheit der NSDAP-Mitglieder und sogar der SS-Angehörigen wurde nie verrückt oder brachte sich um. Sie lebten weiter als produktive Bauern, Lehrer, Ärzte und Versicherungsmakler.

Tatsächlich beweist nicht einmal der Selbstmord eine absolute Hingabe an eine einzige Erzählung. Am 13. November 2015 verübte der Islamische Staat mehrere Selbstmordanschläge in Paris, bei denen 130 Menschen getötet wurden. Die Extremistengruppe erklärte, das sei die Rache für die Bombardierung islamistischer Aktivisten in Syrien und im Irak durch die französische Luftwaffe, und man hoffe, Frankreich werde fortan vor solchen Bombenangriffen zurückschrecken.[18] Im gleichen Atemzug erklärte der Islamische Staat auch, all die Muslime, die durch die französische Luftwaffe getötet worden seien, seien Märtyrer, die nun im Himmel ewige Glückseligkeit genossen.

Irgendetwas passt hier nicht zusammen. Wenn sich die durch die französische Luftwaffe getöteten Märtyrer jetzt im Himmel befinden, warum sollte sich dann irgendjemand dafür rächen wollen? Rache wofür genau? Dafür, dass man Menschen in den Himmel geschickt hat? Wenn Sie soeben erfahren haben, dass Ihr geliebter Bruder eine Million Euro im Lotto gewonnen hat, würden Sie dann anfangen, als Rache dafür Lottoannahmestellen in die Luft zu jagen? Warum also sollte jemand mordend durch Paris ziehen, nur weil die französische Luftwaffe einigen seiner Brüder eine einfache Fahrt ins Paradies beschert hat? Es würde die Sache doch nur noch schlimmer machen, wenn es ihnen tatsächlich gelänge, die Franzosen von weiteren Bombardements in Syrien abzuhalten. Denn in diesem Fall werden weniger Muslime in den Himmel kommen.

Wir könnten angesichts dessen zu dem Schluss kommen, die Aktivisten des Islamischen Staates würden nicht wirklich daran glauben, dass Märtyrer in den Himmel kommen. Deshalb sind sie wütend, wenn sie bombardiert und getötet werden. Aber wenn dem so ist, warum schnallen sich dann einige Sprengstoffgürtel um und jagen sich bewusst selbst in die

Luft? Aller Wahrscheinlichkeit hat das damit zu tun, dass sie an zwei widersprüchlichen Erzählungen festhalten, ohne allzu viel über deren Unvereinbarkeiten nachzudenken. Wie schon gesagt, einige Nervenzellen sprechen schlicht nicht miteinander.

Acht Jahrhunderte, bevor die französische Luftwaffe Stellungen des Islamischen Staates in Syrien und im Irak bombardierte, marschierte eine andere französische Armee im Nahen Osten ein, und zwar im Zuge dessen, was die Nachwelt als den «siebten Kreuzzug» kennt (in Deutschland wird etwas anders gezählt, dort ist es der sechste). Angeführt von König Ludwig IX., dem Heiligen, hofften die Kreuzfahrer, das Niltal zu erobern und Ägypten zu einem christlichen Bollwerk zu machen. Doch sie wurden in der Schlacht von Mansoura besiegt, und die meisten Kreuzfahrer wurden gefangen genommen. Ein kreuzfahrender Ritter, Jean de Joinville, schrieb später in seinen Erinnerungen, als die Schlacht verloren gewesen sei und sie beschlossen hätten, sich zu ergeben, habe einer seiner Männer gesagt: «Herr, mit diesem Rat bin ich nicht einverstanden. ... Ich bin dafür, dass wir uns alle totschlagen lassen, dann kommen wir alle ins Paradies.» Joinville kommentierte diesen Vorsachlag nur trocken so: «Aber das glaubten wir ihm nicht.»[19]

Joinville erklärt nicht näher, warum sie sich weigerten, ihm zu glauben. Immerhin hatten diese Männer vor allem aus einem Grund ihre komfortablen Schlösser in Frankreich verlassen und sich auf eine lange und gefährliche Abenteuerreise in den Nahen Osten begeben, nämlich weil sie an das Versprechen ewigen Heils glaubten. Warum also zogen sie, als sie nur noch einen Augenblick von der immerwährenden Glückseligkeit im Paradies entfernt waren, die Gefangennahme durch die Muslime vor? Offenkundig glaubten die Kreuzfahrer zwar inbrünstig an Erlösung und Paradies, aber in der Stunde der Wahrheit wollten sie lieber auf Nummer sicher gehen.

Der Supermarkt in Helsingør

Die gesamte Geschichte hindurch glaubten fast alle Menschen gleichzeitig an mehrere Erzählungen und waren nie absolut von der Wahrheit irgendeiner dieser Erzählungen überzeugt. Diese Ungewissheit bereitete den meisten Religionen Kopfzerbrechen, und deshalb erklärten sie den Glauben zur Kardinaltugend und den Zweifel zu einer der schlimmstmöglichen Sünden. So als sei es per se gut, Dinge ohne jeglichen Beweis zu glauben. Mit dem Aufkommen der modernen Kultur jedoch kehrte sich die Sache um. Glaube wirkte zunehmend wie geistige Sklaverei, während der Zweifel als Voraussetzung für Freiheit galt.

Irgendwann zwischen 1599 und 1602 schrieb William Shakespeare seine Version von *Der König der Löwen,* besser bekannt als *Hamlet.* Doch anders als Simba vollendet Hamlet den Kreis des Lebens nicht. Er bleibt bis ganz zum Schluss skeptisch und widersprüchlich, er findet nie heraus, worum es im Leben geht, und kann sich nicht entscheiden, ob es besser ist, zu sein oder nicht zu sein. Darin ist Hamlet der moderne Held par excellence. Die Moderne lehnte das Füllhorn an Geschichten, das sie aus der Vergangenheit geerbt hatte, nicht ab. Stattdessen eröffnete sie einen Supermarkt dafür. Der moderne Mensch hat die Freiheit, all diese Geschichten miteinander zu vermengen, sich das auszusuchen und das zu kombinieren, was seinen Vorlieben entspricht.

Manche Menschen halten so viel Freiheit und Ungewissheit nicht aus. Moderne totalitäre Bewegungen wie der Faschismus reagierten mit Gewalt auf den Supermarkt zweifelhafter Ideen und übertrafen selbst traditionelle Religionen noch, als es darum ging, absoluten Glauben an eine einzige Erzählung zu verlangen. Die meisten modernen Menschen jedoch fanden Gefallen an diesem Supermarkt. Was machen Sie, wenn Sie nicht wissen, worum es im Leben geht und welche Geschichte Sie glauben sollen? Sie heiligen allein schon die Möglichkeit, wählen zu können. Und so stehen Sie ewig dort zwischen den Regalreihen des Supermarkts, ausgestattet mit der Macht und der Freiheit, zu wählen, was immer Ihnen gefällt, die ausgestellten Waren zu prüfen und … Standbild, Schnitt, Ende. Abspann.

Wenn Sie nur lange genug in diesem riesigen Supermarkt stehen, werden Sie der liberalen Mythologie zufolge früher oder später die liberale Erleuchtung erleben und den wahren Sinn des Lebens erkennen. All die Geschichten in den Supermarktregalen nämlich sind Fälschungen. Der Sinn des Lebens ist kein Fertigprodukt. Es gibt kein göttliches Drehbuch, und nichts außerhalb von mir kann meinem Leben einen Sinn geben. Ich bin es, der durch seine freien Entscheidungen und durch seine eigenen Gefühle alles mit Sinn auflädt.

In dem Fantasyfilm *Willow* – einem Allerweltsmärchen aus der Produzentenwerkstatt von George Lucas – ist der gleichnamige Held ein gewöhnlicher Zwerg, der davon träumt, ein großer Zauberer zu werden und die Geheimnisse des Daseins zu ergründen. Eines Tages kommt ein solcher Zauberer auf der Suche nach einem Lehrling durch das Zwergendorf. Willow und zwei andere hoffnungsvolle Zwerge stellen sich vor, und der Zauberer unterzieht die Bewerber einer einfacher Prüfung. Er streckt seine rechte Hand aus, spreizt seine Finger und fragt mit einer Stimme, die an Yoda aus *Star Wars* erinnert: «In welchem Finger steckt die Macht, die ganze Welt zu beherrschen?» Jeder der drei Zwerge deutet auf einen anderen Finger – aber sie liegen alle falsch. Trotzdem findet der Zauberer Gefallen an Willow und fragt ihn später: «Was war dein erster Impuls, als ich meine Finger hochgehalten habe?» «Nun, ich war etwas verwirrt», sagt Willow beschämt, «ich wollte meinen eigenen Finger wählen.» «Aha!», ruft der Zauberer triumphierend. «Das wäre die richtige Antwort gewesen! Du hast nicht genug Selbstvertrauen.»

Die liberale Mythologie wird nicht müde, diese Lektion unablässig zu wiederholen.

Es sind unsere eigenen menschlichen Finger, die die Bibel, den Koran und die Veden schrieben, und es ist unser Geist, der diesen Geschichten Macht verleiht. Es handelt sich zweifellos um wunderbare Geschichten, aber ihre Schönheit liegt ausschließlich in den Augen der Betrachter. Jerusalem, Mekka, Varanasi und Bodhgaya sind heilige Orte, aber nur aufgrund der Gefühle, die Menschen dort erfahren. Für sich genommen ist das Universum nur ein sinnloses Sammelsurium von Atomen. Nichts ist schön, heilig oder sexy – erst die Gefühle der Menschen machen es dazu. Es sind einzig und allein menschliche Gefühle, die einen roten Apfel verführerisch und einen Scheißhaufen widerlich machen. Nimmt man die menschlichen Gefühle weg, bleibt nur ein Haufen Moleküle übrig.

Wir hoffen, einen Sinn zu finden, indem wir uns in irgendeine vorgefertigte Erzählung über das Universum einfügen, doch gemäß der liberalen Interpretation der Welt ist es in Wahrheit genau umgekehrt. Das Universum gibt mir keinen Sinn. Ich gebe dem Universum Sinn. Das ist meine kosmische Berufung. Ich habe keine feste Bestimmung oder Dharma. Wenn ich mich in einer ähnlichen Situation wie Simba oder Arjuna befinde, kann ich mich dazu entschließen, für die Krone eines Königreichs zu kämpfen, aber ich muss es nicht. Ich kann mich genauso gut einem Wanderzirkus anschließen, an den Broadway gehen und in einem Musical auftreten oder ins Silicon Valley ziehen und dort ein Start-up-Unternehmen gründen. Ich habe die Freiheit, mein eigenes Dharma zu schaffen.

Und so beginnt auch die liberale Erzählung, wie alle anderen kosmischen Erzählungen, mit einer Schöpfungsgeschichte. Sie besagt, dass sich die Schöpfung in jedem Augenblick ereignet und ich der Schöpfer bin. Was ist dann das Ziel meines Lebens? Sinn zu erzeugen durch Fühlen, durch Denken, durch Begehren und durch Erfinden. Alles, was die menschliche Freiheit, zu fühlen, zu denken, zu begehren und zu erfinden, einschränkt, schränkt den Sinn des Universums ein. Deshalb ist Freiheit von solchen Beschränkungen das höchste Ideal.

Praktisch gesehen bedeutet das: Diejenigen, die an die liberale Erzählung glauben, leben im Lichte zweier Gebote – sei schöpferisch und kämpfe für die Freiheit. Kreativität kann darin zum Ausdruck kommen, dass ich ein Gedicht verfasse, meine Sexualität erkunde, eine neue App entwickle oder ein unbekanntes chemisches Element entdecke. Der Kampf für die Freiheit umfasst alles, was Menschen von gesellschaftlichen, biologischen und physischen Fesseln befreit, ob man nun gegen brutale Diktatoren auf die Straße geht, Mädchen das Lesen beibringt, ein Mittel gegen den Krebs findet oder ein Raumschiff baut. Im liberalen Heldenpantheon finden sich Rosa Parks und Pablo Picasso genauso wie Louis Pasteur und die Gebrüder Wright.

In der Theorie klingt das extrem aufregend und tiefgründig. Leider sind menschliche Freiheit und menschliche Kreativität nicht das, was sich die liberale Erzählung darunter vorstellt. Unseren wissenschaftlichen Erkenntnissen zufolge haftet unseren Entscheidungen und Schöpfungen nichts Magisches an. Sie sind das Produkt von Milliarden Nervenzellen, die biochemische Signale austauschen, und selbst wenn man die Menschen vom Joch der katholischen Kirche und der Sowjetunion befreit, werden ihre Entscheidungen weiterhin von biochemischen Algorithmen diktiert werden, die genauso rücksichtslos sind wie die Inquisition und der KGB.

Die liberale Erzählung hält mich dazu an, ich solle nach der Freiheit streben, mich selbst zum Ausdruck zu bringen und zu verwirklichen. Aber sowohl das «Selbst» als auch die Freiheit sind mythologische Schimären, die den Märchen alter Zeiten entlehnt sind. Der Liberalismus hat eine besonders konfuse Vorstellung vom «freien Willen». Menschen haben offenkundig einen Willen, sie haben Wünsche und sie haben mitunter die Freiheit, sich ihre Wünsche zu erfüllen. Wenn mit «freiem Willen» die

Freiheit gemeint ist, zu tun, was man sich wünscht – ja, dann haben Menschen einen freien Willen. Wenn jedoch «freier Wille» die Freiheit meint, zu wählen, was man sich wünschen soll – nein, dann haben Menschen keinen freien Willen.

Wenn ich mich sexuell zu Männern hingezogen fühle, mag ich die Freiheit haben, meine Fantasien Wirklichkeit werden zu lassen, aber ich habe nicht die Freiheit, mich stattdessen zu Frauen hingezogen zu fühlen. In einigen Fällen könnte ich mich dazu entschließen, meinen sexuellen Neigungen zu widerstehen oder mich sogar einer sexuellen «Bekehrungstherapie» zu unterziehen, aber allein der Wunsch, meine sexuelle Orientierung zu verändern, ist etwas, das mir von meinen Nervenzellen aufgezwungen wurde, vielleicht noch angestachelt durch kulturelle und religiöse Voreingenommenheiten. Warum schämt sich der eine seiner Sexualität und möchte sie verändern, während ein anderer die gleichen sexuellen Begierden ohne jedes Schuldgefühl zelebriert? Nun könnte man sagen, Ersterer habe eben stärkere religiöse Gefühle als Letzterer. Aber treffen Menschen eine freie Entscheidung, ob sie starke oder schwache religiöse Empfindungen haben? Auch hier kann ein Mensch sich dazu entschließen, dass er in dem bewussten Bemühen, seine schwachen religiösen Gefühle zu stärken, fortan jeden Sonntag in die Kirche gehen will – aber warum ist jemand bestrebt, religiöser zu sein, während ein anderer absolut glücklich damit ist, Atheist zu bleiben? Das mag Ausfluss einer Reihe kultureller und genetischer Dispositionen sein, aber es ist niemals das Ergebnis eines «freien Willens».

Was für das sexuelle Begehren gilt, gilt für alles Wünschen und Begehren und sogar für alle Gefühle und Gedanken. Nehmen Sie einfach nur den nächsten Gedanken, der Ihnen durch den Kopf geht. Woher ist er gekommen? Haben Sie eine freie Entscheidung getroffen, ihn zu denken, und ihn erst dann gedacht? Mit Sicherheit nicht. Der Prozess der Selbsterkundung beginnt mit ganz einfachen Dingen und wird fortschreitend immer schwieriger. Zunächst stellen wir fest, dass wir die Welt außerhalb von uns nicht kontrollieren können. Ich entscheide nicht, wann es regnet. Dann merken wir, dass wir nicht kontrollieren können, was in unserem eigenen Körper geschieht. Ich habe keine Kontrolle über meinen Blutdruck. Als nächstes verstehen wir, dass wir noch nicht einmal unser Gehirn beherrschen. Ich sage den Neuronen nicht, wann sie feuern sollen. Und schließlich sollten wir erkennen, dass wir auch unsere Wünsche oder selbst unsere Reaktionen auf diese Wünsche nicht unter Kontrolle haben.

Wenn wir das begreifen, kann uns das dabei helfen, mit Blick auf unsere Meinungen, unsere Gefühle und unsere Wünsche weniger obsessiv zu sein. Wir haben keinen freien Willen, aber wir können ein Stück freier von der Tyrannei unseres Willens sein. Menschen messen ihren Wünschen und Begierden in der Regel so große Bedeutung bei, dass sie versuchen, die gesamte Welt entsprechend diesen Wünschen zu kontrollieren und zu beeinflussen. Getrieben von ihren Sehnsüchten, fliegen die Menschen zum Mond, brechen Weltkriege vom Zaun und bringen das gesamte Ökosystem aus dem Gleichgewicht. Wenn wir verstehen, dass unsere Wünsche nicht die magischen Manifestationen einer freien Entscheidung, sondern das Produkt biochemischer Prozesse sind (beeinflusst durch kulturelle Faktoren, die sich ebenfalls unserer Kontrolle entziehen), könnten wir weniger von ihnen besessen sein. Es ist besser, wenn wir uns selbst, unseren Geist und unsere Wünsche verstehen, als irgendwelche Fantasien verwirklichen zu wollen, die unvermittelt in unseren Köpfen aufscheinen.

Wollen wir uns selbst verstehen, so müssen wir vor allem anerkennen, dass das «Ich» eine fiktionale Geschichte ist, welche die verzweigten Mechanismen unseres Geistes fortwährend herstellen, aktualisieren und umschreiben. In meinem Kopf steckt ein Geschichtenerzähler, der erklärt, wer ich bin, woher ich komme, wohin ich will und was jetzt gerade geschieht. Wie die Imageberater der Regierung, die die neuesten politischen Wendungen erklären, versteht auch der innere Erzähler Dinge wiederholt falsch, gibt das aber, wenn überhaupt, nur selten zu. Und so wie die Regierung einen nationalen Mythos mitsamt Flaggen, Ikonen und Paraden schafft, so erzeugt meine innere Propagandamaschine einen persönlichen Mythos mit verklärten Erinnerungen und verbrämten Traumata, die oftmals wenig Ähnlichkeit mit der Wahrheit haben.

Im Zeitalter von Facebook und Instagram lässt sich dieser Prozess der Mythenerzeugung deutlicher als je zuvor beobachten, denn ein Teil davon ist vom Kopf in den Computer ausgelagert worden. Es ist faszinierend und erschreckend zugleich zu beobachten, wie Menschen unzählige Stunden damit verbringen, online ein perfektes Ich zu konstruieren und auszuschmücken, wie sehr sie dann an ihrer eigenen Schöpfung hängen und sie fälschlicherweise für die Wahrheit über sich selbst halten.[20] Und so wird ein Familienurlaub, in dem es kilometerlange Verkehrsstaus, kleine Streitereien und Phasen angespannten Schweigens gab, zu einer Ansammlung wunderbarer Ausblicke, perfekter Abendessen und lächelnder Gesichter; 99 Prozent dessen, was wir erleben, wird nie Teil dieser Erzählung vom Ich.

Besonders bemerkenswert ist, dass unser Fantasie-Ich ausgesprochen visuell ist, während unsere tatsächlichen Erfahrungen körperlicher Natur sind. In der Fantasie beobachtet man eine Szene mit dem inneren Auge oder auf dem Computerbildschirm. Man sieht sich selbst, wie man an einem tropischen Strand steht, hinter einem das blaue Meer, ein fettes Lächeln im Gesicht, in der einen Hand einen Cocktail und den anderen Arm um die Hüfte der Liebsten gelegt. Paradies. Was das Bild nicht zeigt, sind die lästigen Mücken, die einen piesacken, das flaue Gefühl im Magen nach dem Verzehr dieser verdorbenen Fischsuppe, die Anspannung im Kiefergelenk, als man ein breites Lächeln vortäuscht, und der hässliche Streit, den das glückliche Paar fünf Minuten zuvor hatte. Ach, könnten wir nur spüren, was die Menschen auf den Fotos fühlten, als sie die Bilder machten!

Wenn Sie sich also wirklich selbst verstehen wollen, sollten Sie sich nicht mit Ihrem Facebook-Account oder mit der inneren Erzählung des Ichs identifizieren. Stattdessen sollten Sie den tatsächlichen Fluss von Körper und Geist wahrnehmen. Sie werden sehen, wie Gedanken, Emotionen und Sehnsüchte auftauchen und wieder verschwinden, ohne wirklichen Grund und ohne Befehl von Ihrer Seite, so wie unterschiedliche Winde aus dieser oder jener Richtung wehen und Ihre Haare durcheinanderbringen. Und so wie Sie nicht die Winde sind, so sind Sie auch nicht das Gewirr aus Gedanken, Emotionen und Wünschen, das Sie erleben, und Sie sind mit Sicherheit nicht die bereinigte Geschichte, die Sie darüber rückblickend erzählen. Sie erleben all diese Dinge, aber Sie kontrollieren sie nicht, Sie besitzen sie nicht und Sie sind sie nicht. Die Menschen fragen: «Wer bin ich?» und erwarten, dass sie eine Geschichte zu hören bekommen. Das Erste, was Sie über sich selbst wissen müssen, ist: Sie sind keine Geschichte.

Keine Geschichte

Der Liberalismus vollzog einen radikalen Schritt, als er alle kosmischen Dramen ablehnte, schuf dann aber das Drama neu innerhalb des Menschen – das Universum hat keine Handlung, deshalb ist es an uns Menschen, eine Handlung zu schaffen, und das ist unsere Berufung und der Sinn unseres Lebens. Jahrtausende vor unserem liberalen Zeitalter ging der antike Buddhismus einen Schritt weiter, als er nicht nur alle kosmischen Dramen, sondern auch das innere Drama menschlicher Schöpfung ablehnte. Das Universum hat keinen Sinn, und auch menschliche Gefühle tragen keine Bedeutung in sich. Sie sind nicht Teil einer großen kosmischen Geschichte, sondern nur flüchtige Schwingungen, die aus keinem besonderen Grund auftauchen und wieder verschwinden. Das ist die Wahrheit. Finden Sie sich damit ab.

In der *Brihadaranyaka Upanishad* heißt es: «Der Kopf des Opferrosses ist die Morgendämmerung, das Auge die Sonne, … die Glieder die Jahreszeiten, die Gelenke die Monate und Halbmonate, die Beine die Tage und Nächte, die Knochen die Sterne und das Fleisch die Wölkchen am Himmel die Haare.» In der *Mahasatipatthana Sutta*, einem zentralen Text des Buddhismus, hingegen ist die Rede davon, wenn Menschen meditierten, würden sie ihren Körper aufmerksam wahrnehmen: «‹In diesem Körper gibt es Kopfhaare, Körperhaare, Nägel, Zähne, Haut, Muskelfleisch, Sehnen, Knochen, Knochenmark, Nieren, Herz, … Talg, Speichel, Rotz, Gelenkschmiere und Urin.› Auf diese Weise verweilt er, indem er den Körper … betrachtet. … Nun steht seine Erkenntnis fest: ‹Das ist der Körper!›»[21] Die Haare, die Knochen oder der Urin stehen für nichts anderes. Sie sind nur, was sie sind.

Abschnitt für Abschnitt erklärt der Text weiter, dass der Meditierende das, was er im Körper oder im Geist wahrnimmt, nur als das begreift, was es ist. «Wenn er lang einatmet, nimmt er bewusst wahr: ‹Ich atme lang ein.› Wenn er kurz einatmet, nimmt er bewusst wahr: ‹Ich atme kurz ein.›»[22] Der lange Atem steht nicht für die Jahreszeiten und der kurze Atem nicht für die Tage. Sie sind lediglich Schwingungen oder Vibrationen im Körper.

Der Lehre des Buddha zufolge bestehen die drei zentralen Daseinsmerkmale darin, dass sich alles fortwährend verändert, dass nichts einen dauerhaften Wesenskern besitzt und dass nichts vollkommen zufriedenstellend ist. Sie können die fernsten Bereiche der Galaxie, Ihres Körpers oder Ihres Geistes erkunden, doch Sie werden dabei nie auf etwas stoßen, das sich nicht verändert, das einen ewigen Wesenskern hat und das Sie vollkommen zufriedenstellt.

Leid entsteht, weil es den Menschen nicht gelingt, das einzusehen. Sie glauben, irgendwo müsse es einen unveränderlichen Wesenskern geben, und wenn sie ihn erst finden und sich mit ihm verbinden würden, wären sie vollkommen zufrieden. Dieser ewige Wesenskern heißt manchmal Gott, manchmal Nation, manchmal Seele, manchmal authentisches Ich und manchmal wahre Liebe – und je stärker die Menschen sich damit assoziieren, desto enttäuschter und unglücklicher werden sie, wenn es ihnen nicht gelingt, ihn ausfindig zu machen. Schlimmer noch: Je größer die Bindung, desto größer der Hass, den solche Menschen gegen jede Person, Gruppe oder Institution entwickeln, die zwischen ihnen und dem ersehnten Ziel zu stehen scheint.

Gemäß dem Buddha hat das Leben also keinen Sinn, und die Menschen müssen keinen Sinn erzeugen. Sie müssen lediglich erkennen, dass es keinen Sinn gibt, und werden so befreit von dem Leid, das durch unsere Bindung an und unsere Identifikation mit leeren Phänomenen verursacht wird. «Was soll ich tun?», fragen die Menschen, und der Buddha antwortet: «Tue nichts. Absolut nichts.» Das eigentliche Problem aber ist, dass wir fortwährend etwas tun. Nicht zwangsläufig auf physischer Ebene – wir können stundenlang regungslos mit geschlossenen Augen dasitzen –, aber auf geistiger Ebene sind wir dauernd damit beschäftigt, Geschichten und Identitäten zu schaffen, Kämpfe auszutragen und Siege zu erringen. Wirklich nichts zu tun bedeutet, dass auch der Geist nichts tut und nichts schafft.

Leider lässt sich auch dieses Nichtstun allzu leicht in ein heldenhaftes Epos verwandeln. Selbst wenn Sie mit geschlossenen Augen dasitzen und wahrnehmen, wie der Atem in Ihren Körper hinein- und wieder aus ihm hinausströmt, können Sie damit beginnen, Geschichten darüber zu konstruieren. «Mein Atem ist ein wenig gepresst, und wenn ich ruhiger atme, wird es mir besser gehen» oder «Wenn ich einfach nur meinen Atem spüre und nichts tue, werde ich Erleuchtung erlangen und der weiseste und glücklichste Mensch auf Erden sein». Dann beginnt sich das Epos auszuweiten, und die Menschen sind nicht mehr nur bestrebt, sich von ihren eigenen Bindungen zu befreien, sondern auch andere davon zu überzeugen, das zu tun. Nachdem ich akzeptiert habe, dass das Leben keinen Sinn hat, finde ich einen Sinn darin, dies anderen zu erklären, mit den Ungläubigen zu streiten, den Skeptikern Vorträge zu halten, Geld für den Bau von Klöstern zu spenden und so weiter. «Keine Geschichte» kann nur allzu leicht zu einer weiteren Geschichte werden.

Die Geschichte des Buddhismus bietet tausend Beispiele dafür, wie Menschen, die an die Vergänglichkeit und Leerheit aller Phänomene glauben, daran, wie wichtig es ist, sich von allen Bindungen zu befreien, um die Regierung eines Landes, den Besitz eines Gebäudes oder sogar die Bedeutung eines Wortes streiten und kämpfen können. Gegen andere Menschen zu kämpfen, weil man an den Ruhm eines ewigen Gottes glaubt, ist unselig, aber verständlich; gegen andere Menschen zu kämpfen, weil man an die Leerheit aller Phänomene glaubt, ist wahrlich bizarr – aber durch und durch menschlich.

Im 18. Jahrhundert waren die Königsdynastien in Birma und im benachbarten Siam stolz auf ihren Glauben an Buddha und bezogen ihre Legitimation daraus, dass sie den buddhistischen Glauben beschützten. Die Könige finanzierten Klöster, errichteten Pagoden und lauschten jede Woche gelehrten Mönchen, die eloquente Predigten über die fünf moralischen Grundpflichten des Menschen hielten: sich des Tötens, des Stehlens, jeglichen sexuellen Fehlverhaltens, des Lügens und des Genusses von Rauschmitteln zu enthalten. Trotzdem bekämpften sich beide Königreiche unablässig. Am 7. April 1767 erstürmte die Armee des birmanischen Königs Hsinbyushin nach langer Belagerung die Hauptstadt Siams. Die siegreichen Truppen mordeten, plünderten, vergewaltigten und konsumierten wahrscheinlich auch hier und da Rauschmittel. Anschließend brannten sie einen Großteil der Stadt mitsamt ihren Palästen, Klöstern und Pagoden nieder und machten sich mit Tausenden Sklaven und ganzen Wagenladungen voller Gold und Edelsteinen auf den Weg nach Hause.

Es war keineswegs so, dass König Hsinbyushin seinen Buddhismus auf die leichte Schulter genommen hätte. Sieben Jahre nach seinem großen Sieg unternahm der König eine Wallfahrt den großen Fluss Irrawaddy hinab, er betete unterwegs an bedeutenden Pagoden und bat Buddha, seine Truppen mit mehr Siegen zu segnen. Als Hsinbyushin Rangun erreichte, ließ er das heiligste Bauwerk in ganz Birma wiedererrichten und vergrößern – die Shwedagon-Pagode. Anschließend verzierte er den Bau mit seinem eigenen Körpergewicht in Gold und setzte auf die Pagode eine goldene, mit wertvollen Edelsteinen (die vielleicht Teil der Beute aus Siam waren) versehene Spitze. Überdies nutzte er die Gelegenheit, den gefangen genommenen König von Pegu sowie dessen Bruder und Sohn hinzurichten.[23]

Im Japan der 1930er Jahre fanden die Menschen sogar höchst fantasievolle Mittel und Wege, um die buddhistische Lehre mit Nationalismus, Militarismus und Faschismus zu verknüpfen. Radikale buddhistische Denker wie Nissho Inoue, Ikki Kita und Tanaka Chigaku behaupteten, um die eigenen egoistischen Bindungen aufzulösen, sollten sich die Menschen vollständig dem Kaiser ergeben, alles persönliche Denken sein lassen und vollkommene Loyalität gegenüber der Nation üben. Verschiedene ultranationalistische Organisationen ließen sich von solchen Vorstellungen inspirieren, darunter eine fanatische Gruppe von Militärs, die Japans konservatives politisches System durch eine Mordkampagne zu stürzen versuchten. Sie ermordeten den ehemaligen Finanzminister, den Generaldirektor des Unternehmens Mitsui und schließlich auch Premierminister Inukai Tsuyoshi. Dadurch beschleunigten sie die Verwandlung Japans in eine Militärdiktatur. Als das Militär dann in den Krieg zog, predigten buddhistische Priester und Zen-Meister selbstlosen Gehorsam gegenüber staatlicher Autorität und empfahlen, sich im Krieg selbst zu opfern. Buddhistische Lehren von Mitgefühl und Gewaltlosigkeit hingegen gerieten irgendwie in Vergessenheit und hatten keinen wirklich spürbaren Einfluss auf das Verhalten japanischer Truppen in Nanjing, Manila oder Seoul.[24]

Heute ist die Menschenrechtsbilanz des buddhistischen Myanmar eine der schlimmsten weltweit, und ein buddhistischer Mönch namens Ashin Wirathu steht an der Spitze der antimuslimischen Bewegung im Land. Er behauptet, er wolle lediglich Myanmar und den Buddhismus vor den Verschwörungen muslimischer Dschihadisten beschützen, aber seine Predigten und Artikel sind so voller Hetze, dass Facebook seine Seite im Februar 2018 mit Verweis auf die Richtlinien gegen Hate Speech löschen ließ. In einem Interview mit dem *Guardian* predigte der Mönch 2017 Mitleid für eine sterbende Mücke, doch als er mit Vorwürfen konfrontiert wurde, muslimische Frauen seien von Soldaten aus Myanmar vergewaltigt worden, lachte er nur und sagte: «Unmöglich. Ihre Körper sind zu widerwärtig.»[25]

Es besteht wenig Aussicht, dass sich weltweiter Frieden und globale Harmonie einstellen, sobald acht Milliarden Menschen anfangen, regelmäßig zu meditieren. Die Wahrheit über sich selbst zu erkennen ist nun einmal ungeheuer schwierig! Selbst wenn wir die meisten Menschen dazu bringen, es zu versuchen, werden viele von ihnen die Wahrheit, auf die sie stoßen, rasch zu irgendeiner Geschichte mit Helden, Schurken und Feinden verzerren und wirklich gute Vorwände finden, in den Krieg zu ziehen.

Der Realitätstest

Auch wenn all diese großen Erzählungen bloße Fiktionen sind, die von unserem eigenen Geist erzeugt werden, gibt es keinen Grund zur Verzweiflung. Die Realität ist immer noch da. Sie können keine Rolle in irgendeinem Fantasiedrama übernehmen, aber warum sollten Sie das überhaupt tun wollen? Die große Frage, der sich alle Menschen gegenüber sehen, ist nicht: «Was ist der Sinn des Lebens?», sondern vielmehr: «Wie beenden wir das Leiden?». Wenn Sie all die fiktionalen Erzählungen beiseitelassen, können Sie die Wirklichkeit deutlich klarer als zuvor wahrnehmen, und wenn Sie die Wahrheit über sich selbst und über die Welt wirklich kennen, kann nichts Sie unglücklich machen. Aber das ist natürlich leichter gesagt als getan.

Wir Menschen haben die Welt dank unserer Fähigkeit, fiktionale Geschichten zu schaffen und daran zu glauben, erobert. Wir sind deshalb besonders schlecht darin, den Unterschied zwischen Fiktion und Realität zu erkennen. Über diesen Unterschied hinwegzusehen war für uns eine Überlebensfrage. Wenn Sie den Unterschied gleichwohl erkennen wollen, sollten Sie mit dem Leid beginnen. Denn die realste Sache auf der Welt ist Leid.

Wenn Sie mit irgendeiner großen Erzählung konfrontiert sind und wissen wollen, ob sie real oder erfunden ist, lässt sich das mithilfe einer Schlüsselfrage herausfinden: Kann der Held der Geschichte leiden? Wenn Ihnen beispielsweise jemand die Geschichte der polnischen Nation erzählt, denken Sie für einen Augenblick darüber nach, ob Polen leiden kann. Adam Mickiewicz, der bedeutende romantische Dichter und Vater des modernen polnischen Nationalismus, bezeichnete Polen einmal als den «Christus der Nationen». In einer Schrift aus dem Jahr 1832, also Jahrzehnte nachdem Polen zwischen Russland, Preußen und Österreich aufgeteilt worden war und kurz nachdem der polnische Aufstand von 1830 von den Russen brutal niedergeschlagen worden war, erklärte Mickiewicz, das horrende Leid Polens sei ein Opfer, das diese Nation für die gesamte Menschheit bringe, vergleichbar dem Opfer Christi, und wie Jesus Christus werde auch Polen von den Toten auferstehen.

In einer berühmten Passage schrieb Mickiewicz:

> Polen sagte [zu den Menschen in Europa]: Wer zu mir kommt, wird frei und gleich sein, weil ich die Freiheit bin. Und man hatte die polnische Nation leiden lassen und man hatte sie zu Grabe getragen, und die Kö-

> nige [der Teilungsmächte] riefen: Wir töteten und begruben die Freiheit. Und sie riefen töricht. Denn das polnische Volk ist nicht tot. Sein Körper liegt im Grab, und seine Seele ist in die Erde hinabgestiegen. … Und am dritten Tag wird die Seele in den Körper zurückkehren, und das Volk wird wiederauferstehen und alle Völker Europas von der Knechtschaft erlösen.[26]

Kann eine Nation wirklich leiden? Hat eine Nation Augen, Hände, Sinne, Affekte und Leidenschaften? Wenn Sie die Nation pieksen, wird sie dann bluten? Offenkundig nicht. Wenn sie im Krieg besiegt wird, eine Provinz abtreten muss oder gar ihre Unabhängigkeit verliert, kann sie immer noch keinen Schmerz, keine Traurigkeit oder irgendeine andere Art von Leid verspüren, denn sie hat keinen Körper, keinen Geist und keinerlei Gefühle. In Wahrheit ist sie nur eine Metapher. Nur in der Vorstellungswelt bestimmter Menschen ist Polen eine wirkliche Größe, die zum Leiden fähig ist. Polen dauert fort, weil diese Menschen ihm ihren Körper leihen – nicht nur, indem sie als Soldaten in der polnischen Armee dienen, sondern indem sie die fleischgewordenen Freuden und Nöte der Nation sind. Als im Mai 1831 die Nachricht von der polnischen Niederlage in der Schlacht von Ostrołęka in Warschau eintraf, krampften sich menschliche Mägen vor Verzweiflung zusammen, auf menschlichen Herzen lastete schwer der Schmerz, menschliche Augen füllten sich mit Tränen.

All das rechtfertigt natürlich nicht den russischen Einmarsch, und es schmälert auch nicht das Recht der Polen, einen unabhängigen Staat zu errichten und über ihre eigenen Gesetze und Gebräuche zu entscheiden. Aber es bedeutet, dass die Wirklichkeit letzten Endes nicht die Geschichte der polnischen Nation sein kann, denn die Existenz Polens hängt von Bildern in menschlichen Köpfen ab.

Nehmen wir hingegen das Schicksal einer Frau aus Warschau, die von den einmarschierenden russischen Truppen beraubt und vergewaltigt wurde. Anders als das metaphorische Leid der polnischen Nation war das Leid dieser Frau ganz real. Es mag durchaus durch den menschlichen Glauben an verschiedene Fiktionen wie etwa den russischen Nationalismus, das orthodoxe Christentum und männliches Heldentum verursacht worden sein, von dem viele der russischen Staatsmänner und Soldaten beseelt waren. Doch das daraus resultierende Leid war noch immer zu einhundert Prozent real.

Wann immer Politiker damit beginnen, in mystischen Begriffen zu reden, ist Vorsicht geboten. Es könnte sein, dass sie reales Leid bemänteln und entschuldigen wollen, indem sie es in große, nicht wirklich greifbare Worte packen. Besonders vorsichtig sollte man bei den folgenden vier Wörtern sein: Opfer, Ewigkeit, Reinheit, Erlösung. Wenn Sie irgendeines dieser vier Wörter hören, sollten bei Ihnen alle Alarmglocken läuten. Und wenn Sie zufällig in einem Land leben, dessen Oberhaupt regelmäßig Dinge sagt wie: «Ihr Opfer wird die Reinheit unserer ewigen Nation erlösen» – dann wissen Sie, dass Sie sich große Sorgen machen sollten. Um ihren Verstand zu retten, sollten Sie immer versuchen, solches Gewäsch in reale Kategorien zu übersetzen: in einen Soldaten, der im Todeskampf brüllt, in eine Frau, die geschlagen und brutal misshandelt wird, in ein Kind, das vor Angst zittert.

Wenn Sie also die Wahrheit über das Universum, über den Sinn des Lebens und über Ihre eigene Identität erfahren wollen, so beginnen Sie am besten damit, Leid wahrzunehmen und zu erkunden, was Leid wirklich ist.

Die Antwort ist keine Erzählung.

21

Meditation

Einfach nur wahrnehmen

Nachdem ich so viele Geschichten, Religionen und Ideologien kritisiert habe, ist es nur fair, dass ich mich selbst in die Schusslinie begebe und erkläre, wie es jemandem, der so skeptisch ist, trotzdem gelingen kann, morgens freudig aufzuwachen. Ich zögere ein wenig, das zu tun, zum Teil aus Angst vor zu großer Nachsicht gegenüber mir selbst, zum Teil, weil ich nicht den falschen Eindruck vermitteln möchte, als würde das, was bei mir funktioniert, bei jedem funktionieren. Ich bin mir durchaus bewusst, dass die Eigenheiten meiner Gene und Nervenzellen, meiner persönlichen Geschichte und meines Dharma nicht bei jedem zu finden sind. Aber vielleicht sollten die Leser zumindest wissen, welche Farben die Brille tönen, durch die ich die Welt sehe, und dabei meinen Blick und mein Schreiben verzerren.

Als Heranwachsender war ich ein sorgenschwerer und rastloser Mensch. Die Welt erschien mir sinnlos, und auf die großen Fragen, die ich an das Leben hatte, bekam ich keine Antworten. Insbesondere verstand ich nicht, warum es in der Welt und in meinem eigenen Leben so viel Leid gab und was sich dagegen tun ließ. Alles, was ich von den Menschen um mich herum und aus den Büchern, die ich las, bekam, waren ausgefeilte Fiktionen: religiöse Mythen über Götter und Himmel, nationalistische Mythen über das Vaterland und seinen historischen Auftrag, romantische

Mythen über Liebe und Abenteuer oder kapitalistische Mythen über Wirtschaftswachstum und darüber, inwieweit mich Einkaufen und Konsumieren glücklich machen. Ich merkte durchaus, dass all das wahrscheinlich Fiktionen waren, aber ich hatte keine Ahnung, wie ich die Wahrheit finden sollte.

Als ich an der Universität zu studieren begann, glaubte ich, das wäre der ideale Ort, um Antworten zu finden. Doch ich wurde enttäuscht. Die akademische Welt versorgte mich mit eindrucksvollen Instrumenten, mit denen ich all die Mythen, die die Menschen je geschaffen haben, dekonstruieren konnte, aber zufriedenstellende Antworten auf die großen Fragen des Lebens bekam ich nicht. Im Gegenteil, die Universität ermunterte mich dazu, mich auf immer enger gefasste Fragen zu konzentrieren. Am Ende schrieb ich an der Universität Oxford eine Doktorarbeit über autobiografische Texte mittelalterlicher Soldaten. Daneben las ich, quasi als Hobby, jede Menge philosophischer Bücher und führte viele philosophische Debatten, aber das verschaffte mir zwar fortwährende geistige Unterhaltung, jedoch keine wirklichen Einsichten. Es war extrem frustrierend.

Schließlich schlug mein guter Freund Ron vor, ich sollte zumindest für ein paar Tage all die Bücher und die intellektuellen Diskussionen beiseitelassen und es mit einem Vipassana-Meditationskurs versuchen. («Vipassana» ist Pali, eine Sprache des alten Indiens, und bedeutet «Einsicht».) Ich dachte, das sei irgendein esoterischer Hokuspokus, und da ich kein Interesse daran hatte, eine weitere Mythologie kennenzulernen, lehnte ich dankend ab. Doch nach einem Jahr geduldigen Bohrens hatte er mich im April 2000 dann endlich so weit, dass ich mich in einen zehntägigen Vipassana-Retreat begab.[1]

Bis dahin wusste ich recht wenig über Meditation und war der Ansicht, dazu gehörten alle möglichen komplizierten mystischen Theorien. Ich war deshalb erstaunt, dass sich der Kurs als sehr praxisorientiert erwies. Unser Lehrer, S. N. Goenka, brachte den Teilnehmern bei, im Schneidersitz und mit geschlossenen Augen dazusitzen und die gesamte Aufmerksamkeit auf den Atem zu richten, der durch die Nase in den Körper strömt und wieder hinausfließt. «Tue nichts», sagte er immer wieder, «versuche nicht, den Atem zu kontrollieren oder auf eine besondere Weise zu atmen. Nimm einfach nur die Wirklichkeit des gegenwärtigen Augenblicks wahr, wie auch immer er sein mag. Wenn der Atem einströmt, bist du dir einfach nur bewusst – jetzt strömt der Atem herein. Wenn der Atem hinausfließt, bist du dir einfach nur bewusst – jetzt fließt der Atem hinaus. Und wenn du die Konzentration verlierst und dein Geist damit beginnt, zu Erinnerungen und Fantasien abzuschweifen, bist du dir einfach bewusst – jetzt schweift mein Geist vom Atem ab.» Das war das Wichtigste, was jemals irgendjemand zu mir gesagt hatte.

Wenn Menschen die großen Fragen des Lebens stellen, haben sie in der Regel absolut kein Interesse daran, sich des Atemflusses bewusst zu werden. Vielmehr wollen sie Dinge wissen wie etwa, was passiert, wenn wir tot sind. Doch das eigentliche Rätsel des Lebens ist nicht, was geschieht, wenn wir tot sind, sondern was geschieht, bevor wir sterben. Wer den Tod verstehen will, muss das Leben verstehen.

Die Menschen fragen: «Wenn ich sterbe, werde ich dann einfach völlig verschwinden? Werde ich in den Himmel kommen? Werde ich in einem neuen Körper wiedergeboren werden?» Diese Fragen beruhen auf der Annahme, es gebe ein «Ich», das von der Geburt bis zum Tod Bestand hat, und die Frage lautet: «Was wird im Moment des Todes mit diesem Ich passieren?» Aber was ist das, das von der Geburt bis zum Tod Bestand hat? Der Körper verändert sich in jedem Augenblick, das Gehirn verändert sich in jedem Moment, der Geist verändert sich in jedem Augenblick. Je bewusster man sich selbst wahrnimmt, desto offensichtlicher wird, dass nichts auch nur von einem Moment bis zum nächsten Bestand hat. Was also hält dein ganzes Leben nicht zusammen? Wenn Sie die Antwort darauf nicht kennen, verstehen Sie das Leben nicht, und Sie haben mit Sicherheit keinerlei Chance, den Tod zu begreifen. Falls und wenn Sie je herausfinden, was das Leben zusammenhält, wird auch die Antwort auf die große Frage des Todes offenkundig werden.

Die Menschen sagen: «Die Seele hat von der Geburt bis zum Tod Bestand und hält deshalb das Leben zusammen» – aber das ist nur eine Geschichte. Haben Sie je eine Seele wahrgenommen? Sie können das in jedem Augenblick erkunden, nicht nur im Moment des Todes. Wenn Sie nachvollziehen können, was mit Ihnen geschieht, wenn ein Augenblick endet und ein anderer Augenblick beginnt – dann werden Sie auch verstehen, was mit Ihnen im Augenblick des Todes geschehen wird. Wenn Sie sich für die Dauer eines einzigen Atemzugs wirklich selbst wahrnehmen können – dann werden Sie all das verstehen.

Das Erste, was ich lernte, als ich meinen Atem bewusst wahrnahm, war, dass ich trotz all der Bücher, die ich gelesen, und all der Seminare, die ich an der Universität besucht hatte, so gut wie nichts über meinen Geist wusste und nur ganz wenig Kontrolle über ihn besaß. Trotz aller Bemühungen konnte ich die Realität meines Atems, der in mich hineinströmt und wieder aus mir hinausfließt, nicht länger als zehn Sekunden bewusst wahrnehmen, bevor der Geist abschweifte. Seit Jahren lebte ich mit der Vorstellung, ich sei der Herr über mein Leben und der CEO meiner persönlichen Marke. Doch ein paar Stunden Meditation reichten, um mir deutlich zu machen, dass ich nahezu keine Kontrolle über mich selbst hatte. Ich war nicht der CEO – ich war allenfalls der Türsteher. Ich wurde gebeten, mich an die Tür zu meinem Körper zu stellen – an die Nasenlöcher – und einfach nur wahrzunehmen, was dort hereinkommt oder hinausgeht. Doch nach ein paar Momenten verlor ich meine Aufmerksamkeit und verließ meinen Posten. Diese Erfahrung öffnete mir die Augen.

Im weiteren Verlauf des Kurses wurde den Teilnehmern beigebracht, nicht nur ihren Atem wahrzunehmen, sondern auch Empfindungen überall in ihrem Körper. Keine besonderen Empfindungen des Glücks und der Ekstase, sondern eher ganz banale und gewöhnliche Empfindungen: Wärme, Druck, Schmerz und so weiter. Die Vipassana-Technik beruht auf der Erkenntnis, dass der Geistesfluss eng mit körperlichen Empfindungen verbunden ist. Zwischen mir und der Welt sind immer körperliche Empfindungen. Ich reagiere nie auf Ereignisse in der äußeren Welt; ich reagiere stets auf die Empfindungen in meinem eigenen Körper. Wenn die Empfindung unangenehm ist, reagiere ich mit Ablehnung. Ist die Empfindung angenehm, reagiere ich mit Verlangen nach mehr. Selbst wenn wir glauben, wir würden auf das, was jemand anderer getan hat, auf Präsident Trumps neuesten Tweet oder auf eine ferne Kindheitserinnerung antworten, reagieren wir in Wirklichkeit auf unsere unmittelbaren körperlichen Empfindungen. Wenn wir darüber empört sind, dass jemand unsere Nation oder unseren Gott beleidigt hat, sind es die Empfindungen eines Brennens in der Magengrube und eines Schmerzes, der sich wie ein Band um unser Herz legt, die die Beleidigung unerträglich machen. Unsere Nation fühlt nichts, aber unser Körper tut wirklich weh.

Sie wollen wissen, was Wut ist? Nun, nehmen Sie einfach die Empfindungen wahr, die entstehen und durch Ihren Körper gehen, während Sie wütend sind. Ich war 24 Jahre alt, als ich diesen Kurs besuchte, und hatte zuvor vermutlich 10 000 Mal Wut empfunden, aber ich hatte mich nie darum gekümmert, wahrzunehmen, wie Wut sich tatsächlich anfühlt. Immer wenn ich wütend gewesen war, hatte ich mich auf den Gegenstand meiner Wut konzentriert – etwas, das jemand getan oder gesagt hat – statt auf die sinnliche Realität der Wut.

Ich glaube, dadurch dass ich in diesen zehn Tagen meine Empfindungen wahrgenommen habe, habe ich mehr über mich und über die Menschen allgemein gelernt als bis dahin in meinem ganzen Leben. Und damit das der Fall war, musste ich keine Geschichte, Theorie oder Mythologie übernehmen. Ich musste einfach nur die Realität wahrnehmen, wie sie ist.

Meine wichtigste Erkenntnis war, dass die tiefste Quelle meines Leids in den Mustern meines eigenen Geistes liegt. Wenn ich etwas will und es geschieht nicht, reagiert mein Geist, indem er Leid erzeugt. Leid ist kein objektiver Zustand in der äußeren Welt. Er ist eine mentale Reaktion, die von meinem eigenen Geist erzeugt wird. Das zu erkennen ist der erste Schritt, um nicht noch mehr Leid zu erzeugen.

Seit diesem ersten Kurs im Jahr 2000 begann ich damit, jeden Tag zwei Stunden zu meditieren, und jedes Jahr begebe ich mich einen oder zwei Monate lang in einen Meditations-Retreat. Das ist keine Flucht vor der Wirklichkeit. Es bedeutet im Gegenteil, mit der Wirklichkeit in Berührung zu kommen. Zumindest zwei Stunden am Tag nehme ich die Realität tatsächlich wahr, wie sie ist, während ich in den anderen 22 Stunden von E-Mails, Tweets und süßen Welpenvideos überhäuft werde. Ohne die Konzentration und die Klarheit, die mir diese Praxis verschafft, hätte ich *Eine kurze Geschichte der Menschheit* oder *Homo Deus* nicht schreiben können. Zumindest für mich geriet Meditation nie in Konflikt mit wissenschaftlicher Arbeit. Sie war vielmehr ein zusätzliches wertvolles Instrument im wissenschaftlichen Werkzeugkasten, insbesondere wenn es darum ging, den menschlichen Geist zu verstehen.

Von beiden Seiten graben

Die Wissenschaft tut sich vor allem deshalb schwer damit, die Geheimnisse des Geistes zu entschlüsseln, weil es uns an effizienten Instrumenten fehlt. Viele Menschen, darunter viele Wissenschaftler, verwechseln den Geist gerne mit dem Gehirn, doch beide sind in Wirklichkeit ganz unterschiedliche Dinge. Das Gehirn ist ein materielles Netzwerk aus Nervenzellen, Synapsen und biochemischen Stoffen. Der Geist ist ein Fluss subjektiver Erfahrungen wie Schmerz, Freude, Wut und Liebe. Biologen gehen davon aus, das Gehirn produziere irgendwie den Geist, und biochemische Reaktionen in Milliarden Nervenzellen würden irgendwie Erfahrungen wie Schmerz und Liebe hervorbringen. Doch bislang haben wir absolut keinerlei Erklärung dafür, wie der Geist aus dem Gehirn entsteht. Wie kommt es, dass ich Schmerz empfinde, wenn Milliarden Nervenzellen elektrische Signale in einem bestimmten Muster feuern, und dass ich Liebe empfinde, wenn die Nervenzellen in einem anderen Muster feuern. Wir haben keine Erklärung dafür. Selbst wenn also der Geist tatsächlich aus dem Gehirn entsteht, macht es zumindest bis jetzt einen Unterschied, ob ich den Geist oder das Gehirn untersuche.

Die Hirnforschung macht dank der Unterstützung durch Mikroskope, Gehirnscanner und leistungsfähige Computer rasante Fortschritte. Aber den Geist können wir in einem Mikroskop oder einem Gehirnscanner nicht erkennen. Diese Geräte versetzen uns in die Lage, biochemische und elektrische Aktivitäten im Gehirn festzustellen, verschaffen uns aber keinerlei Zugang zu den subjektiven Erfahrungen, die mit diesen Aktivitäten verbunden sind. Der einzige Geist, zu dem ich heute unmittelbaren Zugang habe, ist mein eigener. Wenn ich wissen will, was andere fühlende Wesen erleben, kann ich das nur auf der Basis von Berichten aus zweiter Hand tun, die naturgemäß unter zahlreichen Verzerrungen und Unzulänglichkeiten leiden.

Wir könnten zweifellos viele Berichte aus zweiter Hand von verschiedenen Menschen sammeln und mittels Statistik wiederkehrende Muster herausarbeiten. Solche Methoden haben Psychologen und Hirnforscher in die Lage versetzt, nicht nur den Geist deutlich besser zu verstehen, sondern auch das Leben von Millionen Menschen zu verbessern und sogar zu retten. Es ist jedoch schwer, über einen bestimmten Punkt hinauszugelangen, wenn man nur auf Berichte aus zweiter Hand setzt. Untersucht man ein bestimmtes Phänomen wissenschaftlich, so beobachtet man es am besten direkt. Anthropologen beispielsweise machen umfassend Gebrauch von Sekundärquellen, aber wenn sie die samoische Kultur wirklich verstehen wollen, müssen sie früher oder später ihre Koffer packen und nach Samoa fahren.

Natürlich reicht ein Besuch nicht. Der Blog eines Rucksacktouristen, der durch Samoa reist, würde nicht als wissenschaftliche anthropologische Studie durchgehen, denn den meisten Rucksacktouristen fehlt es am notwendigen Instrumentarium und der erforderlichen Ausbildung. Ihre Beobachtungen sind zu willkürlich und zu einseitig. Um vertrauenswürdige Anthropologen zu werden, müssen wir lernen, wie man menschliche Kulturen systematisch und objektiv beobachtet, frei von Vorannahmen und Vorurteilen. Das lernt man an einer Fakultät für Anthropologie und das sorgte dafür, dass Anthropologen eine so wichtige Rolle dabei spielten, die Kluft zwischen verschiedenen Kulturen zu überbrücken.

Die wissenschaftliche Erforschung des Geistes folgt nur selten diesem anthropologischen Modell. Während Anthropologen oftmals von ihren Besuchen auf fernen Inseln und geheimnisvollen Ländern berichten, unternehmen Bewusstseinsforscher nur selten solche persönlichen Reisen in die Gefilde des Geistes. Denn der einzige Geist, den ich direkt beobachten kann, ist mein eigener, und so schwierig es sein mag, die samoische Kultur unvoreingenommen zu beobachten, so ist es noch viel schwerer, meinen eigenen Geist objektiv in den Blick zu nehmen. Nach mehr als einem Jahrhundert harter Arbeit verfügen Anthropologen heute über eindrucksvolle Verfahren objektiver Beobachtung. Erforscher des Geistes hingegen haben zahlreiche Instrumente entwickelt, um Berichte aus zweiter Hand zu sammeln und zu analysieren, aber wenn es darum geht, unseren eigenen Geist zu beobachten, haben wir bislang allenfalls an der Oberfläche gekratzt.

Da es also an modernen Methoden unmittelbarer Geistesbeobachtung fehlt, könnten wir einige der Instrumente ausprobieren, die von vormodernen Kulturen entwickelt wurden. Mehrere antike Kulturen widmeten dem

Studium des Geistes jede Menge Aufmerksamkeit und setzten nicht darauf, Berichte aus zweiter Hand zu sammeln, sondern den Menschen beizubringen, ihren eigenen Geist systematisch zu beobachten. Die Methoden, die sie dabei entwickelten, sind unter dem Oberbegriff «Meditation» zusammengefasst. Heute wird dieser Begriff oft mit Religion und Mystik in Verbindung gebracht, aber im Prinzip kann jede Methode unmittelbarer Beobachtung des eigenen Geistes als Meditation gelten. Tatsächlich nutzen viele Religionen ausgiebig verschiedene Meditationstechniken, aber das bedeutet nicht, dass Meditation zwangsläufig religiös ist. Viele Religionen machen auch umfassend Gebrauch von Büchern, und doch bedeutet das nicht, dass die Lektüre von Büchern eine religiöse Praxis ist.

Über die Jahrtausende haben die Menschen Hunderte Meditationstechniken entwickelt, die sich in ihren Grundsätzen und ihrer Wirksamkeit unterscheiden. Ich habe nur mit einer Technik – Vipassana – persönliche Erfahrungen gemacht, und deshalb kann ich nur über diese Technik einigermaßen glaubwürdig sprechen. Wie eine Reihe anderer Meditationstechniken soll auch Vipassana im alten Indien von Buddha entdeckt worden sein. Über die Jahrhunderte wurden Buddha zahlreiche Theorien und Geschichten zugeschrieben, oftmals ohne wirkliche Belege. Aber man muss an keine davon glauben, um zu meditieren. Der Lehrer, der mir Vipassana beigebracht hat, S. N. Goenka, war ein sehr praxisorientierter Lotse. Er erklärte den Schülern wiederholt, wenn sie den Geist beobachteten, müssten sie alle Schilderungen aus zweiter Hand, Glaubenslehren und philosophischen Annahmen beiseiteschieben und sich ganz auf ihre eigene Erfahrung und auf die Realität, der sie tatsächlich begegnen, konzentrieren. Jeden Tag kamen zahlreiche Schüler in sein Zimmer, um Hinweise zu bekommen und Fragen zu stellen. Am Eingang zu seinem Zimmer hing ein Schild, auf dem zu lesen stand: «Bitte vermeiden Sie theoretische und philosophische Diskussionen und konzentrieren Sie sich auf Fragen zu Dingen, die mit Ihrer tatsächlichen Praxis zu tun haben.»

Die tatsächliche Praxis bedeutet, körperliche Empfindungen und geistige Reaktionen auf Empfindungen systematisch, kontinuierlich und objektiv wahrzunehmen und dadurch die Grundmuster des Geistes zu erkennen. Manchmal betrachten Menschen Meditation als die Suche nach besonderen Erfahrungen des Glücks und der Ekstase. In Wahrheit jedoch ist das Bewusstsein das größte Geheimnis des Universums, und ganz banale Gefühle der Wärme und des Juckens sind genauso geheimnisvoll wie Gefühle der Begeisterung und des kosmischen Einsseins. Wer die Vipassana-Meditation praktiziert, sollte sich nie auf die Suche nach besonderen Erfahrungen begeben, sondern darauf konzentrieren, die Realität des eigenen Geistes zu verstehen, wie auch immer diese Wirklichkeit aussehen mag.

In den letzten Jahren haben Forscher des Geistes wie des Gehirns zunehmendes Interesse an solchen Meditationstechniken gezeigt, aber die meisten von ihnen haben dieses Instrument bislang nur indirekt genutzt.[2] Der typische Wissenschaftler praktiziert üblicherweise selbst keine Meditation. Stattdessen lädt er erfahrene Meditierende in sein Labor ein, versieht ihren Kopf mit Elektroden, bittet sie, zu meditieren, und beobachtet die dabei entstehenden Hirnaktivitäten. Das kann uns viele interessante Dinge über das Hirn vermitteln, aber wenn das Ziel darin besteht, den Geist zu verstehen, fehlen uns noch immer einige der wichtigsten Erkenntnisse. Es ist so, als würde jemand die Struktur der Materie verstehen wollen, indem er einen Stein durch eine Lupe betrachtet. Sie reichen diesem Menschen ein Mikroskop und sagen: «Nehmen Sie das, Sie können damit viel besser sehen.» Er nimmt das Mikroskop, greift zu seiner vertrauten Lupe und betrachtet durch dieses Vergrößerungsglas sorgfältig das Material, aus dem das Mikroskop gemacht ist ... Meditation ist ein Instrument, um den Geist direkt zu beobachten. Man vergeudet einen Großteil ihres Potenzials, wenn man, statt selbst zu meditieren, die elektrischen Aktivitäten im Gehirn eines anderen Meditierenden überwacht.

Ich will damit keineswegs behaupten, wir sollten auf die gegenwärtigen Instrumente und Praktiken der Hirnforschung verzichten. Meditation ersetzt sie nicht, aber sie könnte als Ergänzung fungieren. Es ist ein wenig wie bei Ingenieuren, die einen Tunnel durch einen riesigen Berg treiben. Warum nur von einer Seite graben? Besser ist es, wenn man es gleichzeitig von beiden Seiten tut. Wenn Gehirn und Geist tatsächlich ein und dasselbe sind, dann werden die beiden im Tunnel aufeinandertreffen. Und wenn Gehirn und Geist nicht dasselbe sind? Dann ist es umso wichtiger, sich in den Geist «hinein zu graben» und nicht nur ins Gehirn.

Einige Universitäten und Labore haben tatsächlich damit begonnen, Meditation als Forschungsinstrument und nicht nur als bloßen Gegenstand für Hirnstudien zu nutzen. Doch dieser Prozess steckt noch in den Kinderschuhen, was nicht zuletzt damit zu tun hat, dass er aufseiten der Forscher außergewöhnliche Investitionen erfordert. Ernsthafte Meditation verlangt ein ungeheures Maß an Disziplin. Wenn Sie versuchen, Ihre Empfindungen objektiv wahrzunehmen, werden Sie als Erstes merken, wie ungebärdig und ungeduldig der Geist ist. Selbst wenn Sie sich darauf konzentrieren, eine relativ spezifische Empfindung wie das Ein- und Ausatmen durch die Nase wahrzunehmen, kann Ihr Geist das üblicherweise nicht länger als ein paar Sekunden tun, ehe er seine Konzentration verliert und in Gedanken, Erinnerungen und Träume abschweift.

Wenn ein Mikroskop unscharf wird, müssen wir lediglich an einem kleinen Rädchen drehen. Wenn dieses kaputt ist, können wir einen Techniker damit beauftragen, es zu reparieren. Wenn jedoch der Geist an Schärfe und Konzentration verliert, können wir das nicht so leicht beheben. Es bedarf langer Übung, ihn so weit zu beruhigen und zu fokussieren, dass er beginnen kann, sich selbst systematisch und objektiv wahrzunehmen. Vielleicht können wir zukünftig eine Pille schlucken und sofortige Konzentration erlangen. Doch da Meditation darauf abzielt, den Geist nicht nur zu fokussieren, sondern ihn auch zu erkunden, könnte sich eine solche Abkürzung als kontraproduktiv erweisen. Die Pille mag dafür sorgen, dass wir sehr aufmerksam und fokussiert sind, aber gleichzeitig könnte sie auch verhindern, dass wir das gesamte Spektrum des Geistes erkunden. Schließlich können wir ihn auch heute schon leicht konzentriert auf etwas ausrichten, indem wir etwa einen spannenden Krimi im Fernsehen anschauen – aber der Geist ist so auf den Film konzentriert, dass er seine eigenen Abläufe nicht mehr wahrnimmt.

Doch selbst wenn wir nicht auf solche technischen Gerätschaften setzen können, sollten wir nicht aufgeben. Wir können uns von den Anthropologen, den Zoologen und den Astronauten inspirieren lassen. Anthropologen und Zoologen verbringen Jahre auf fernen Inseln, wo sie einer Fülle an Beschwerlichkeiten und Gefahren ausgesetzt sind. Astronauten absolvieren über viele Jahre schwierige Trainingsprogramme, die sie auf ihre gefährlichen Ausflüge in den Weltraum vorbereiten. Wenn wir bereit sind, solche Anstrengungen zu unternehmen, um fremde Kulturen, unbekannte Arten und ferne Planeten zu verstehen, könnte es sich durchaus lohnen, genauso hart zu arbeiten, um unseren eigenen Geist zu verstehen. Und wir sollten besser unseren Geist verstehen, bevor die Algorithmen dies tun und für uns entscheiden.

Selbstbeobachtung war niemals einfach, aber sie könnte mit der Zeit noch schwieriger werden. Im Laufe der Geschichte haben die Menschen immer komplexere Erzählungen über sich selbst geschaffen, die es uns erschweren zu erkennen, wer wir wirklich sind. Diese Erzählungen sollten große Gruppen von Menschen vereinen, Macht anhäufen und die soziale Harmonie bewahren. Sie waren lebenswichtig, um Milliarden Menschen zu ernähren und dafür zu sorgen, dass sie sich nicht gegenseitig die Kehle durchschnitten. Wenn Menschen versuchten, sich selbst zu beobachten, waren es für gewöhnlich diese vorgefertigten Erzählungen, die sie entdeckten. Eine Erkundung mit offenem Ausgang war zu gefährlich. Sie drohte, die soziale Ordnung auszuhöhlen.

Als die Technologie fortschrittlicher wurde, passierten zwei Dinge. Als Steinmesser sich nach und nach zu Atomraketen entwickelten, wurde es, erstens, immer gefährlicher, die soziale Ordnung zu destabilisieren. Und als aus den Höhlenmalereien nach und nach Fernsehsendungen wurden, wurde es, zweitens, immer einfacher, die Menschen zu täuschen. In naher Zukunft könnten die Algorithmen dies zur Perfektion bringen und es den Menschen nahezu unmöglich machen, ihre wirkliche Realität zu erkennen. Es werden dann die Algorithmen sein, die für uns entscheiden, wer wir sind und was wir über uns selbst wissen sollten.

Für ein paar Jahre oder sogar Dekaden haben wir noch eine Wahl. Wenn wir uns anstrengen, können wir immer noch erforschen, wer wir wirklich sind. Aber wenn wir diese Chance nutzen wollen, sollten wir das jetzt tun.

Anhang

Danksagung

Ich möchte all jenen danken, die mir beim Schreiben halfen – und beim Weglassen:

Michal Shavit, meiner Verlegerin bei Penguin Random House in Großbritannien, die die Idee zu diesem Buch hatte und mich durch den langen Schreibprozess begleitete; und auch dem gesamten Team bei Penguin Random House für all die harte Arbeit und die Unterstützung.

David Milner, der wie üblich großartige Arbeit beim Lektorat des Manuskripts leistete. Manchmal musste ich einfach nur daran denken, was David sagen würde, um besonders hart am Text zu arbeiten.

Suzanne Dean, meinem Creative Director bei Penguin Random House, deren Genialität sich hinter dem Umschlag verbirgt.

Preena Gadher und ihren Kollegen bei Riot Communications für die brillante PR-Kampagne.

Cindy Spiegel von Spiegel & Grau für ihr Feedback und dafür, dass sie sich auf der anderen Seite des Atlantiks um alles kümmert.

All meinen Verlegern auf allen Kontinenten (einzige Ausnahme: die Antarktis) für ihr Vertrauen, für ihr Engagement und für ihre professionelle Arbeit.

Meinem Forschungsassistenten Idan Sherer, der alles nachgeprüft hat, von antiken Synagogen bis zu künstlicher Intelligenz.

Shmuel Rosner für seine unermüdliche Unterstützung und seine Ratschläge.

Yigal Borochovsky und Sarai Aharoni, die das Manuskript gelesen und viel Zeit und Mühe darauf verwendet haben, meine Fehler zu korrigieren und mir die Dinge aus einer anderen Perspektive nahe zu bringen.

Danny Orbach, Uri Sabach, Yoram Yovell und Ron Merom für die Einblicke, die sie mir in Kamikaze, Überwachung, Psychologie und Algorithmen gewährten.

Meinen engagierten Mitarbeitern – Ido Ayal, Maya Orbach, Naama Wartenburg und Eilona Ariel –, die meinetwegen viele Tage in der E-Mail-Hölle zugebracht haben.

All meinen Freunden und Familienangehörigen für ihre Geduld und ihre Liebe.

Meiner Mutter Pnina und meiner Schwiegermutter Hannah dafür, dass sie mir ihre Zeit und ihre Erfahrung schenkten.

Meinem Mann und Manager Itzik, ohne den das alles nichts geworden wäre. Ich weiß nur, wie man Bücher schreibt. Er kümmert sich um alles andere.

Und schließlich all meinen Leserinnen und Lesern für ihr Interesse, ihre Zeit und ihre Kommentare. Wenn ein Buch nur im Regal steht und niemand es liest, gibt es dann einen Ton von sich?

***

Wie in der Einleitung bereits erwähnt, ist dieses Buch im Gespräch mit dem Publikum entstanden. Viele Kapitel wurden verfasst als Antwort auf Fragen, die mir Leser, Journalisten und Kollegen stellten. Frühere Versionen einiger Abschnitte wurden zuvor als Aufsätze oder Artikel veröffentlicht, was mir die Gelegenheit verschaffte, Reaktionen aufzugreifen und meine Argumentation zu schärfen. Dazu gehören folgende Texte:

If We Know Meat Is Murder, Why Is It So Hard For Us to Change and Become Moral?, in: *Haaretz*, 21. Juni 2012.

The Theatre of Terror, in: *Guardian*, 31. Januar 2015.
Judaism Is Not a Major Player in the History of Humankind, in: *Haaretz*, 31. Juli 2016.
Yuval Noah Harari on Big Data, Google and the End of Free Will, FT.com, 26. August 2016.
Isis is as much an offshoot of our global civilisation as Google, in: *Guardian*, 9. September 2016.
Salvation by Algorithm: God, Technology and New 21st Century Religion, in: *New Statesman*, 9. September 2016.
Does Trump's Rise Mean Liberalism's End?, in: *New Yorker*, 7. Oktober 2016.
Yuval Noah Harari Challenges the Future According to Facebook, in: *Financial Times*, 23. März 2017.
Humankind: The Post-Truth Species, Bloomberg.com, 13. April 2017.
People Have Limited Knowledge. What's the Remedy? Nobody Knows, in: *New York Times*, 18. April 2017.
The Meaning of Life in a World Without Work, in: *Guardian*, 8. Mai 2017.
In Big Data vs. Bach, Computers Might Win, in: *Bloomberg View*, 13. Mai 2017.
Are We About to Witness the Most Unequal Societies in History?, in: *Guardian*, 24. Mai 2017.
Universal Basic Income is Neither Universal Nor Basic, in: *Bloomberg View*, 4. Juni 2017.
Why It's No Longer Possible For Any Country to Win a War, Time.com, 23. Juni 2017.
The Age of Disorder: Why Technology is the Greatest Threat to Humankind, in: *New Statesman*, 25. Juli 2017.
Reboot for the AI Revolution, in: *Nature News*, 17. Oktober 2017.

Anmerkungen

1. Desillusionierung

1 Siehe beispielsweise die Antrittsrede von George W. Bush zu seiner zweiten Amtszeit 2005, in der er sagte: «Die Ereignisse und unser gesunder Menschenverstand lassen eine Schlussfolgerung zu: Das Überleben der Freiheit in unserem Land hängt immer mehr vom Erfolg der Freiheit in anderen Ländern ab. Die beste Hoffnung für Frieden in unserer Welt liegt in der Ausbreitung von Freiheit überall in der Welt.» Im Wortlaut: Die Antrittsrede von George W. Bush, in: *FAZ*, 21. Januar 2005, http://www.faz.net/aktuell/politik/dokumentation-im-wortlaut-die-antrittsrede-von-george-w-bush-1208479.html (aufgerufen am 5. März 2018). Zu Obama siehe etwa seine letzte Rede vor den Vereinten Nationen: Katie Reilly, Read Barack Obama's Final Speech to the United Nations as President, in: *Time*, 20. September 2016, http://time.com/4501910/president-obama-united-nations-speech-transcript/ (aufgerufen am 3. Dezember 2017).

2 William Neikirk und David S. Cloud, Clinton: Abuses Put China «On Wrong Side of History», in: *Chicago Tribune*, 30. Oktober 1997, http://articles.chicagotribune.com/1997-10-30/news/9710300304_1_human-rights-jiang-zemin-chinese-leader (aufgerufen am 3. Dezember 2017).

3 Eric Bradner, Hillary Clinton's Email Controversy, Explained, CNN, 28. Oktober 2016, http://edition.cnn.com/2015/09/03/politics/hillary-clinton-email-controversy-explained-2016/index.html (aufgerufen am 3. Dezember 2017).

4 Chris Graham und Robert Midgley, Mexico Border Wall: What is Donald Trump Planning, How Much Will It Cost and Who Will Pay for It?, in: *Telegraph*, 23. August 2017, http://www.telegraph.co.uk/news/0/mexico-border-wall-donald-trump-planning-much-will-cost-will/ (aufgerufen am 3. Dezember 2017); Michael Schuman, Is China Stealing Jobs? It May Be Losing Them, Instead, in: *New York Times*, 22. Juli 2016, https://www.nytimes.com/2016/07/23/business/international/china-jobs-donald-trump.html (aufgerufen am 3. Dezember 2017).

5 Zu verschiedenen Beispielen aus dem 19. und frühen 20. Jahrhundert siehe Evgeny Dobrenko und Eric Naiman (Hg.), *The Landscape of Stalinism: The Art and Ideology of Soviet Space* (Seattle: University of Washington Press, 2003); W. L. Guttsman, *Art for the Workers: Ideology and the Visual Arts in Weimar Germany* (New York: Manchester University Press, 1997). Eine allgemeine Darstellung bietet zum Beispiel Nicholas John Cull, *Propaganda and Mass Persuasion: A Historical Encyclopedia, 1500 to the Present* (Santa Barbara: ABC-CLIO, 2003).

6 Zu dieser Interpretation siehe Ishaan Tharoor, Brexit: A modern-day Peasants' Revolt?, in: *Washington Post*, 25. Juni 2016, https://www.washingtonpost.com/news/worldviews/wp/2016/06/25/the-brexit-a-modern-day-peasants-revolt/?utm_term=.9b8e81bd5306; John Curtice, US election 2016: The Trump–Brexit voter revolt, BBC, 11. November 2016, http://www.bbc.com/news/election-us-2016–37943072.

7 Am berühmtesten ist davon nach wie vor Francis Fukuyama, *Das Ende der Geschichte. Wo stehen wir?*, übers. von Helmut Dierlamm (München: Kindler, 1992).

8 Karen Dawisha, *Putin's Kleptocracy* (New York: Simon and Schuster, 2014); Timothy Snyder, *Der Weg in die Unfreiheit. Russland – Europa – Amerika*, übers. von Ulla Höber und Werner Roller (München: C.H. Beck, 2018); Anne Garrels, *Putin Country: A Journey Into the Real Russia* (New York: Farrar, Straus and Giroux, 2016); Steven Lee Myers, *Putin – der neue Zar. Seine Politik – Sein Russland*, übers. von Henning Dedekind und Norbert Juraschitz (Zürich: Orell Füssli, 2016).

9 Credit Suisse, *Global Wealth Report 2015*, S. 53, https://publications.credit-suisse.com/tasks/render/file/?fileID=F2425415-DCA7-80B8-EAD989AF9341D47E (aufgerufen am 12. März 2018); Filip Novokmet, Thomas Piketty und Gabriel Zucman, From Soviets to Oligarchs: Inequality and Property in Russia 1905–2016, Juli 2017, *World Wealth and Income Database*, http://www.piketty.pse.ens.fr/files/NPZ2017WIDworld.pdf (aufgerufen am 12. März 2018); Shaun Walker, Unequal Russia, in: *The Guardian*, 25. April 2017, https://www.theguardian.com/inequality/2017/apr/25/unequal-russia-is-anger-stirring-in-the-global-capital-of-inequality (aufgerufen am 12. März 2018).

10 Ayelet Shani, The Israelis Who Take Rebuilding the Third Temple Very Seriously, in: *Haaretz*, 10. August 2017, https://www.haaretz.com/israel-news/.premium-1.805977 (aufgerufen am 7. Januar 2018); Israeli Minister: We Should Rebuild Jerusalem Temple, in: *Israel Today*, 7. Juli 2013, http://www.israeltoday.co.il/Default.aspx?tabid=178&nid=23964 (aufgerufen am 7. Januar 2018); Yuri Yanover, Dep. Minister Hotovely: The Solution Is Greater Israel without Gaza, in: *Jewish Press*, 25. August 2013, http://www.jewishpress.com/news/breaking-news/dep-minister-hotovely-the-solution-is-greater-israel-without-gaza/2013/08/25/ (aufgerufen am 7. Januar 2018); Israeli Minister: The Bible Says West Bank Is Ours, Al Jazeera, 24. Februar 2017, http://www.aljazeera.com/programmes/upfront/2017/02/israeli-minister-bible-west-bank-170224082827910.html (aufgerufen am 29. Januar 2018).

11 Reilly, Read Barack Obama's Final Speech to the United Nations as President, a. a. O.

2. Arbeit

1 Gregory R. Woirol, *The Technological Unemployment and Structural Unemployment Debates* (Westport: Greenwood Press, 1996), S. 18–20; Amy Sue Bix, *Inventing Ourselves out of Jobs? America's Debate over Technological Unemployment, 1929–1981* (Baltimore: Johns Hopkins University Press, 2000), S. 1–8; Joel Mokyr, Chris Vickers und Nicolas L. Ziebarth, The History of Technological Anxiety and the Future of Economic Growth: Is This Time Different?, in: *Journal of Economic Perspectives* 29, Nr. 3 (2015), S. 33–42; Joe Mokyr, *The Gifts of Athena: Historical Origins of the Knowledge Economy* (Princeton: Princeton University Press, 2002), S. 255–257; David H. Autor, Why Are There Still So Many Jobs? The History and the Future of Workplace Automation, in: *Journal of Economic Perspectives* 29, Nr. 3 (2015), S. 3–30; Melanie Arntz, Terry Gregory und Ulrich Zierahn, The Risk of Automation for Jobs in OECD Countries, *OECD Social, Employment and Migration Working Papers* 89 (2016); Mariacristina Piva und Marco Vivarelli, Technological Change and Employment: Were Ricardo and Marx Right?, *IZA Institute of Labor Economics, Discussion Paper No. 10471* (2017).

2 Siehe beispielsweise zu künstlicher Intelligenz, die Menschen bei der Flugsimulation (vor allem im Bereich der Kampfflugzeuge) überlegen ist: Nicholas Ernest et al., Genetic Fuzzy

based Artificial Intelligence for Unmanned Combat Aerial Vehicle Control in Simulated Air Combat Missions, in: *Journal of Defense Management* 6, Nr. 1 (2016), S. 1–7; zu intelligenten Lern- und Lehrsystemen: Kurt VanLehn, The Relative Effectiveness of Human Tutoring, Intelligent Tutoring Systems, and Other Tutoring Systems, in: *Educational Psychologist* 46, Nr. 4 (2011), S. 197–221; zu algorithmischem Handel: Giuseppe Nuti et al., Algorithmic Trading, in: *Computer* 44, Nr. 11 (2011), S. 61–69; zu Finanzplanung, Portfolioverwaltung usw.: Arash Baharammirzaee, A comparative Survey of Artificial Intelligence Applications in Finance: Artificial Neural Networks, Expert System and Hybrid Intelligent Systems, in: *Neural Computing and Applications* 19, Nr. 8 (2010), S. 1165–1195; zur Analyse komplexer Daten in medizinischen Systemen und zur Erstellung von Diagnose und Behandlung: Marjorie Glass Zauderer et al., Piloting IBM Watson Oncology within Memorial Sloan Kettering's Regional Network, in: *Journal of Clinical Oncology* 32, Nr. 15 (2014), e17653; zur Erstellung von Originaltexten in natürlicher Sprache aus Unmengen an Daten: Jean-Sébastien Vayre et al., Communication Mediated through Natural Language Generation in Big Data Environments: The Case of Nomao, in: *Journal of Computer and Communication* 5 (2017), S. 125–148; zur Gesichtserkennung: Florian Schroff, Dmitry Kalenichenko und James Philbin, FaceNet: A Unified Embedding for Face Recognition and Clustering, *IEEE Conference on Computer Vision and Pattern Recognition (CVPR)* (2015), S. 815–823; und zum Fahren: Cristiano Premebida, A Lidar and Vision-based Approach for Pedestrian and Vehicle Detection and Tracking, *2007 IEEE Intelligent Transportation Systems Conference* (2007).

3 Daniel Kahneman, *Schnelles Denken, langsames Denken*, übers. von Thorsten Schmidt (München: Siedler, 2012); Dan Ariely, *Denken hilft zwar, nützt aber nichts. Warum wir immer wieder unvernünftige Entscheidungen treffen*, übers. von Maria Zybak und Gabriele Gockel (München: Knaur, 2008); Brian D. Ripley, *Pattern Recognition and Neural Networks* (Cambridge: Cambridge University Press, 2007); Christopher M. Bishop, *Pattern Recognition and Machine Learning* (New York: Springer, 2007).

4 Seyed Azimi et al., Vehicular Networks for Collision Avoidance at Intersections, in: *SAE International Journal of Passenger Cars – Mechanical Systems* 4 (2011), S. 406–416; Swarun Kumar et al., CarSpeak: A Content-Centric Network for Autonomous Driving, in: *SIGCOM Computer Communication Review* 42 (2012), S. 259–270; Mihail L. Sichitiu und Maria Kihl, Inter-Vehicle Communication Systems: A Survey, in: *IEEE Communications Surveys & Tutorials* (2008), S. 10; Mario Gerla, Eun-Kyu Lee und Giovanni Pau, Internet of Vehicles: From Intelligent Grid to Autonomous Cars and Vehicular Clouds, *2014 IEEE World Forum on Internet of Things (WF-IoT)* (2014), S. 241–246.

5 David D. Luxton et al., mHealth for Mental Health: Integrating Smartphone Technology in Behavioural Healthcare, in: *Professional Psychology: Research and Practice* 42, Nr. 6 (2011), S. 505–512; Abu Saleh Mohammad Mosa, Illhoi Yoo und Lincoln Sheets, A Systematic Review of Healthcare Application for Smartphones, in: *BMC Medical Informatics and Decision Making* 12, Nr. 1 (2012), S. 67; Karl Frederick Braekkan Payne, Heather Wharrad und Kim Watts, Smartphone and Medical Related App Use among Medical Students and Junior Doctors in the United Kingdom (UK): A Regional Survey, in: *BMC Medical Informatics and Decision Making* 12, Nr. 1 (2012), S. 121; Sandeep Kumar Vashist, E. Marion Schneider und John H. T. Loung, Commercial Smartphone-Based Devices and Smart Applications for Personalised Healthcare Monitoring and Management, in: *Diagnostics* 4, Nr. 3 (2014), S. 104–128; Maged N. Kamel Bouls et al., How Smartphones Are Changing

the Face of Mobile and Participatory Healthcare: An Overview, with Example from eCAALYX, in: *BioMedical Engineering OnLine* 10, Nr. 24 (2011), https://doi.org/10.1186/1475-925X-10-24 (aufgerufen am 30. Juli 2017); Paul J. F. White, Blake W. Podaima und Marcia R. Friesen, Algorithms for Smartphone and Tablet Image Analysis for Healthcare Applications, in: *IEEE Access* 2 (2014), S. 831–840.

6 World Health Organization, *Global status report on road safety 2015* (2016); Estimates for 2000–2015, Cause-Specific Mortality, http://www.who.int/healthinfo/global_burden_disease/estimates/en/index1.html (aufgerufen am 6. September 2017).

7 Zu den Ursachen von Verkehrsunfällen in den USA siehe Daniel J. Fagnant und Kara Kockelman, Preparing a Nation for Autonomous Vehicles: Opportunities, Barriers and Policy Recommendations, in: *Transportation Research Part A: Policy and Practice* 77 (2015), S. 167–181; einen allgemeinen Überbick über die weltweite Situation bietet beispielsweise: *OECD/ITF, Road Safety Annual Report 2016* (Paris: OECD Publishing, 2016), http://dx.doi.org/10.1787/irtad-2016-en.

8 Kristofer D. Kusano und Hampton C. Gabler, Safety Benefits of Forward Collision Warning, Brake Assist, and Autonomous Braking Systems in Rear-End Collisions, in: *IEEE Transactions on Intelligent Transportation Systems* 13, Nr. 4 (2012), S. 1546–1555; James M. Anderson et al., *Autonomous Vehicle Technology: A Guide for Policymakers* (Santa Monica: RAND Corporation, 2014), insb. S. 13–15; Daniel J. Fagnant und Kara Kockelman, Preparing a Nation for Autonomous Vehicles: Opportunities, Barriers and Policy Recommendations, in: *Transportation Research Part A: Policy and Practice* 77 (2015), S. 167–181; Jean-Francois Bonnefon, Azim Shariff und Iyad Rahwan, Autonomous Vehicles Need Experimental Ethics: Are We Ready for Utilitarian Cars?, in: *arXiv* (2015), S. 1–15. Zu Vorschlägen, wie vernetzte Fahrzeuge Unfälle verhindern können, siehe Seyed R. Azimi et al., Vehicular Networks for Collision Avoidance at Intersections, in: *SAE International Journal of Passenger Cars – Mechanical Systems* 4, Nr. 1 (2011), S. 406–116; Swarun Kumar et al., CarSpeak: A Content-Centric Network for Autonomous Driving, in: *SIGCOM Computer Communication Review* 42, Nr. 4 (2012), S. 259–270; Mihail L. Sichitiu und Maria Kihl, Inter-Vehicle Communication Systems: A Survey,in: *IEEE Communications Surveys & Tutorials* 10, Nr. 2 (2008); Mario Gerla et al., Internet of Vehicles: From Intelligent Grid to Autonomous Cars and Vehicular Clouds, in: *2014 IEEE World Forum on Internet of Things (WF-IoT)* (2014), S. 241–246.

9 Michael Chui, James Manyika und Mehdi Miremadi, Where Machines Could Replace Humans – and Where They Can't (Yet), in: *McKinsey Quarterly* (2016), http://www.mckinsey.com/business-functions/digital-mckinsey/our-insights/where-machines-could-replace-humans-and-where-they-cant-yet (aufgerufen am 1. März 2018).

10 Wu Youyou, Michal Kosinski und David Stillwell, Computer-based personality judgments are more accurate than those made by humans, in: *PANS* 112 (2014), S. 1036–1038.

11 Stuart Dredge, AI and music: will we be slaves to the algorithm?, in: *The Guardian*, 6. August 2017, https://www.theguardian.com/technology/2017/aug/06/artificial-intelligence-and-will-we-be-slaves-to-the-algorithm (aufgerufen am 15. Oktober 2017). Einen allgemeinen Überblick über die Verfahren bieten Jose David Fernández und Francisco Vico, AI Methods in Algorithmic Composition: A Comprehensive Survey, in: *Journal of Artificial Intelligence Research* 48 (2013), S. 513–582.

12 Eric Topol, *The Patient Will See You Now: The Future of Medicine is in Your Hands* (New York: Basic Books, 2015); Robert Wachter, *The Digital Doctor: Hope, Hype and Harm at the*

Dawn of Medicine's Computer Age (New York: McGraw-Hill Education, 2015); Simon Parkin, The Artificially Intelligent Doctor Will Hear You Now, in: *MIT Technology Review* (2016), https://www.technologyreview.com/s/600868/the-artificially-intelligent-doctor-will-hear-you-now/; James Gallagher, Artificial intelligence «as good as cancer doctors», BBC, 26. Januar 2017, http://www.bbc.com/news/health-38717928.

13 Kate Brannen, Air Force's lack of drone pilots reaching «crisis» levels, in: *Foreign Policy*, 15. Januar 2015, http://foreignpolicy.com/2015/01/15/air-forces-lack-of-drone-pilots-reaching-crisis-levels/.

14 Tyler Cowen, *Average is Over: Powering America Beyond the Age of the Great Stagnation* (New York: Dutton, 2013); Brad Bush, How combined human and computer intelligence will redefine jobs, in: *TechCrunch* (2016), https://techcrunch.com/2016/11/01/how-combined-human-and-computer-intelligence-will-redefine-jobs/.

15 Ulrich Raulff, *Das letzte Jahrhundert der Pferde. Geschichte einer Trennung* (München: C.H. Beck, 2016); Gregory Clark, *A Farewell to Alms: A Brief Economic History of the World* (Princeton: Princeton University Press, 2008), S. 286; Margo DeMello, *Animals and Society: An Introduction to Human-Animal Studies* (New York: Columbia University Press, 2012), S. 197; Clay McShane und Joel Tarr, The Decline of the Urban Horse in American Cities, in: *Journal of Transport History* 24, Nr. 2 (2003), S. 177–198.

16 Lawrence F. Katz und Alan B. Krueger, The Rise and Nature of Alternative Work Arrangements in the United States, 1995–2015, in: *National Bureau of Economic Research* (2016); Peter H. Cappelli und J. R. Keller, A Study of the Extent and Potential Causes of Alternative Employment Arrangements, in: *ILR Review* 66, Nr. 4 (2013), S. 874–901; Gretchen M. Spreitzer, Lindsey Cameron und Lyndon Garrett, Alternative Work Arrangements: Two Images of the New World of Work, in: *Annual Review of Organizational Psychology and Organizational Behavior* 4 (2017), S. 473–499; Sarah A. Donovan, David H. Bradley und Jon O. Shimabukuru, What Does the Gig Economy Mean for Workers?, Washington DC: Congressional Research Service (2016), https://fas.org/sgp/crs/misc/R44365.pdf (aufgerufen am 11. Februar 2018); More Workers Are in Alternative Employment Arrangements, Pew Research Center, 28. September 2016, http://www.pewsocialtrends.org/2016/10/06/the-state-of-american-jobs/st_2016-10-06_jobs-26/ (aufgerufen am 11. Februar 2018).

17 David Ferrucci et al., Watson: Beyond *Jeopardy!*, in: *Artificial Intelligence* 199–200 (2013), S. 93–105.

18 Google's AlphaZero Destroys Stockfish in 100-Game Match, Chess.com, 6. Dezember 2017, https://www.chess.com/news/view/google-s-alphazero-destroys-stockfish-in-100-game-match (aufgerufen am 11. Februar 2018); David Silver et al., Mastering Chess and Shogi by Self-Play with a General Reinforcement Learning Algorithm, in: *arXiv* (2017), https://arxiv.org/pdf/1712.01815.pdf (aufgerufen am 2. Februar 2018); siehe auch Sarah Knapton, Entire Human Chess Knowledge Learned and Surpassed by DeepMind's AlphaZero in Four Hours, in: *Telegraph*, 6. Dezember 2017, http://www.telegraph.co.uk/science/2017/12/06/entire-human-chess-knowledge-learned-surpassed-deepminds-alphazero/ (aufgerufen am 11. Februar 2018).

19 Cowen, *Average is Over*, a. a. O.; Tyler Cowen, What are humans still good for? The turning point in freestyle chess may be approaching (2013), http://marginalrevolution.com/marginalrevolution/2013/11/what-are-humans-still-good-for-the-turning-point-in-freestyle-chess-may-be-approaching.html.

20 Maddalaine Ansell, Jobs for Life Are a Thing of the Past. Bring On Lifelong Learning, in: *The Guardian*, 31. Mai 2016, https://www.theguardian.com/higher-education-network/2016/may/31/jobs-for-life-are-a-thing-of-the-past-bring-on-lifelong-learning.

21 Alex Williams, Prozac Nation Is Now the United States of Xanax, in: *New York Times*, 10. Juni 2017, https://www.nytimes.com/2017/06/10/style/anxiety-is-the-new-depression-xanax.html.

22 Simon Rippon, Imposing Options on People in Poverty: The Harm of a Live Donor Organ Market, in: *Journal of Medical Ethics* 40 (2014), S. 145–150; I. Glenn Cohen, Regulating the Organ Market: Normative Foundations for Market Regulation, in: *Law and Contemporary Problems* 77 (2014); Alexandra K. Glazier, The Principles of Gift Law and the Regulation of Organ Donation, in: *Transplant International* 24 (2011), S. 368–372; Megan McAndrews und Walter E. Block, Legalizing Saving Lives: A Proposition for the Organ Market, in: *Insights to A Changing World Journal 2015*, S. 1–17.

23 James J. Hughes, A Strategic Opening for a Basic Income Guarantee in the Global Crisis Being Created by AI, Robots, Desktop Manufacturing and BioMedicine, in: *Journal of Evolution & Technology* 24 (2014), S. 45–61; Alan Cottey, Technologies, Culture, Work, Basic Income and Maximum Income, *AI & Society* 29 (2014), S. 249–257.

24 Jon Henley, Finland Trials Basic Income for Unemployed, in: *The Guardian*, 3. Januar 2017, https://www.theguardian.com/world/2017/jan/03/finland-trials-basic-income-for-unemployed (aufgerufen am 1. März 2018).

25 Swiss Voters Reject Proposal to Give Basic Income to Every Adult and Child, in: *The Guardian*, 5. Juni 2017, https://www.theguardian.com/world/2016/jun/05/swiss-vote-give-basic-income-every-adult-child-marxist-dream.

26 Isabel Hunter, Crammed into squalid factories to produce clothes for the West on just 20p a day, the children forced to work in horrific unregulated workshops of Bangladesh, in: *Daily Mail*, 1. Dezember 2015, http://www.dailymail.co.uk/news/article-3339578/Crammed-squalid-factories-produce-clothes-West-just-20p-day-children-forced-work-horrific-unregulated-workshops-Bangladesh.html (aufgerufen am 15. Oktober 2017); Chris Walker und Morgan Hartley, The Culture Shock of India's Call Centers, in: *Forbes*, 16. Dezember 2012, https://www.forbes.com/sites/morganhartley/2012/12/16/the-culture-shock-of-indias-call-centres/#17bb61d372f5 (aufgerufen am 15. Oktober 2017).

27 Klaus Schwab und Nicholas Davis, *Shaping the Fourth Industrial Revolution* (Davos: World Economic Forum, 2018), S. 54; Klaus Schwab, *Die Vierte Industrielle Revolution*, übers. von Petra Pyka und Thorsten Schmidt (München: Pantheon, 2017), S. 71–73. Zu langfristigen Entwicklungsstrategien siehe Ha-Joon Chang, *Kicking Away the Ladder: Development Strategy in Historical Perspective* (London: Anthem Press, 2003).

28 Lauren Gambini, Trump Pans Immigration Proposal as Bringing People from «Shithole Countries», in: *The Guardian*, 12. Januar 2018, https://www.theguardian.com/us-news/2018/jan/11/trump-pans-immigration-proposal-as-bringing-people-from-shithole-countries (aufgerufen am 11. Februar 2018).

29 Zur Vorstellung, eine absolute Verbesserung der Situation könnte mit einem Anstieg relativer Ungleichheit einhergehen, siehe insbesondere Thomas Piketty, *Das Kapital im 21. Jahrhundert*, übers. von Ilse Utz und Stefan Lorenzer (München: C.H. Beck, 2016).

30 2017 Statistical Report on Ultra-Orthodox Society in Israel, *Israel Democracy Institute* and *Jerusalem Institute for Israel Studies* (2017), https://en.idi.org.il/articles/20439 (aufgerufen am 1. Januar 2018); Melanie Lidman, As ultra-Orthodox women bring home the bacon,

don't say the F-word, in: *Times of Israel*, 1. Januar 2016, https://www.timesofisrael.com/as-ultra-orthodox-women-bring-home-the-bacon-dont-say-the-f-word/ (aufgerufen am 15. Oktober 2017).

31 Lidman, As ultra-Orthodox women bring home the bacon, don't say the F-word, a. a. O. (aufgerufen am 15. Oktober 2017); Statistical Report on Ultra-Orthodox Society in Israel, *Israel Democracy Institute* and *Jerusalem Institute for Israel Studies* 18 (2016), https://en.idi.org.il/media/4240/shnaton-e_8-9-16_web.pdf (aufgerufen am 15. Oktober 2017). Was das Glücksempfinden angeht, so rangierte Israel jüngst laut dem Lebenszufriedenheitsindex der OECD auf Platz 11 von 38 Ländern: Life Satisfaction, *OECD Better Life Index*, http://www.oecdbetterlifeindex.org/topics/life-satisfaction/ (aufgerufen am 15. Oktober 2017).

32 2017 Statistical Report on Ultra-Orthodox Society in Israel, a. a. O. (aufgerufen am 1. Januar 2018).

3. Freiheit

1 Margaret Thatcher, Interview for *Woman's Own*, Margaret Thatcher Foundation, 23. September 1987, https://www.margaretthatcher.org/document/106689 (aufgerufen am 7. Januar 2018).

2 Keith Stanovich, *Who Is Rational? Studies of Individual Differences in Reasoning* (New York: Psychology Press, 1999).

3 Richard Dawkins, We Need a New Party – the European Party, in: *New Statesman*, 29. März 2017, https://www.newstatesman.com/politics/uk/2017/03/richard-dawkins-we-need-new-party-european-party (aufgerufen am 1. März 2018).

4 Steven Swinford, Boris Johnson's allies accuse Michael Gove of «systematic and calculated plot» to destroy his leadership hopes, in: *Telegraph*, 30. Juni 2016, http://www.telegraph.co.uk/news/2016/06/30/boris-johnsons-allies-accuse-michael-gove-of-systematic-and-calc/ (aufgerufen am 3. September 2017); Rowena Mason und Heather Stewart, Gove's thunderbolt and Boris's breaking point: a shocking Tory morning, in: *The Guardian*, 30. Juni 2016, https://www.theguardian.com/politics/2016/jun/30/goves-thunderbolt-boris-johnson-tory-morning (aufgerufen am 3. September 2017).

5 James Tapsfield, Gove presents himself as the integrity candidate for Downing Street job but sticks the knife into Boris AGAIN, in: *Daily Mail*, 1. Juli 2016, http://www.dailymail.co.uk/news/article-3669702/I-m-not-great-heart-s-right-place-Gove-makes-bizarre-pitch-Downing-Street-admitting-no-charisma-doesn-t-really-want-job.html (aufgerufen am 3. September 2017).

6 2017 entwickelte ein Forscherteam aus Stanford einen Algorithmus, der angeblich mit einer Genauigkeit von 91 Prozent herausfinden kann, ob jemand schwul oder hetero ist, indem er lediglich ein paar Gesichtsaufnahmen der betreffenden Person analysiert (https://osf.io/zn79k/). Da der Algorithmus allerdings auf der Basis von Bildern entwickelt wurde, die Menschen selbst auswählten und auf Datingwebseiten hochluden, könnte es gut sein, dass der Algorithmus lediglich Unterschiede bei den kulturellen Idealen feststellte. Es bedeutet nicht, dass sich die Gesichtsmerkmale von Schwulen zwangsläufig von denen Heterosexueller unterscheiden. Vielmehr versuchen Schwule, die Fotos auf eine Datingseite für Schwule stellten, anderen kulturellen Idealen zu entsprechen als heterosexuelle Männer, die Fotos auf einer Datingseite für Heteros hochluden.

7 David Chan, So Why Ask Me? Are Self-Report Data Really That Bad?, in: Charles E.

Lance und Robert J. Vandenberg (Hg.), *Statistical and Methodological Myths and Urban Legends* (New York, London: Routledge, 2009), S. 309–336; Delroy L. Paulhus und Simine Vazire, The Self-Report Method, in: Richard W. Robins, R. Chris Farley und Robert F. Krueger (Hg.), *Handbook of Research Methods in Personality Psychology* (London, New York: The Guilford Press, 2007), S. 228–233.

8 Elizabeth Dwoskin und Evelyn M. Rusli, The Technology that Unmasks Your Hidden Emotions, in: *Wall Street Journal*, 28. Januar 2015, https://www.wsj.com/articles/startups-see-your-face-unmask-your-emotions-1422472398 (aufgerufen am 6. September 2017).

9 Norberto Andrade, Computers Are Getting Better Than Humans at Facial Recognition, in: *The Atlantic*, 9. Juni 2014, https://www.theatlantic.com/technology/archive/2014/06/bad-news-computers-are-getting-better-than-we-are-at-facial-recognition/372377/ (aufgerufen am 10. Dezember 2017); Elizabeth Dwoskin und Evelun M. Rusli, The Technology That Unmasks Your Hidden Emotions, in: *Wall Street Journal*, 28. Juni 2015, https://www.wsj.com/articles/startups-see-your-face-unmask-your-emotions-1422472398 (aufgerufen am 10. Dezember 2017); Sophie K. Scott, Nadine Lavan, Sinead Chen und Carolyn McGettigan, The Social Life of Laughter, in: *Trends in Cognitive Sciences* 18, Nr. 12 (2014), S. 618–620.

10 Daniel First, Will big data algorithms dismantle the foundations of liberalism?, *AI & Soc*, 10.1007/s00146-017-0733-4.

11 Carole Cadwalladr, Google, Democracy and the Truth about Internet Search, in: *The Guardian*, 4. Dezember 2016, https://www.theguardian.com/technology/2016/dec/04/google-democracy-truth-internet-search-facebook (aufgerufen am 6. September 2017).

12 Jeff Freak und Shannon Holloway, How Not to Get to Straddie, in: *Red Land City Bulletin*, 15. März 2012, http://www.redlandcitybulletin.com.au/story/104929/how-not-to-get-to-straddie/ (aufgerufen am 1. März 2018).

13 Michelle McQuigge, Woman Follows GPS; Ends Up in Ontario Lake, in: *Toronto Sun*, 13. Mai 2016, http://torontosun.com/2016/05/13/woman-follows-gps-ends-up-in-ontario-lake/wcm/fddda6d6-6b6e-41c7-88e8-aecc501faaa5 (aufgerufen am 1. März 2018); Woman Follows GPS into Lake, News.com.au, 16. Mai 2016, http://www.news.com.au/technology/gadgets/woman-follows-gps-into-lake/news-story/a7d362dfc4634fd094651afc63f853a1 (aufgerufen am 1. März 2018).

14 Henry Grabar, Navigation Apps Are Killing Our Sense of Direction. What if They Could Help Us Remember Places Instead?, in: *Slate*, http://www.slate.com/blogs/moneybox/2017/07/10/google_and_waze_are_killing_out_sense_of_direction_what_if_they_could_help.html (aufgerufen am 6. September 2017).

15 Joel Delman, Are Amazon, Netflix, Google Making Too Many Decisions For Us?, in: *Forbes*, 24. November 2010, https://www.forbes.com/2010/11/24/amazon-netflix-google-technology-cio-network-decisions.html (aufgerufen am 6. September 2017); Cecilia Mazanec, Will Algorithms Erode Our Decision-Making Skills?, NPR, 8. Februar 2017, http://www.npr.org/sections/alltechconsidered/2017/02/08/514120713/will-algorithms-erode-our-decision-making-skills (aufgerufen am 6. September 2017).

16 Jean-François Bonnefon, Azim Shariff und Iyad Rawhan, The Social Dilemma of Autonomous Vehicles, in: *Science* 352, Nr. 6293 (2016), S. 1573–1576.

17 Christopher W. Bauman et al., Revisiting External Validity: Concerns about Trolley Problems and Other Sacrificial Dilemmas in Moral Psychology, in: *Social and Personality Psychology Compass* 8, Nr. 9 (2014), S. 536–554.

18 John M. Darley und Daniel C. Batson, «From Jerusalem to Jericho»: A Study of Situational and Dispositional Variables in Helping Behavior, in: *Journal of Personality and Social Psychology* 27, Nr. 1 (1973), S. 100–108.

19 Kristofer D. Kusano und Hampton C. Gabler, Safety Benefits of Forward Collision Warning, Brake Assist, and Autonomous Braking Systems in Rear-End Collisions, in: *IEEE Transactions on Intelligent Transportation Systems* 13, Nr. 4 (2012), S. 1546–1555; James M. Anderson et al., *Autonomous Vehicle Technology: A Guide for Policymakers* (Santa Monica: RAND Corporation, 2014), insb. S. 13–15; Daniel J. Fagnant und Kara Kockelman, Preparing a Nation for Autonomous Vehicles: Opportunities, Barriers and Policy Recommendations, in: *Transportation Research Part A: Policy and Practice* 77 (2015), S. 167–181.

20 Tim Adams, Job Hunting Is a Matter of Big Data, Not How You Perform at an Interview, in: *The Guardian*, 10. Mai 2014, https://www.theguardian.com/technology/2014/may/10/job-hunting-big-data-interview-algorithms-employees (aufgerufen am 6. September 2017).

21 Eine äußerst aufschlussreiche Darstellung bietet Cathy O'Neil, *Angriff der Algorithmen. Wie sie Wahlen manipulieren, Berufschancen zerstören und unsere Gesundheit gefährden*, übers. von Karsten Petersen (München: Hanser, 2017). Dieses Buch ist Pflichtlektüre für jeden, der sich für die potenziellen Auswirkungen von Algorithmen auf Gesellschaft und Politik interessiert.

22 Bonnefon, Rahwan und Shariff, The Social Dilemma of Autonomous Vehicles, a. a. O.

23 Vincent C. Müller und Thomas W. Simpson, Autonomous Killer Robots Are Probably Good News, University of Oxford, Blavatnik School of Government Policy Memo, November 2014; Ronald Arkin, *Governing Lethal Behaviour: Embedding Ethics in a Hybrid Deliberative/Reactive Robot Architecture*, Georgia Institute of Technology, Mobile Robot Lab, 2007, S. 1–13.

24 Bernd Greiner, *Krieg ohne Fronten. Die USA in Vietnam* (Hamburg: Hamburger Edition, 2009), S. 9–10, 27. Zur emotionalen Verfassung der Soldaten siehe Herbert Kelman und V. Lee Hamilton, The My Lai Massacre: A Military Crime of Obedience, in: Jodi O'Brien und David M. Newman (Hg.), *Sociology: Exploring the Architecture of Everyday Life Reading* (Los Angeles: Pine Forge Press, 2010), S. 13–25.

25 Robert J. Donia, *Radovan Karadzic: Architect of the Bosnian Genocide* (Cambridge: Cambridge University Press, 2015). Siehe auch Isabella Delpla, Xavier Bougarel und Jean-Louis Fournel, *Investigating Srebrenica: Institutions, Facts, and Responsibilities* (New York, Oxford: Berghahn Books, 2012).

26 Noel E. Sharkey, The Evitability of Autonomous Robot Warfare, in: *International Rev. Red Cross* 94 (2012), S. 787–799.

27 Ben Schiller, Algorithms Control Our Lives: Are They Benevolent Rulers or Evil Dictators?, in: *Fast Company*, 21. Februar 2017, https://www.fastcompany.com/3068167/algorithms-control-our-lives-are-they-benevolent-rulers-or-evil-dictators (aufgerufen am 17. September 2017).

28 Elia Zureik, David Lyon und Yasmeen Abu-Laban (Hg.), *Surveillance and Control in Israel/Palestine: Population, Territory and Power* (London: Routledge, 2011); Elia Zureik, *Israel's Colonial Project in Palestine* (London: Routledge, 2015); Torin Monahan (Hg.), *Surveillance and Security: Technological Politics and Power in Everyday Life* (London: Routledge, 2006); Nadera Shalhoub-Kevorkian, E-Resistance and Technological In/Security in Everyday Life: The Palestinian case, in: *British Journal of Criminology* 52, Nr. 1 (2012), S. 55–72;

Or Hirschauge und Hagar Sheizaf, Targeted Prevention: Exposing the New System for Dealing with Individual Terrorism, in: *Haaretz*, 26. Mai 2017, https://www.haaretz.co.il/magazine/.premium-1.4124379 (aufgerufen am 17. September 2017); Amos Harel, The IDF Accelerates the Crisscrossing of the West Bank with Cameras and Plans to Surveille all Junctions, in: *Haaretz*, 18. Juni 2017, https://www.haaretz.co.il/news/politics/.premium-1.4179886 (aufgerufen am 17. September 2017); Neta Alexander, This is How Israel Controls the Digital and Cellular Space in the Territories, in: *Haaretz*, 31. März 2016, https://www.haaretz.co.il/magazine/.premium-MAGAZINE-1.2899665 (aufgerufen am 12. Januar 2018); Amos Harel, Israel Arrested Hundreds of Palestinians as Suspected Terrorists Due to Publications on the Internet, in: *Haaretz*, 16. April 2017, https://www.haaretz.co.il/news/politics/.premium-1.4024578 (aufgerufen am 15. Januar 2018); Alex Fishman, The Argaman Era, in: *Yediot Aharonot, Weekend Supplement*, 28. April 2017, S. 6.

29 Yotam Berger, Police Arrested a Palestinian Based on an Erroneous Translation of «Good Morning» in His Facebook Page, in: *Haaretz*, 22. Oktober 2017, https://www.haaretz.co.il/.premium-1.4528980 (aufgerufen am 12. Januar 2018).

30 William Beik, *Louis XIV and Absolutism: A Brief Study with Documents* (Boston, MA: Bedford/St Martin's, 2000).

31 O'Neil, *Angriff der Algorithmen*, a. a. O.; Penny Crosman, Can AI Be Programmed to Make Fair Lending Decisions?, in: *American Banker*, 27. September 2016, https://www.americanbanker.com/news/can-ai-be-programmed-to-make-fair-lending-decisions (aufgerufen am 17. September 2017).

32 Matt Reynolds, Bias Test to Prevent Algorithms Discriminating Unfairly, in: *New Scientist*, 29. Mai 2017, https://www.newscientist.com/article/mg23431195–300-bias-test-to-prevent-algorithms-discriminating-unfairly/ (aufgerufen am 17. September 2017); Claire Cain Miller, When Algorithms Discriminate, in: *New York Times*, 9. Juli 2015, https://www.nytimes.com/2015/07/10/upshot/when-algorithms-discriminate.html (aufgerufen am 17. September 2017); Hannah Devlin, Discrimination by Algorithm: Scientists Devise Test to Detect AI Bias, in: *The Guardian*, 19. Dezember 2016, https://www.theguardian.com/technology/2016/dec/19/discrimination-by-algorithm-scientists-devise-test-to-detect-ai-bias (aufgerufen am 17. September 2017).

33 Timothy Snyder, *Der Weg in die Unfreiheit. Russland – Europa – Amerika*, übers. von Ulla Höber und Werner Roller (München: C.H. Beck, 2018).

34 Anna Lisa Peterson, *Being Animal: Beasts and Boundaries in Nature Ethics* (New York: Columbia University Press, 2013), S. 100.

4. Gleichheit

1 Richest 1 Percent Bagged 82 Percent of Wealth Created Last Year – Poorest Half of Humanity Got Nothing, *Oxfam*, 22. Januar 2018, https://www.oxfam.org/en/pressroom/pressreleases/2018-01-22/richest-1-percent-bagged-82-percent-wealth-created-last-year (aufgerufen am 28. Februar 2018); Josh Lowe, The 1 Percent Now Have Half the World's Wealth, in: *Newsweek*, 14. November 2017, http://www.newsweek.com/1-wealth-money-half-world-global-710714 (aufgerufen am 28. Februar 2018); Adam Withnall, All the World's Most Unequal Countries Revealed in One Chart, in: *The Independent*, 23. November 2016, http://www.independent.co.uk/news/world/politics/credit-suisse-global-wealth-world-most-unequal-countries-revealed-a7434431.html (aufgerufen am 11. März 2018).

2 Tim Wu, *The Attention Merchants* (New York: Alfred A. Knopf, 2016).
3 Cara McGoogan, How to See All the Terrifying Things Google Knows about You, in: *Telegraph*, 18. August 2017, http://www.telegraph.co.uk/technology/0/see-terrifying-things-google-knows/ (aufgerufen am 19. Oktober 2017); Caitlin Dewey, Everything Google Knows about You (and How It Knows It), in: *Washington Post*, 19. November 2014, https://www.washingtonpost.com/news/the-intersect/wp/2014/11/19/everything-google-knows-about-you-and-how-it-knows-it/?utm_term=.b81c3ce3ddd6 (aufgerufen am 19. Oktober 2017).
4 Dan Bates, YouTube Is Losing Money Even Though It Has More Than 1 Billion Viewers, in: *Daily Mail*, 26. Februar 2015, http://www.dailymail.co.uk/news/article-2970777/YouTube-roughly-breaking-nine-years-purchased-Google-billion-viewers.html (aufgerufen am 19. Oktober 2017); Olivia Solon, Google's Bad Week: YouTube Loses Millions As Advertising Row Reaches US, in: *The Guardian*, 25. März 2017, https://www.theguardian.com/technology/2017/mar/25/google-youtube-advertising-extremist-content-att-verizon (aufgerufen am 19. Oktober 2017); Seth Fiegerman, Twitter Is Now Losing Users in the US, CNN, 27. Juli 2017, http://money.cnn.com/2017/07/27/technology/business/twitter-earnings/index.html (aufgerufen am 19. Oktober 2017).

5. Gemeinschaft

1 Mark Zuckerberg, Building Global Community, 16. Februar 2017, https://www.facebook.com/notes/mark-zuckerberg/building-global-community/10154544292806634/ (aufgerufen am 20. August 2017).
2 John Shinal, Mark Zuckerberg: Facebook can play a role that churches and Little League once filled, CNBC, 26. Juni 2017, https://www.cnbc.com/2017/06/26/mark-zuckerberg-compares-facebook-to-church-little-league.html (aufgerufen am 20. August 2017).
3 http://www.cnbc.com/2017/06/26/mark-zuckerberg-compares-facebook-to-church-little-league.html; http://www.cnbc.com/2017/06/22/facebook-has-a-new-mission-following-fake-news-crisis-zuckerberg-says.html.
4 Robin Dunbar, *Klatsch und Tratsch. Wie der Mensch zur Sprache fand*, übers. von Sebastian Vogel (München: C. Bertelsmann, 1998).
5 Siehe beispielsweise Pankaj Mishra, *Das Zeitalter des Zorns. Eine Geschichte der Gegenwart*, übers. von Michael Bischoff und Laura Su Bischoff (Frankfurt a. M.: S. Fischer, 2017).
6 Ein allgemeiner kritischer Überblick findet sich bei Derek Y. Darves und Michael C. Dreiling, *Agents of Neoliberal Globalization: Corporate Networks, State Structures and Trade Policy* (Cambridge: Cambridge University Press, 2016).
7 Lisa Eadicicco, Americans Check Their Phones 8 Billion Times a Day, in: *Time*, 15. Dezember 2015, http://time.com/4147614/smartphone-usage-us-2015/ (aufgerufen am 20. August 2017); Julie Beck, Ignoring People for Phones Is the New Normal, in: *The Atlantic*, 14. Juni 2016, https://www.theatlantic.com/technology/archive/2016/06/ignoring-people-for-phones-is-the-new-normal-phubbing-study/486845/ (aufgerufen am 20. August 2017).
8 Zuckerberg, Building Global Community, a. a. O.
9 *Time Well Spent*, http://www.timewellspent.io/ (aufgerufen am 3. September 2017).
10 Zuckerberg, Building Global Community, a. a. O.
11 https://www.theguardian.com/technology/2017/oct/04/facebook-uk-corporation-tax-profit; https://www.theguardian.com/business/2017/sep/21/tech-firms-tax-eu-turn-

over-google-amazon-apple; http://www.wired.co.uk/article/facebook-apple-tax-loopholes-deals.

6. Zivilisation

1 Samuel P. Huntington, *Kampf der Kulturen. Die Neugestaltung der Weltpolitik im 21. Jahrhundert,* übers. von Holger Fliessbach (Hamburg: Europa Verlag, 1997); David Lauter und Brian Bennett, Trump Frames Anti-Terrorism Fight As a Clash of Civilizations, Defending Western Culture against Enemies, in: *Los Angeles Times,* 6. Juli 2017, http://www.latimes.com/politics/la-na-pol-trump-clash-20170706–story.html (aufgerufen am 29. Januar 2018); Naomi O'Leary, The Man Who Invented Trumpism: Geert Wilders Radical Path to the Pinnacle of Dutch Politics, in: *Politico,* 23. Februar 2017, https://www.politico.eu/article/the-man-who-invented-trumpism-geert-wilders-netherlands-pvv-vvd-populist/ (aufgerufen am 31. Januar 2018).

2 Pankaj Mishra, *Aus den Ruinen des Empires. Die Revolte gegen den Westen und der Wiederaufstieg Asiens,* übers. von Michael Bischoff (Frankfurt a. M.: S. Fischer, 2013); Pankaj Mishra, *Das Zeitalter des Zorns. Eine Geschichte der Gegenwart,* übers. von Michael Bischoff und Laura Su Bischoff (Frankfurt a. M.: S. Fischer, 2017); Christopher de Bellaigue, *Die islamische Aufklärung. Der Konflikt zwischen Glaube und Vernunft,* übers. von Michael Bischoff (Frankfurt a. M.: S. Fischer, 2018).

3 Vertrag über eine Verfassung für Europa, Präambel, Europäische Union, http://eur-lex.europa.eu/legal-content/DE/ALL/?uri=OJ:C:2004:310:TOC (aufgerufen am 16. März 2018).

4 Phoebe Greenwood, Jerusalem Mayor Battles Ultra-Orthodox Groups over Women-Free Billboards, in: *The Guardian,* 15. November 2011, https://www.theguardian.com/world/2011/nov/15/jerusalem-mayor-battle-orthodox-billboards (aufgerufen am 7. Januar 2018).

5 http://nypost.com/2015/10/01/orthodox-publications-wont-show-hillary-clintons-photo/.

6 Simon Schama, *The Story of the Jews: Finding the Words 1000 BC – 1492 AD* (New York: Ecco, 2014), S. 190–197; Hannah Wortzman, Jewish Women in Ancient Synagogues: Archaeological Reality vs. Rabbinical Legislation, in: *Women in Judaism* 5, Nr. 2 (2008), http://wjudaism.library.utoronto.ca/index.php/wjudaism/article/view/3537 (aufgerufen am 29. Januar 2018); Ross S. Kraemer, Jewish Women in the Diaspora World of Late Antiquity, in: Judith R. Baskin (Hg.), *Jewish Women in Historical Perspective* (Detroit: Wayne State University Press, 1991), insb. S. 49; Hachlili Rachel, *Ancient Synagogues – Archaeology and Art: New Discoveries and Current Research* (Leiden: Brill, 2014), S. 578–581; Zeev Weiss, The Sepphoris Synagogue Mosaic: Abraham, the Temple and the Sun God – They're All in There, in: *Biblical Archeology Society* 26, Nr. 5 (2000), S. 48–61; David Milson, *Art and Architecture of the Synagogue in Late Antique Palestine* (Leiden: Brill, 2007), S. 48.

7 Ivan Watson und Pamela Boykoff, World's Largest Muslim Group Denounces Islamist Extremism, CNN, 10. Mai 2016, http://edition.cnn.com/2016/05/10/asia/indonesia-extremism/index.html (aufgerufen am 8. Januar 2018); Lauren Markoe, Muslim Scholars Release Open Letter To Islamic State Meticulously Blasting Its Ideology, in: *Huffington Post,* 25. September 2014, https://www.huffingtonpost.com/2014/09/24/muslim-scholars-is-

lamic-state_n_5878038.html (aufgerufen am 8. Januar 2018); zur Verurteilung al-Baghdadis siehe: Open Letter to Al-Baghdadi, http://www.lettertobaghdadi.com/ (aufgerufen am 8. Januar 2018).

8 Chris Perez, Obama Defends the «True Peaceful Nature of Islam», in: *New York Post*, 18. Februar 2015, http://nypost.com/2015/02/18/obama-defends-the-true-peaceful-nature-of-islam/ (aufgerufen am 17. Oktober 2017); Dave Boyer, Obama Says Terrorists Not Motivated By True Islam, in: *Washington Times*, 1. Februar 2015, http://www.washingtontimes.com/news/2015/feb/1/obama-says-terrorists-not-motivated-true-islam/ (aufgerufen am 18. Oktober 2017).

9 Bellaigue, *Die islamische Aufklärung*, a. a. O.

10 Christopher McIntosh, *The Swan King: Ludwig II of Bavaria* (London: I. B. Tauris, 2012), S. 100.

11 Robert Mitchell Stern, *Globalization and International Trade Policies* (Hackensack: World Scientific, 2009), S. 23.

12 John K. Thornton, *A Cultural History of the Atlantic World, 1250–1820* (Cambridge: Cambridge University Press, 2012), S. 110.

13 Susannah Cullinane, Hamdi Alkhshali und Mohammed Tawfeeq, Tracking a Trail of Historical Obliteration: ISIS Trumpets Destruction of Nimrud, CNN, 14. April 2015, http://edition.cnn.com/2015/03/09/world/iraq-isis-heritage/index.html (aufgerufen am 18. Oktober 2017).

14 Kenneth Pomeranz, *The Great Divergence: China, Europe and the Making of the Modern World Economy* (Princeton, Oxford: Princeton University Press, 2001), S. 36–38.

ISIS Leader Calls for Muslims to Help Build Islamic State in Iraq, CBCNEWS, 1. Juli 2014, http://www.cbc.ca/news/world/isis-leader-calls-for-muslims-to-help-build-islamic-state-in-iraq-1.2693353 (aufgerufen am 18. Oktober 2017); Mark Townsend, What Happened to the British Medics Who Went to Work for ISIS?, in: *The Guardian*, 12. Juli 2015, https://www.theguardian.com/world/2015/jul/12/british-medics-isis-turkey-islamic-state (aufgerufen am 18. Oktober 2017).

7. Nationalismus

1 Francis Fukuyama, *Political Order and Political Decay: From the Industrial Revolution to the Globalization of Democracy* (New York: Farrar, Straus & Giroux, 2014).

2 Ashley Killough, Lyndon Johnson's «Daisy» Ad, Which Changed the World of Politics, Turns 50, CNN, 8. September 2014, http://edition.cnn.com/2014/09/07/politics/daisy-ad-turns-50/index.html (aufgerufen am 19. Oktober 2017).

3 Cause-Specific Mortality: Estimates for 2000–2015, World Health Organization, http://www.who.int/healthinfo/global_burden_disease/estimates/en/index1.html (aufgerufen am 19. Oktober 201).

4 David E. Sanger und William J. Broad, To counter Russia, US signals nuclear arms are back in a big way, in: *New York Times*, 4. Februar 2018, https://www.nytimes.com/2018/02/04/us/politics/trump-nuclear-russia.html (aufgerufen am 6 Februar 2018; US Department of Defense, Nuclear Posture Review 2018, https://www.defense.gov/News/Special-Reports/0218_npr/ (aufgerufen am 6. Februar 2018); Jennifer Hansler, Trump Says He Wants Nuclear Arsenal in «Tip-Top Shape», Denies Desire to Increase Stockpile, CNN, 12. Oktober 2017, http://edition.cnn.com/2017/10/11/politics/nuclear-arsenal-trump/in-

dex.html (aufgerufen am 19. Oktober 2017); Jim Garamone, DoD Official: National Defense Strategy Will Enhance Deterrence, *Department of Defense News, Defense Media Activity,* 19. Januar 2018, https://www.defense.gov/News/Article/Article/1419045/dod-official-national-defense-strategy-will-rebuild-dominance-enhance-deterrence/ (aufgerufen am 28. Januar 2018).

5 Michael Mandelbaum, *Mission Failure: America and the World in the Post-Cold War Era* (New York: Oxford University Press, 2016).

6 Elizabeth Kolbert, *Vor uns die Sintflut. Depeschen von der Klimafront,* übers. von Thorsten Schmidt (Berlin: Berlin Verlag, 2006); Elizabeth Kolbert, *Das sechste Sterben. Wie der Mensch Naturgeschichte schreibt,* übers. von Ulrike Bischoff (Berlin: Suhrkamp, 2015); Will Steffen et al., Planetary Boundaries: Guiding Human Development on a Changing Planet, in: *Science* 347, Nr. 6223, 13. Februar 2015, DOI: 10.1126/science.1259855.

7 John Cook et al., Quantifying the Consensus on Anthropogenic Global Warming in the Scientific Literature, in: *Environmental Research Letters* 8, Nr. 2 (2013); John Cook et al., Consensus on Consensus: A Synthesis of Consensus Estimates on Human-Caused Global Warming, in: *Environmental Research Letters* 11, Nr. 4 (2016); Andrew Griffin, 15 000 Scientists Give Catastrophic Warning about the Fate of the World in New «Letter to Humanity», in: *Independent,* 13. November 2017, http://www.independent.co.uk/environment/letter-to-humanity-warning-climate-change-global-warming-scientists-union-concerned-a8052481.html (aufgerufen am 8. Januar 2018); Justin Worland, Climate Change Is Already Wreaking Havoc on Our Weather, Scientists Find, in: *Time,* 15. Dezember 2017, http://time.com/5064577/climate-change-arctic/ (aufgerufen am 8. Januar 2018).

8 Richard J. Millar et al., Emission Budgets and Pathways Consistent with Limiting Warming to 1.5 C, in: *Nature Geoscience* 10 (2017), S. 741–747; Joeri Rogelj et al., Differences between Carbon Budget Estimates Unraveled, in: *Nature Climate Change* 6 (2016), S. 245–252; Akshat Rathi, Did We Just Buy Decades More Time to Hit Climate Goals, in: *Quartz,* 21. September 2017, https://qz.com/1080883/the-breathtaking-new-climate-change-study-hasnt-changed-the-urgency-with-which-we-must-reduce-emissions/ (aufgerufen am 11. Februar 2018); Roz Pidcock, Carbon Briefing: Making Sense of the IPCC's New Carbon Budget, in: *Carbon Brief,* 23. Oktober 2013, https://www.carbonbrief.org/carbon-briefing-making-sense-of-the-ipccs-new-carbon-budget (aufgerufen am 11. Februar 2018).

9 Jianping Huang et al., Accelerated Dryland Expansion under Climate Change, in: *Nature Climate Change* 6 (2016), S. 166–171; Thomas R. Knutson, Tropical Cyclones and Climate Change, in: *Nature Geoscience* 3 (2010), S. 157–163; Edward Hanna et al., Ice-Sheet Mass Balance and Climate Change, in: *Nature* 498 (2013), S. 51–59; Tim Wheeler und Joachim von Braun, Climate Change Impacts on Global Food Security, in: *Science* 341, Nr. 6145 (2013), S. 508–513; A. J. Challinor et al., A Meta-Analysis of Crop Yield under Climate Change and Adaptation, in: *Nature Climate Change* 4 (2014), S. 287–291; Elisabeth Lingren et al., Monitoring EU Emerging Infectious Disease Risk Due to Climate Change, in: *Science* 336, Nr. 6080 (2012), S. 418–419; Frank Biermann und Ingrid Boas, Preparing for a Warmer World: Towards a Global Governance System to Protect Climate Change, in: *Global Environmental Politics* 10, Nr. 1 (2010), S. 60–88; Jeff Goodell, *The Water Will Come: Rising Seas, Sinking Cities and the Remaking of the Civilized World* (New York: Little, Brown and Company, 2017); Mark Lynas, *Six Degrees: Our Future on a Hotter Planet* (Washington: National Geographic, 2008); Naomi Klein, *Die Entscheidung. Kapitalismus vs. Klima,* übers.

von Christa Prummer-Lehmair, Sonja Schuhmacher und Gabriele Gockel (Frankfurt a. M.: S. Fischer, 2015); Kolbert, *Das sechste Sterben*, a. a. O.

10 Johan Rockström et al., A Roadmap for Rapid Decarbonization, in: *Science* 355, Nr. 6331, 23. März 2017, DOI: 10.1126/science.aah3443.

11 Institution of Mechanical Engineers, *Global Food: Waste Not, Want Not* (London: Institution of Mechanical Engineers, 2013), S. 12.

12 Paul Shapiro, *Clean Meat: How Growing Meat Without Animals Will Revolutionize Dinner and the World* (New York: Gallery Books, 2018).

13 Russia's Putin Says Climate Change in Arctic Good for Economy, CBS News, 30. März 2017, http://www.cbc.ca/news/technology/russia-putin-climate-change-beneficial-economy-1.4048430 (aufgerufen am 1. März 2018); Neela Banerjee, Russia and the US Could be Partners in Climate Change Inaction, *Inside Climate News*, 7. Februar 2017, https://insideclimatenews.org/news/06022017/russia-vladimir-putin-donald-trump-climate-change-paris-climate-agreement (aufgerufen am 1. März 2018); Noah Smith, Russia Wins in a Retreat on Climate Change, *Bloomberg View*, 15. Dezember 2016, https://www.bloomberg.com/view/articles/2016–12-15/russia-wins-in-a-retreat-on-climate-change (aufgerufen am 1. März 2018); Gregg Easterbrook, Global Warming: Who Loses – and Who Wins?, in: *The Atlantic* (April 2007), https://www.theatlantic.com/magazine/archive/2007/04/global-warming-who-loses-and-who-wins/305698/ (aufgerufen am 1. März 2018); Quentin Buckholz, Russia and Climate Change: A Looming Threat, in: *Diplomat*, 4. Februar 2016, https://thediplomat.com/2016/02/russia-and-climate-change-a-looming-threat/ (aufgerufen am 1. März 2018).

14 Brian Eckhouse, Ari Natter und Christopher Martin, President Trump slaps tariffs on solar panels in major blow to renewable energy, in: *Time*, 22. Januar 2018, http://time.com/5113472/donald-trump-solar-panel-tariff/ (aufgerufen am 30. Januar 2018).

15 Miranda Green und Rene Marsh, Trump Administration Doesn't Want to Talk about Climate Change, CNN, 13. September 2017, http://edition.cnn.com/2017/09/12/politics/trump-climate-change-silence/index.html (aufgerufen am 22. Oktober 2017); Lydia Smith, Trump Administration Deletes Mention of «Climate Change» from Environmental Protection Agency's Website, in: *Independent*, 22. Oktober 2017, http://www.independent.co.uk/news/world/americas/us-politics/donald-trump-administration-climate-change-deleted-environmental-protection-agency-website-a8012581.html (aufgerufen am 22. Oktober 2017); Alana Abramson, No, Trump Still Hasn't Changed His Mind About Climate Change After Hurricane Irma and Harvey, in: *Time*, 11. September 2017, http://time.com/4936507/donald-trump-climate-change-hurricane-irma-hurricane-harvey/ (aufgerufen am 22. Oktober 2017).

16 Vertrag über eine Verfassung für Europa, Präambel, Europäische Union, http://eur-lex.europa.eu/legal-content/DE/ALL/?uri=OJ:C:2004:310:TOC (aufgerufen am 16. März 2018).

8. Religion

1 Bernard S. Cohn, *Colonialism and Its Forms of Knowledge: The British in India* (Princeton: Princeton University Press, 1996), S. 148.

2 Papst Franziskus, Enzyklika *Laudato si'* (Über die Sorge für das gemeinsame Haus), http://w2.vatican.va/content/francesco/de/encyclicals/documents/papa-francesco_20150524_enciclica-laudato-si.html (aufgerufen am 5. März 2018).

3 Diese Formulierung findet sich erstmals in Freuds Schrift *Das Unbehagen in der Kultur* von 1930: Sigmund Freud, *Das Unbehagen in der Kultur* (Wien: Internationaler Psychoanalytischer Verlag, 1930), S. 85, auch in Sigmund Freud, *Gesammelte Werke*, Bd. 14: *Werke aus den Jahren 1925–1931* (Frankfurt a. M.: S. Fischer, 1955), S. 474.
4 Ian Buruma, *Inventing Japan, 1853–1964* (New York: Modern Library, 2003).
5 Robert Axell, *Kamikaze: Japan's Suicide Gods* (London: Longman, 2002).
6 Charles K. Armstrong, Familism, Socialism and Political Religion in North Korea, in: *Totalitarian Movements and Political Religions* 6, Nr. 3 (2005), S. 383–394; Daniel Byman und Jennifer Lind, Pyongyang's Survival Strategy: Tools of Authoritarian Control in North Korea, in: *International Security* 35, Nr. 1 (2010), S. 44–74; Paul French, *North Korea: The Paranoid Peninsula*, 2. Aufl. (London, New York: Zed Books, 2007); Andrei Lankov, *The Real North Korea: Life and Politics in the Failed Stalinist Utopia* (Oxford: Oxford University Press, 2015); Young Whan Kihl, Staying Power of the Socialist «Hermit Kingdom», in: Hong Nack Kim und Young Whan Kihl (Hg.), *North Korea: The Politics of Regime Survival* (New York: Routledge, 2006), S. 3–36.

9. Zuwanderung

1 Global Trends: Forced Displacement in 2016, UNHCR, http://www.unhcr.org/5943e8a34.pdf (aufgerufen am 11. Januar 2018).
2 Lauren Gambini, Trump Pans Immigration Proposal as Bringing People from «Shithole Countries», in: *The Guardian*, 12. Januar 2018, https://www.theguardian.com/us-news/2018/jan/11/trump-pans-immigration-proposal-as-bringing-people-from-shithole-countries (aufgerufen am 11. Februar 2018).
3 Tal Kopan, What Donald Trump Has Said about Mexico and Vice Versa, CNN, 31. August 2016, https://edition.cnn.com/2016/08/31/politics/donald-trump-mexico-statements/index.html (aufgerufen am 28. Februar 2018).

10. Terrorismus

1 http://www.telegraph.co.uk/news/0/many-people-killed-terrorist-attacks-uk/; National Consortium for the Study of Terrorism and Responses to Terrorism (START) (2016), Global Terrorism Database [Datensatz], zusammengestellt aus https://www.start.umd.edu/gtd; http://www.cnsnews.com/news/article/susan-jones/11774–number-terror-attacks-worldwide-dropped-13–2015; http://www.datagraver.com/case/people-killed-by-terrorism-per-year-in-western-europe-1970–2015; http://www.jewishvirtuallibrary.org/statistics-on-incidents-of-terrorism-worldwide; Gary LaFree, Laura Dugan and Erin Miller, *Putting Terrorism in Context: Lessons from the Global Terrorism Database* (London: Routledge, 2015); Gary LaFree, Using open source data to counter common myths about terrorism, in: Brian Forst, Jack Greene und Jim Lynch (Hg.), *Criminologists on Terrorism and Homeland Security* (Cambridge: Cambridge University Press, 2011), S. 411–442; Gary LaFree, The Global Terrorism Database: Accomplishments and challenges, in: *Perspectives on Terrorism* 4 (2010), S. 24–46; Gary LaFree und Laura Dugan, Research on terrorism and countering terrorism, in: M. Tonry (Hg.), *Crime and Justice: A Review of Research* (Chicago: University of Chicago Press, 2009), S. 413–477; Gary LaFree und Laura Dugan,

Introducing the global terrorism database, in: *Political Violence and Terrorism* 19 (2007), S. 181–204.

2 Die Zahl der Verkehrstoten beruht auf dem WHO Global Status Report on Road Safety 2015, World Health Organization, https://wonder.cdc.gov/mcd-icd10.html; Global Status Report on Road Safety 2013, World Health Organization; http://gamapserver.who.int/gho/interactive_charts/road_safety/road_traffic_deaths/atlas.html; http://www.who.int/violence_injury_prevention/road_safety_status/2013/en/; http://www.newsweek.com/2015–brought-biggest-us-traffic-death-increase-50-years-427759 (aufgerufen am 26. Januar 2016).

3 http://www.euro.who.int/en/health-topics/noncommunicable-diseases/diabetes/data-and-statistics; http://apps.who.int/iris/bitstream/10665/204871/1/9789241565257_eng.pdf?ua=1; https://www.theguardian.com/environment/2016/sep/27/more-than-million-died-due-air-pollution-china-one-year.

4 Zu der Schlacht siehe Gary Sheffield, *Forgotten Victory: The First World War. Myths and Reality* (London: Headline, 2001), S. 137–164.

5 Victims of Palestinian Violence and Terrorism since September 2000, Israel Ministry of Foreign Affairs, http://mfa.gov.il/MFA/ForeignPolicy/Terrorism/Palestinian/Pages/Victims%20of%20Palestinian%20Violence%20and%20Terrorism%20sinc.aspx (aufgerufen am 23. Oktober 2017).

6 Autounfälle mit Todesopfern 2002, Central Bureau of Statistics (hebr.), http://www.cbs.gov.il/www/publications/acci02/acci02h.pdf (aufgerufen am 23. Oktober 2017).

7 Pan Am Flight 103 Fast Facts, CNN, 16. Dezember 2016, http://edition.cnn.com/2013/09/26/world/pan-am-flight-103-fast-facts/index.html (aufgerufen am 23. Oktober 2017).

8 Tom Templeton und Tom Lumley, 9/11 in Numbers, in: *The Guardian*, 18. August 2002, https://www.theguardian.com/world/2002/aug/18/usa.terrorism (aufgerufen am 23. Oktober 2017).

9 Ian Westwell und Dennis Cove (Hg.), *History of World War I*, Bd. 2 (New York: Marshall Cavendish, 2002), S. 431. Zu den Isonzo-Schlachten siehe John R. Schindler, *Isonzo: The Forgotten Sacrifice of the Great War* (Westport: Praeger, 2001), S. 217–218.

10 Sergio Catignani, *Israeli Counter-Insurgency and the Intifadas: Dilemmas of a Conventional Army* (London: Routledge, 2008).

11 Reported Rapes in France Jump 18% in Five Years, France 24, 11. August 2015, http://www.france24.com/en/20150811-reported-rapes-france-jump-18-five-years (aufgerufen am 11. Januar 2018).

11. Krieg

1 Yuval Noah Harari, *Homo Deus. Eine Geschichte von Morgen*, übers. von Andreas Wirthensohn (München: C.H. Beck, 2017), S. 26–32; Global Health Observatory Data Repository, 2012, World Health Organization, http://apps.who.int/gho/data/node.main.RCODWORLD?lang=en (aufgerufen am 16. August 2015); Global Study on Homicide, 2013, UNDOC, http://www.unodc.org/documents/gsh/pdfs/2014_GLOBAL_HOMICIDE_BOOK_web.pdf (aufgerufen am 16. August 2015); http://www.who.int/healthinfo/global_burden_disease/estimates/en/index1.html.

2 World Military Spending: Increases in the USA and Europe, Decreases in Oil-Exporting Countries, *Stockholm International Peace Research Institute*, 24. April 2017, https://www.sipri.org/media/press-release/2017/world-military-spending-increases-usa-and-europe (aufgerufen am 23. Oktober 2017).
3 http://www.nationalarchives.gov.uk/battles/egypt/popup/telel4.htm.
4 Spencer C. Tucker (Hg.), *The Encyclopedia of the Mexican-American War: A Political, Social and Military History* (Santa Barbara: ABC-CLIO, 2013), S. 131.
5 Ivana Kottasova, Putin Meets Xi: Two Economies, Only One to Envy, CNN, 2. Juli 2017, http://money.cnn.com/2017/07/02/news/economy/china-russia-putin-xi-meeting/index.html (aufgerufen am 23. Oktober 2017).
6 GDP is according to the IMF's statistics, calculated on the basis of purchasing power parity: International Monetary Fund, Report for Selected Countries and Subjects, 2017, https://www.imf.org/external/pubs/ft/weo/2017/02/weodata/index.aspx (aufgerufen am 27. Februar 2018).
7 http://www.businessinsider.com/isis-making-50–million-a-month-from-oil-sales-2015–10.
8 Ian Buruma, *Inventing Japan* (London: Weidenfeld & Nicolson, 2003); Eri Hotta, *Japan 1941: Countdown to Infamy* (London: Vintage, 2014).

12. Demut

1 http://www.ancientpages.com/2015/10/19/10–remarkable-ancient-indian-sages-familiar-with-advanced-technology-science-long-before-modern-era/; https://www.hindujagruti.org/articles/31.html; http://mcknowledge.info/about-vedas/what-is-vedic-science/.
2 Diese Zahlen und Größenverhältnisse finden sich grafisch dargestellt in Conrad Hackett und David McClendon, Christians Remain World's Largest Religious Group, but They Are Declining in Europe, Pew Research Center, 5. April 2017, http://www.pewresearch.org/fact-tank/2017/04/05/christians-remain-worlds-largest-religious-group-but-they-are-declining-in-europe/ (aufgerufen am 13. November 2017).
3 Jonathan Haidt, *The Righteous Mind: Why Good People Are Divided by Politics and Religion* (New York: Pantheon, 2012); Joshua Greene, *Moral Tribes: Emotion, Reason, and the Gap Between Us and Them* (New York: Penguin Press, 2013).
4 Marc Bekoff und Jessica Pierce, Wild Justice – Honor and Fairness among Beasts at Play, in: *American Journal of Play* 1, Nr. 4 (2009), S. 451–475.
5 Frans de Waal, *Der Affe in uns. Warum wir sind, wie wir sind*, übers. von Hartmut Schickert (München: Hanser, 2006), Kap. 5.
6 Frans de Waal, *Bonobos. Die zärtlichen Menschenaffen*, übers. von Monika Niehaus-Osterloh (Basel: Birkhäuser, 1998), S. 158.
7 Diese Geschichte ist Gegenstand eines von Disneynature produzierten Dokumentarfilms mit dem Titel *Chimpanzee* (dt. *Schimpansen*), der 2012 bzw. (in Deutschland) 2013 in die Kinos kam.
8 M. E. J. Richardson, *Hammurabi's Laws* (London, New York: T&T Clark International, 2000), S. 29–31; die deutsche Fassung nach *Altorientalische Texte und Bilder zum Alten Testament*, hg. und übers. von Hugo Gessmann (Tübingen: J. C. B. Mohr, 1909), S. 141.
9 Loren R. Fisher, *The Eloquent Peasant*, 2. Aufl. (Eugene: Wipf & Stock Publishers, 2015). Eine deutsche Fassung bietet Dieter Kurth, *Der Oasenmann. Eine altägyptische Erzählung* (Mainz: von Zabern, 2003).

10 Manche Rabbiner allerdings erlaubten es sehr wohl, den Sabbat zu brechen, um einen Nichtjuden zu retten, indem sie sich eine Besonderheit des Talmud zunutze machten. Sie behaupteten, wenn Juden sich weigerten, Nichtjuden zu retten, werde das die Nichtjuden erzürnen und dazu führen, dass sie Juden angreifen und töten. Durch die Rettung eines Nichtjuden rette man also indirekt auch einen Juden. Doch selbst diese Argumentation macht deutlich, dass dem Leben von Nichtjuden und Juden nicht der gleiche Wert zugeschrieben wird.

11 Catherine Nixey, *The Darkening Age: The Christian Destruction of the Classical World* (London: Macmillan, 2017).

12 *Die Edikte des Kaisers Asoka. Vom Wachstum der inneren Werte*, übersetzt und eingeleitet von Wolfgang Schumacher. 26 «Bodhi-Blätter». Eine Schriftenreihe aus dem Haus der Besinnung, Dicken 1991, online unter http://www.palikanon.de/diverses/asoka/asoka1.htm. Siehe auch Charles Allen, *Ashoka: The Search for India's Lost Emperor* (London: Little, Brown, 2012), S. 412–413.

13 Clyde Pharr et al. (Hg.), *The Theodosian Code and Novels, and the Sirmondian Constitutions* (Princeton: Princeton University Press, 1952), S. 440, 467–471.

14 Ebd., insb. S. 472–473.

15 Sofie Remijsen, *The End of Greek Athletics in Late Antiquity* (Cambridge: Cambridge University Press, 2015), S. 45–51.

16 Ruth Schuster, Why Do Jews Win So Many Nobels?, in: *Haaretz*, 9. Oktober 2013, https://www.haaretz.com/jewish/news/1.551520 (aufgerufen am 13. November 2017).

13. Gott

1 Lillian Faderman, *The Gay Revolution: The Story of the Struggle* (New York: Simon & Schuster, 2015).

2 Elaine Scarry, *Der Körper im Schmerz. Die Chiffren der Verletzlichkeit und die Erfindung der Kultur*, übers. von Michael Bischoff (Frankfurt a. M.: S. Fischer, 1992).

14. Säkularismus

1 Jonathan H. Turner, *Incest: Origins of the Taboo* (Boulder: Paradigm Publishers, 2005); Robert J. Kelly et al., Effects of Mother-Son Incest and Positive Perceptions of Sexual Abuse Experiences on the Psychosocial Adjustment of Clinic-Referred Men, in: *Child Abuse & Neglect* 26, Nr. 4 (2002), S. 425–441; Mireille Cyr et al., Intrafamilial Sexual Abuse: Brother-Sister Incest Does Not Differ from Father-Daughter and Stepfather-Stepdaughter Incest, in: *Child Abuse & Neglect* 26, Nr. 9 (2002), S. 957–973; Sandra S. Stroebel, Father–Daughter Incest: Data from an Anonymous Computerized Survey, in: *Journal of Child Sexual Abuse* 21, Nr. 2 (2010), S. 176–199.

15. Nichtwissen

1 Steven A. Sloman und Philip Fernbach, *The Knowledge Illusion: Why We Never Think Alone* (New York: Riverhead Books, 2017); Joshua Greene, *Moral Tribes: Emotion, Reason, and the Gap Between Us and Them* (New York: Penguin Press, 2013).
2 Sloman und Fernbach, *The Knowledge Illusion*, a. a. O., S. 20.
3 Eli Pariser, *Filter Bubble. Wie wir im Internet entmündigt werden*, übers. von Ursula Held (München: Hanser, 2017); Greene, *Moral Tribes*, a. a. O.
4 Greene, *Moral Tribes*, a. a. O.; Dan M. Kahan, The Polarizing Impact of Science Literacy and Numeracy on Perceived Climate Change Risks, in: *Nature Climate Change* 2 (2012), S. 732–735. Ganz anderer Ansicht sind Sophie Guy et al., Investigating the Effects of Knowledge and Ideology on Climate Change Beliefs, in: *European Journal of Social Psychology* 44, Nr. 5 (2014), S. 421–429.
5 Arlie Russell Hochschild, *Fremd in ihrem Land. Eine Reise ins Herz der amerikanischen Rechten*, übers. von Ulrike Bischoff (Frankfurt a. M., New York: Campus, 2017).

16. Gerechtigkeit

1 Joshua Greene, *Moral Tribes: Emotion, Reason, and the Gap Between Us and Them* (New York: Penguin Press, 2013); Robert Wright, *The Moral Animal* (New York: Pantheon, 1994).
2 Kelsey Timmerman, *Where Am I Wearing?: A Global Tour of the Countries, Factories, and People That Make Our Clothes* (Hoboken: Wiley, 2012); Kelsey Timmerman, *Where Am I Eating?: An Adventure Through the Global Food Economy* (Hoboken: Wiley, 2013).
3 Reni Eddo-Lodge, *Why I Am No Longer Talking to White People About Race* (London: Bloomsbury, 2017); Ta-Nehisi Coates, *Zwischen mir und der Welt*, übers. von Miriam Mandelkow (Berlin: Hanser Berlin, 2016).
4 Josie Ensor, «Everyone in Syria Is Bad Now», Says UN War Crimes Prosecutor as She Quits Post, in: *New York Times*, 17. August 2017, http://www.telegraph.co.uk/news/2017/08/07/everyone-syria-bad-now-says-un-war-crimes-prosecutor-quits-post/ (aufgerufen am 18. Oktober 2017).
5 Zum Beispiel Helena Smith, Shocking Images of Drowned Syrian Boy Show Tragic Plight of Refugees, in: *The Guardian*, 2. September 2015, https://www.theguardian.com/world/2015/sep/02/shocking-image-of-drowned-syrian-boy-shows-tragic-plight-of-refugees (aufgerufen am 18. Oktober 2017).
6 T. Kogut und I. Ritov, The singularity effect of identified victims in separate and joint evaluations, in: *Organizational Behavior and Human Decision Processes* 97, Nr. 2 (2005), S. 106–116; D. A. Small und G. Loewenstein, Helping a victim or helping the victim: Altruism and identifiability, in: *Journal of Risk and Uncertainty* 26, Nr. 1 (2003), S. 5–16; Greene, *Moral Tribes*, a. a. O., S. 264.
7 Russ Alan Prince, Who Rules the World?, in: *Forbes*, 22. Juli 2013, https://www.forbes.com/sites/russalanprince/2013/07/22/who-rules-the-world/#63c9e31d7625 (aufgerufen am 18. Oktober 2017). Vgl. auch Michael Butter, *»Nichts ist, wie es scheint«. Über Verschwörungstheorien* (Berlin: Suhrkamp, 2018).

17. Postfaktisch

1 Julian Borger, Putin Offers Ukraine Olive Branches Delivered by Russian Tanks, in: *The Guardian*, 4. März 2014, https://www.theguardian.com/world/2014/mar/04/putin-ukraine-olive-branches-russian-tanks (aufgerufen am 11. März 2018).

2 Serhii Plokhy, *Lost Kingdom: The Quest for Empire and the Making of the Russian Nation* (New York: Basic Books, 2017); Timothy Snyder, *Der Weg in die Unfreiheit. Russland – Europa – Amerika*, übers. von Ulla Höber und Werner Roller (München: C.H. Beck, 2018).

3 Matthew Paris, *Matthew Paris' English History*, übers. von J. A. Gyles, Bd. 3 (London: Henry G. Bohn, 1854), S. 138–141; Patricia Healy Wasyliw, *Martyrdom, Murder and Magic: Child Saints and Their Cults in Medieval Europe* (New York: Peter Lang, 2008), S. 123–125.

4 Cecilia Kang und Adam Goldman, In Washington Pizzeria Attack, Fake News Brought Real Guns, in: *New York Times*, 5. Dezember 2016, https://www.nytimes.com/2016/12/05/business/media/comet-ping-pong-pizza-shooting-fake-news-consequences.html (aufgerufen am 12. Januar 2018).

5 Leonard B. Glick, *Abraham's Heirs: Jews and Christians in Medieval Europe* (Syracuse: Syracuse University Press, 1999), S. 228–229.

6 Anthony Bale, Afterword: Violence, Memory and the Traumatic Middle Ages, in: Sarah Rees Jones und Sethina Watson (Hg.), *Christians and Jews in Angevin England: The York Massacre of 1190, Narrative and Contexts* (York: York Medieval Press, 2013), S. 297.

7 Dieses Zitat wird vielfach Goebbels zugeschrieben, aber irgendwie passt es, dass weder ich noch mein Forschungsassistent verifizieren konnten, ob Goebbels das tatsächlich je geschrieben oder gesagt hat.

8 Adolf Hitler, *Mein Kampf* (München: Eher, 1938), S. 202.

9 Lee Hockstader, From A Ruler's Embrace To A Life In Disgrace, in: *Washington Post*, 10. März 1995, https://www.washingtonpost.com/archive/politics/1995/03/10/from-a-rulers-embrace-to-a-life-in-disgrace/6df151d2-82c3-4589-85b3-2015c802258f/?utm_term=.80402762b7b2 (aufgerufen am 29. Januar 2018).

10 Thomas Pakenham, *The Scramble for Africa* (London: Weidenfeld & Nicolson, 1991), S. 616–617.

18. Science-Fiction

1 Aldous Huxley, *Schöne neue Welt. Ein Roman der Zukunft*. Aus dem Englischen von Uda Strätling © Frankfurt a. M. 2013, S. Fischer, S. 271–275.

19. Bildung

1 Wayne A. Wiegand und Donald G. Davis (Hg.), *Encyclopedia of Library History* (New York, London: Garland Publishing, 1994), S. 432–433.

2 Verity Smith (Hg.), *Concise Encyclopedia of Latin American Literature* (London, New York: Routledge, 2013), S. 142, 180.

3 Cathy N. Davidson, *The New Education: How to Revolutionize the University to Prepare Students for a World in Flux* (New York: Basic Books, 2017); Bernie Trilling, *21st Century Skills: Learning for Life in Our Times* (San Francisco: Jossey-Bass, 2009); Charles Kivunja,

Teaching Students to Learn and to Work Well with 21st Century Skills: Unpacking the Career and Life Skills Domain of the New Learning Paradigm, in: *International Journal of Higher Education* 4, Nr. 1 (2015). Zur Website von P21 siehe: P21 Partnership for 21st Century Learning, http://www.p21.org/our-work/4cs-research-series (aufgerufen am 12. Januar 2018). Ein Beispiel für die Umsetzung der neuen Unterrichtsmethoden ist eine Publikation der amerikanischen National Education Association: Preparing 21st Century Students for a Global Society, NEA, http://www.nea.org/assets/docs/A-Guide-to-Four-Cs.pdf (aufgerufen am 21. Januar 2018).

4 Maddalaine Ansell, Jobs for Life Are a Thing of the Past. Bring On Lifelong Learning, in: *The Guardian*, 31. Mai 2016, https://www.theguardian.com/higher-education-network/2016/may/31/jobs-for-life-are-a-thing-of-the-past-bring-on-lifelong-learning.

5 Erik B. Bloss et al., Evidence for Reduced Experience-Dependent Dendritic Spine Plasticity in the Aging Prefrontal Cortex, in: *Journal of Neuroscience* 31, Nr. 21 (2011), S. 7831–7839; Miriam Matamales et al., Aging-Related Dysfunction of Striatal Cholinergic Interneurons Produces Conflict in Action Selection, in: *Neuron* 90, Nr. 2 (2016), S. 362–372; Mo Costandi, Does your brain produce new cells? A skeptical view of human adult neurogenesis, in: *The Guardian*, 23. Februar 2012, https://www.theguardian.com/science/neurophilosophy/2012/feb/23/brain-new-cells-adult-neurogenesis (aufgerufen am 17. August 2017); Gianluigi Mongillo, Simon Rumpel und Yonatan Loewenstein, Intrinsic volatility of synaptic connections – a challenge to the synaptic trace theory of memory, in: *Current Opinion in Neurobiology* 46 (2017), S. 7–13.

20. Sinn

1 Karl Marx und Friedrich Engels, *Werke*, Bd. 4 (Berlin: Dietz, 1972), S. 462.

2 Ebd., S. 463.

3 Raoul Wootlif, Netanyahu Welcomes Envoy Friedman to «Jerusalem, Our Eternal Capital», in: *Times of Israel*, 16. Mai 2017, https://www.timesofisrael.com/netanyahu-welcomes-envoy-friedman-to-jerusalem-our-eternal-capital/ (aufgerufen am 12. Januar 2018); Peter Beaumont, Israeli Minister's Jerusalem Dress Proves Controversial in Cannes, in: *The Guardian*, 18. Mai 2017, https://www.theguardian.com/world/2017/may/18/israeli-minister-miri-regev-jerusalem-dress-controversial-cannes (aufgerufen am 12. Januar 2018); Lahav Harkov, New 80 – Majority Jerusalem Bill Has Loophole Enabling City to Be Divided, in: *Jerusalem Post*, 2. Januar 2018, http://www.jpost.com/Israel-News/Right-wing-coalition-passes-law-allowing-Jerusalem-to-be-divided-522627 (aufgerufen am 12. Januar 2018).

4 K. P. Schroder und Robert Connon Smith, Distant Future of the Sun and Earth Revisited, in: *Monthly Notices of the Royal Astronomical Society* 386, Nr. 1 (2008), S. 155–163.

5 Siehe insbesondere Roy A. Rappaport, *Ritual and Religion in the Making of Humanity* (Cambridge: Cambridge University Press, 1999); Graham Harvey, *Ritual and Religious Belief: A Reader* (New York: Routledge, 2005).

6 Das ist die gängigste (aber beileibe nicht die einzige) Hypothese, wie das Wort «Hokuspokus» entstanden ist. Siehe Leslie K. Arnovick, *Written Reliquaries* (Amsterdam: John Benjamins Publishing Company, 2006), S. 250, Anm. 30.

7 Joseph Campbell, *The Hero with a Thousand Faces* (London: Fontana Press, 1993),

S. 235. Die deutsche Fassung nach Kabita Rump, *Upanishaden*, Bd. 4: *Brihad-aranyaka-upanishad*, Übersetzung mit Erläuterungen (Berlin u. a.: LIT-Verlag, 2013), S. 38–39.

8 Xinzhong Yao, *An Introduction to Confucianism* (Cambridge: Cambridge University Press, 2000), S. 190–199.

9 Flag Code of India, 2002, Press Information Bureau, Government of India, http://pib.nic.in/feature/feyr2002/fapr2002/f030420021.html (aufgerufen am 13. August 2017).

10 Ebd. Die deutsche Fassung zitiert nach https://de.wikipedia.org/wiki/Flagge_Indiens (aufgerufen am 17. April 2018).

11 https://www.thenews.com.pk/latest/195493-Heres-why-Indias-tallest-flag-cannot-be-hoisted-at-Pakistan-border.

12 Stephen C. Poulson, *Social Movements in Twentieth-Century Iran: Culture, Ideology and Mobilizing Frameworks* (Lanham: Lexington Books, 2006), S. 44.

13 Houman Sharshar (Hg.), *The Jews of Iran: The History, Religion and Culture of a Community in the Islamic World* (New York: Palgrave Macmillan, 2014), S. 52–55; Houman M. Sarshar, *Jewish Communities of Iran* (New York: Encyclopedia Iranica Foundation, 2011), S. 158–160.

14 Gersion Appel, *The Concise Code of Jewish Law*, 2. Aufl. (New York: KTAV Publishing House, 1991), S. 191.

15 Siehe insbesondere Robert O. Paxton, *Anatomie des Faschismus*, übers. von Dietmar Zimmer (München: Deutsche Verlags-Anstalt, 2006).

16 Richard Griffiths, *Fascism* (London, New York: Continuum, 2005), S. 33.

17 Christian Goeschel, *Selbstmord im Dritten Reich* (Berlin: Suhrkamp, 2011).

18 Paris attacks: What happened on the night, BBC, 9. Dezember 2015, http://www.bbc.com/news/world-europe-34818994 (aufgerufen am 13. August 2017); Anna Cara, ISIS expresses fury over French airstrikes in Syria; France says they will continue, CTV News, 14. November 2015, http://www.ctvnews.ca/world/isis-expresses-fury-over-french-airstrikes-in-syria-france-says-they-will-continue-1.2658642 (aufgerufen am 13. August 2017).

19 Jean de Joinville, *The Life of Saint Louis*, in: M. R. B. Shaw (Hg.), *Chronicles of the Crusades* (London: Penguin, 1963), S. 243; Jean de Joinville, *Vie de saint Louis*, hg. von Jacques Monfrin (Paris, 1995), Kap. 319, S. 156; *Das Leben des heiligen Ludwig. Die Vita des Joinville*, übers. von Eugen Mayser, hg. und eingel. von Eick Kock (Düsseldorf: Patmos, 1969), S. 155.

20 Ray Williams, How Facebook Can Amplify Low Self-Esteem/Narcissism/Anxiety, in: *Psychology Today*, 20. Mai 2014, https://www.psychologytoday.com/blog/wired-success/201405/how-facebook-can-amplify-low-self-esteemnarcissismanxiety (aufgerufen am 17. August 2017).

21 *Mahasatipatthana Sutta*, Kap. 2, Abschnitt 1, hg. vom Vipassana Research Institute (Igatpuri: Vipassana Research Institute, 2006), S. 12–13.

22 Ebd., S. 5.

23 G. E. Harvey, *History of Burma: From the Earliest Times to 10 March 1824* (London: Frank Cass & Co. Ltd, 1925), S. 252–260.

24 Brian Daizen Victoria, *Zen at War* (Lanham: Rowman & Littlefield, 2006); Buruma, *Inventing Japan*, a. a. O.; Stephen S. Large, Nationalist Extremism in Early Showa Japan: Inoue Nissho and the «Blood-Pledge Corps Incident», 1932, in: *Modern Asian Studies* 35, Nr. 33 (2001), S. 533–564; W. L. King, *Zen and the Way of the Sword: Arming the Samurai Psyche* (New York: Oxford University Press, 1993); Danny Orbach, A Japanese prophet: eschatology and epistemology in the thought of Kita Ikki, in: *Japan Forum* 23, Nr. 3 (2011), S. 339–361.

25 Facebook removes Myanmar monk's page for «inflammatory posts» about Muslims, in: *Scroll.in*, 27. Februar 2018, https://amp.scroll.in/article/870245/facebook-removes-myanmar-monks-page-for-inflammatory-posts-about-muslims (aufgerufen am 4. März 2018); Marella Oppenheim, «It only takes one terrorist»: The Buddhist monk who reviles Myanmar's Muslims, in: *The Guardian*, 12. Mai 2017, https://www.theguardian.com/global-development/2017/may/12/only-takes-one-terrorist-buddhist-monk-reviles-myanmar-muslims-rohingya-refugees-ashin-wirathu (aufgerufen am 4. März 2018).

26 Jerzy Lukowski und Hubert Zawadzki, *A Concise History of Poland* (Cambridge: Cambridge University Press, 2001), S. 163.

21. Meditation

1 www.dhamma.org/de.

2 Britta K. Hölzel et al., How Does Mindfulness Meditation Work? Proposing Mechanisms of Action from a Conceptual and Neural Perspective, in: *Perspectives on Psychological Science* 6, Nr. 6 (2011), S. 537–559; Adam Moore und Peter Malinowski, Meditation, Mindfulness and Cognitive Flexibility, in: *Consciousness and Cognition* 18, Nr. 1 (2009), S. 176–186; Alberto Chiesa, Raffaella Calati und Alessandro Serretti, Does Mindfulness Training Improve Cognitive Abilities? A Systematic Review of Neuropsychological Findings, in: *Clinical Psychology Review* 31, Nr. 3 (2011), S. 449–464; Antoine Lutz et al., Attention Regulation and Monitoring in Meditation, in: *Trends in Cognitive Sciences* 12, Nr. 4 (2008), S. 163–169; Richard J. Davidson et al., Alterations in Brain and Immune Function Produced by Mindfulness Meditation, in: *Psychosomatic Medicine* 65, Nr. 4 (2003), S. 564–570; Fadel Zeidan et al., Mindfulness Meditation Improves Cognition: Evidence of Brief Mental Training, in: *Consciousness and Cognition* 19, Nr. 2 (2010), S. 597–605.

Register

KI bedeutet Künstliche Intelligenz.

L

Yuval Noah Harari
bei C.H.Beck

«Ein Sachbuch, so anregend, dass man dazu tanzen möchte!»

Denis Scheck, *Druckfrisch*

«Beschreibt mit beneidenswerter (und besorgniserregender) Klarheit die gewaltigen Herausforderungen, denen sich unsere Spezies stellen muss.»

Kazuo Ishiguro, *Nobelpreisträger für Literatur 2017*

«Wer dieses Buch liest, nimmt eine Weltbibliothek des Wissens in sich auf.»

Gabor Steingart *anlässlich der Verleihung des Deutschen Wirtschaftsbuchpreises 2017 an Yuval Noah Harari*

«Homo Deus wird Sie schocken. Es wird Sie unterhalten. Und vor allem wird es Sie zum Denken bringen, wie Sie noch nie vorher gedacht haben.»

Daniel Kahneman, *Autor von «Schnelles Denken, langsames Denken»*